主编　李天纲

中国国家图书馆藏

民国西学要籍汉译文献·经济学（第四辑）

土地征收之学理与实施研究

Traite theorique et pratique de lexpropriation

［法］罗班（R.Robin）著　万锡九　译

上海社会科学院出版社
Shanghai Academy of Social Sciences Press

图书在版编目(CIP)数据

土地征收之学理与实施研究/（法）罗班（Robin,R.）著；万锡九译 —上海：上海社会科学院出版社，2016

（民国西学要籍汉译文献/李天纲主编．经济学）

ISBN 978-7-5520-1187-6

Ⅰ．①土… Ⅱ．①罗…②万… Ⅲ．①土地征用－研究Ⅳ．①F301.2

中国版本图书馆CIP数据核字(2016)第046231号

土地征收之学理与实施研究

主　　编：李天纲
编　　纂：赵　炬
责任编辑：唐云松
特约编辑：陈宁宁
封面设计：清　风
策　　划：赵　炬
执　　行：取映文化
加工整理：嘎　拉　江　岩　牵　牛　莉　娜
责任校对：笑　然
出版发行：上海社会科学院出版社
上海淮海中路622弄7号　电话63875741　邮编200020
http://www.sassp.org.cn　E-mail:sassp@sass.org.cn
排　　版：上海永正彩色分色制版有限公司
印　　刷：常熟市人民印刷厂
开　　本：650×900毫米　1/16开
字　　数：320千字
印　　张：30.375
版　　次：2016年4月第1版　2016年4月第1次印刷

ISBN 978-7-5520-1187-6/F.382　　定价：134.00元（精装）

民国西学：中国的百年翻译运动

——「民国西学要籍汉译文献」序

李天纲

继唐代翻译印度佛经之后，二十世纪是中文翻译历史上的第二个高潮时期。来自欧美的「西学」，以巨大的规模涌入中国，参与改变了一个民族的思维方式，这在人类文明史上也是罕见的。域外知识大规模地输入本土，与当地文化交换信息，激发思想，乃至产生新的理论，全球范围也仅仅发生过有数的那么几次。除了唐代中原人用汉语翻译印度思想之外，公元九、十世纪阿拉伯人翻译希腊文化，有一场著名的「百年翻译运动」之外，还有欧洲十四、十五世纪从阿拉伯、希腊、希伯来等「东方」民族的典籍中翻译古代文献，汇入欧洲文化，史称「文艺复兴」。中国知识分子在二十世纪大量翻译欧美「西学」，可以和以上的几次翻译运动相比拟，称之为「中国的百年翻译运动」、「中国的文艺复兴」并不过分。

运动似乎是突如其来，其实早有前奏。梁启超（1873–1929）在《清代学术概论》中说：「自明末徐光启、李之藻等广译算学、天文、水利诸书，为欧籍入中国之始。」利玛窦（Mateo Ricci, 1552–1610）、徐光启、李之藻等人发动的明末清初天主教翻译运动，比清末的「西学」早了二百多年。梁启超有所不知的是：利、徐、李等人不但翻译了天文、历算等「科学」著作，还翻译了诸如亚里士多德《论灵魂》（《灵言蠡勺》）、《形而上学》（《名理探》）等神学、哲学著作。梁启超称明末翻译为「西学东渐」之始是对的，但他说其「范围亦限于天（文）、（历）算」，则误导了他的学生们一百年，直到今天。

从明末到清末的『西学』翻译只是开始，而且断断续续，并不连贯成为一场『运动』。各种原因导致了『西学』的挫折：被明清易代的战火打断；受清初『中国礼仪之争』的影响；欧洲在1773年禁止了耶稣会士的传教活动，以及儒家保守主义思潮在清代的兴起。鸦片战争以后很久，再次翻译『西学』，仍然只在上海和江南地区。从翻译规模来看，以上海为中心的翻译人才、出版机构和发行组织都比明末强大了，影响力却仍然有限。梁启超说：『惟（上海江南）制造局中尚译有科学书二三十种，李善兰、华蘅芳、赵仲涵等任笔受。其人皆学有根底，对于所译之书责任心与兴味皆极浓重，故其成绩略可比明之徐、李。』梁启超对清末翻译的规模估计还是不足，但说『戊戌变法』之前的『西学』翻译只在上海、香港、澳门等地零散从事，影响范围并不及于内地，则是事实。

对明末和清末的『西学』做了简短的回顾之后，我们可以有把握地说：二十世纪的中文翻译，或曰中华民国时期的『西学』，才是称得上有规模的『翻译运动』。也正是在二十世纪的一百年中，数以千计的『汉译名著』成为中国知识分子的必读教材。1905年，清朝废除了科举制，新式高等教育以新建『大学堂』的方式举行，而不是原来尝试的利用『书院』系统改造而成。新建的大学、中学，数理化、文史哲、政经法等等学科，都采用了翻译作品，甚至还有西文原版教材，于是，中国读书人的思想中又多了一种新的标杆，即在『四书五经』之外，还必须要参考一下来自欧美的『西方经典』，甚至到了『言必称希腊、罗马』的程度。

我们在这里说『民国西学』，它的规模超过明末、清末；它的影响遍及沿海、内地；它借助二十世纪的新式教育制度，渗透到中国人的知识体系、价值观念和行为方式中，这些结论虽然都还需要论证，但从一般直觉来看，是可以成立的。中国二十世纪的启蒙运动，以及『现代化』、『世俗化』、『理性化』，都与『民国西学』的翻译介绍直接有关。然而，『民国西学』到底是一个多大的规模？它是一个怎样的体系？它们是以什么方式影响了二十世纪的中国思想？这些问题都还没有得到认真研究，我们并没有一个清晰的认识。还有，哪些著作得到了翻译，哪些译者的影响最大？『西学东渐』的代表，明末有徐光启，清末有严复，那『民国西学』的代表作在哪里？这一系列问题我们并不能明确地回答，原因就在我们对民国翻译出版的西学著作并无一个全程的了解，民国翻译的那些哲学、社会科学、人文学科的『西学』著作，束之高阁，已经好多年。

举例来说，1935年，上海生活书店编辑《全国总书目》，『网罗全国新书店、学术机关、文化团体、图书馆、政府机关、研究学会以及个人私家之出版物约二万种』。就是用这二万种新版图书，生活书店编制了一套全新分类，分为：『总类、哲学、社会科学、宗教、自然科学、文艺、语文学、史地、技术知识』。一瞥之下，这个图书分类法比今天的『人大图书分类法』更仔细，因为翻译介绍的思潮、学说、学科、流派更庞大。尽管并没有统一的『社科规划』和『文化战略』，『民国西学』却在『中国的文艺复兴』运动推动下得到了长足发展。查看《全国总书目》（上海，生活书店，1935），在『社会科学·社会科学一般·社会主义』的子目录下，列有『社会主义概论、社会主义史、科学的社会主义、无政府主义、基尔特社会主义、乌托邦社会主义、基督教社会主义、议会派社会主义』等；在『社会科学·政治·政体政制』的子目录下，列有『政治制度概论、政治制度史、宪政、民主制、独裁制、联邦制、各种政制评述、各国政制、中国政制、现代政制、中国政制史』等，翻译、研究和出版，真的是与欧美接榫，与世界同步。1911年以后的38年的『民国西学』为二十世纪中国学术打下了扎实的基础，而我们却长期忽视，不作接续。

编辑出版一套『民国西学要籍汉译文献』，把中华民国在大陆38年期间翻译的社会科学和人文学科著作重新刊印，对于我们估计、认识和研究『中国的百年翻译运动』、『中国的文艺复兴』，接续当时学统，无疑是有着重要的意义。1980年代初，上海、北京的学术界以朱维铮、庞朴先生为代表，编辑『中国文化史丛书』，一个宗旨便是要接续1930年代商务印书馆王云五主编『中国文化史丛书』，重振旗鼓，『整理国故』，先是恢复，然后才谈得上去超越。遗憾的是，最近三十年的『西学』研究却似乎没有采取『接续』民国传统的方法来做，我们急急乎又引进了许多新理论，诸如控制论、信息论、系统论……还有『老三论』、『新三论』、『后现代』、『后殖民』等等新理论，对『民国西学』弃之如敝屣，避之唯恐不及。

民国时期确实没有突出的翻译人物，我们是指像严复那样的学者，单靠『严译八种』的稿酬就能成为商务印书馆大股东，还受邀请担任多间大学的校长，几份报刊的主笔。但是，像王造时（1903–1971）先生那样在『西学』翻译领域做出重要贡献，然后借此『西学』，主编报刊、杂志，在『反独裁』、『争民主』和『抗战救国』等舆论中取得重大影响的人物也不在少数。王造时的翻译作品有黑格尔的《历史哲学》、摩瓦特的《近代欧洲外交史》、《现代欧洲外交史》、拉铁耐的《美国外交政策史》、拉斯基的《国家的理论与实际》、《民主政治在危机中》。1931年，王先生曾担任光华大学教授，文学院长，政治系主任，后来创办了《主张与批评》（1932）、《自由言论》（1933），组织『中国民权保障同盟』（1932）。他在上海舆论界发表宪政、法治、理性的自由主义；他在大学课堂上讲授的则是英国费边社社会主义、工联主义和公有化理论（见王造时著《荒谬集·我们的根本主张》，1935，上海，自由言论社）。非常可惜的是，王造时先生这样复杂、混合而理想主义的政治学理论和实践，在最近三十年的社会科学、人文学科中并无讨论，原因显然是与大家不读，读不到，没有再版其作品有关。

我们说，『民国西学』本来是一个相当完备的知识体系，在经历了一个巨大的『断裂』之后，学者并没有好好地反省一下，哪些可以继承和发展，哪些应该批判和扬弃。民国时期好多重要的翻译著作，我们都没有再去翻看，认真比较，仔细理解。『改革、开放』以后，又一次『西学东渐』，大家只是急着去寻找更加新颖的『西学』，用新的取代旧的，从尼采、弗洛伊德……到福柯、德里达……就如同东北谚语讽刺的那样：『熊瞎子掰包谷，掰一个丢一个。』中国学者在『西学』武库中寻找更新式的装备，在层出不穷的『西学』面前特别害怕落伍。这种心态里有一个幻觉：更新的理论，意味着更确定的真理，因而也能更有效地在中国使用，或者借用，来解决中国的问题。这种实用主义的『西学观』，其实是一种懒惰、被动和浮躁的短视见解，不能积累起一个稍微深厚一点的现代文化。

讨论二十世纪的『西学』，一般是以五四『新青年』来代表，这其实相当偏颇。胡适、陈独秀等人固然在介绍和推广『西学』，倡导『启蒙』时居功至伟，但是『新文化运动』造成不断求新的风气，也使得这一派的『西学』浅尝辄止，比较肤浅，有些做法甚至不能代表『民国西学』。胡适先生回忆他们举办的《新青年》杂志，有一个宗旨是要『输入学理』，即翻译介绍欧洲的社会科学、人文学科知识，他还大致理了一个系统，说『我们的《新青年》杂志，便曾经发行过一期「易卜生专号」，专门介绍这位挪威大戏剧家易卜生，在这期上我写了首篇专论叫《易卜生主义》。《新青年》也曾出过一期「马克思专号」。另一个《新教育月刊》也曾出过一期「杜威专号」。至于对无政府主义、社会主义、共产主义、日耳曼意识形态、盎格鲁·萨克逊思想体系和法兰西哲学等等的输入，也就习以为常了。』（唐德刚编译：《胡适口述自传》，北京，华文出版社，1992年，第191页）。胡适晚年清理的这个翻译目录，就是那一代青年不断寻找『真理』的轨迹。三四十年间，他们从一般的人性论学说，到无政府主义、社会主义、马克思主义；从不列颠宪政学说，到法兰西暴力革命理论、德意志国家主义思想，再到英格兰自由主义主张，大致就是『输入学理』运动中的全部『西学』。

胡适一语道破地说：『这些新观念、新理论之输入，基本上为的是帮助解决我们今日所面临的实际问题。」胡适并不认为这种『活学活用』、『急用先学』的做法有什么不妥。相反，二十世纪中国知识分子接受『西学』的方法论，大多认为翻译为了『救国』，如同进口最新版本的克虏伯大炮能打胜仗，这就是『天经地义』。今天看来，这其实是一种庸俗意义的『实用主义』，是生吞活剥，不加消化，头痛医头，脚痛医脚的简单思维，或曰：是『夺他人之酒杯，浇自己之块垒』。从我们收集整理『民国西学要籍汉译文献』的情况来看，『民国西学』是一个比北大『启蒙西学』更加完整的知识体系。换句话说，我们认为『五四运动』及其启蒙大众的『西学』并不能够代表二十世纪中国西学翻译运动的全部面貌，在北大的『启蒙西学』之外，还有上海出版界翻译介绍的『民国西学』。或许我们应该把『启蒙西学』纳入『民国西学』体系，『中国的百年翻译运动』才能得到更好的理解。

我们认为：中国二十世纪的西学翻译运动，为汉语世界增加了巨量的知识内容，引进了不同的思维方式，激发了更大的想象空间，这种跨文化交流引起的触动作用才是最为重要的。二十世纪的中国文化变得不古不今，不中不西，并非简单的外来『冲击』所致，而是由形形色色的不同因素综合而成。外来思想中包含的进步观点、立场、方案、主张、主义……具有普世主义的参考价值，但都要在理解、消化、吸收后才能成为汉语语境的一部分，才会有更好的发挥。在这一方面，明末徐光启有一个口号可以参考，那便是『欲求超胜，必须会通；会通之前，必先翻译』。反过来说，『翻译』的目的，是为了中西文化之间的融会贯通，而非搬用；『会通』的目的，不是为了把新旧思想调和成良莠不分，而是一种创新——『超胜』出一种属于全人类的新文明。二十世纪的『民国西学』，是人类新文明的一个环节，值得我们捡起来，重头到底地细细阅读，好好思考。上海社会科学院出版社邀我主编『民国西学要籍汉译文献』，献弁言于此，是为序。

2016年3月20日，于阳光新景寓所

［法］羅班（R.Robin）著
萬錫九 譯

土地徵收之學理與實施研究

中華民國二十七年初版

譯者附言

一　本書自第一四一款後，關於參考資料原文可參看縮寫原文對照表。

二　本書自第一五七款後所譯之「陪審委員會」（照原文 jury 直譯而來）即等於第一五七款前所譯之「評定償金委員會」（照原文 jury chargé de fixer l'indemnité 直譯而來）並等於「徵收陪審委員會」（照原文 jury d'Expropriation 直譯而來。）

三　原書篇末所附法律原文因重要法規已引入本文內故不另譯。

四　本書中人名地名及重要專門名詞另撰一中法文對照表附於書末。

目錄

導言 土地徵收之沿革與立法

土地徵收之學理與實施研究

導言　土地徵收之沿革與立法

（一）法國古代法律與土地徵收　爲公共用途而強迫物主放棄其所有物之權，在一般文明國家中，似爲常見之事。例如法國古代法律中以公用徵收名義，而施用之強迫權是也。但此種強迫權，並未經規定，同時，物權一項，亦未經法律明定其保障。因之，土地徵收之在過去，正如賀銳獻氏（M. Hauriou）所云，不過一種土地充公而已，是否賠償，則並無一定也。

甚至當十七世紀與十八世紀，大興道路與運河工程，廣施土地徵收時代，關於賠款措置，倘由各省監督獨斷行之，而此種賠款更於佔用許久之後，始行撥付；乃至，有時因經費缺乏，竟一文不付。再者，過去對於耕地本身，大抵不付償價，惟對於作收場衞衙園或園圃用之各種土地，僅償付其收穫物之代價而已。

（二）法國革命時代法律及民法與土地徵收　法國革命一方面確定物權不可侵犯原則，一方面將例外的土地徵收權，加以規定，而此種例外的土地徵收，須具備下列三個主要條件：第一、曾經合法證明顯然爲公共之需要；第二、公正賠款；第三、賠款預付（按一七八九年八月二十六日法國人權宣言第十七條，亦即一七九一年九月三日——十四日法國憲法緒言之規定：『物權是一種不可侵犯的神聖的權利，非經合法證明確爲公共需要而且履行公正賠款，與賠款預付條件之前，不得加以剝奪。』

上述各種保障至爲寶貴。不幸，革命法律僅限於原則上之宣告，與古代法律相同，未曾將土地徵收問題予以確切之規定。因之，在實施上，釀成不可避免之獨斷行爲。譬如賠款之處理，一似曩昔委之於行政機關；初則委之於省執政官（按一七九〇年九月七日法律第四條）自一八〇〇年以後，則又委之於省參議會（按法國共和曆第八年五月二十八日法律第四條：）於是劇烈之反對發生。

法國革命時代所公布之法律，曾經確定兩個原則：即公家得有土地徵收權，與土地被徵收之私人得有賠償權是也。而此兩原則後經法國民法之承認；且法國民法採用公共用途一語，以代替公共需要一語，將土地徵收之概念擴大至今猶發生效力之民法第五四五條規定云：『若非爲公共用途，而給以公正的預付的賠款，不得強迫任何人放棄其物權。』

（三）法國對於土地徵收之首次規定：一八一〇年三月八日及一八三三年七月七日先後公布之法律　關於上述原則之詳細實施情形，如確定公共用途者爲誰，宣布土地徵收者又爲誰，決定預付賠款者更爲誰等，則尚須待規定也。

直至一八一〇年止，法國行政機關根據一七九〇年七月七日——十一日，及法國共和曆第八年五月二十八日，先後公布之法律規定，對於上述三事得全權辦理。法國關於土地徵收之第一件法律即於此時產生，該法律由於拿破崙之建議，於一八一〇年三月八日公布（參看後列法制原文表中所載，一八〇九年九月二十日於晉溫布羣別墅（Schoenbrünn）之關於行政上的土地徵收備忘錄，）確定惟有司法機關可以宣布土地徵收的原則，此原則迄今猶保持其效力。再者，該法律一方面將賠款之決定權委諸司法機關，一方面則將公共用途之宣告權委諸元首矣。

但是，一八一〇年所建立之賠款制度，不久即發生許多困難。此次所遇之困難，則為公共利益為私人利益而犧牲：即如訴訟程序與上訴手續之無限拖延等是也，至於法庭方面，不得不請教於毫無保證之專門人才，故往往給予過量之賠款。如有時反是，則土地被徵收之人，抗議司法機關之偏袒，而控其損害私人物權以庇護公共利益。職是之故，一八一〇年三月八日公布之法律即被廢止，而以一八三三年七月七日公布之法律代之。按一八三三年之法律，將決定賠款之任務委諸業主，工業家，商人等所組成之審查委員會。但一八三三年公布之法律於數年後又被廢止，另以一八四一年五月三日公布之法律代之。當法國政府向下院提出該法律草案時，杜佛爾氏（Dufaure）代表下院委員會，曾作一卓絕報告；該院在其一八四〇年五月二十日及六月十九日會議中曾予以討論。

（四）法國土地徵收之現行制度：一八四一年五月三日公布之法律　就大體講起來，一八四一年五月三日公布之法律，直無異於一八三三年法律之再版；實則，一八四一年法律完全具有一八三三年法律的基本規則，僅略增一些細目上的修正而已；因之，有許多關於一八三三年法律實施的判決例，迄今猶可引用也。該法律除經一八九四年四月二十一日，一九一八年十一月六日及一九二一年七月十七日先後公布之法律修改幾處外，現在仍發生效力，而修改後直到現在其內容仍爲九章計八十四條，除卻有時執行土地徵收顯有違法情形外，直已成爲一種適用的程序法。並可名之爲眞正的土地徵收法典也。

然而，一八四一年公布之法律並非規定土地徵收之惟一法規，實則，尚有一些其他法律，對於一八四一年公布之法律，曾經加以修改或補充，如確定實施細目，或對於某一類特別情形訂立一些特別程序，或決定如爲某種目的，雖未經一八四一年法律之規定亦得採取土地徵收手續。關於上述各種法律條文，當於下文中列舉之，此處不過將其中一些重要者略爲提及而已。

（五）其他關於土地徵收之各種法律原文

（甲）關於修改或補充一八四一年五月三日公布之法律的各種法規原文如次：

（1）一八三四年二月十八日及一八三五年二月十五日與同年八月二十三日先後公布之國王命令，曾規定於未作公共用途宣告之先，行政機關所應採取之調查方式，此三項命令迄今猶作一八四一年五月三日公布之法律第三條之補充，而一八四一年法律第三條又經一九一八年十一月六日公布之法律略加修改矣。至上述三項國王命令中之前二者，應用於涉及一區以外之工程時，而第三者則僅限於涉及一區特殊利益之工程時應用之。再者，此三項國王命令並未經一八四一年之法律廢止；

（2）一八三五年三月二十二日公布關於國家爲公用工程所獲得，而尚未作公共用途之土地的法律；

（3）一八四二年四月十八日公布關於各區土地徵收之解除的法律；

（4）一八五二年三月二十六日公布關於巴黎街道之法令、曾經一九一一年七月十三日公布之法律第一一八條及一九一二年四月十日公布之法律略加修改，）但如有採取公共行政法規形式之特別命令，對於其所呈請採用之城市均得適用。此外，尚有一八五八年十二月二十七日與一八七六年六月十四日先後公布之兩項法律，均與一八五二年法令之執行有關；

（5）一八五三年八月十六日公布之法令（曾經一八七八年九月八日公布之法令略加修改，）對於劃界，與公共工程混合委員會之組織及其職權加以規定；

（6）一九一四年一月三十一日公布之法律，對於法國共和曆七年三月二十二日公布之登記法律第六一條，加以修改，並將一八四一年五月三日公布之法律第五十八條加以廢止；

（7）一九一四年四月二十一日公布之法律，對於一八四一年之法律第三十八四十二及四十八各條，略予修改。

（8）一九一八年十一月六日公布之法律，對於一八四一年五月三日公布之法律幾處條文加以修改，而該法律復經一九二一年五月十四日公布之公共行政法規加以補充；

（9）一九二一年四月二十一日公布之法令，對於土地徵收審查委員會委員之報酬有所規定；

（10）一九二一年七月十七日公布之法律，對於曾經一八九四年四月二十一日，與一九一八年十一月六日兩項法律修改之一八四一年五月三日公布之法律幾處條文，復加以修改；

(11)一九二一年九月二十一日公布之法令對於各區與各慈善機關所獲得之不動產其價值未超過二五〇〇佛郎時，准予免去解除抵押手續。

(乙)關於規定各種特別程序的法規原文如次：

(1)一八三一年三月三十日公布之法律(未經一八四一年之法律廢止)對於緊急時修築防禦工事所需要之土地徵收，加以規定；

(2)一八三六年五月二十一日公布之法律(第十五與第十六條)對於修築鄉村道路有所規定，該法律曾經一八六四年六月八日法律及一八七一年八月十日法律(第四十四與第八十六條)加以修改；

(3)一八四四年十月一日公布之國王命令(自第二十四條至第七十九條)及一八五一年六月十六日公布之法律(自第十八條至第二十三條)對於法屬亞爾基利(Algérie)公用土地徵收，有所規定；

(4)一八五六年五月三日——九日法國上院決議(參閱下列第六之二款)對於法屬馬爾提尼克(Martinique)，瓜德盧普(Guadeloupe)，及累羽尼翁(Réunion)各地土地徵收，有所規定，該決議曾經一九一四年四月二十一日公布之法律加以修改；此項決議嗣後得適用於法國其他殖民地聖彼挨爾(Saint-Pierre)，米克隆(Miquelon)塞內加爾(Sénégal)及法屬印度(Inde)各地：關於聖彼挨爾與米克隆，有一八六三年八月十九日公布之法令；關於塞內加爾有一八八〇年四月二十一日之法令；關於法屬印度，則有一八八〇年九月

十四日之法令

（5）一八五八年六月十一日法令，對於法屬亞爾基利緊急土地徵收之方式有所規定，而該法令又經一八五九年九月八日法令加以修改；

（6）一八七四年十二月十二日法令（第三十七條與一八七條）及一八六四年五月十九日之決議，對於法屬新卡雷多尼（Nouvelle-Calédonie）之土地徵收，有所規定；

（7）一八七八年二月十八日法令，對於法屬交趾支那（Cochin-Chine）之土地徵收，有所規定；

（8）一八八九年二月十五日，一九〇三年三月十日及一九一五年十月八日先後公布之法令，對於法屬塞內加爾土地徵收之法規，有所修改；

（9）一八九三年六月十四日公布之法令，對於法屬安南（Annam）與東京（Tonkin）兩地之土地徵收，有所規定；

（10）一九一五年六月十七日公布之法律，對於因不合衛生而實施之土地徵收，有所規定；

（11）一九一九年四月十九日公布之法律，對於巴黎環城防禦地帶之除去以及軍事地帶之歸併問題，皆有所規定；

（12）一九一九年八月十二日公布之法律，對於歐洲大戰後緊急工程之實施，有所規定（該法律之有效期爲五年，嗣經一九二四年三月二十一日公布之法律再延長五年）

(13)一九二一年五月二十二日公布之法令，對於法屬基雅內（Guyane française）之土地徵收，有所規定。

(丙)其他包含有關土地徵收規定之法律如次：

(1)一七九○年三月十五——二十八日公布關於市場之法令，（第一九條）；

(2)一七九一年七月八日——十日法國國民大會所公布關於要塞之維持與分類之法令（第十三條；

(3)一八○七年九月十六日公布關於實施沼澤工程整頓路線，及因實施公共工程而增加之地價之法律，（自第三十條至第三十二條第四十八條及第五十條至第五十四條）；

(4)一八一○年四月二十一日公布關於鑛山、淺鑛與石鑛之法律（第四十三條與第四十四條，）該法律經一八八○年七月二十七日，及一九二二年十二月十六日先後公布之兩項法律加以修改；

(5)一八四二年五月二十一日公布關於因新闢道路或改變路線而被棄置之國道與省道之法律；

(6)一八四五年七月十五日公布關於鐵路警察之法律（第十條）；

(7)一八五三年八月十日公布關於要塞與軍站之分類及防禦工程附近產業之強迫地役之法令（自第三十五條至第三十九條。）

(8)一八五四年六月十日公布關於疏浚工程之法律（第三條與第四條）；

(9)一八五六年七月十四日公布關於鑛泉源地之保護與整頓之法律（自第一條至第九條與第十一條）；

(10)一八六四年六月八日公布關於與鄉村道路銜接之街道之法律；

(11)一八六五年六月二十一日公布之法律（第十八條），一八八八年十二月二十二日公布之法律，該二項法律曾經一八九四年三月九日法令（第四十九條）加以補充，在某種情形之下，該二項法律允許業主聯合會有征收土地之權；

(12)一八七三年四月七日公布關於一八七〇——一八七一年普法戰爭戰死兵士墳墓之保護之法律；

(13)一八七三年七月二十四日公布關於巴黎聖心教堂（Eglise du Sacré-Coeur）之建造之法律（第三條）；

(14)一八八一年八月二十日公布對於鄉村道路之法律（第十三條）；

(15)一八八五年七月二十八日公布對於電報與電話線之安設之法律（第十三條）；

(16)一八九二年十二月二十九日公布關於因實施公共工程所引起之損害之法律（第九條）；

(17)一八九五年七月十八日公布關於海岸電信站之設立與保護之法律；

(18)一九〇〇年四月十三日公布之法律其第三條將一八四一年五月三日法律第十五條至第十八條及第五十八條之規定加以擴充，應用於劃線決議的友誼讓渡且該法律第十九條至二十二條，爲樹立測量界石起見，准許土地征收；

(19)一九〇二年二月十五日公布關於公共健康之保護以及不合衛生住所之清潔之法律（第十條與第

十八條；

（20）一九〇六年四月二十一日公布關於具有美術性之天然風景區與紀念碑之保護之法律（第四條）該法律第十八條經一九一五年六月十七日公布關於因不合衛生而實施之土地征收法律加以修改；

（21）一九〇六年六月十五日及一九二二年七月十九日公布關於電力分配之法律（第十一條與第十二條）後經一九〇八年四月三日及一九二三年四月二十四日先後公布之公共行政法規加以補充；

（22）一九一三年七月三十一日公布關於小規模鐵道之法律蓋法律將一八八〇年六月十一日所公布關於小規模鐵道及電車之法律加以廢止；

（23）一九一三年八月十六日公布之法律（第四條）對於與山地保護及造林有關之一八八二年四月四日法律，加以修改和補充；

（24）一九一三年十二月三十一日公布關於已分類或擬分類之歷史紀念碑加以征收之法律（第六條）；

（25）一九一五年十二月二十九日公布關於設置一九一四年戰死之法軍與聯軍士兵墓地之法律；

（26）一九一八年五月二十七日公布關於繼承、捐贈與交換的不動產之估價之法律（第六條）；

（27）一九一九年三月四日公布關於劃分與整理曾經大戰毀壞之地產之法律；

（28）一九一九年三月十四日及一九二四年七月十九日先後公布關於城市之擴充與整頓之法律；

（29）一九一九年四月十七日公布關於因歐戰而引起之損害賠償之法律（第五條、第四十六條及六十一條）；

(30)一九一九年四月二十九日公布關於大戰時實施公共工程之長期保存之法律；

(31)一九一九年九月二十四日公布關於溫泉區療養區及遊歷區之設立之法律（第一條、第二條、第七條、第十條、第十一條及第十五條。）

(32)一九一九年十月十六日公布關於水力工廠之法律；

(33)一九二二年四月二十日公布關於使土地征收手續簡便化之法律；

(34)一九二五年三月二十五日公布關於各省區及中央政府設立運動場所之法律；

(六)一八四一年法律之改訂　以七八十年經驗所得之結果看來吾人頗可相信：一八四一年五月三日公布之法律依大體講對於實施土地征收者及被征收者之雙方利益均能予以充分之滿意。，因之從未有人主張，將該法律加以全部改造者也。

但是過去曾有數次有人提出部份修改之計劃。而此類計劃，特別對於一八四一年法律關於土地征收審查委員會之組織與其職權各條款有所指摘，但此項計劃並未曾產生任何結果。

當一九一〇年，法國政府認爲一八四一年法律中有一些規定業已不能適應時代需要，乃於是年十二月五日發表一項命令組一個各部聯合委員會（Commission interministérielle），其任務卽研究如何修改關於土地征收之立法。

上述委員會研究之結果，除一方面承認一八四一年法律之全部價值，另一方面所得結論爲維持該法律所建立之原則，對於其中若干條文建議修改之：即該法律之第二三、十五、二十九、三十、三十一、三十三、三十四、三十五、三十八、三十九、四十、四十一、四十二、四十三、四十五、四十八、五十三、六十二、六十四、六十九與七十六各條是也。

（六）之二　一九一一年七月十三日及一九一四年四月二十一日先後公布之法律　一九一〇年組成之各部聯合委員會所提出之建議，有一部份業經採用也。

第一，一九一一年七月十三日公布之財政法第九十二條，及一九一一年十一月十四日公布之法令曾經規定，倘遇土地征收審查委員會之審查員請求時，可以發給旅費與居留費。自後此種規定已由一八四一年法律修改案與另一法令代替矣（參看本書第二〇五款）。

其後，根據各部聯合委員會所作之報告，會於一九一一年十一月二十一日提出之法律草案，結果產生一九一四年四月二十一日公布之法律，該法律對於一八四一年法律第三十八條、第四十二條與第四十八條，曾加以修改（參看本書第一九九款及第二三一款）：

第一條　『一八四一年五月三日公布之法律第三十八條，由下列條款代替之：

『審查委員會之首席法官得宣告預審終止。

『審查委員應即退入休息室，由首席法官主席，立即開會討論（按一八四一年法律第三十八條規定，『主席應就審查委員中臨時推舉一人擔任之』）

『賠款數目由審查委員會之決議定之；而此項決議須經半數以上之表決，始得通過。

『若遇表決票數相等時，以首席法官（即審查委員會主席）所投之票決定之。』

第二條　『一八四一年五月三日公布之法律第四十八條作下列之補充：

『土地征收之賠款，只能包括因剝奪事實而引起之現實的確定的損失，凡非土地征收直接結果所引起之或然的與不確定的損失不能包括在內。若遇在討論期中，關於向土地征收者提出之要求在審查委員會認爲具有上述第二項損失性質時，應即明文裁決之。』

第三條　『一八四一年法律第四十二條第一項作如下之修改：

『審查委員會之決定，及首席法官之命令，不得受人攻擊，除非上訴於大理院，且僅限於違犯第三十條第一項，第三十一條、第三十四條第二項與第四項第三十五、三十六、三十七、三十八、三十九、四十各條，及第四十八條第二項之規定。

但上述之第四十二條，其後復經一九二一年七月十七日公布之法律加以修改。迄今該條之正式條文如次

第四十二條　『審查委員會之決定及首席法官之命令，不得受人攻擊，除非上訴於大理院，且限於違犯第三十條第一項第三十一條，第三十四條第二項與第四項，（關於此兩項可參看本書第二一〇款）第三十五、三十六、三十七、三十八、三十九、四十各條，第四十八條第四項，及第七十八、七十九與八十各條之規定。

『依照第二十條之規定，上訴期限爲二星期，從審查委員會議決之日算起。

第四條　『本法律對於一八四一年五月三日公布之法律第三十八條與第四十八條修改之處，得適用於

一八五六年五月三日公布之上院決議第三十八條與第四十八條；該上院決議，係關於法屬馬爾提尼克瓜德盧普累羽尼翁各地之公用土地征收。

『在上述各殖民地，依照一八五六年五月三日公布之上院決議之規定，仍以公共行政法規方式之法令，或殖民地總督之命令行之。』

以上所述一九一四年四月二十一日公布之法律，僅爲政府於一九一一年十一月二十一日提出經下院於一九一三年七月三十日表決之草案之一部份。實則該草案更進一步建議將一八四一年法律第二與第六十條加以修改如次：

第一條　『一八四一年五月三日公布之法律第二條，以下列規定代替之：

『法庭不得宣布土地征收，如土地征收之用途之證明與宣告，未經本法律規定之方式行之。

『規定方式如下：第一、認可某項工程之法律或法令，對於是項工程，土地征收成爲必需的；第二、若無法律或法令明白指定工程所在地域時，指定該地域之省長證書；第三、指明應征私人產業之省長命令。

『行政當局除有權征收於工程實施上所必需之不動產外，在指定地帶內之其他不動產，是項不動產之獲得，如認爲與計劃中之事業經營所需要之公共或私人設備有各種便利時，亦得征收之。

『若着手之工程爲新闢、放大或延長街道或死巷，或爲新闢或擴大公共廣場，或使紀念碑除去障礙物或與其他物件隔離時，則征收所及，不僅限於道路或廣場所經路線上之不動產，如於建造適合衛生，及適合道路或新關廣協之重要與美觀條件之建築上認爲有擴大征收之必要時，亦可征收路線以外之地帶。

『所謂公共用途一經法律或參政院命令宣告後，當由該法律或該法令確定工程所需之地帶，公共工程以外地段之應用，或該地段轉售之條件。

『若公共用途爲他種文件所宣告，而非爲法律或參政院命令所宣告時，必須由參政院頒一命令，爲上述之確定。

『無論如何，凡私人產業之征收，只能於關係人得有依據第二篇所載之規律，提出抗辯機會條件之下行之。』

第四條　『一八四一年五月三日公布之法律第六十條，以下列條文代替之：

『假使爲實施公用工程而徵收之土地，未經利用時，則該土地之舊業主或權利關係人，乃至依據本法律第二條第三與第四兩項，獲得土地之業主或權利關係人，均可要求物歸原主。至該歸還土地之價值，由協商方式決定，若遇不能妥協時，則由審查委員會由上述規定方式決定之。審查委員會所決定之價值，無論如何，不能超過征收土地時所費數目。』

但法國上下兩院對於上列一條之意見，未能趨於一致，遂使一九一四年四月二十一日公布之法律，僅採用草案中一部分最緊要修正條文而已。

(十八)之三　一九一八年十一月六日公布之法律　一九一〇年成立之各部聯合委員會之工作，如上列第六款末項所舉示，不僅草成一九一一年法律草案與一九一四年法律所包含之條文而已，另外對於一八四一年法律條文，尚有許多修正，而上項修正實至關重要也。

因此之故，法國政府對於上項修正與其在一九一一年所提出之規定而未列入一九一四年法律內之條文，擬重提出討論。法國政府於一九一五年四月二十九日向上院提出「關於一八四一年五月三日公布之公用土地征收法律之修正草案」，即為此目的也。

上述修正草案經修改後，遂成為一九一八年十一月六日公布之法律矣。而該法律對於一八四一年五月三日之法律第一、二、三、六（第二項）、十四、十五、二十三、二十九、三十、三十一、三十三、三十四、三十五、三十九、四十一、四十三、四十五、四十八、五十三、六十、六十四與六十九各條文，均有所修正也。吾人研究與上列各條有關之規定時，將注意及之。

此處略述一九一八年法律之三個特點：第一、行政當局不僅有權征收公共工程所在地所需之不動產，凡足擔保公共工程目前或將來整個價值所需之工程所在地以外之不動產，均得征收之，此名為地帶征收法（按修正第二條與第三條之二）。第二、實施土地征收之行政當局，對於私人產業因公共工程而獲得之增價得征收之。（上述一九一八年法律之規定，後經一九二一年七月十七日公布之法律加以修改，而改為第八十三條矣。）第三、關於土地征收審查委員會組織與其職權之規定，曾有不少修正之處。

（六八）之四　一九二一年七月十七日公布之法律　最後則有一九二一年七月十七日公布之法律（參看

九二一年七月二十日之官報（Journal Officiel）及一九二二年十月十四日與二十六日之勘誤表，）對於一八四一年五月三日之法律條文修正甚多，其中有些條文已經先前公布之法律加以修改矣。至一九二一年法律之所以異於一般者，因其新創一種附帶條件的土地征收故也（expropriation conditionnelle）；所謂附條件的土地征收，即行政當局若遇土地征收審查委員會所擬定之償價在其財政上認爲過費時，得放棄土地征收之決定，是也。此外，一九二一年之法律除對於因公共工程實施而產生之增價征收程序，另作新規定外，尚有對於若干編輯入妥之條文加以修正。以後再當詳論之。

第一章　土地徵收應具之條件

(七)土地征收應具三個條件　土地征收在普通法上，本爲非分之措置，所以於實施之先，下列三個條件必須具備：

(1)須在許可土地征收情形之下；

(2)欲征收土地者須具有征收土地之權；

(3)須有可供征收之物。

以上所舉之條件，當於本章中分三節論之。

第一節　實施土地征收之原因

(八)土地征收須在二重條件之下，始得實施　法國民法第五四五條，對於土地征收，確定兩個基本原則。該條條文云『若非爲公共用途，而給以公正的預付的賠款，不得強迫任何人放棄其物權。』

由上述條文看來，土地征收須在二重條件之下，始得實施：

(1)公共用途；

（2）上述公共用途需要一種產業的侵佔與移轉。

（九）第一條件『公共用途』　法國並無單行法律爲作爲土地征收理由之『公共用途』下一定義。但在各種法律中載明可以實施土地征收之種種情況　參看上文第五款內項）由此列舉之個別情況吾人可以推斷『公共用途』之涵義並不指兩人或兩人以上之用途，乃屬於集團之用途。所謂集團並非謂定由一國公民之全體組成，一省或一區居民，有時乃至單純的業主聯合會（Association Syndicale de Propriétaires），亦可構成集團也。

一八四一年之立法者，所想到之公用二字，僅限於大規模公共工程，如建築公路與鐵道是也。自後，公用範圍逐漸擴大，凡關於衛生，美術及保護歷史紀念碑或天然風景區之工程皆屬之矣。

現在原則上土地征收得適用於所有各種公共利益之經營，例如國防與公共衛生事業（見一九〇二年二月十五日法律第十八條，該條經一九一五年六月十七日法律加以修改；）防汎工程（見一八八二年四月四日及一九一三年八月十六日先後公布關於山地保護與植樹之法律，）公路交通與整頓天然資源與荒地之開發農業天然風景區（按一九〇六年四月二日法律之規定，）歷史紀念碑（按一九一三年十二月三十一日法律）之保護，工商業之推進，引水與接水工程之進行（按一九〇二年二月十五日法律第十條，）城市之擴充與整頓（見一九一九年三月十四日及一九二四年七月十九日先後公布之法律，）平民住宅之建築（見一九二二年十二月五日公布之法律，）運動場之設立（按一九二五年三月二十五日公布之法律，）凡此種種經營，皆爲團於公共利益之經營也。再者，尚有一些工程，可認爲含有公益而可作公用之宣告者，如關於省立職業學校之設立（按一八三六年一月八日法國參政院之決議；）郵局之擴充與整頓（按一九二〇年八月二十三日法令，見一九二〇年九月三日官報）此類工程是也。再如一九〇六年六月十五日，及一九一九年十月十六日先後公布之法律，對於電力與水力工廠之分配，宣告爲公共用途，至於一八一〇年四月二十一日及一八八〇年七月二十七日先後公布之法律，對於開鑛工程之設施，亦作同樣之宣告。吾人於此，須注意者，即在上述情形之下，公共行政機關或其代理人並非受益者，此種公用宣告對於爲適應工業上需要之某項經營則殊有利也。

然而公用性質發生之現象，究甚複雜，若爲之遽下界說，則未免失之冒昧也。因之，承認與宣告公用之主管機關——吾人將於下文第四十款中論及——對於構成公共用途之各種情形，具有無限的鑑定權。

（一〇）單純精神上公共利益則可，但單純金錢上利益則否　土地徵收必需條件之公共利益，不一定限於物質方面，有時完全屬於精神方面。因此之故，一九一三年十二月三十一日公布之法律，及該法律所代替之一八八七年三月三十日公布之法律，允許國家對於已分類之歷史紀念碑，或擬爲分類而遭業主拒絕之紀念碑，如史前之巨大石碑等等，均得征收之。同樣一九〇六年四月二十一日公布關於保護風景區之法律，曾正式規定爲便利保護起見，須加以征收也。

但集團之單純的金錢利益不能作爲土地征收之充分的理由。如以買而轉售爲目的實施征收，則非法律所允許。因之，設有一區擬將有利於本區而無關於公益之不動產，加以征收，勢難獲得公用之宣告也。（參看一八五六年二月法國內政部長致索姆省省長（Somme）函，及一八五六年份行政法日報（Journal de Droit Administratif）第四卷第三七四頁）。實則法國參政院（Conseil d'Etat）對於集團之公共利益與財政利益會注意加以區分也。對於爲謀公共利益之土地征收，予以許可，但對於爲謀財政利益之土地征收，則絕對拒絕也。

然而，常有界說欠正確，區分難決定之情形。再者今之立法者有故意破壞上述原則之趨勢，對於有意實施土地征收集團之財政利益，只要此項實施不完全含有投機思想者，則加以尊重。（按一九一二年四月十日公布關於巴黎街道之法律，及一九一八年十一月六日公布關於修正一八四一年法律第二條之法律（參看第十一款。））

（二）公用概念之擴大　直至現在，「公用」二字在法國，解釋起來相當嚴格，在原則上土地征收只能及於在實施預定工作所絕對必需之土地而已。

然而，往往在事實上，集團對於因受損失而應享之利益，只能於下列兩種情形之下，始得實現：第一，對於可應付將來需要之土地，須有立即自由處置之可能；第二，對於合理的充分的利用上所必需之建築與設備，須有接收之可能。

所以，法國民法已用公用概念代替比較狹義的公共需要概念，現在公用概念又有日益擴大之趨勢，其擴大情形，約言之如次：

（1）疇昔不承認含有公用性質之工程或物件，而今予以承認。例如，吾人猶可憶及一九〇六年四月二十一日，一九一三年十二月三十一日及一九一九年九月二十四日先後公布之法律，對於保存歷史紀念碑，保護風景區，發展溫泉區及療養區之衛生工程與美術工程，皆有土地征收之規定也。

（2）在某種情形之下，已被承認之公用概念現在求廣義的應用。如修正一八五二年三月二十六日關於巴黎街道命令之一九一二年四月十日法律，對於城市路政上應施之土地征收權，即根據此點而予以擴大是也。（參看下文第二八三款。）再如修正一八四一年五月三日法律第二條之一九一八年十一月六日法律，亦曾將土地征收權予以擴大，因其對於任何性質之工程均允許實施地帶征收法。（參看本書第二八三款之二。）

（一二）第二條件須有剝奪　要之，無論依據民法第五四二條或一八四一年五月三日法律，土地征收之實施，只能在爲公共用途起見將私人產業移轉於行政機關此種必要情形之下行之。

由上文觀之，所謂土地征收之實施，一方面對於業主，須有所剝奪，另一方面行政機關，應有所獲得也。

（一三）結論若無產業之移轉，則土地征收規則即不適用。例如：

（1）因實施公共工程而產生之永久或暫時的損失　實則，此種損失，僅能擾亂權利之履行，對於權利本身並無影響，因之，按法國共和曆第七年五月二十八日法律，規定其賠償辦法均由省參議會決定，而非由土地征收審查委員會決定，甚至所受爲永久之損失（參看一八五〇年十二月二十三日之法庭判決（見一八五一年西勒定期類集（Recueil Périodique du Sirey）第二編第三八〇頁）及後來之其他判決例。）

（2）行政當局爲實施警衛或爲公共安寧起見而命令拆毀之建築物　特別是爲保護某要塞必須破壞之

建築物。若所施破壞僅如一七九一年七月十日法律第三十六，三十七，三十八各條所規定，而爲一種預防處置時，則司法機關得依一八一九年七月十七日公布之法律第十五條規定對於被破壞不動產之業主所提出之賠償請求予以裁決；假使所施破壞，並非預防處置，而成爲一種戰爭行爲，換言之即成爲戰鬪上迫切之需要時，則由行政法庭裁決之。一般判決例與學說均贊成此種辦法〔參看一九一六年一月二十六日法國塞內省(Seine)法院判決例，見一九一六年二月五日之法院新聞(Gazette des Tribunaux)〕。

（3）現行地役之撤銷　實則地役（如通過權，汲水權，日光權，接近權，陰溝權等等）並不能構成一種單獨分離的產業，不過附屬於地產上之某種利益而已。因之地役之撤銷只能認作一種損害(dommage)，是項損害之賠償由省參議會負責處置，而不能認作一種剝奪(dépossession)。職是之故，按判決例規定上述撤銷不能直接依土地征收方式行之〔參看法國參政院一八四二年六月十五日通過之決議（見參議院決議類集(Lebon, Recueil des arrêts du Conseil d'État)第二九七頁）及一八四四年五月十七日通過之決議（見參議院決議類集第二七八頁）；一八五〇年一月十九日通過之決議（見一八五〇年謝海定期類集第二編第三〇二頁）；一八五〇年六月十二日通過之決議（見一八五一年達祿斯定期類集(Dalloz, Recueil Périodique)第三編第四頁）；一八八二年十二月十六日通過之決議（見參議院決議類集第一〇四八頁）；一八九四年五月二十六日通過之決議（見參議院類集第三七〇頁；參看一八五一年西勒定期類集第二編第三〇〇頁）及法國大理院一八六五年四月二十六日公布之判決例（見一八六五年西勒定期類集第一編第二一〇頁）一八六八年一月二十七日公布之判決例（見一八六八年西勒定期類集第一編第二一三頁）；與一九二四年五月六日公布之判決例（見達祿斯週刊第四一〇期）。

若遇承役地 (fonds dominant) 或服役地本身 (fonds servant) 被征收時，則其結果與上文所述迥異。地役之歸消滅爲不可避免之事。但地役之消滅僅爲不動產消滅之結果，其所以受土地征收之影響者，正因其爲不動產之附屬物故也。

再者，在上述情形之下，所謂地役之消滅，在土地征收判決中固未明白規定也。審査委員會之使命，雖在給予承役地業主以賠款，但對於被征收服役地業主之賠款不過附帶爲之決定而已。此兩種賠款之總和，即代表土地全部之價值。

（ ）公用地役之成立（參看白德勒米所著之行政法 (Berthélemy, Droit Administratif) 第九版第六五六頁），此種地役乃行政機關爲公共利益設想，所強加於私人產業之負擔。該地役之成立，並不引起任何剝奪，僅僅對於物權加以限制而已。是則並不須採用土地征收手續，而地役即可成立矣。

依上述方式而產生之地役，最顯著者例如因鄰近鐵道，墓地或火藥庫而產生之地役（參看一八四三年西勒定期類集第二編第三三三頁，及一八五五年三月八日法國參政院決議（見一八五五年西勒定期類集第二編第五一六頁）。尚有軍事地役（參看一八三六年二月十八日法國參政院決議（見一八三六年參政院決議類集第二九五頁）〕一八五六年七月二十四日法國參政院決議（見一八五七年西勒定期類集第二編第三八九頁，）及一八五七年二月五日法國參政院決議（見一八五七年達祿斯定期類集第三編第七四頁，）保護電線地役（參看一八八五年七月二十八日公布之法律第四條，）及縴路地役（參看一八三五年八月二十五日法國參政院決議（見一八三五年參政院定期類集第六編第一八一頁）；）一八三八年一月七日法國參政院決議（見一八三八年參政院定期類集第七編第二頁，）一八四一年八月二十五日法國參政院決議（見一八四一年參政院決議類集第四七二頁以及一八九八年四月八日公布關於水制之法律第五十一條）亦依上述方式而產生者也。

同樣，關於採掘材料及臨時佔用地役，其產生方式同上至於因執行該項地役所引起之損害，其賠償問題，按一八九二年十二月二十九日法律規定，應由省參議會解決之。而賠款固不必於事前撥付也。

再者，所謂臨時佔用，頗似一種強制租借；至於土地征收，則儼然爲一種強制出售矣。吾人尤須注意者，按一八九二年法律之規定，假使佔用期間超過五年時，則業主得請求按一八四一年五月三日法律規定手續實行征收。似此，則長期佔用一變而爲間接的土地征收矣（參看本書第四〇三款。）

最後，尚須舉示者，則有一九〇六年六月十五日公布關於電力分配之法律，及一九一九年十月十六日公布關於水力利用之法律規定而產生之地役。其次關於採煤則有一八一〇年四月二十一日，一八八〇年七月二十七日，及一九二二年十二月十六日法律第四十三條規定，特許權者(concessionnaire)對於讓予範圍內之土地得佔用之。

(5)租賃權之產生或消滅。租賃權與地役，均以同樣理由，不能按土地征收辦法而獲得或消滅。

首先，行政機關有所租賃時，不得以土地征收方式強制業主出租。一七九〇年三月十五日法律對於私人戲院，菜場市場所爲之強制租賃規定，不能視作土地征收範圍內之規定也。

再者，有一永久判決例規定租賃不能按土地征收方式而加以取銷。若遇租戶單方受損害而業主仍保有其不動產時，則對於租戶之剝奪不過因執行公共工程而引起之損害，應由行政機關裁判之（參看一八四三年九月六日法國參政院決議（見一八四四年西勒定期類集第二編第九六頁）），

復次，若遇不動產係法人私產之一部分，而該法人若欲將不動產移充公用時，對其已訂租約之租戶不能採用土地征收辦法。若欲取銷租約，則應由民事法庭按民法第一七四四等條規定，對於租戶爲賠償之決定，而審查委員會不得處理也（按一八六二年八月十六日法國大理院判決例（見一八六二年西勒定期類集第一編第七二一頁）及一八六五年八月二日法國大理院判決例（見一八六五年西勒定期類集第一編第四五八頁）），

然而，有些著作家認爲行政機關因和平售賣已成爲不動產之業主，如欲剝奪該不動產租戶之權利，得採行公用宣告之手續（參看達祿斯字母順序目錄(Dalloz, Répertoire alpha bétique) V部第四三與二四三款，一八四九年八月十八日法國參政院決議（見一八五〇年達祿斯定期類集第三編第五頁）」一八六二年八月十六日法國大理院判決例（見一八六二年西勒定期類集第二編第七二一頁）及一八六五年八月二日法國大理院判決例（見一八六五年西勒定期類集第一編第四五八頁）。尙有曾得法國參政院內務科同意於一九

一三年八月十日公布關於延長奧斯曼大馬路（Boulevard Haussmann）之命令，准許巴黎市對於該市所有之不動產，因實施預計工程加以破壞時有權『取得該不動產租戶之權利，可依協商方式取得之或於必要時，以土地征收方式取得之。』但上述命令無論在形式上或內容上，均難獲贊同。實則，一方面吾人固可以征收業主產業，但吾人如何征收租戶產業；吾人僅能取銷租約，加以收奪而已。在另一方面，此爲毫無疑義之事，按一八四一年法律規定，在未陳請之前所有一切土地征收程序只對業主適用：征收土地者，只能於土地征收判決宣佈以後，舉行陳請之時始得悉租戶爲何許人（參看本書第一二九款。）再者，吾人對於一八四一年法律之機構若加以注意，當知土地征收判決，絕不容超出讓渡決議範圍，例如委託主持決定賠款之審查委員會法官，對於未經省長宣告讓渡部分之佔用者，予以任何賠款（參看下文第八六款第二項。）抑尤有言者，省長所宣告讓渡部分，只能限於允許征收範圍以內之土地。

但遇不動產本身被征收時，其情形當又不同；在此種情形之下，產業征收的結果，租賃當卽取銷。至對於租戶之剝奪，附帶與對於業主之剝奪，依據同樣規則執行之。

（一四）變例　有些特別法規，爲給予私人利益以特別保障計，將土地征收法幾種規定擴大，雖在無產業剝奪與移轉情形之下亦得實施：

（1）一八三一年三月三十日公布之法律（其第三條既經一八四一年五月三日之法律第七六條加以修正矣，）對於緊急防禦工程臨時佔用土地，特給予司法機關與審查委員會以賠償估價權，至於上述佔用，僅足構成損害一層尚未計及也；

（2）一八四五年七月十五日公布之鐵道警衛法（第十條）及一八五四年六月二十二日公布之海陸軍火藥庫附近地役法（第三條），對於鐵道與火藥庫附近所拆毀之建築物，亦賦予審查委員會以決定賠償之權（參看一九一九年十月十六日公布之水力工廠法第五條第三節。）

第二節　得享土地征收利益或得採用土地徵收程序之法人

（一五）由法律明文限定之法人　土地征收是一種特別重大行爲，所以只能對於各種明文限定之法人，始予以實施土地征收權。茲列舉如次：

（1）國家、省區及附屬於上述機關之自治行政部署（法國殖民地亦得援用本項規定）；

（2）國家、省區特許承辦公共工程之人員；

（3）業主聯合會；

（4）享有開鑛特許權者；

（5）經公共用途之宣告取得電力分配特許權者；但土地征收之實施，仍須以頒給特許權之機關名義行之；

（6）享有開辦水力工廠特許權者；

（7）平民住宅區公共事務所。按一九二二年十二月五日法律規定，該事務所得認作公共機關，並得以此名義，實施土地征收。但此問題引起不少爭論（參看本書第十九款之二。）

（一六）1國家、省、區及其代表人員　在原則上只有國家、省、區得實施土地征收，因惟有國家、省、區合法的代表一般公共利益。至其土地征收權，則有曾經一九一八年十一月六日法律修正之一八四一年五月三日法律第三條，予以明白規定（參看下文第四十款。）

但上述土地征收權，縣與村均不得享有之，因縣與村不過為行政上的區分而已。惟於此須申明者，立法者如認為適當時，得准許其他人員得享土地征收之利益；例如一八七三年七月二十四日公布之法律，准許巴黎總主教實施土地征收，以建築聖心教堂是也。

國家與省之代表人即由土地征收實施所在地之省長任之，若遇海河工程時，則由海軍區副司令代表之（按一八三四年十二月二十二日法國大理院判決例，見一八三五年西勒定期類集第一編第一七二頁。）再者，省長得將職權委之於另一公務人員，譬如實施軍事工程，即委之於一軍官，於是該軍官代表省長以國家名義處置一切（按一八九二年十二月二十一日法國大理院判決例，見一八九四年西勒定期類集第一編第一九一頁。）

區則由區長代表，如區長缺席時，可由副區長代表之，不必另由區參議會特別指定人選也（按一八八四年四月五日公布之法律第八三條與第八四條，及一八九一年五月二十五日之法國大理院判決例，見一八九三年西勒定期類集第一編第二〇八頁。）

非有合法資格代表所進行之土地征收，應歸無效：例如僅涉及一區利益，而省長代理區長執行職務，則進行之土地征收，即作無效（按一八九二年三月二十一日法國大理院判決例，見一八九二年西勒定期類集第一編第五二八頁及一九〇五年十一月六日法官與書記日報（Journal des Notaires et des Avoués）第六〇六頁第二八條。）

（一七）2享有承辦公共工程之特許權者　享有承辦公共工程特許權者之土地征收權，係根據一八四一年法律第三條與第六三條之規定。該第六三條稱：『享有承辦公共工程之特許權者得行使行政機關所取得之一切權利，並須遵守法律對行政機關所課之一切義務。』

只有公共利益代表者始得實施土地征收，此原則並無例外，因此等享有特許權者並非以私人名義與為個人利益而行動，但以特許給予者（concédant）即國家省或區之名義，並為其謀利益而活動也。

在上述情形下成立之公用宣告文件，普通明文規定如次：『因此，享有特許權者對於行政機關由一八四一年五月三日法律規定所應得之權利與義務，均得代理執行之。』上述公文程式，鐵路公司每於進行土地征收時採用之。

上述之代理經合法手續批准，正式成立之日起，始發生效力。自後，公司在正式承受某城市土地征收權利之前，因購買產業所付之登記稅，不得請求退還也。（按一九一〇年一月二十六日法國大理院判決例，見一九一一年達祿斯第一編第二七三頁。）

（一八）3業主聯合會　關於業主聯合會之土地征收權，先後曾經兩次明文規定：（1）最初則有一八五四年六月十日公布之法律第四條，對於實施疏濬工程聯合會，賦予土地征收權；（2）其後，經一八八八年十二月二十二日法律，及一八九四年三月九日命令補充之一八六五年六月二十一日法律，（第十八條）復將土地征收權授予在本法律內列舉之其他工程業主聯合會，惟必須經過批准手續。

關於執行土地征收權之條件，則按工程之重要性，而有所差異；有時須依據一八四一年法律之規定，有時則依據一八三六年五月二十一日法律之規定也（參看本書第三七二款及其他）。

此處對於只能爲謀公共利益而實施土地征收之原則，似有所牴觸。因依本款所述，爲謀集團的私人利益，亦得實施土地征收故也。但此種私人利益之繁榮，似對於公共利益，不無裨益也。

（一九）4享有開鑛分配電力及開辦水力工廠之特許權者　關於享有開鑛特許權者之土地征收權，則有一八一〇年四月二十一日公布之法律第四十四條爲之規定。該條條文經一八八〇年七月二十七日，及一九二二年十二月十六日兩項法律加以修正。依該條規定，在享有開鑛特許權者，對於爲便利採鑛，而實施築路，開運河等類工程時，得援用一八四一年法律規定之程序。該第四十四條稱：『參政院可用命令，對下列各事作公用之宣告：在讓予地帶內爲便利輸送出品與影響地勢起伏而興造之運河、鐵道與小溝，以及在讓予地帶外，爲便利運輸出品而興造之運河、鐵道與小溝，鑛山必需之道路，以及救急工程，如爲流通空氣及排水而設之井或隧道等。至在讓予地帶外興築之交通道路，得於明文規定條件之下，充作公用。在本條所指情形之下，得援用一八四一年五月三日法律關於土地剝奪與賠償辦法所規定之條文。』（關於一八一〇年法律第四十四條，在未經一八八〇年七月二十七日法律修正以前尚須參考一八〇七年九月十六日之法律條文。）

本款所舉之第二變例，正如上款（第十八款）所舉之變例，均依據同樣理由而存在：一般人均認爲採礦係爲公衆謀利益，凡一切有利於採礦之辦法均應認爲具有公益性（參看白德勒米氏著行政法第九版第六一九頁。）

立法者根據同樣理由，對於享有分配電力特許權者，及享有開辦水力工廠特許權者亦授與土地征收權。

茲將與享有分配電力及開辦水力工廠特許權者有關之法律條文列舉如次：

（1）電力分配　按會經一九二二年七月十九日法律修正之一九〇六年七月十五日公布之法律第十二條稱：『爲實施隸屬讓與範圍內之工程起見，公用之宣告卽授與享有特許權者以行政機關在公共工程上依據法規所應得之一切權利。同時，享有特許權者對於行政機關依據法規應當負擔之一切義務，亦須遵守之。』

『若遇有實施土地征收之必要時，應依據一八四一年五月三日之法律規定，以頒發特許權機關名義由享有特許權者擔負經費執行之。』（頒發特許權者有時爲區長或各區聯合會主席(président du syndicat de communes)，有時則爲國家。）

（2）水力工廠　按一九一九年十月十六日公布之法律第五條稱：『若遇經營上之處理需要長期佔用私產，而未經本法律第四條規定之情形時，該經營之用途倘在國家經濟利益上認爲正當時，得以承認特許權之證書宣告之然若遇公用之宣告只適用於某項工程且行之於頒發特許證書以後時應由參政院裁決之。

『若經公共用途宣告以後有實施土地征收之必要時須依據一八四一年五月三日公布之法律規定行之不得對於第四條與第五條條文有所牴觸。

『若遇在同一地段上有成立第四條中規定之某一種地役而征收者須有獲得全部產業之必要時則土地征收審查委員會得爲兩種賠款之裁決。』

上文所述以頒發特許權機關名義始得援用行政手續但事實上卽享有特許權者享有土地征收權（參看本書下文第二十款）再者法庭判決例對於其他法人亦承認其得有土地征收權例如一九一九年四月二十三日公布之命令允許塞陰省平民住宅區事務所爲設立公園計對於不動產之獲得得以協商方式出之或按照一八四一年五月三日法律之規定以土地征收方式出之。

（一九）之二　平民住宅區事務所之職權最後始由一九二二年十二月五日法律規定一般人認爲平民住宅區事務所得援用土地征收程序然而判決例對之意見殊不一致按最佔優勢之慣例應准許事務所所隸屬之行政機關以事務所之名義征收預定建築工程所必需之土地。

（二〇）公共機關　(établissements publics)：公共機關如何可以實施土地征收權　所謂公共機關者卽具有法人資格爲公衆服務之機關是也如救濟院、醫院、慈善公所、法國國家學院 (Institut de France)、及屬於學院之各研究所法國高等學院 (Collège de France)、大學校、大學各學院、商會、儲蓄處、郵政儲金局、養老儲金局等等團之上述各種法人，均具有一種特別性質，與國家、省、區不同。（參看賀銳猷氏所著之行政法第三四二頁。）

上述機關究竟有無土地征收權曾經多次引起討論，特別是救濟院與商會兩種機關。以吾人觀之，對上述問題作否定之解答似無疑義。實則從無一項法規，對於上述機關，授以土地征收之非常權利，而此項權利，須依據法律明文規定，並非法人自然產生之結果也（參看賀銳猷氏所著行政法第八版第七五三頁白爾德勒米氏所著行政法第九版第六一八頁及與上列二書意見相反之卡爾索內 (Garsonnet) 氏所著土地征收之研究 (Traité sur léxpropriation) 第五五款，按卡氏已將公共機關列入享有土地征收權之法人欄矣。）

上文所舉示之規則，殊缺乏充分理由；為公衆服務之機關，不能享有於彼有利之土地征收權，究係何故？關於此點，法律似應加以修正。

然而，判決例認為公共機關所代表之公共利益，可作為公用宣告之理由，且判決公共機關，以其直屬上級機關，（國家、省或區）之居間，得從事土地征收，如此可以減少上述規則之嚴重性。實則各種公共機關與國家、省區有連帶關係，換言之，該機關若經裁撤，則其所服務之公共事業立即集於國家、省、區之身。參看賀銳猷氏所著行政法第八版第三四七頁，將公共機關分作三大類。例如救濟院，應由區署以救濟院名義，並為救濟院利益計，而實施土地征收，救濟院即成為業主（按一八五〇年十二月十日法國參政院決議一八五三年法國內政部決定，見一八五四年內政部官報第一二五頁及一八九二年十一月十四日法國參政院公共工程科決定之命令草案依該草案國家對於商會只須其照付征收費用得爲之實施土地征收。）同樣，法國塞內省省長曾多次得到許可『以巴黎市名義爲巴黎公共救濟總會利益着想，』征收不動產（巴黎公共救濟總會已經一八四九年十月十日法律規定，列入公共機關類矣。）

誠然，國家、省、區爲所屬公共機關所代表之公共利益着想而實施之土地征收，是極平常之事。但在吾人認爲，與其以國家省或區機關名義實施土地征收，不如直接以公共機關之名義及其爲本身利益計行之，一區既同時以本區名義又以所屬救濟院名義實施土地征收，此舉殊難贊同也。一九一九年九月二十四日公布關於溫泉區、療養區與遊覽區之法律（該法律曾經對於一九一〇年四月十三日公布之法律，加以廢止，並代替之），將溫泉區療養區及遊覽區管理處統名之曰公共機關，准許區署將衛生或美術工程讓與上列各機關實施之；並規定，若遇有實施土地征收之必要時，即『以頒發特許權機關名義（即區）並由享有特許權者負擔費用』實行之（按該法律第七條與第十五條之規定。』

再者，一區爲其本身利益所實施之土地征收，一經實行後，並無任何理由足以阻止其將土地徵收所得之產業，依行政法規定之方式，讓與於慈善機關。此種措置，並不違背法律原則也。（參看丟利約與羅什二氏合著之慈善機關袖珍本（Duriou et Roche, Manuel des établissements de bienfaisance）第二篇第二三六頁。）

對於下列承認公共機關有自動實施土地徵收權之意見，或有人不以爲然。例如，法國參政院於一八三五年七月十七日所公布之通告（Avis），對於救濟院，『以謀清潔衞生爲目的，』並非以擴大地域爲目的，而實施之土地徵收，特予承認；同樣曾經法國參政院同意之一八七三年所頒命令，准許烏蘭公司實行徵收改築教堂所需土地（參看奧可克氏所著行政法演講集（Aucoc, Conférences sur le Droit Administratif）第二篇第八二六頁）此外尚有一八九五年三月五日公布之命令，對於巴黎商會收買不動產事，曾爲其作公用之宣告（參看卡爾索內氏行政法第五八款附註第七）及一九一一年十二月二十八日公布之命令，准許巴黎商會收買勝利之母街二十三號不動產（參看一九一四年四月十八日及一九一九年五月十五日先後公布之命令）最後，尙有一九一三年八月八日公布之法律，對於巴黎商會爲改建並擴大會所所收買之各種不動產，亦曾予以公用之宣告（此次立法者所持理由之重要，係因購置的款之性質而決定也。）

實則若給予公共機關以直接土地徵收權，祇爲所願望之事，且中央行政機關有權不作公用之宣告。但只有法律纔能給予上述權利，而判決例則否也。

（二）公用機關此種機關無土地徵收權　公用機關之所以與上述公共機關有別者，正因其非公衆服務團體故也。實則，公用機關不過爲具有法人資格之私人創辦機關而已。此類機關，如典當舖、儲金所、互助社、科學社、文學社、藝術社等等屬之。

上述公用機關自然有裨公共利益，（如推行善舉，獎勵儲蓄等等，）實則，正以此故，而獲得法人資格；但是，公用機關並非公共利益之合法的代表，所以對於法律猶不欲給予公共機關之土地徵收權，自不能取得也。例如，法蘭西銀行（Banque de France）就法律講是一所私人公司，並非公共機關，所以並無土地徵收資格（參看一八七二年十二月二十一日法國塞陰省法院判決及否西挨里爾曼氏所著發行銀行（Fuzier-Herman, Banque d'emission）第八二六款。）

但是吾人已於上文第一一款與第二〇款中看出，現有一種顯著學說趨勢，即將土地徵收權擴大用途，而一些含有代表社會利益性質之私人企業亦得援用是也

（二二）關於溫泉浴室　一八五六年七月十四日公布之法律第七條，第九條與第十條，對於溫泉事業，曾規定一些特別辦法，最顯著者即允許對於保護溫泉地帶內之產業有佔用之權是也。該法律曾明文規定「若佔用時使業主不能享有收入者，足有年餘，或在工程實施後，土地不能恢復舊日之用途時，土地業主得要求溫泉業主將該土地加以收買，至賠償問題，若未能以協商方式解決時，得依據一八四一年五月三日法律規定之程序解決之；但是無論在任何情形之下，對於溫泉保護地帶內之土地徵收，絕不容溫泉業主要求實施也。」（按一八五六年法律第九條規定）

由上述規定之結果，國家依據普通法，對於溫泉浴室之創辦，擴充或改善，得以國家名義作公用之宣告；土地徵收權不屬於溫泉業主。

若認為與公共利益有關之溫泉經營，保護欠週，或不能滿足公共健康之需要時，國家得請參政院頒一命令，准其按照一八四一年五月三日法律規定之程序，實施土地徵收（按一八五六年七月十四日法律第十二條規

定。）

法國參政院曾多次爲溫泉業主對其創辦擴充或改善工程作公用之宣告；其所持理由，則爲以上所舉之各種工程均屬於公益工程似此便利私人且無正式法規允准之公用宣告實令人不能不置喙也（參看卡氏所著土地徵收演講集第六一款。）

第三節　土地徵收之對象

（二三）徵收物應具之兩個條件：

（1）須屬於私人所有物；

（2）該物須具有不動產性質。

（二四）第一個條件：須屬於私人所有物　所謂土地徵收之實施，即產業移轉至徵收對象，只能爲私人產業，凡非個人所有物，如羅馬法中所稱之公有物（Res communes），無主物（Res nullius）公共物（Res publicae）不與焉。

關於公有物　所謂公有物者，即以性質論，不能絕對據爲己有而爲一般人所共同享受之物也　按法國民法第七一四條規定：「如空氣，外海流水等類屬之。」至於剝奪個人所享受之公有物利益，則並不受一八四一年五月三日法律規定之拘束也所以對於因實施公共工程，而遮斷風車所需之空氣動力（按一八五六年一月十日法國參政院決議（見參政院決議類集第三三頁））或減低水流斜度，乃至影響發動力等事（按法國參政院於一八五五年三月十五日所爲之決議（見一八五五年西勒定期類集第二編第六四七頁））；一八五七年八月二十七日法國參政院決議（見參政院決議類集第六九六頁）；一八五八年五月十五日法國參政院決議（見一八五九年西勒定期類集第二編第二六三頁）；及一八六六年四月十八日法國參政院決議（見一八六九年達祿斯定期類集第三編第六三頁），只能認爲一種損失而已。

（乙）關於無主物　所謂無主物者，即凡可供人專有，但在未經獲得佔有以前，仍爲無主之物是也。例如，獵獲物，魚類及海濱介類等等屬之。

法國大理院在一八九八年四月八日之河道法未公布以前，曾經判決：不能通航及撑筏之小河沿岸之業主，若遇產業因公用而徵收時，該業主不得因沿着產業之河道被剝奪請求賠償，因此河道含有無主物性質故也（按一八六一年五月六日法國大理院判決例（見一八六一年西勒定期類集第一編第五九八頁））。

（丙）關於公共物　最後，不能適用土地徵收辦法之第三種產業，則爲公共物，凡國家，省或區管轄區域內各種產業屬之。

實則，公共產業之不容讓與，已成法國法律之基本原則，而土地徵收之實施假定有產業之移轉，所以對於公共產業實施之土地徵收程序不發生效力，而土地徵收審查委員會無權受理。且也，此種無效含有公共性質；即使當事者對於土地徵收予以同意，土地徵收審查委員會亦不得據此而爲根本無效之決定（按一八九七年十二月二十日法國大理院判決例（見一八九九年達祿斯定期類集第一編第二五七頁）；及一九〇九年五月十一日法國大理院判決例（見一九〇九年十月二十二日法院新聞）。

最著者由國家築成或讓與之鐵道，屬於公共產業，不能爲土地徵收之目標（按一八四五年七月十五日法律第一條，及一九一六年一月十八日法國大理院判決例（見一九一六年二月二十八日法院新聞）。同時，關於鄉村道路亦然（按一九二三年七月三十日法國大理院判決例，）可參看本書第三六九款。

所以，凡實施公共工程，需要佔用國有，省有或區有公地時，只能以移用方式行之，而不能採用土地徵收之普通程序。且此，倘遇有賠款要求發生時，則賠款之估量，與因移用變動而發生之困難，均依據法國共和曆第八年五月二十八日公布之法律第四條規定解決之，換言之，即由省參議會受理是也。此種解決已經各司法機關加以認可矣（按 八八四年十一月二十一日法國參政院決議，（見參政院決議類集第八〇四頁，及一八八六年達祿斯定期類集第三編第四九頁）；一八九五年七月九日法國大理院判決例（見一八九八年達祿斯定期類集第一編第一九六頁）；一八九七年十二月二十日法國大理院判決例（見一八九九年達祿斯定期類集第一編第二五七頁）；一九〇〇年十月二十九日法國大理院判決例（見一九〇一年達祿斯定期類集第一編第一八三頁）；及一九〇九年五月十一日法國大理院判決例（見一九〇九年十月二十二日法院新聞）；並參看白德勒米氏所著行政法第九版第六二〇頁）。

但是國家省或區另有一種私產，此種產業並不含不能讓與性質，故得徵收之。法國一八四一年五月三日公布之法律第十三條，對於此種徵收辦法，有所規定（參看本書第一二五款與第一三四款。）所以對於國家，或享有特許權之公司徵收某區私產一事，無由加以反對。反之，若遇某區徵收國家或特許權公司私產時，其情形亦然也。

對公共產業，不能加以徵收，乃特爲某種公共產業而規定者，即關於國家軍事區域之產業是也。關於軍事區域產業，則有一七九一年七月八日——十日法國憲法會議（Assemblée Constituante）公布之戰區保護命令第十三條予以規定；該條稱：『所有要塞或駐紮所之防禦地域，不論其所在地爲陸地邊疆，或爲海濱或爲沿海羣島，均認爲國家產業：上述地域因具有此種特性，所以將其保護責任委之陸軍總長；各行政機關無論在任何情形之下，若無陸軍總長之參預，不得自由處置……。』判決例亦即根據此條決定。即若遇公用工程需要佔用國有軍事區域之某一部份時，例如鐵路，或爲某城市用水供給而建之河渠，須經過該城市防禦地帶時，不能援用土地徵收程序。如遇此種情形，只有會同陸軍總長商決實施工程方法，而河渠佔用地，雖別有用途，但仍屬於軍事區域也（按一八四七年二月十七日法國大理院判決例（見一八四七年達祿斯定期類集第一編第三一五頁）及一八六二年三月三日法國大理院判決例（見達祿斯定期類集第一編第二九一頁。））

（二五）第二個條件：所擬徵收之產業，須具有不動產性質　在理論上，動產與不動產並無分別：公衆利益需要實施土地徵收時，則任何產業均不能避免也。再者，在本書第二款中吾人曾見第五四五條固已明示一般土地徵收原則矣。

然而，土地徵收只能依據法律條文所規定之程序實施。且其實施範圍，只能及於條文曾加列舉之產業也。一八四一年法律雖未明白指出，但其規定絕對關於不動產之徵收（參看本書下列第四〇五款。）

一（二六）關於不動產，不論其業主爲何等人，均得徵收之 一八四一年法律，雖僅適用於不動產，但對於不動產並未予以任何區分。因之凡爲私業之不動產，均得加以徵收，不論其業主是否具有法律能力，爲公共機關或私人，爲法蘭西人或外國人也。

凡未成年者、禁治產者、失蹤者、婦女之產業及公共機關各種私有產業，乃至曾經明白宣告占有後不能轉讓他人之不動產，如陪嫁產業、貴族世襲產業，或義捐產業以及有代理相續負擔之產業與外國人所有之產業（按法國民法第三條）均得予以徵收。

但外國大使館應視爲例外，因依據治外法權原則，此類住所視爲不坐落在法國國內，故此類住所只能依據外交契約取得之。

（二七）但另有一些不能適用土地徵收程序之不動產 實則，依據法國民法第五一七條，所謂不動產，約可分爲三類：（1）依性質而定之不動產；（2）依用途而定之不動產；（3）依目的而定之不動產。

然而，上述三種不動產所具之性質各自不同：此三種不動產中僅第一種眞正具有不動產性質；換言之，即具有固定性（immobilité）。至其餘之不動產，因其爲第一種不動產之附屬物，經法律認爲不動產或爲動產物品或爲無體財產（biens incorporels），卽在其本質上顯然無一定所在之權利，因此旣不能稱爲動產，又不能稱爲不動產。

在上述情形之下，由土地徵收之觀點而言，吾人深覺對於上列不動產，應予以區別。

（甲）關於依性質而定之不動產　所謂依性質而定之不動產者，卽地產（les fonds de terre）是也。此種不動產，不論其爲圈地或建築地，均得予以徵收也。但建築地得享有一些優待權利，例如不能單爲土地測量工作而予以徵收是也（按一九〇〇年四月十三日公布之法律第二十一條）；在另一方面，圈地或建築地徵收之公用宣告與非圈地或非建築地公用宣告不同，須較高級之機關執行之（參看本書下列第四二款。）

再按法國民法第五五二條規定，『土地所有權含有地面權與地底權二種』，則地產之徵收，一方面須侵及地上栽植物與建築，他方面更須侵及地下層（le tréfond）也。

抑尤有進者，對於地下層可單獨予以徵收，而不涉及地面。一八六六年八月一日法國大理院判決例，卽依此原則而成立者也。上述判決例復經該院先後所爲之判決例，予以確認矣（參看一八六六年西勒定期類集第編第四〇八頁；一八六六年達祿斯定期類集第一編第三〇五頁；一八六九年十一月二十四日法國大理院判決例（見一八七〇年達祿斯定期類集第一編第二七四頁）及一八八八年十一月十四日法國大理院判決例（見一八六九年達祿斯定期類集第一編第四六九頁。）

上述判決例，在大興地下工程之今日，其重要尤爲顯著，如巴黎之地下鐵道與隧道等是也。）

（乙）關於依用途而定之不動產　法律依用途認爲不動產之動產物品，計有二種，在土地徵收實施上應細加辨別：

（1）永久附屬於土地之物品（按法國民法第五二五條）　因此類物品幾成爲不動產全體之一部分，所以應隨不動產之存在與否爲轉移，若遇不動產被徵收時，當亦同被徵收也。

（2）爲便利經營安置地上之物品（按法國民法第五二二條及五二四條）：如供耕作用之動物、稻草、肥料及耕作用具　因此類物品可以搬動，所以仍歸土地被徵收之業主所有，業主對於上述物品改變用途所蒙之損失，得請求賠償。

（丙）依目的而定之不動產　此卽法國民法認爲具有不動產目的之權利，此項權利，詳見法國民法第五二六條。

在上述權利中，如地役權，則不能構成特定徵收之對象（參看本書上文第十三款。）因之，關於電力之分配，法庭固不能爲敷設支柱，故而對於非圈地竟予以土地徵收宣判；因此種徵收並不以獲得全部產業權爲目的，實則僅建立一種地役而已（按一九二四年一月二十八日法國大理院判決例；至關於地役問題，可另參看一九二四年五月六日法國大理院判決例，見達祿斯週刊第四一〇期。）

反之，如使用收益權（droits d'usufruit），使用權（droits d'usage），居住權（droits d'habitation）及長期租賃權（emphythéose）得單獨予以徵收，至其所附屬之不動產是否被徵收，固所弗計也（參看貝羅尼與德拉馬衛二氏所著關於公用土地徵收法之評判（Peyronny et Delamarre. Commentaire des lois d'expropriation pour cause d'utilité publique），自第九二款至第九五款）無疑的，此種假定在實際上至屬罕見。一般人以爲，握有土地徵收權之法人有時爲實施公共工程起見，對其已有虛有權（une propriété）之不動產有自由處置的需要，因之，對於該不動產之使用收益權人，得予以徵收。

第二章　實施土地徵收前應完成之行政手續

（二八）土地徵收程序上之兩個階段　土地徵收之必須條件，上文已加以詳細說明，刻待研究者，當為土地徵收如何實行問題。

按一八四一年五月三日法律第一條第一節稱：『公用土地徵收，應由司法機關實行之。』立法者將上述原則冠諸本法律之首，蓋欲表示其尊重私人產業，將個人所有權利，置於司法當局保障之下，僅許司法當局得強迫業主放棄其產業。

但司法當局僅能在行政機關完成必須手續之後，始得出而干預。曾經一九一八年十一月六日法律加以修正之一八四一年五月三日法律第一條續稱：法庭對於土地徵收之裁決，僅能在土地徵收用途之證實與宣告已經按照本法律規定之手續辦妥之後。此種手續，分為下列三項：

『（1）於某項實施上所必須之土地徵收，須經法律或命令核准（一八四一年法律原文稱：工程之實施，須經法律或命令核准……』但經一九一八年十一月六日法律修正後之原文則為『於某項實施上所必須之土地徵收……』因為有一些土地徵收，並非為實施工程而然也）；

『（2）若無法律或命令明白指定實施區域時，應由省長證書指定之；

「(3)關於適用土地徵收之私人產業，應另有省長明令指定之

「依據第二篇之規定，上述土地徵收辦法，須於當事者得有提供異議機會之情形下，始得適用之」

由上文看來，土地徵收程序可分爲下列兩個階段：

(1)行政手續階段，包括第一條第二及以次各節所列舉三個步驟；

(2)司法手續階段，可分爲下列兩個步驟：

(甲)由法庭主持，將產業移轉於土地徵收者。

(乙)由特別組成之審查委員會確定收買價額。

(二九)行政手續　吾人在上文中所見一八四一年法律第一條所列舉，復經第二條至第一三各條詳加規定之行政手續，計有三項如次：

(1)預定工程之公共用途宣告；

(2)工程所在區域之指定；

(3)於工程實施上所必須佔用之私人產業之確定。

以上所舉三項行政手續，在本章下列三節中分論之。

第一節　工程之公共用途宣告

（三〇）土地徵收程序之基本出發點　法國民法僅允許於公共用途必需上，得從事土地徵收，已爲吾人共知之事。且吾人對於公共用途之正確解釋，亦曾於上文第九，第十及第十一各款中，詳加論及矣。

土地徵收程序之出發點，厥惟『用途』之估定；而此項用途估定之權，則屬於負責宣佈公共用途之某機關。但因公共用途之性質複雜而空泛，每每發生各種不同現象，故該機關事實上操着無限制之估定權。

吾人將要研討此究爲何種機關。但因該機關只能在實施一種利害調查之後，或在某種情況之下，在某種特殊意見提出之後，始能從事裁決之，故吾人對於法定調查手續及特殊意見產生之理由，先加以研究，茲於下列兩段中分論之：

（1）事前調查及意見；

（2）公共用途之宣佈，及其救濟辦法。

第一項　事前調查及意見

（三一）事前調查之必要　土地徵收權，僅能在私人產業所受之犧牲，曾證明確爲公衆利益所必須之處置時，始得執行之。因宣告公共用途結果產生土地徵收權，故無論預定工程之性質如何（除卻某種必需或緊要工程之外，——參看下文第三五一款）公共用途之宣告，必須在行政調查手續完畢後行之。

而行政調查手續，在一八四一年五月三日法律中第三條，曾有明白之規定。該第三條末節曾云，行政調查必在核准實施工程之法律或命令之前舉行。

（三二）行政調查之目的　此種調查普通稱爲事前調査 enquête préparatoire，或公共用途之事先調查（enquête préalable à la déclaration d'utilité publique），或一八四一年法律第一篇規定之調査（enquête du titre 1er），其目的卽研究工程之公共用途也。

（三三）行政調查之手續　一八四一年法律第三條曾明白規定：『凡各種調查，應按照公共行政機關規則行之。』但自一八四一年法律公布之後，迄無任何規則之草訂，而今仍援用爲執行一八三三年七月七日之土地徵收法先後在一八三四年二月十八日，一八三五年二月十五日，及一八三五年八月二十三日公布之國王命令，此數項命令之生效遠在一八四一年五月三日法律之前也。

按上述國王命令之規定，所謂調查手續，應隨承辦工程者究爲一區，抑爲另一有權徵收土地之法人而有差異（上項法律及命令是以預定實施工程爲目標。）

（三四）關於國家、省、業主聯合會，或享有探鑛特許權者之各種工程　各項調査手續，曾經一八三四年二月十八日命令予以規定如次：

（1）起草初稿，附以記錄與證明文件，對於工程之目的，及其應得之利益，經費之大體估計，工程所經之全部路線，主要工作之佈置，及一八三四年二月十八日命令第一條中所列舉之參考資料，均須加以說明。

上項第一條規定務須加以遵守，否則，調查卽爲不合法（按一八九二年六月二十四日法國參政院裁決（見一八九四年四月二十二日法國法學家論著彙編 Pandectes françaises））。

（2）上述初稿及證明文件，應放置工程路線所經之州縣首城，其放置期間至少須滿一個月，至多不出四個月，並於同地及同時內開始辦理登記以便記錄各方對於預定工程之意見。若遇工程所佔區域須經兩省以上時，則初稿之證明文件只須存置經過各省區之首城。（一八三五年二月十五日命令對於一八三四年二月十八日命令第五條會加以修正。）

在每種特殊情形之下，存置期限全由高級行政機關決定之。此種期限，以及調查目的，全用佈告揭示（按一八三四年二月十八日命令第五條之規定。）

上述特定期限，應爲十足期限，即謂該期限須於存置文件之次日起算，直至期限末日之午夜爲止是也（按法國參政院於一八九二年四月一日之裁決，見一八九四年西勒定期類集第三編第二五頁。）

（3）當上述期限滿期後，即由至少九人至多十三人組成之委員會，對於所搜集之各項意見予以審查。至該委員會之組成，應由省長於調查開始時，就主要地主、森林所有權者、鑛主、商人、船舶所有者與工廠主人中指定組成之（按一八三四年命令第四條規定；惟吾人須注意者，即該項命令對於委員會表決票數相等時，正未賦予委員會主席以優越表決權。）

審查委員會應在工程路線所經之省或數省之首城集會，聽取本省工程師之意見；搜集一切委員會認爲必需之材料，對於工程用途，及行政機關所提出之各項問題，充分發表意見。期限則僅爲一個月（按一八三四年命令第六條規定。）

1）在上述期限內，商會農會（按一九二四年一月三日法律第二十四條規定，）並於必要時，技藝與製造諮詢會（chambres consultatives des Arts et Manufactures），及與工程實施有關而被邀發表其意見之城市，對於工程之用途及其便利問題，加以審查（若遇工程實施者爲同業聯合會時，則對於以上所舉各會無須諮詢其意見。）

（5）省長在審查結束後十五日以內將委員會審查經過及商會方面意見作一證明報告，並參以個人意見呈交上級行政機關（按一八三四年命令第七條規定。）

（三五）關於一縣範圍以內之工程　如遇此種情形時，登記與文件放置之期限，略有縮減，至少須二十日，至多不能超過一個半月。再者，調查委員會之集會地點須在縣城，至委員會之人數以五人至七人爲限（按一八三四年命令第十條。）

若遇工程範圍涉及數區地域時，得援用上述各項規則（按一八三五年八月二十三日命令第六條——參看一九〇四年一月二十六日法國參政院裁決，見參政院裁決類集第八九頁。）

但遇關係各區位置在兩縣境內時，調查委員會應在兩縣縣城集會。

（三六）關於一區範圍以內之工程　在此種情形之下，所需手續較爲簡單；而此種手續之規定，則非載於一八三四年二月十八日命令中，但可在一八三五年八月二十三日命令中見之也。

（1）計畫初稿在區署存放十五日即足。在較短期間內完成但在公共用途宣告前合法進行之調查，不得視為無效（按法國參政院一九一一年四月八日裁決，見參政院裁決類集第四四六頁。）

（2）民衆所提供之意見由省長指派專員一名加以審查。而此專員即於登報佈告後連續三日內，在區署聽取居民對於所計劃工程之用途之各種陳述，並發表其正當意見。最後專員將一切交與區長（按一八三五年八月二十三日命令第三條規定）

調查專員之暫時缺席，不得據此竟視調查為無效。如遇此種情形，只須關係人陳述各節已經登錄，並已列入記錄，經調查專員之簽證足矣。（按法國參政院一九一〇年二月十一日裁決，見參政院裁決類集第一一六頁至關於指派專員一層可參看法國參政院一九二一年十一月二十八日裁決，見一九二四年達祿斯週刊第三二期。）

（3）若遇調查登記中含有反對計劃意見，或遇專員對計劃持反對意見時，此項反對意見即交區參議會審查。審查後將其意見列入詳述理由之決議中。此項決議連同其他文件，由區長立即送交縣長，然後由縣長將所有文件連同個人意見呈報省長（按一八三五年八月二十三日命令第四條規定。）

（4）如遇條例規定情形時，省長在聽取商會（或農會）與技藝製造諮詢會之意見後，將所有文件，連同個人之說明意見呈報省委員會（Commission départementale）若在巴黎城時，即呈報內務部長（按一九三五年命令第五條規定，及一八八四年四月五日法律第六八條規定。）

上列各項規則，如同業聯合會所興工程在一區地域範圍以內，亦得適用之。

(三七)鄉村公路與鄉村道路　若遇鄉村公路(Chemins vicinaux)之工程在一區地域範圍以內時，得適用上述程序。倘遇相反情形時，應按本書上文第三五款，就實施工程在一縣區域或數縣區域內分別處理之。

至於鄉村道路，(Chemins ruraux)即關於各區間之公共道路，而未經列入公路範圍者，應按一八八一年八月二十日法律處理之。按該法律第四條第二節之規定，所謂公共調查應依據一八三五年八月二十三日命令所規定之各項手續行之(參看本書上文第三六款。)

(三七)之二 電力之分配及水力工廠　在頒給承辦電力分配特許權以前所應實施之調查，應按一九〇八年四月三日及一九二三年四月二十四日先後公布之公共行政條例行之。至關於水力工廠之調查，則按一九二〇年七月三十日公布之命令行之(參看本書上文第十九款。)

(三八)某種工程所必須之意見與鑒定　吾人已在上文中看出，不論擬辦工程之性質如何，在未作公共用途宣告之先，均應按照上列各項手續實施一種調查。抑尤有進者，對於某種工程，專家之意見或鑒定實為必須的：

(甲)專家意見

(1)若遇擬辦工程須在邊區或防禦工事地帶內實施時，則海軍部、陸軍部、工程部代表組成之混合委員會(Commission mixte)之意見，成為必需的(按一八五三年八月十六日，及一八七八年九月八日先後公布之命令。)倘關係部署之長官曾經會同協商，依據一八五三年八月十六日法律第十八條規定，對於工程之實施，直接予以允可時，則無須混合委員會之意見矣。至關於鑛區所需之鐵路建設，則鑛務工程師得自作主宰(按一八八四年十二月十二日命令；

（2）凡舉辦鐵路工程，乃至純屬地方利益之鐵路工程，均須徵求陸軍部長之意見（按一八九四年四月二日命令）

（3）凡舉辦屬於地方利益之鐵路工程，（鐵路與電車屬之）均須徵求內務部長之意見（按一九一三年七月三十一日法律第十條；）

（4）凡區、省或同業聯合會所舉辦之工程，必須佔用國家某項產業之全部或一部份時，均須徵求財政部長之意見（按一八三五年八月二十三日命令第七條。）——按歷來判決例，上述第七條之規定，不僅對於區舉辦之工程適用，即對於省與同業聯合會所舉辦之工程，亦得適用也；

（5）關於歷史紀念碑之分類工程，須徵求美術部長之意見（按一九一三年十二月三十一日法律第十一條。）

（6）若遇擬辦工程須在海上或海濱作某項建設時，均須徵求海軍部長之意見（按一八五二年二月二十日法律第三條。）

（乙）專家鑑定　若遇曾經一九一八年十一月六日法律修正之一八四一年五月三日法律第二條之二所規定之情形，有某項不動產因其價格增高須加以徵收時，爲確定增高之價格起見，於實行行政調查時，應施一種專家鑑定（按曾經一九一八年法律修正之一八四一年法律第三條之二；參看一九二一年五月十四日公布之命令。）

（三九）實施調查與徵求意見手續完成之批准　行政調查正如省長命令中所規定者，只是一種偵查方法，無由加以反對也（按一八六六年二月五日法國參政院裁決，見參政院裁決類集第一三九頁。）

但遇行政調查與徵求意見手續未完成，或有違法情形時，得對於公共用途之宣告予以反對。然而猶有不能不加以區分者，即須視公共用途爲法律所宣告抑爲命令或爲分類決定（décision de classement）所宣告者是也（參看本書下文第四一款及其次各款。）

若遇公共用途爲法律所宣告時，則對於調查或意見方面有不合法或錯誤之處，均不容加以反對。蓋因立法者之意志足以掩護手續上之缺點故也。

反之，公共用途爲命令或分類決議所宣告，而此種宣告行爲未按法律規定手續行使時，則可就其越權一點提出反對（參看本書下文第五〇款。）

司法法庭對於上述問題，有無權受理。因之，司法法庭不能以工程用途未經調查，或不合法調查，更或以必須徵求之意見，尙付闕如爲理由，而拒絕判決土地徵收。其所以如此者，固不僅根據司法機關既非工程公共用途之裁判人，又非主管機關，特以明瞭是項公共用途之行政文件之裁判人原則，且亦根據一八四一年法律原文之規定而然也。按一八四一年法律原文稱：『法庭得按足以證明本法律第一篇第一條（修正條文）及第二篇（即指第一四條）所規定之各項手續業已完成之各項文件，判決土地徵收。』然而公共用途宣告以前，應當實施之調查，則另為第一篇中第三條所規定也。因之，關於調查上述法之處，在法律既經宣佈以後，或宣告公共用途之命令未引起上控時，即可不致發生責難矣。

第二項　公共用途之宣告

(四〇)負責宣告公共用途之機關　此種機關今經一九一八年十一月六日法律所修正之一八四一年五月三日法律第三條予以規定；該條原文如次：

『第三條——所有一切大規模公共工程，如國道、運河、鐵路之建設，河道及盆地之整理，造船所之建築，不論主辦者為國家或民營公司，不論是否須付通行稅，是否有國庫補助，是否發生公有土地之轉讓，均須經法律核准。

『不及二十公里長度之運河與鐵路支線之建設，國道之整頓，橋樑之敷設以及種種次要工程之實施，可由參政院命令批准。

『屬於省或區之工程，得以簡易命令批准之。

『行政調查，在命令或法律公布以前舉行。』

由上述原文觀之，宣告公共用途之法規，應隨擬辦工程之性質而各有不同。有時以法律宣告之，有時以參政院命令宣告之，有時以簡易命令宣告之，按晚近公佈各項法律，有時竟以部令或省署命令宣告之，及以一省當局之證書宣告之（省參議會或省委員會之證書）總之，可作下列區分也。

再，吾人須注意者，以上所舉示之第三條所以僅道及工程之公共用途宣告者，因就一般論各項工程須在被徵收之土地上實施故也，亦正所謂法律須參照常例是也。但有時雖有徵收土地之必要，但並無須施工之情形發生，倘遇此種情形，所謂公共用途之宣告，亦爲必需的。例如，對於徵收有史以前之各種石器紀念碑，須經公共用途之宣告手續（按一九一三年十二月三十一日法律第六條規定），至以後並不需要施工，固非所計也。

（四一）Ⅰ國家或享有國家特許權之公司舉辦之工程　負責宣告公共用途之機關，隨此項工程之重要性而定：

（1）所謂大規模公共工程，如國道，長度超過二十公里之運河與鐵路河道之建設及盆地之整理，造船所之建造，就一般講，除卻一八四一年五月三日法律第三條（修正後條文）第二節中所列舉者外，凡屬於國家應舉辦之工程，不論其是否委由特許公司承辦，有無國庫資助，有無國有產業之讓與，其公共用途之宣告，只能以法律行之（參看一八七〇年七月二十七日法律第一條規定。）

（2）反之，所謂國家舉辦，或由特許公司承辦之小規模工程，如長度未過二十公里之運河與鐵路支線之建設，國道之整頓，橋樑之敷設及一切次要之工程，其公共用途之宣告，只須以參政院命令行之。至於長度未超過一十公里之電話線或電報線，均列入小規模工程範圍之內（按一八八五年七月二十八日法律第十三條規定。）

一八四一年之立法者，僅對於以上所舉之工程加以考慮；但其所定條文，對於以後一般人認爲具有公益性質之工程，亦得適用矣（參看本書上文第九款所舉之擴充郵局一例。）

所謂大規模工程與小規模工程之區分，在吾人觀之，固甚空泛也；而法律之規定，則又僅以列舉方法行之。要知，法律之本意，似在就財政的立場，欲爲國家節省開支，所以有一些立法者，卽作如是推論：凡土地徵收之實施，所需國家資助款額，未超過普通二十公里長度以內之鐵路或運河所費之數時，均可由命令允准之（參看賀鈞默氏所著行政法第八版第七五七頁第二註解。）

再者，關於列入或預備列入歷史紀念碑之不動產徵收，及爲使上項不動產孤立、顯露、整潔起見，其他不動產之徵收，其公共用途之宣告，亦得由參政院命令行之（按一九一三年十二月三十一日公布之歷史紀念碑法規第六條規定。）

（3）若遇建築防禦工事時，不論工程之重要性如何，以一簡易命令，卽可作公共用途之宣告矣（按一八三一年三月三十日法律第二條規定，及一八四一年五月三日法律第七五條與第七六條規定；——可參看本書下文第三三五一及以次各款。）

（四）II、省與區舉辦之工程——（甲）常規　省與區舉辦之工程，得以簡易命令允准之（按曾經一九一八年十一月六日法律修正之一八四一年五月三日法律第六條規定。）

如舉辦省道，卽須遵照上述規定。但僅憑一省道劃線命令，殊不能認作已對省道完成應需之土地徵收加以允准。必須將實施土地徵收後應舉辦之工程載入命令明文，而工程範圍且不得超出命令所指定之省道界線。至對於道路之修整工程，則須另爲公共用途之宣告，蓋以此項工程，直等於重新劃定路線故也（參看一八四〇年一月十三日法國大理院判例，見一八四〇年遂祿斯定期類集第一編第九〇頁及一八四三年五月十日法國大理院判例，見一八四三年遂祿斯定期類集第一編第三六一頁。）

（乙）例外　按常規講以一簡易命令即可對於省與區舉辦之工程爲公共用途之宣告，但同時亦有例外，例如：

（1）在某種情形之下，法律是必須的：如遇在工程方面需要國庫之擔保或資助時是也（按一八五二年十二月二十五日法國上議院所通過之決案第四條第一節及一九一三年七月三十一日公布之地方鐵路法第十條。）

（2）在下列各種情形之下，所需要者爲參政院命令，而非爲簡易命令：

（甲）若遇土地徵收之實施，有擴充至原定工程範圍以外之不動產時（如地帶徵收及價格增高之徵收，）必須由法律或參政院命令核准而後可（按一八四一年五月三日法律第三條之二規定。）如以前巴黎城建造奥斯曼大馬路，法國參政院於一九二一年五月十一日曾頒一命令，允准巴黎城徵收阿斯曼馬路界外之地產。

（乙）有關地方利益之鐵路工程（鐵路或電車，）若遇省或區請求國家津貼時，須經法律允准（參看本款乙項第一節。）若遇其他情形時，按一九一三年七月三十一日法律第十條規定，應由參政院依據工程部長之報告，徵得內政部長之意見後，頒發命令允准之。在一九一三年七月三十一日法律未公布以前，對於電車工程，只須以命令核准，但對於有關地方利益之鐵路工程，則須以法律核准（按一八八〇年六月十一日法律（參看一八九八年三月三十日巴黎地下鐵道建築法。））

（丙）關於已列入或預備列入歷史紀念碑範圍內之不動產徵收，至實施徵收者，究爲國家，或爲省，或爲區，非所計也；再者，爲使上述不動產孤立顯露與整潔起見，而對於其他不動產，應實施之徵收亦然（按一九一三年十二月三十一日法律第六條規定。）

（丁）關於疏水或排水工程，不論其主辦者爲省，或爲區，或爲同業聯合會（按一八五四年六月十日法律第四條規定。）

（戊）鄉村道路之開闢、修理或擴大工程，如需要佔用建築地基或圈定地基時（按一八八一年八月二十日法律第十三條第三節之規定。）

有些作者主張，關於學校之興建或擴充工程，亦應經參政院命令允准。（可參看一八八七年四月七日公布關於執行一八八三年三月二十日，一八八四年六月二十日，及一八八六年十一月三十日先後公布法律之公共行政法規命令。）然而，吾人仍可舉一例外：如巴黎布爾拉伯街學校之擴充工程，其公共用途乃經一九一三年三月二十一日公布之簡易命令予以宣告是也。

（3）關於一切鄉村公路工程，如不侵害宅地（Propriétés bâties），即無須法律或命令爲之作公共用途宣告也。

實則法律對於此層已有規定，凡宣告公路分類、開闢、修補或放大之文件，即可視作公共用途宣告之證明（按一八三六年五月二十一日法律第十五與第十六兩條規定：可參看本書下文第三六一款與第三六五款。）上述文件對有關交通要道之公路而言，今爲省參議會之決議，對普通公路而言則爲省委員會之決議也（按一八七一年八月十日法律第四四條與第八六條規定。）

但若遇上述各項工程侵害建築物時，按一八六四年六月八日公布之法律第二條規定，則應由一簡易命令允准之（參看本書下文第三六一款與第三六六款。）在同樣情形下之鄉村道路則由參政院命令允准之（參看本書上文第四二款。）

（4）在一九一五年十二月二十九日法律第三條規定情形之下，以一簡易部令（如陸軍部部令）即可作公共用途之宣告矣。例如爲一九一四——一九一八年大戰之期內戰死之法國或聯軍士兵，在現存墓地之外另闢永久墓地所需之地基，可由陸軍部部令作公共用途之宣告（參看本書下文第三七〇款。）

（5）在下列兩種情形下之區辦工程，其公共用途得由省署命令宣告之：

（甲）區對在其境內每秒鐘排水量未超過二竏(litre)之飲料水源地之取得（按一九〇二年二月十五日法律第十條第四節與第五節之規定。）

（乙）爲有礙衛生而實施之土地徵收（按一九一五年六月十七日法律第一條規定（參看本書下文第三八〇至三八一款。））

(6)區對於用途與物質方面設備不加以改變之既存商場或市場之取得，殊無公共用途宣告之必要。法國參政院曾於一八三六年七月二十日通過一決議（參看達符利氏所著之關於公用土地徵收(Daffry de la Monnoye, Expropriation pour cause d'utilité Publique)第二册第四八三頁）規定在此種情形下之徵收公共用途實依據一七九〇年三月十五——二十八日法國國民會議公布之廢除封建權利命令第十九條而來；因之法庭方面只須根據足資說明不動產性質與用途及催促業主善意出讓而不得要領之省署命令，即可為土地徵收之判決也。但有一條件必須遵守，即對於商場或市場之原來用途與物質設備不得加以變更是也。否則，即不得援用一七九〇年命令之規定，而必須按照土地徵收之普通程序進行而後可。至確定徵收產業賠償數目之主管當局自一八三三年七月七日之法律公布後，已易為土地徵收審查委員會，不復如一七九〇年命令第十九條規定為行政機關矣（參看一九二一年二月二十二日法國參政院裁決，見參政院裁決類集第一六五頁。）

關於省與區舉辦工程之公共用途宣告規則，在吾人觀之，殊覺太欠一致。為彌補此缺點起見，法國於一八九五年成立之地方分權委員會（Commission de décentralisation），曾根據賽內省省長布貝爾(Poubelle)氏之報告，於一八九六年十月二十七日提出一法律草案（見法國下議院所保存之第二〇六一號附件）該法律草案建議以後凡須佔用建築地或圈定地之工程，其公共用途之宣告，均由參政院命令行之，若遇其他情形，即無須參政院過問，惟尚另附一保留條件，即有省參議會與省委員會各行使其職權是也。但惜此項草案迄今亦祇具文而已。

（四三）III關於巴黎城之路政工程　有一些作者以爲，區辦工程之公共用途只須簡易命令宣告之原則不能適用於巴黎城之路政，並以爲巴黎路政工程公共用途之宣告，只能以參政院命令行之（參看卡氏所著之『土地徵收之研究』第一一一款。）

但上述主張，實構成一種錯誤。因爲，只須不涉及曾經一九一八年修正之一八四一年法律第二條及第二條之二之規定時，巴黎路政工程公共用途之宣告，應與其他區辦工程同樣，得以簡易命令行之。

然在某種情形之下，所謂參政院命令，當在所必需：即按爲執行一八五二年三月二十六日法令而公布之一八七六年六月十四日命令第二條規定：行政當局若於宣告公共用途以後，認爲有取得路線以外之不動產部份時（如曾經一九一二年四月十日法律修正之一八五二年命令第二條所規定者，）其對此不動產部份之徵收，不論有無業主反對，必須經過參政院命令加以允准而後可。

再者，吾人對於上述規定，實有再加詳論之必要（可參看本書下文第二七七與第二八三各款，尤須注意第二八一款）因上述規定不僅適用於巴黎街道，且按一八五二年命令，並可適用於各城市之路政（參看本書下文第二八〇款。）

（四四）IV、關於曾准設立之同業聯合會，及享有開鑛特許權者等所舉辦之工程。

按照與同業聯合會有關之一八六五年六月二十一日法律第十八條，與一八八八年十二月二十二日法律第七條規定（參看本書下文第三七四款與第三七五款，）及與開鑛有關之曾經一八八〇年七月二十七日，與一九二二年十二月十六日先後公布兩項法律修正之一八一〇年四月二十一日法律第四四條規定（參看本書上文第一九款），凡同業聯合會及享有開鑛特許權者所主辦之工程，如有實施土地征收之必要時，其公共用途之宣告，應由參政院命令行之。

至對於享有承辦電力分配特許權者，及享有承辦水力工廠特許權者所舉辦工程之應遵規定，亦如上述者然。惟須注意者，即爲分配電力而實施之土地徵收程序，乃以頒發特許權機關名義行之，其費用則由享有承辦特許權者負擔也（按曾經一九二二年七月十九日法律修正之一九〇六年六月十五日公布之法律第十一條與第十二條，及一九一九年十月十六日公布之法律第五條規定。）

（四四）之二　地帶土地徵收法　參看本書上文第十一款，與本書下文第二八三款之二足矣。

（四五）結論　約而言之，除卻以上所舉示之例外，在原則上應爲：

（1）關於國家或享有其特許權者（如鐵路公司是）所舉辦之大規模工程，及省或區所舉辦之工程，而需要國庫擔保或資助者，由法律加以允准；

（2）關於國家所舉辦之小規模工程，屬於地方利益之鐵道，長度在二十公里以內之電報線與電話線，已列入或預備列入歷史紀念碑之土地徵收，鄉村道路（若遇需要佔用建築地或圈定地時，）享有開鑛特許權者所舉辦之工程，曾經立案之同業聯合會所舉辦之工程，及享有承辦電力分配特許權者或享有承辦水力工廠特許權者所舉辦之工程，由參政院命令允准之；

若遇未經法律允准而實施地帶徵收或爲增值而徵收土地時，參政院命令，亦在所必需。

（3）關於省或區（巴黎亦計在內）所舉辦之工程，由簡易命令允准之但有下列三個例外：（甲）關於屬於地方利益之工程；（乙）關於無須損及建築地之公路工程；（丙）關於鄉村道路之工程；

（4）與交通至有關係之公路工程，只須其所佔用者僅限於荒地時，可由省參議會決議允准之；

（5）對於只須佔用荒地之普通公路工程，可由省委員會允准之。

（四六）公共用途宣告之方式　公共用途之宣告，並無若何嚴格方式，只須核准工程之確切表示足矣（按一八五二年十二月二十七日法國大理院判例，見一八五四年西勒定期類集第一編第一二八頁；及一八七三年十一月十二日法國大理院判例，見一八七四年西勒定期類集第一編第八四頁。）實則，一八四一年五月三日法律第一條，曾經明白規定，公共用途之宣告方式應爲『核准對於工程必需之土地徵收之法律或命令。』

但上述公共用途之宣告，並非單純根據列有工程所需費用之區預算批准命令（按一九二一年六月十九日法國大理院判例，）或單純根據批准城市劃線計畫而並未允准工程實施之命令之結果而產生也（按一八五六年三月三十一日法國大理院判例，見一八五六年達祿斯定期類集第一編第一九〇頁。）

（四七）有條件之宣告　公共用途之宣告，得附有條件：例如，賠償某某關係人等是也。所以在過去相當長時期內，法國參政院於審議批准城市引水工程之公共用途命令時，將城市應對於因水源繞道而蒙損失之下游用戶予以賠償條件，列入命令中；因當時立法並未承認用戶享有賠償權故也（參看賀銳歐氏所著之行政法第八版，第五七一頁附註。）

以上所述之賠償權，已經法律予以規定（按一八九八年四月八日公布之法律，已將法國民法第六四三條加以修正矣），所謂保留條件，當不復存在也。但在另一方面，宣告公共用途之命令往往要求爲下游用戶保留相當水量（參看本書下文第三六九款之二與第三八一款），或要求相當擔保，更或明白規定，爲公共用途宣告目的之土地徵收，須在一定期限內實施，通常在兩年或三年以內。迄今，法國參政院在實際上時常於公共用途宣告之効能上，附以上述期限條件；其所以如此者，正爲避免私產過久感受土地徵收脅迫故也。因此，宣告公共用途之命令，均具有下列條文：『本公共用途之宣告，自本命令批露之日計起，若土地徵收未能於……期限以內見諸實施時，卽作無效。』

按法國參政院晚近議決之裁決例，期限屆滿時，尚可另頒命令予以延長，固無須重爲公共用途之宣告也（參看參政院於一九二一年七月五日所頒命令，見一九二一年七月十日官報第七九三二頁；一九二一年七月十七日法國參政院命令，見一九二一年七月二十四日官報第八六〇九頁及一九二一年七月十六日法國參政院命令（與巴黎國旗街(Rue des Pavillons)之劃線問題有關）。當期限尚未滿期，延期尤無困難也。

若於公共用途之宣告已失時效後，始請求判決土地徵收時，法庭應拒絕之，否則判決無效。

（四八）公共用途宣告之價值　公共用途之宣告，爲一切土地徵收必須之初步工作。有此宣告，始可產生下列文件，如省長之議與命令，與土地徵收判決；再者，該項宣告尚可產生一種卽時効力，卽所有行政當局對於業主可以採行之友誼措施經此時期後便發生一種友誼讓與特殊性質；其時雖無讓與命令或土地徵收判決，而上述措施將仍不免成爲土地徵收程序上之偶然事件也（參看本書下文第一二一及以次各款，並可參看賀銳歐氏所著之行政法第七五六頁）。

但公共用途之宣告，雖爲一切土地徵收必不可少之初步工作，然同時亦只能爲土地徵收之預備措施。該項宣告並不能拘束行政當局，而行政當局對於該項宣告目的之實施工程一事，固可自由決定實行或不實行也。再者，行政當局且往往有權放棄公共用途宣告之利益，乃至在土地徵收程序尙未開始實施而各種事物一如過去條件之下，尙可對於讓與命令予以撤銷。尤有進者，公共用途之宣告並未剝奪業主自由處置其所有物之權；實則，在土地徵收判決未經宣判以前，業主仍可自由出租或出售其所有物也（按一八八三年一月十二日法國參政院裁決，見參政院裁決類集第三二頁）。

然而，一九一三年十二月三十一日公布之歷史紀念物法，與上述規則，顯然相牴觸；按該法第七條稱：「自管理美術機關正式通知未列入紀念物類之不動產所屬業主，將對於該不動產實施徵收之日起，所有列入紀念物後所應產生之効力，均可適用於該項不動產。倘遇在上述通知發出後六個月內，所謂公共用途之宣告猶未見諸事實時，該効力始不復適用。——當公共用途之宣告見諸事實後，不動產即可由美術部長命令予以分類，列入紀念物，而無須其他手續也。在分類命令尙付闕如之期間內，該不動產仍暫受分類効力之拘束；但倘使於宣告公共用途後三個月內，當局猶未獲得法庭之土地徵收判決時，則該項拘束即歸消滅矣」。

(四九)對於公共用途宣告提出抗辯時應採之途徑　關於此點，首應分別公共用途之宣告文件，究爲法律，抑爲命令，更爲分類決議。

(1)倘使該項宣告，係根據法律而來，甚至該項宣告之先，並未經過調查，或徵求意見手續，均不許提出任何抗辯。實因立法者之主張，足以庇護手續上之錯誤故也；

(2)反之，若過該項宣告係根據命令或分類決議而來，則一方面可向參政院提出對於該項宣告之越權抗辯，他方面該項宣告須受受理宣判土地徵收法庭之監督也。

(五〇)I、越權之抗辯　對於命令或分類決議宣布之公共用途宣告，可向參政院提出越權抗辯：

(1)倘遇法律規定之各項手續，未經依法完成時，例如關於工程用途之調查未完成，或未依法完成，或在需要參政院命令情形下，以一簡易命令代用是也（按一八四八年三月三十一日法國參政院裁決，見一八四八年西勒定期類集第二編第四〇九頁；一八四九年六月一日法國參政院裁決，見一八四九年西勒定期類集第二編第五〇四頁；一八五〇年十二月十四日法國參政院裁決，見參政院裁決類集第九四二頁；一八五一年五月十日法國參政院裁決，見一八五一年西勒定期類集第二編第六六五頁。一八五六年三月二十七日法國參政院裁決，見參政院裁決類集第二二四頁；一八五八年一月三十八日法國參政院裁決，見一八五九年西勒定期類集第二編第一一七頁；一八七八年法國參政院裁決，見一八八〇年西勒定期類集第二編第一五三頁；一八八〇年六月十一日法國參政院裁決，見一八八一年西勒定期類集第三編第一　二頁；一九〇八年七月二十四日法國參政

院裁決見季約所著書第八 一頁）

（2）按照晚近裁決例，以預定工程不具一般用途之性質爲口實。參政院自認有權探討宣告公共用途之目的，是否可作該項宣告，關於此點，係屬於公共用途宣告上之合法估定問題，而參政院對其適當性拒絕審查（按一九〇三年七月三十一日法國參政院裁決，見參政院裁決類集第五九〇頁一九〇六年七月二十六日法國參政院裁決，見參政院裁決類集第八九頁；一九〇九年十一月十二日法國參政院裁決，見參政院裁決類集第八〇六頁；一九一〇年二月十四日——八月六日法國參政院裁決，見參政院裁決類集第一一六頁與七一七頁；一九一一年三月三十一日法國參政院裁決，見參政院裁決類集第四一七頁；）

按越權訴訟在普通法上之規定，原告人自得悉所反對之文件批露之日起，應於兩月以內上訴，過期無效（按一九〇〇年四月十三日法律第二十四條第四節，）至該項文件之批露按一八四一年法律第六條規定，應載入官廳編纂物，或就區中報端批露之（按一八四九年六月九日法國參政院裁決，見一八四九年達祿斯定期類集第三編第八四頁；一八八六年四月九日法國參政院裁決，見參政院裁決類集第三三二頁。當時參政院通過之裁決，係根據一八〇六年七月二十二日公布之命令第十一條規定，上訴期限爲三月。）實則，關於宣告公共用途之文件，並不須實行個別通知（按一九一九年一月二十二日法國大理院判例，見一九一九年一月十九日法院新聞。）

對於公共用途宣告之上訴，若於土地徵收判決正式宣判後行之，則嫌過遲矣（按一八七七年十二月十七日法國大理院判例，見一八七八年謝海定期類集第一編第八〇頁；一八七三年十二月二十六日法國參政院裁決，見一八七三年謝海定期類集第二編第九六頁；一八七六年二月十一日法國參政院裁決見參政院裁決類集第一五二頁；一八七八年五月三十一日法國參政院裁決見一八七九年達祿斯定期類集第二編第二一五頁；一八八五年五月二十二日法國參政院裁決見一八八六年達祿斯定期類集第五編第二二三頁；一八八五年七月三十一日法國參政院裁決，見一八八六年達祿斯定期類集第五編第二二三頁；一八八八年十二月十四日法國參政院裁決見參政院裁決類集第九七四頁；一八九一年七月二十九日法國參政院裁決，見參政院裁決類集第六六四頁；一九〇〇年六月二十九日法國參政院裁決，見一九〇二年謝海定期類集第三編第一〇一頁及參政院裁決類集第四四〇頁；一九〇二年七月二十五日法國參政院裁決，見參政院裁決類集第五七九頁。）但遇土地徵收判決（或友誼取得）產生於上訴業已開始後時，則法國參政院得對於該上訴予以裁斷，（按一九〇九年十一月十二日法國參政院裁決，見參政院裁決類集第八六六頁；一九一〇年二月十一日法國參政院裁決，見參政院裁決類集第一一六頁；一九一四年七月二十四日法國參政院裁決（對巴黎市起訴之歐爾歐事件「affaire Schelcher」），參看一九一六年五月九日法國大理院對於上述事件之判例，見一九一六年八月十九日法院新聞。）

假使上訴於指定期限內提出，即不能以土地徵收審查委員會所定之賠償條件已被完全接受爲理由，而拒絕受理該項上訴（參看一九一四年七月二十四日法國參政院裁決。）至於對土地徵收審查委員會決議，提出

上訴時，其情形自當別論（參看本書下文第二一一款

（五一）上訴無中止效力　向參政院提出之越權上訴，按一八〇六年七月二十二日命令第三條規定及一八七二年五月二十四日法律第二十四條規定，並不發生中止效力。依據判例規定，對公共用途宣告所提出之上訴，並不足以阻止讓與命令簽押，或土地徵收判決宣判，或土地徵收審查委員會集會，與對於賠償數額予以確定，或阻止大理院對於土地徵收判決之上訴，予以裁斷（按一八八二年二月二十四日法國參政院裁決，見一八八四年西勒定期類集第三編第一二頁；一八九一年二月八日法國大理院判例，見一八九二年西勒定期類集第三編第九五頁；一八九四年十一月二十四日法國大理院判例，見一九一五年一月十一日法院新聞。——尚可參看一九一四年七月二十四日法國參政院裁決，在上述歐爾歐事件中，所被控訴之命令，乃爲一九一三年七月二十四日所公布者，而土地徵收判決係於一九一四年二月五日宣判，至土地徵收審查委員會決議又於同年三月一十八日始通過。）

然參政院於受理上訴後，如認爲適可時，可下令對於被控訴之決議，從緩執行（按一八八八年十一月二十三日法國參政院裁決，見一八九〇年西勒定期類集第三編第六四頁。）

再者，受理宣判土地徵收之法庭，經人將上訴情形告知，而復經要求延緩判決時，得延緩之。抑尤有進者，上述延緩行爲之對於法庭，不過是一種簡易權利也（按一八六八年一月十四日法國大理院判例，見一八六八年達祿斯定期類集第一編第六二頁；一八七五年一月二十六日法國大理院判例，見一八七五年達祿斯定期類集第

一編第二三〇頁；一九一〇年七月二十五日法國大理院判例，見一九一二年達祿斯定期類集第一編第五三七頁。）

（五二）關於撤消効力　公共用途宣告，一經參政院宣佈撤消後，其結果將使後來一切程序歸於無效，尤其對於爲執行該宣告而宣判土地徵收之判決爲然也。但有一附帶條件須注意，即該項判決猶未依據事實裁判而予以通過是也。否則參政院對於公共用途宣告之撤消命令，絕不影響土地徵收判決，及土地徵收審查委員會爲執行判決而爲之決議（按一九〇一年七月十七日法國大理院判例，見一九〇一年西勒定期類集第一編第五二八頁；一九〇〇年一月二十七日法國大理院判例，見一九〇九年達祿斯定期類集第一編第三八六頁；一九一六年五月九日法國大理院對於歐爾歐事件所爲之判例。參看一八七七年十二月十七日法國大理院判例，見一八七八年達祿斯定期類集第一編第五二頁；一九〇九年一月二十七日法國大理院判例，見一九〇九年一月份法院新聞第一四九頁，及一九〇九年達祿斯定期類集第一編第三八六頁。）

再者，參政院對於公共用途之宣告，得按照該宣告業已允准徵收劃線外不動產之一部份，予以部份撤消；但該宣告尚可保留其餘有效部份也。一九一四年七月二十四日法國參政院對於歐爾歐事件所爲之裁決，即其例也。

但法國大理院於受理反對不動產全部徵收判決與反對土地徵收審查委員會對於全部剝奪所爲之賠償決議，而提出之上訴後，並不能自作公斷，而確定應徵收部份，與縮減後之賠償額數也；結果，大理院對不動產全部而下之法庭判決與土地徵收審查委員會決議竟予以撤消矣（見一九一六年八月十九日法院新聞。）

吾人於此當可憶及，在修正一八四一年五月三日法律之一九一八年十一月六日法律以後公布之一九二一年五月十一日命令，對於在河斯曼馬路劃線以外不動產之一部份，允予徵收也。

（五三）公共用途之宣告，不能爲控訴之目標　越權公訴，乃反抗公共用途宣告之惟一直接控訴。

實則，假使公共用途之宣告，在手續上合法，而且曾經合法宣佈，即謂宣佈之目的，實含有一般用途性質時，不能向參政院提出反對該宣告之訴訟，而藉口該宣告爲不適當，或作該宣告目的之工程毫無益處。遇此問題發生時，行政機關之估定實爲至高無上（按一八七〇年二月二十六日法國參政院裁決，見一八七一年西勒定期類集第二編第二三〇頁；一八八七年五月三十一日法國參政院裁決，見一八七九年達祿斯定期類集第五編第二一五頁；一八七八年十一月二十二日法國參政院裁決，見一八八〇年西勒定期類集第二編第一五三頁；一八八二年二月二十四日法國參政院裁決，見一八八四年西勒定期類集第三編第一二頁；一八九五年十二月二十七日法國參政院裁決，見參政院裁決類集第八七九頁，及本書上文第五十款中所列舉之參政院各項裁決。）

不能向司法機關提出反抗公共用途宣告之控訴，而藉口公共用途在實質上並不存在，或藉口公共用途之宣告在手續上事前未經合法調查等等。實則此等事件乃屬於行政行爲，而司法機關固無權受理也。倘法庭遇有撤消公共用途宣告之請求時，應拒絕受理（按一八四五年一月二十二日法國大理院判例，見一八四五年西勒定期類集第一編第十六頁；一八四五年七月二十二日法國大理院判例，見一八四五年西勒定期類集第一編第九十頁一八七八年四月九日法國大理院判例，見一八七八年西勒定期類集第一編第一二八頁；一九〇三年十月二十三日巴黎高等法院判決見一九〇三年十一月二十日法院新聞。）

（五四）II宣判土地徵收之法庭對於公共用途宣告之監督　吾人將於本書下文第八五款中，得見一八四一年法律第十四條規定，對於行政權與司法權分立原則有所牴觸按該第十四條規定受理宣判土地徵收之法庭，只能於證實一八四一年法律第一篇第一條所規定之手續業已照辦後，始得宣判。但據吾人所知，公共用途之宣告乃為該第一條規定手續之一，因之受理法庭應當要求須證實有公共用途宣告之存在，並在未證實以前，應延緩宣佈其判決（按一八三五年四月八日法國大理院判例，見一八三五年西勒定期類集第一編第三〇〇頁；一八九一年十二月八日法國大理院判例見一八九二年西勒定期類集第一編第九五頁。）

上述受理法庭更應證實公共用途之宣告，是否出自主管機關（按一九二四年四月七日法國大理院判例；參看本書下文第八五款。）因倘遇構成土地徵收理由之工程，只能依據法律執行，而宣告公共用途，竟誤以命令出之或公共用途應由參政院命令宣告，復誤以簡易命令出之時，受理法庭得拒絕宣判土地徵收（參看拉斐列厄氏所著之『行政裁判權之研究』(Laferriere, Traité de juridiction administrative) 第一冊第五四〇頁；及白德勒米氏所著之『行政法』第九版第六二六頁。）

但受理法庭之監督權，僅如以上所述（按一九一九年一月二十二日法國大理院判例；參看本書上文第五十款。）實則吾人已於本書上文第三九款與第五三款中，看出受理法庭不能藉口事前調查未經實行，或未合法

實行及藉口公共用途並不存在等等而否認土地徵收也

第二節　實施工程所在領域與地點之指定

(五五)實施工程所在領域與地點之指定，通常載於公共用途之宣告中　關於此點，在一八四一年法律第一條中有所論及，按該條曾云「倘遇工程實施所在領域或地點未經法律或命令指定時，應由省長文件指定之。」

由上述原文觀之，實施工程所在領域或地點之指定係必須之事，但此種指定，並不須以特殊文件出之，且無形中似可於公共用途之宣告文件中行之也。

通常在未作公共用途宣告之前所提出之初步計劃中，即以圖樣說明工程實施所在區域：例如擬興建之道路路線圖，運河路線圖，或鐵路路線圖。如此指定即足矣（按一八三四年十一月二十二日法國大理院判例，見一八三五年西勒定期類集第一編第七三頁。）若遇某類工程，就其性質上講，僅涉及某一確定區域，例如開闢或放大街道，與建橋樑與建築學校，其應採之指定方法，自與以上所述者無異。

(五六)若遇與上述情形相反時，則區域之指定，應由省長命令行之　然有時因缺乏充分說明之故，法律或命令對於運河或鐵路之興建，僅限於公共用途之宣告，將路線首尾兩端加以指陳而已。如遇此種情形時，一八四一年法律至盼工程師與測量員均勿依據該指陳之點而繪製部份圖樣，而要求其在着手之前，對於應經過之地域（區村落等等）作詳細之指定。

無論擬辦工程之性質如何，惟有省長始能爲地域之指定，其他任何人均不能代庖也（按一八六一年五月二十八日法國大理院判例，見一八六一年西勒定期類集第一編第九九二頁；一八六五年五月十六日法國大理院判例，見一八六五年西勒定期類集第一編第四五七頁；一八八七年六月十五日法國大理院判例，見一八九〇年西勒定期類集第一編第四二三頁。）且省長對於地域之指定，應以特殊命令（arrêté spécial）行之，不能以日後公布之讓與命令(arrêté de cessibilité)替代。關於讓與命令，容於下文中再論及之（參看本書下文第七五款及以次各款。）（按一八六一年五月六日法國大理院判例，見一八六一年達祿斯定期類集第一編第二八七頁；一八七〇年五月二十四日法國大理院判例，見一八七〇年達祿斯定期類集第一編第三八八頁；一八八一年十二月十三日法國大理院判例，見一八八四年達祿斯定期類集第一編第八八頁。）

上述特殊命令，並無法律規定其非批露不可，然省長通常均予以批露，而一般人士亦惟有承認之而已。

（五七）制裁：受理宣判土地徵收法庭之監督　上述之特殊命令，不能爲上訴之目標。實則，一方面因該特殊命令，並未違反任何法律，自不能按訴訟程序提出控訴；他方面復因特殊命令之合法性，並無須遵照某種特別手續，故不能對之提出超權控訴。

但因上述手續曾明文規定於一八四一年法律第一條，按該法律第十四條規定，應遵從受理宣判土地徵收法庭之監督（參看本書下文第八五款。）因之，受理宣判土地徵收法庭，應確知該項命令手續業已完成（按一八三六年一月六日法國大理院判例，見一八三六年西勒定期類集第一編第五頁；一八四五年四月三日法國大理院判例，見一八四五年西勒定期類集第一編第七四六頁；一八六一年五月二十八日法國大理院判例，見一八六一年西勒定期類集第一編第九九二頁。）且倘遇該法律第一條規定手續，未列入公共用途宣告之文件中，亦未以上述之特殊命令完成時，法庭應拒絕宣判土地徵收；否則，其結果作爲無效。

但宣判土地徵收法庭無權批評指定地域之選擇問題。若遇地域之指定，係出諸命令或法律時，該法庭直毫無置喙餘地。若遇指定地域之使命移於省當局時，法庭職權亦不能有所變更（按一八八二年十二月十三日法國大理院判例，見一八八三年西勒定期類集第一編第三二五頁。）

第三章 必須佔用之個人產業之確定

（五八）確定個人產業必經之手續 當公共用途一經行政機關宣告，及實施工程地域亦經指定以後，對於必須佔用之個人產業應即記名確定之。

但依據法律條文之規定，爲使不動產徵收之關係人得有抗辯機會起見，上述之確定個人產業措施，在其實行之先，須完成下列兩項預備手續：

（1）部分圖樣之繪成與公布；

（2）就產業所在地域區署內辦理是項圖樣之調查。

上述兩項預備手續及確定個人產業之手續，在法國一八四一年法律第二篇自第四條至第十二各條中，有所規定。茲於下列三節中分論之。

第一節 部分圖樣之繪成與公布

（五九）每區必備之圖樣 按一八四一年法國法律第四條規定：『擔任執行工程之工程師，或其他技術人士，對於每區某一部份須要讓出之地基或建築，應繪成部分圖樣。』而此繪成之圖樣，須經省長簽字。該部分圖樣雖不必爲曾作第一次審查基礎之整個圖樣之正確摹寫，但必須與公用宣告中所確定之圖樣相符合。（按一八四二年十二月十四日法國大理院判例，見一八四三年西勒定期類集第一編第六八頁。）

（六〇）部分圖樣應有之指示

（一）部分圖樣首應指示『必須讓出之地基或建築』（按上述第四條規定），換言之，須將每一部分之內容與性質指出。蓋因在每個業主方面對於他人將取用其地基或建築，及遇部分佔用時，所需之正確的佔用範圍有確切知道之必要故也。

（二）再者，按一八四一年法律第五條規定，該圖樣更應『依據捐稅册所登記，列出每個業主之姓名。』在法律本意，固不欲強制土地徵收者定要探得真實業主，因此種探詢或不免引起無窮之困難，及使立法者所期望之迅速程序變爲遲緩。因之，只須查出顯明之業主，即足矣。實則，此種手續並無若何不便之處，後來程序一經批露，便足使真實業主得知徵收之對象矣。

復次，行政機關每依據調查所得，將真實業主之姓名，列入部分圖樣中。但此種揭示，全爲任意，並不足以代替法律所規定者。

行政機關對於其他具有各種權利之關係人士，如佃農與佃客，暫時實無顧及之必要，無須將彼輩之姓名列入部分圖樣中。

（六一）關於部分圖樣之認可　概言之，未依法繪成之部分圖樣，若審查委員會無異議或保留，其無效性質即消失（按一八六九年四月七日法國大理院判例，見一八六九年達祿斯定期類集第一編第三四二頁及一九〇一年七月三十日法國大理院判例見一九〇二年西勒定期類集第一編第四八頁）。

（六二）部分圖樣之公布　部分圖樣，一經製就，並經省長簽字後，應卽送交產業所在區之區長，俾得「存放於區長辦公處，使一般人均有閱悉之機會」（按一八四一年法律第五條規定）區長於收到該圖樣後，應立卽通知民衆，俾知該圖樣已存放於區長辦公處，可以任意索閱，並備有記錄，以供各關係人登記其聲明與請求之用。

按一八四一年法律第六條規定，上述通知，應以集體通知方式出之：第一，藉喇叭聲或鼓聲表示之（在巴黎及其他大城業已放棄此種陳舊方法）；第二，在區長辦公處正門及區署命令指定民衆時常經過之某一顯明地方，粘貼佈告，在巴黎之粘貼佈告處，曾經一九一九年三月二十五日省會予以規定（參看本書下列法制原文表中所列該會內容）；第三，在縣中某一報端批露之，若遇縣中無報時，可就省中某一報批露之。

上述通知手續，至關緊要，不得以個別通知代替之（按一八四三年四月四日法國大理院判例，見一八四三年西勒定期類集第一編第三四四頁）。

上述手續之是否完備，則由負責宣告土地徵收之法庭審查之。如未曾粘貼佈告，或未曾在縣中報端批露，或於調查記錄截止後，始在報端批露時（按一八五九年二月十六日法國大理院判例，見一八五九年二月十八日法院新聞）法庭應卽從緩宣告土地徵收。倘法庭不照此規定時，則此種不合法行爲可使法庭判決，或審查委員會之決議歸於無效。但此無效性，得以被徵收者之在審查委員會中旣無抗議，又無保留，而歸於消滅（按一八六八年七月二十二日法國大理院判例，見一八六八年達祿斯定期類集第五編第二〇六頁及一八九二年十二月二十一日法國大理院判例，見一八九四年法國法學家論著彙編第一編第三六頁。）

再者，為證明上述手續之完成，法律曾明白規定應由區長『保證報端批露與佈告』（按一八四一年法律第七條。）因之，區長應出一證明書，證明彼曾依法通告民衆。而此證明書須附有曾經區長認可粘貼於區內之佈告底稿一份，連同批露通告之報紙一份。但此種證明書，不必以特別形式出之（按一八九一年三月九日法國大理院判例，見一八九一年法國法學家論著彙編第一編第三四三頁。）

（六二）調查記錄之辦理　按一八四一年法律第七條規定，區長於完成上述手續後，應依照佈告中所示日期辦理記錄，將關係人之聲明與請求逐一登載於記錄中。至該聲明與請求之是否合法，彼固無加以裁決之必要也。再者，區長對於關係人口頭發表之意見，須使之簽字，並將其用書面提出之意見附入記錄中。

上述記錄須存放於區長辦公處八足日，換言之，粘貼佈告日及滿期之日，均不得計入八足日期限中（按一八五六年二月二十五日法國大理院判例，見一八五六年達祿斯定期類集第一編第二一一頁；一八八二年三月一日法國大理院判例，見一八八三年西勒定期類集第一編第三二六頁；一八八九年七月一日法國大理院判例，見一八八九年西勒定期類集第一編第四三六頁；一八九二年三月八日法國大理院判例，見一八九二年西勒定期類集第一編第四二〇頁。）

對於上述期限若未遵行，則土地徵收判決將歸於無效（按一九〇九年二月二十四日法國大理院判例，見一九〇九年審判廳新聞(Gazette du Palais)第一編第五一四頁。)

八足日期限一經屆滿後，區長卽簽字於記錄並收存之。

第二節　部分調查

（六四）部分調查之目的　此第二次調查名曰部分調查，或名之曰一八四一年法律第二篇中所規定之調查，其內容與第一次調查內容迥異；因此次須調查者，並非工程之有無公益，乃在實施工程時究竟是否有佔用某部產業之必要也。

按上面第六三款中所云，關係人應於八日之期限內提出請求或意見。吾人刻須研究者：卽第一，審查意見者爲誰；第二，審查應有之結果。

（六五）調查所得意見之審查　至對於意見之審查，及最後圖樣之決定所應遵守之程序，與以上所述關於審查工程性質及其利益所在所應遵守之程序迥異；因吾人現在所研究之程序，固隨執行土地徵收者究爲國家，爲省，爲業主組合，爲開鑛特許權所有人，抑完全爲本區利益打算之某區而互異也。

（六六）I、關於國家、省、同業組合或開鑛特許權所有人所需之土地徵收　在此種情形之下，關係人所提出意見之審查，應由一委員會執行之，而該委員會則須依照一八四一年五月三日法律第八、九、十各條規定組成之。

若遇工程範圍涉及數區地域時，每區均應組成一委員會（按一八三六年一月六日法國大理院判例，見八三六年達祿斯定期類集第一編第四九頁）此蓋原於一八四一年法律第八條規定「產業所在區之區長」應列席委員會故也。

區長只能列席本區委員會，至於其他委員則可同時列席各委員會。

（六七）審查委員會之組織及其職權　按一八四一年法律第八條第一節第二段之規定，審查委員會應在縣城集會，其組成人數計爲七名，卽由三行政代表，如擔任主席之縣長或省長（按一八七三年十一月十二日法國大理院判例見一八七四年西勒定期類集第一編第八四頁），產業所在地之區長及擔任此項工程之工程師一名（此人不必具有工程師資格，）外加省長指定之省參議員或縣參議員四名組成之。若遇上述人員爲被徵收之業主時，其本人不得參加委員會（按一八四一年法律第八條末節。）

法律對於省長或縣長缺席時，應如何辦理則未論及；普通均由省長就省署公務員中指定一人代表，而爲委員會主席。

委員會集會，至少須有五人出席，始得從事討論（按一八四一年法律第八條第三段。）其決議須經出席人員過半數之同意；若遇贊成與反對人數相等時，則取決於主席所投之票（按一八四一年法律第八條第四段。）

對於委員會之組織及其職權之規定若有牴觸時，則委員會之工作乃至土地徵收判決均歸無效（按一八三六年一月六日法國大理院判例，見一八三六年達祿斯定期類集第一編第四九頁；一八四六年八月二十四日法國大理院判例，見一八四六年達祿斯定期類集第一編第三二八頁。）

一八四一年法律第五條所規定之八足日期限屆滿後，委員會依據該法律第八條第一段規定，應立即召集會議。並按該法律第九條第三節之規定，應於十日之期限內完成其工作，即以八日作爲聽取關係人之意見期間（參看本書下文第六八款第二段），以二日作爲討論與確定其意見期間。至於該二日期限，則並無若不遵守即作無效之規定；實則該委員會固可於一日內結束其討論並確定其意見也（參看達符利銳氏所著之公用土地徵收第一册第九章第一款，及卡爾索內氏所著之土地徵收之研究第一六〇款附註第四。）

假使上述委員會未能於規定之期限內完成其工作時，其職權應即終止，而縣長須於三日內將進行經過之記錄連同所採集之文件繕呈省長（按一八四一年法律第九條第四段規定。）

（六八）審查委員會之職權　按一八四一年法律第九條第二段之規定，審查委員會之使命，應在對於提呈之部分圖樣，表示其可否意見換言之，表示其對於某項工程之實施上究應否佔用某不動產之意見。

爲此法律曾經規定在八日期限中，審查委員會應聽取各業主之意見（按一八四一年法律第九條第一段規定。）若有違反八日期限情形時，即喪失法律效力（按一八四二年六月二十一日法國大理院判例，見一八四二年西勒定期類集第一編第五七五頁，及一九二二年二月一日法國大理院判例，見一九二二年三月六日法院新聞。）所謂須滿八日期限者，即謂須經過八足日是也，最後一日須至午夜始告終了（按一八四一年八月十日法國大理院判例，見達咻斯目錄第二六一款；參看克勒朋氏所著公用土地徵收詳明法典（Crépon, Code annoté de l'expropriation pour cause d'utilité Publique）第九條第二款及第六條第二款。）按照一般原則，所有一切程序上之期限，均不應將開始之日計入，因之，所謂八日期限，並不包含審查委員會第一次集會日在內，而該期限只能自次日起算（按一八四六年十二月八日法國大理院判例，見一八四七年達祿斯定期類集第一編第二四七頁。）再者若遇審查委員會於一日舉行第一次集會時，則所謂八日期限，直至十日始告終了，委員會且可繼續討論至十二日也。

復次，審查委員會於開始其記錄後，應就會中推定一人（普通被推定者，均爲縣長，因其在縣城長住故也），專司接受各種意見事宜（按一八四二年十二月十四日法國大理院判例，見一八四三年謝海定期類集第一編第六八頁。）但設該記錄於開始之日即告終止，則其調查即爲不合法，而此種不合法行爲足使土地徵收判決不發生效力（按一九二二年二月一日法國大理院判例。）

一俟八日期限屆滿後，審查委員會即開始審查該會所搜集，及在圖樣存放於區署期內所接受之各種意見，對於與調查目的無關之意見則置而勿論，如反對工程利益與其整個圖樣之意見是也（按一八七〇年七月十二日法國大理院判例，見一八七〇年西勒定期類集第一編第三七一頁。）至對於其他意見，則須表示其可否意見也。

再則，審查委員會對於提出之各種圖樣，可作贊成或反對之意見。

（六九）第一種情形：委員會批准部分圖樣，倘遇委員會對於圖樣表示贊成意見時，縣長應立即將該會記錄上呈於省長，而省長即據此頒佈讓與命令（參看本書下文第七五款。）

（七〇）第二種情形委員會請求修改　倘遇此種情形時，必須使受此種修改影響之業主得有知悉機會，並得發表其意見。

爲此，按照一八四一年法律第十條規定，縣長應『按照一八四一年法律第六條所規定之方式』立即通告各業主（參看本書上文第六一款）自通告日起在八足日期限內須將記錄及各種文件存放於縣署，俾便關係人查閱，並提出書面意見。

在上述期限屆滿後三日內，縣長應將各種文件交呈於省長，再由省長轉呈公共工程部長。實則，遇此情形時，按照一八四一年法律第一一條第二節之規定，惟有公共工程部長始有權裁決應採用之圖樣，至於省長已否認可提議修改之點弗計也（按一八八〇年五月二日法國大理院判例見一八八一年達祿斯定期類集第一編第一六〇頁）。但須注意者，即始終只有省長有權頒佈讓與命令也。

公共工程部長若採用最初圖樣，或委員會所定之圖樣，即可立時裁定。倘須採用第三種圖樣，而需佔用更多之地基，應重新調查一次，俾受損失之新業主得有提出請求之機會（按一八四一年法律第十一條第三節規定；並按一八九一年四月八日法國大理院判例見一八九一年西勒定期類集第一編第二七二頁。參看卡氏所著『土地徵收之研究』第一六六款及貝羅尼與德拉馬爾二氏合著『關於公用土地徵收法之評判』第一七一款。）

（七一）II、關於一區執行純屬於本區利益之土地徵收　遇此情形時，則應採用之程序至爲簡單，但尚附一條件，即該區所執行之工程須純關於本區利益範圍（按一八四一年法律第十二條規定）換言之，按照判例，此種工程只容涉及一區。實則，倘遇工程涉及數區範圍時，則不論該工程之執行者僅爲一區，其情形將與上述者迥異，例如甲區在乙區內執行工程，而乙區固未必定能利用該項工程。最顯而易見者，爲比較偏遠之區，爲供給飲料所執行之引水工程是也（按一八四八年三月十三日法國大理院判例，見一八四八年達祿斯定期類集第五編第一八四頁；一八七〇年七月十二日法國大理院判例，見一八七〇年達祿斯定期類集第一編第三六七頁；一八七三年七月十六日法國大理院判例，見一八七三年達祿斯定期類集第一編第三三六頁；一八九一年十二月八日法國大理院判例，見一八九二年達祿斯定期類集第一編第五七四頁；一八九二年三月八日法國大理院判例，見一八九二年西勒定期類集第一編第四二〇頁；一九〇七年七月十八日法國大理院判例，見一九〇七年審判廳新聞第二編第一九六頁。）

（七二）區參議會之意見，在此處代替調查委員會之意見　上款中所述及之簡單程序爲何？即無須將關係人所提出之意見交付特別委員會審查是也。遇此情形時，應由區參議會於區署辦理調查記錄經滿八日期限後，按照一八四一年法律第五條與第七條之規定，對於調查記錄上所登錄之各種意見，予以答覆（按一八四一年法律第十二條第二節。）若於八日期限未滿以前，即發表一切意見，則徒使所進行之程序無效（按一八四二年十二月十四日法國大理院判例，見一八四三年達祿斯定期類集第一編第九五頁；一八四三年八月三十一日法國大理院判例，見一八四三年西勒定期類集第一編第九一四頁；一八四五年四月三十日法國大理院判例，見一八四五年西勒定期類集第一編第七四六頁）。

區長應將區參議會意見連同各種調查文件交呈縣長，然後再由縣長將此全部文件附以個人觀點轉呈於省長（按照一八四一年法律第十二條第二節規定）。

倘遇區參議會之意見爲贊成圖樣路線時，省長得立卽頒佈讓與命令（按一九〇一年十二月三日法國大理院判例，見一九〇二年西勒定期類集第一編第九六頁）。

反之，倘遇區參議會於接受各種意見後，發爲修改路線提議時，省長只能於最後路線經工程部長予以確定後，始得頒佈讓與命令（按一八四一年法律第十二條第三節規定，及按一八四五年三月三十一日法國大理院判例，見一八四五年西勒定期類集第一編第三〇七頁；一八六八年十二月十二日法國參政院裁決，見一八七〇年達祿斯定期類集第三編第九七頁）。然而，一八四一年法律第十二條並未規定工程部長之認可期限，省長自亦可加以裁決，只須該項裁決於宣告土地徵收判決以前經工程部長認可，在進行之程序上講，尙屬合法也（按一八四一年八月十一日法國大理院判例，見一八四一年西勒定期類集第一編第六七〇頁）。

（七三）巴黎街道　一八四一年法律第十二條之規定，得適用於巴黎街道。實則，巴黎街道雖屬於一般交通道路，畢竟無甚關係。巴黎市開闢或放大街道，而執行之土地徵收純爲一區之利益打算，自與一八四一年法律第十二條所規定者吻合。而判例均照此解釋也。（按一八七七年四月九日法國大理院判例，見一八七七年達祿斯定期類集第一編第四六九頁）

七四)村路　按一八四　年法律第十二條條文、該條所規定之簡單程序亦得適用於一村路之開闢或修補工程」但不能適用於村路寬度之勘驗與確定（參看一八三六年五月二十一日法律第十五條，及本書下文第三六五款暨以次各款。）

第三節　私有產業之指定

（七五）私有產業之指定，應以省令出之　無論對於國家或區執行之工程，或高級行政機關維持最初路線，或對該路線加以修改，惟有省長有權指定執行工程上所需佔用之私有產業。至省長為此而頒佈之命令，則名曰「讓與命令」(arrêté de cessibilité)。

上述讓與命令，應根據調查記錄及其附件起草（按一八四一年法律第十一條第一節及第十二條第三節），並與依據一八四一年法律第二章從事調查所通過之路線相符合。

（七六）讓與命令為土地徵收程序中之一種主要文件：此項命令之效力　吾人已於上文第五五款中見及，指定工程所在區域之命令，並非時時必需。反之，若無讓與命令，即不得作土地徵收之宣告。因此，受任宣判土地徵收之法庭，對於讓與命令之是否頒佈，應加注意（按一八四五年四月三十日法國大理院判例，見一八四五年西勒定期類集第一編第七四六頁。）

但須注意者，不論讓與命令如何重要，仍不能作為土地徵收之根據，且不能給與任何地段以不可處分性。因該命令之作用只在對於土地徵收所應依據而爲公用宣告文件所未曾提及之要素予以確定：如宣告某某不動產可許讓與是也。然而關於行將變更路線之街道附近地基，則區當局自讓與命令頒佈後，卽得拒發建築准許狀(Permission de bâtir)，或拒絕按照舊日界限劃路線（按一八八三年一月十二日法國參政院裁決見參政院裁決類集第三二二頁）。

讓與命令之所以有別於公用宣告者，乃在其具有此種偉大力量（參看本書上文第四八款），卽對於產業予以確定給與行政機關以一種拘束。該命令一經頒佈後，行政機關卽不得不使其得到一個結果。因按照一八四一年法律第十四條第二節之規定，讓與命令中所包含之不動產業主，於一年內若不見行政機關有所動作時，有權催促宣佈土地徵收判決。

（七七）讓與命令之內容　按照一八四一年法律第十一條第一節之規定，讓與命令應：

（1）對於需要取得之產業，予以指定，將每一部份之內容性質及依照捐稅册所登錄之業主姓名逐一列出。假使讓與命令未曾具有上述各項說明時，則土地徵收判決卽無由予以宣告（參看本書下文第八六款）；

（2）說明指定產業理由，卽以調查記錄，及其附件，必要時，高級行政機關之裁決作爲對象。

（3）列出指定地段之『佔用確期』。讓與命令往往聲明該地段可『立卽』讓與，卽謂徵收人於付淸償金後，可以立卽佔用是也。就吾人所知此項償金，必須事先照付。

（七八）區辦土地徵收之特別規則　倘遇一八四一年法律第十二條第一節中所規定之情形，卽當一區壘辦純關於本區利益之土地徵收（參看本書上文第七一款與第七三款），或執行開闢或修補村路之工程時（參看本書上文第七四款），按照一八四一年法律第十二條第三節之規定，讓與命令應經區參議會核准。

上述手續至關重要，若有差誤，即不發生效力（按一八四三年五月二十二日法國大理院判例，見一八四三年西勒定期類集第一編第五二九頁）。

如遇宣告土地徵收之判決，未曾證實上述手續業已完成時，則難免越權之嫌也（按一九二二年三月二十一日法國大理院判例，見一九二二年四月七日法院新聞；一九二四年二月十一日法國大理院判例，見一九二四年三月七日法院新聞）。

再者省長對於省參議會之意見，並無必須遵照之拘束。

（七九）對於讓與命令之控訴　讓與命令係行政當局一種有權力之行為，故不能在民事法庭對該命令提出控訴（按一八五五年二月十四日法國大理院判例，見一八五五年達祿斯定期類集第二編第一七八頁；一八九一年十二月八日法國大理院判例，見一八九二年達祿斯定期類集第一編第五七四頁）。再則，因讓與命令既未違反任何法律，又不致引起任何產業之移轉，所以不能按照訴訟方式向行政法院控訴：不能藉口某項公共工程並不需要佔用某某產業而加以攻擊也（參看白德勒米氏『行政法』第九版第六二六頁及貝德二氏『關於公用土地徵收法之評判』第一七二款）。

除可向省長所隸屬之內政部長提出優惠之訴願外（參看卡爾索內氏所著之『土地徵收之研究』第一

六四款，）若遇讓與命令不合法時只能直接向參政院提出越權訴願，例如假使讓與命令明白允許實施徵收者於未付償金前竟佔用某產業或在一八四一年法律第十二條規定之情形下省長未曾徵得省參議會之同意時。（按一八八二年三月三十一日參政院裁決，見一八八四年西勒定期類集第三編第二〇頁；參看拉斐利厄氏『行政裁判權之研究』第一册第五四一頁）此種訴願，須按照訴願之普通期限行之，否則一經土地徵收判決宣佈後，即不能藉口任何理由再提訴願。法國參政院裁決例，均如是主張（按一八五九年四月十九日參政院裁決，見一八五九年達祿斯定期類集第三編第八三頁；一八七四年二月十三日參政院裁決見一八七五年達祿斯定期類集第三編第四頁與參政院裁決類集第五七九頁；一八七六年二月十一日參政院裁決，見參政院裁決類集第一五二頁一九〇二年七月二十五日參政院裁決，見參政院裁決類集第五七九頁；一八七一年八月三十日大理院判例，見一八七一年西勒定期類集第二編第一八七頁。）若遇行政機關認爲不能接受此種訴願時，只須將土地徵收判決通知原文與證明並無上訴聲明存在之法庭書記室證明書予以抄示可矣。因對公用宣告不滿所提出之訴願，並不發生中止效力故也（按一八〇六年七月二十二日命令第三條，及一八七二年五月二十四日法律第二十四條之規定。）所以不論已否向法國參政院提出訴願，尚可對土地徵收判決提起上訴，而大理院不得延緩裁決（按一九一四年十一月二十四日大理院判例，見一九一五年一月十一日法院新聞。）

再者，另有一種間接訴願存在，此種間接訴願，實源於違反行政司法分立原則之結果。按照一八四一年法律第十四條第一節之規定，受任宣佈土地徵收判決之法庭，不論有無上訴情形，應考查一八四一年法律第二章中

所規定之各項手續（讓與命令亦在其內）是否經已完成否則，應不予宣佈土地徵收判決（參看本書下文第八十五款）

要之，在行政程序之階段中，關於讓與命令或公用宣告所引起之行政機關與司法機關間之職權糾紛，均按該文件等實體存在與效力之區別而得解決：若遇上述文件之實體存在不發生問題，而只須估計其效力問題時對於越權行爲可提起訴願；反之，倘遇上述任何一種文件之實體存在發生問題時，則法庭在宣佈土地徵收判決之先，對於該文件之存在必須加以證實。

第四章　土地徵收及其司法效力

（八〇）產業移轉於實施土地徵收者　吾人適在上文中所研究之三種預備行政手續一經完成後，卽須將執行工程所必需佔用之不動產產業移轉於實施土地徵收者。此種產業移轉方式在一八四一年法律第三章中曾予以規定（參看一八四一年法律自十三條至第二十一條。）

在一八四一年法律本意，固至盼上述產業移轉就可能範圍內以友好方式解決。但不可以業主之反對，致業經公用宣告之工程，無由進行。倘遇業主拒絕移轉其產業於實施土地徵收者時，得以強迫方式強其遵行。此種軼出普通法以外之強迫讓與，適構成土地徵收。按一八四一年法律第一條第一節之規定，上述讓與只能由司法當局施行之（參看本書上文第二八款）

（八一）在何種情形之下須乞援於司法機關　凡關於實施工程或擬辦工程必需佔用之不動產既存權利，未能依友好方式解決時，則必須由法庭出任解決。

實則，在本書下文第一一九款及第一三一款中，吾人卽可見及，甚至有時產業已依友好方式移轉於實施土地徵收者，尙須司法機關出而干預，可於下列二種情形中見之：（1）業主雖同意放棄其產業，但不承認實施土地徵收者所提出之償金；（2）實施土地徵收者與業主在產業讓與及償金兩方面均共同成立協定，但實施土地徵收者對於一切其他不動産權利（如通過稅地稅收益權等項）仍未能得到友好解決。

在上述兩種情形之下，法庭只須對於既成協定，予以證明，並指定受任確定償金之審查委員會主席法官。且因產業移轉業已實行，故法庭無須宣佈土地徵收，只須宣佈一種證明判決(jugement de donné acte)足矣。

更有進者，倘遇讓與命令中所舉及之某一不動產業主或多數不動產業主拒絕出讓其產業時，則必須司法機關出而干預。

於是由司法當局強制該強項業主放棄其權利，為此司法當局即以所謂『土地徵收判決』宣告徵收不動產，並將產業移轉於實施土地徵收者。

上述情形，事實上至為常見，亦正為吾人在本章中予以研究者。再者，吾人將於本書下文第一一九款及以次各款中見及，關於土地徵收判決應遵之規則，大部份可適用於證明判決。

吾人對於下列各點，將逐一予以研究：

(1)受任宣判土地徵收法庭之職權；

(2)土地徵收判決之批露；

(3)土地徵收判決之訴願方式；

(4)土地徵收判決之效力。

吾人當於下列四節中分論之。

第一節　土地徵收判決

（八二）主管宣佈土地徵收判決之法庭　主管宣佈土地徵收判決之法庭，非不動產所在縣內之初審法庭莫屬。此蓋根據一八四一年法律第十三條末節之規定而來，其原文云『省長與必須讓出之土地或建築物業主間，更或省長與業主代理人間未能成立友好契約時，省長即將批准執行工程之法律或命令及一八四一年法律第十一條論及之命令，通知產業所在區內之初審法庭檢察官。』

（八三）要求主管法庭判決者為誰？　普通均由初審法庭檢察官出而要求，實則惟有該檢察官始有資格為之，試觀一八四一年法律第十四條第一節稱：『初審法庭檢察官於三日內，將證明一八四一年法律第一章第一條，及第二章中所規定各項手續業已完成之各種文件送呈法庭，然後由法庭對於省長命令中所舉及之土地或建築物宣告予以公用徵收處分。』

上述期限並無強迫性，不遵守即不發生效力；此不過為立法者為公共利益着想，期望執行迅速而已，此種期望之實現與否，並無制裁以隨其後。因在訴訟法上之無效宣告，在自身猶嫌不足也（參看法國民事訴訟法第一〇三〇條）。

倘遇初審法庭檢察官無故拖延時，則行政當局或關係人得控告其違法、按民事訴訟法第五〇六條。）

初審法庭檢察官得接受實施土地徵收者、省長、區長及享有特許權人之請求。有時則為例外，若遇一八四年法律第十四條第二節所稱之情形卽實施土地徵收者於讓與命令宣佈後一年內並無任何動作時得接受讓與命令中所舉及之任何業主之請求（參看本書下文第二六四款。）

倘遇提出請求人為實施土地徵收者，則實施土地徵收者應將法律所規定之文件（參看下款）一併交呈。反之，若遇提出請求人為業主時，則初審法庭檢察官卽將請求書轉交省長，按照一八四一年法律第十四條第二節之規定，省長應於最短期內將各種文件檢送檢察官（參看本書下文第二六五款。）

（八四）應檢送檢察官之各種文件　按照一八四一年法律第十四條第一節之規定，應檢送檢察官之各種文件，卽『證明一八四一年法律第一章第一條及第二章中所規定之各種手續業已完成』之各種文件是也，如

（1）公用宣告書；

（2）當公用宣告文件中未曾指定實施工程所在區域時，所頒之另一指定實施工程所在區域命令；

（3）部份圖樣；

（4）規定一八四一年法律第二章之調查與部份圖樣存放之命令；

（5）批露上項命令之報紙證明底稿一份；

（6）批露上項命令之佈告底稿一份；

（7）證明法律規定各種批露手續業已完成之區長證明書；

（8）於八日期限內在區署舉辦之調查記錄；

(9)讓與命令。

無論任何土地徵收，上述各種文件均須檢送檢察官

若遇下列情形時，更應附帶檢送其他文件：

(1)倘遇請求實施土地徵收者，爲謀純屬於本區利益之某區時，則區參議會對於部份調查結果之意見書，亦應附帶檢送（按一九〇一年七月二日法國大理院判例，見一九〇二年西勒定期類集第一編第四八頁；一九一四年十一月二十四日法國大理院判例，見一九一五年一月十一日法院新聞，）倘遇區參議會提議修改原擬路線時，則高級機關一批准文件亦應附帶檢送；

(2)在其他情形之下時任命調查委員會委員命令，調查委員會之工作記錄，或縣長爲證明該委員會未能於適當時期內結束其工作之證書。且於必要時：如(甲)區長爲證明調查委員會之意見業已批露而發給之證書；(乙)批露調查委員會意見之底稿（按一九〇〇年十二月十日法國大理院判例，見一九〇二年達祿斯定期類集第一編第一一一頁）；(丙)縣長爲證明各種文件存放於縣房已足八日，而發給之證書；(丁)高級行政機關批准路線之文件；以上各件均應逐一檢送。

(八五)法庭之職權一法庭應迅速根據本庭一法官之報告，無須關係人出庭，按照普通判決方式公開會審，從事判決（按一九一三年十月二十三日巴黎高等法院命令，見一九一三年十一月二十日法院新聞。）但關係人以檢察官之居間，得以經代言人簽字之訴狀方式，或備忘錄，或公文方式，向法庭供陳其意見，實則凡此均非構

成與實之訴訟而係如在公家拍賣中法庭實施產業移轉之一種有權力之行爲而已

法庭之使命凡三茲列舉如次：

（1）按照一八四一年法律第十四條之規定，法庭對於必需不動產徵收所應遵辦一八四一年法律第一章第一條及第二章中所規定之各項手續應確悉其是否均已完成，即（甲）須視下列各項手續究竟有無遺漏是也：公共用途宣告；於必要時關於實施工程所在區域之指定；按照一八四一年法律規定所應製就之部份圖樣部份圖樣之批露；部份調查由特別委員會或區參議會對於關係人提供意見之審查若遇該委員會或該參議會建議修改原擬路線時該委員會或該參議會應爲之批露，及高級機關應爲之批准；最後則爲讓與命令；（乙）須視上述各項法定手續是否均依次完成：若遇上述各項手續並未依次完成時，法庭應當拒絕裁決，否則其判決應歸無效。

由吾人觀之，上述法庭方面所實施之純粹形式審查，仍難免違反行政權與司法權分立原則也。

法國判決例有承認法庭有權審查上述各項手續是否已爲『主管機關依次完成』之趨勢。曾有一次爲放寬與修補村路而宣佈之土地徵收判決，即以此而被批駁，因該判決係根據省署命令之公用宣告而來，實則按照一八七一年八月十日法律第二十六條之規定，該公用宣告應由省委員會予以宣佈也（按一九一二年十月三十日法國大理院判例，見一九一三年西勒定期類集第一編第一六七頁）。同樣，若遇公共用途應由法律宣告，而誤以命令宣告，或應由經參政院審查後始得明令宣告，而誤以簡易命令宣告時，法庭均應拒絕爲土地徵收之判決（參看本書上文自第四一款至第四五款）但倘遇會裁明於一定期限內實施土地徵收之過期公用宣告時，其審查權則又不屬於法庭也（按一八八〇年八月二十四日法國大理院判例見一八八一年達祿斯定期類集第一編第三七六頁及一九〇一年一月二十二日法國大理院判例，見一九〇二年達祿斯定期類集第一編第八三頁。）

然而上述之判決例，殊不乏可以疵議之處：原一八四一年法律第十四條，與第一條至為近似，且與分權基本原則相符，顯然只許法庭為法定各種手續之實體存在裁判人，而非為法定各種手續之效力裁判人也（參看白爾德乃米氏『行政法』第九版第六二七頁。）例如，若遇公共用途之宣告果有其實體存在時，法庭即無須過問該項宣告是否有形式上之錯誤，或該項宣告是否為主管機關所為也。同樣，對於讓與命令，法庭只須證實該命令有其實體存在足矣，並無須過問缺乏理由或缺乏佔用期限之說明是否招致無效處分也（賀鋭猷氏在『行政法』第七六一頁中，即作如是主張。）

至一八四一年法律第一章第三條（非第一條）所規定公共用途宣告前所實施之調查，其證實之責，並不屬於法庭。此種違法殊為奇異。

（2）法庭對於讓與命令所指定之不動產，得為土地徵收判決之宣判（按一八四一年法律第十四條末節之規定。）

（3）法庭得任命本庭法官一員為確定償金之審查委員會法官主席，並得指定其代理人（按一八四一年

法律第十四條第三節之規定）

（八六）判決書應具之說明　根據上列法庭三項使命，則土地徵收判決書應

（1）對於證明法定手續業已完成之各項文件分別予以證實，此種手續若有遺誤，按判決例，卽不發生效力（按一八七〇年三月三十日法國大理院判例，見一八七〇年達祿斯定期類集第五編第一八二頁；一八七六年十一月十四日法國大理院判例，見一八七七年達祿斯定期類集第一編第七七頁；一八七七年四月九日法國大理院判例，見一八七七年達祿斯定期類集第一編第四七〇頁；一八八三年十二月十日法國大理院判例，見一八八四年達祿斯定期類集第一編第二五五頁；一九〇〇年十二月十日法國大理院判例，見一九〇二年達祿斯定期類集第一編第一一一頁；一九〇一年七月二日法國大理院判例，見一九〇二年達祿斯定期類集第一編第四八頁；一九一一年四月二十七日法國大理院判例，見一九一一年西勒定期類集第一編第一八〇頁；一九一四年十一月二十四日法國大理院判例，見一九一五年一月十一日法院新聞；一九二一年一月十八日法國大理院判例，見一九二一年十一月二日法院新聞。——『所有一切法定手續均已完成』一語，殊嫌過於空洞且有缺陷；參看一九二二年三月二十一日法國大理院判例，見一九二二年四月七日法院新聞。）

（2）對於讓與命令中所指定之不動產宣布已經公用徵收（按一八五二年六月二十八日法國大理院判例，見一八五二年達祿斯定期類集第一編第二〇六頁；一八八七年六月十五日法國大理院判例，見一八八九年達祿斯定期類集第一編第四〇頁）。再者，土地徵收判決若僅大體依據省長命令，殊嫌不足，必須對其宣告徵收

之各項不動產，予以個別指定，將省長命令中包含之說明，特爲各項不動產分別轉載，如不動產之位置與其內容，及捐稅册中所登錄之不動產業主之姓名，皆在轉載之列。實則，此係無形根據一八四一年法律第十五條而來，原該條曾規定須批露並佈告『載有各業主姓名』之判決摘要故也。對於上述說明，若有遺漏時，實構成一種形式上之錯誤，而招致批駁（按一八九六年六月六日法國大理院判例，見一八九六年達祿斯定期類集第一編第五〇四頁；一九〇六年六月十四日法國大理院判例，見一九〇六年法國法學家論著彙纂第一編第三〇七頁；一九一六年五月九日法國大理院判例，見一九一六年五月二十日法院新聞）。

（3）指定土地徵收審查委員會法官主席，並得指定其代替者。上述法官應爲該法庭之法官，但不拘任何法官，乃至代理法官亦可（按一八五三年一月二十五日法國大理院判例，見一八五三年達祿斯定期類集第一編第二七頁；一八六三年三月十六日法國大理院判例，見達祿斯類編第五章第四八六款及以次各款）。

若遇上述兩法官均缺席或爲事務所羈時，按一八四一年法律第十四條第四節之規定，初審法庭庭長得依據請求書，另行委人代替，但只能於該庭法官中擇一任命。

假使另委其他人員如律師以代替之，此雖係因該兩法官爲事務所羈而出此一途，但仍不免失之越權，妨害審查委員會組織，而使全部程序失其效力，即審查委員會之決議，亦同歸於無效也（按一九一五年六月二十三日法國大理院判例，見一九一五年八月八日法院新聞。）

第二節　土地徵收判決之批露

（八七）土地徵收判決之批露共有三種手續　法律鑒於該判決係權利移轉行爲，而其效力可以抵抗一切，故特爲種種戒備以免任何人受欺而蒙損害。爲此，法律特規定各種手續，俾各關係人得知該判決之存在。按一八四一年法律第十五條及第十六條之規定，上述之各項手續應爲：

（1）將土地徵收判決通告被徵收關係人；

（2）土地徵收判決之批露；

（3）土地徵收判決之登記。

（八八）（甲）土地徵收判決之通告　土地徵收判決，與一切司法裁決同（參看法國訴訟法第一四七條，）應按判決中所列被徵收關係人姓名予以通告，即如吾人於上文中所見，按照捐稅册所登錄之業主姓名，予以通告，因土地徵收，正對該業主等實施故也（按一八六〇等七月四日法國大理院判例見一八六〇年達祿斯定期類集第一編第四一一頁；一八六九年二月十日法國大理院判例，見一八六九年達祿斯定期類集第一編第一七五頁；一八七五年五月十日法國大理院判例，見一八七七年達祿斯定期類集第一編第三一一頁；一八八七年二月二十三日法國大理院判例，見一八八七年達祿斯定期類集第一編第二五五頁。）再者，按照判決例，倘遇實施土地徵收者得知眞實業主時，該判決通知應直接送達於眞實業主（按一八八〇年八月四日法國大理院判例，見一八八一年達祿斯定期類集第一編第四七九頁；一八八七年二月二十三日法國大理院判例，見一八八七年達祿斯定期類集第一編第二五五頁；一九一一年二月二十七日法國大理院判例見一九一二年西勒定期類集第一編第二三二頁，一九一二年七月十一日法國大理院判例，見一九一三年西勒定期類集第一編第一一〇頁）。上述通告應按普通送達書形式分別送與每一業主（按一八八九年七月一日法國大理院判例，見一八八九年西勒定期類集第一編第四三六頁）。

抑尤有進者，上述通告並無須具載判決全文，只須將判決摘要足矣。按一八四一年法律第十五條第二節之規定，該摘要點應為：（1）『判決原由』，換言之對於證明法定手續均已完成之文件予以列舉（按一九〇二年七月一日法國大理院判例，見一九〇三年西勒定期類集第一編第四八頁）；（2）『判決主文』，載明各業主姓名，此項姓名按照捐稅册中所登錄者；（3）按照判決例，將參預判決之各法官姓名及公開堂訊時所為之判決宣告，一併載入（按一八三一年一月六日法國大理院判例，見達祿斯判決例彙編第五章第二八三款；一八六七年三月二十七日法國大理院判例，見達祿斯判決例彙編附錄第一四九款，一八六七年五月七日法國大理院判例，見一八六七等法國大理院報告書第九五頁）。此均為證明判決有效之必需說明。

按照一八四一年法律第十五條第二節之規定，上述判決通告應送達產業所在縣内業主之選定住所（若送達其事實上之住所經當事人提出保留時，該送達之通告即歸於無效），在巴黎，即送達其市區内住所（按一八五五年五月十五日法國大理院判例，見一八五五年西勒定期類集第一編第五三七頁；）倘遇該業主並無選定住所，或有之而不在產業所在縣內時，或縱有選定寓所，但未曾經業主自行選定或其代理人選定時，應將送達書副本二份分別寄與區署及產業看護人（如守門者、佃農、管理人、租客、森林看守者）（按一八五○年八月二十八日法國大理院判例，見一八五一年西勒定期類集第一編第五八頁；一八六○年十一月二十八日法國大理院判例，見一八六一年達祿斯定期類集第一編第一三三頁；一八七五年一月二十六日法國大理院判例，見一八七五年達祿斯定期類集第一編第二三○頁；一八八七年八月一日法國大理院判例，見一八八九年達祿斯定期類集第一編第八○頁。）最後，若遇被徵收之某一部份既無佃農，又無看護者，更無管理人時，按判決例即將送達書副本二份交與區長足矣（按一九○四年五月二日法國大理院判例，見一九○五年西勒定期類集第一編第二九四頁。）

按一八四一年法律第十五條之規定，上述住所之選定，『應在產業所在區之區署聲明。』但法國判決例向來主張，該住所之選定只須其確實成立即可矣，例如，只須送達吏依合法方法轉達當局可也（按一八六四年八月十六日法國大理院判例，見一八六四年達祿斯定期類集第五編第一六五頁。至卡氏在其所著『土地徵收之研究』一書內第二一四款中亦如是主張。）

因法律對於區長或不動產看護人，並未規定任何制裁，以強制其將其自實施徵收衙署收得之通告副本送達於業主，所以該區長或不動產看護人往往未將通告副本送交當事人，以致當事者對於土地徵收情事，並不知悉，因之未能於適當時期內利用其權利。為彌補此種缺陷起見，法國曾於一九一八年十一月六日公布一項法律，爲一八四一年法律第十五條追加一節（即第三節），據該節規定『倘遇被徵收產業者住所曾在土地稅册上註明，應另行掛號送達第三份送達書副本於該被徵收產業者。』

被徵收產業者在判決通知送達後，始能爲決定償金程序中之關係人，而受土地徵收審查委員會裁判之拘束。在判決通知未送達以前，一切裁判對其不發生任何效力也。因之，倘遇依據法律規定而草成之土地徵收判決摘要，未曾送達於被徵收產業者，或遇未能辦到被徵收產業者以任何方式表示採納土地徵收審查委員會之裁決，並庇護其破壞程序之無效性時，則土地徵收審查委員會裁決，及隨着該裁決而爲之主席法官命令，將以越權故而遭批駁。

若遇送達於業主之土地徵收判決摘要書中，只具通知語氣，並未將收件人姓名、日期、簽名各項列出，及應塡註之點，多付闕如時，不得視爲合法也（按一九一六年二月二十九日法國大理院判例，見一九一六年三月十七日法院新聞。）

（八九）（乙）判決之批露　土地徵收判決通知，僅與業主發生關係。至於土地徵收判決之批露，則對土地徵收影響所及之全體人士而發也。按照一八四一年法律第十五條第一節之規定，此種批露應按照『該法律第六條規定之方式』出之。按該第六條係爲批露部份圖樣而定，即謂須粘貼佈告八足日，並在本區某一報端，或遇本區無報時，則就省中某一報端予以批露，且於必要時，得藉喇叭或鼓聲宣佈之（參看本書上文第六二款。）倘遇該八足日期限，未經全部屆滿時，則批露爲不合法，而且無效。

立法者之所以規定兩重批露者，蓋在俾衆週知並按大理院判例爲謀『公衆利益』故也。再者該兩重批露手續，彼此不相聯繫，即謂其中任何手續之一，均可居先行之，實則二者均有互相補助之效力，且爲使法律所規定之批露盡善盡美起見，尤覺缺一不可。

由上述各點觀之，則所謂通知與批露，只須其具備上款所列舉之各項說明，均可以摘要方式出之。

(九〇)上款各項手續完成後之制裁　上款所述兩重批露手續所加於實施土地徵收者之制裁亦有兩點：

(1)在上述兩重手續未完成時，或至少在通知手續未舉行時，向大理院提出反對土地徵收判決控訴之期限，不能開始計算（參看本書下文第九六款）；

(2)上述各項手續未經完成，或爲不合法時，即足使後來全部程序全不發生效力（按一八六九年一月二十七日法國大理院判例，見一八六九年達祿斯定期類集第一編第二四四頁；一八八七年四月二十五日法國大理院判例，見一八八七年達祿斯定期類集第一編第四五六頁；一九〇六年一月三日法國大理院判例，見一九〇六年達祿斯定期類集第一編第四〇頁；一九〇九年四月六日法國大理院判例，見一九一〇年達祿斯定期類集第一編第四五頁；一九一六年二月二十九日法國大理院判例，見一九一六年三月十七日法院新聞。）但此無效性，須經遭受不合法待遇之當事者請求並於審查委員會中表示反對，且於討論償金時，既不作抗議，復不作保留時，始能成立（按一八五九年十一月八日法國大理院判例，見一八六〇年達祿斯定期類集第一編第四一四頁；一八七六年十一月十四日法國大理院判例，見一八七七年達祿斯定期類集第一編第七〇頁；一九一三年十二月二日法國大理院判例見一九一四年西勒定期類集第一編第二二頁。)

(九一)(丙)土地徵收判決之登記　按照一八四一年法律第十六條之規定『土地徵收判決一經一八四一年法律第十五條規定之各項手續完成後，應立即按照民法第二一八一條向本縣抵押保存所登記。』至於證明判決亦應如此辦理。乃至載明被徵收產業者承認放棄其產業，並接受償金條件之友好契約，亦應予以登記也(參看本書下文第一二九款。)

由上述之一八四一年法律第十五條原文觀之，土地徵收判決之登記，只能於上述各項批露手續完成後，換言之，在送達土地徵收判決，佈告批露，報端批露，及佈告滿期後行之。關於此點，當無可供疵議之處。實則，上述各種批露手續，足使享有優先權之債權者及抵押者得悉土地徵收判決之存在。再者，土地徵收判決之登記，即為債權人或抵押人登錄其優先權或抵押品期限之開端(參看本書下文第一〇五款。)所以，土地徵收判決之登記，必須於該判決已經批露後行之，因以上所述之債權人或抵押人應於登錄期限開始前得悉該判決之存在故也(參看一八五三年三月二十六日法國公共工程部長之通告，及同年三月三十日內政部長之通告。)

除上述者外，尚可參看勒朋氏所著之『土地徵收法規』第十六段第四款。

此處所謂須登記者，乃為判決本文，並非判決摘要也。此種登記可按普通法中所規定方式舉行，但有一保留條件，即抵押保存所管理人對於當作賣方之被徵收產業者享有之償金特權，無須予以登錄也(按一八四七年一月十三日法國大理院判例見一八四七年西勒定期類集第一編第一三九頁一八五四年四月五日法國大理院判例，見一八五四年達祿斯定期類集第一編第三一一頁。）

（九二）制裁　惟有優先債權人及抵押人得對於登記錯誤，提出反對。債權人及抵押人得以十五日期限未曾屆滿為理由隨時均可向抵押保存所辦理登記（按一八九〇年七月五日法國疊脫（Mantes）法庭之裁決，見一八九〇年審判廳新聞第二編第一一四頁。）所以實施土地徵收者，若於該期限未滿以前，即付償金，未免過於冒險。因之，應於照付償金以前，從事辦理登記，或對於過早辦理之登記，從新登記。

第三節　反對土地徵收判決上訴之途徑

（九三）只准上訴於大理院　對於土地徵收判決及證明判決，依據一八四一年法律第二十條第　節之規定，『只能上訴於大理院』（按一九〇一年十二月十八日法國大理院判例，見一九〇四年達祿斯定期類集第一編第四五九頁；一九〇三年三月二十五日法國大理院判例，見一九〇三年西勒定期類集第一編第二八八頁；一九〇九年一月二十七日法國大理院判例，見同年十一月三十日法院新聞。）在立法者，為謀一切進行迅速起見，故廢除其他一切上訴途徑也。

因之，高等法院所為之裁決，若對於起訴不但未予拒絕受理，而對於省長所提出無資格審理之聲明，予以駁斥，而追認原判時，則殊有越權之嫌也（按一九〇一年十二月十八日法國大理院判例，見一九〇四年達祿斯定期類集第一編第四五九頁）。

抑尤有進者，一八四一年法律第二十條之規定，只於反對土地徵收判決或證明判決提起上訴時適用之。至對於高等法院所爲關於土地徵收判決不滿所提起之上訴，則不得援用：此種上訴應按公法程序進行，惟得免貼印花票。

（九四）上訴於大理院之各種原由　上訴於大理院之各種原由，爲法律所允許者，至屬有限。實則上訴只能於『違法受理，越權或判決式有缺點』各情形下行之（參看一八四一年法律第二十條第一節。）

（1）違法受理　吾人均知惟一有權受理之司法機關，乃爲不動產所在縣內之初審法庭。其他一切法庭，及其他一切司法機關，均無權受理，倘有違反此種規定之土地徵收判決發生，即難免於被批駁也。

（2）越權　凡按一八四一年法律第十四條之規定，法庭在未宣判以前，對於鑒定各項手續所犯之錯誤或不合法，（參看本書上文第八五款及第六八款）或該法庭對於證明各種手續業已完成之各種文件未予載明，在判決例均視爲越權（按一八三六年一月六日法國大理院判例，見一八三六年達祿斯定期類集第一編第四九頁；一八四二年三月四日法國大理院判例，見一八四二年達祿斯定期類集第一編第一五一頁；一八七〇年三月三十日法國大理院判例，見一八七〇年達祿斯定期類集第五編第一八二頁。）判決例且認爲土地徵收判決所依據之公用宣告，倘經參政院予以撤銷時，其結果當使判決翻案，因該判決正爲實行公用宣告而宣佈故也（按一九〇一年七月十七日法國大理院判例，見一九〇一年西勒定期類集第一編第五二八頁；一九〇九年一月二十七日法國大理院判例，見一九〇九年達祿斯定期類集第一編第三八六頁；一九一六年五月九日法國大理院判例（關於歐爾歐控告巴黎之事件），參看本書上文第五二款；）但尚有一條件須加注意者，卽對公用宣告所爲之上訴，須於期限內提出，因假使判決在參政院裁決前，卽已發生效力時，則公用宣告之撤銷，對於判決不能發生任何影響（按一八七七年十二月十七日法國大理院判例，見一八七八年達祿斯定期類集第一編第五二頁；一九〇九年一月二十七日法國大理院判例，見一九〇九年達祿斯定期類集第一編第三八六頁。）

再者，若遇法庭在償金未照付以前，卽明令佔有時，亦以越權論。

(3)形式上之錯誤　例如未曾公開庭訊，卽行宣判之判決，或法庭對於曾經登記姓名於捐稅冊之業主姓名，竟忘卻舉及，或誤對另一人宣佈土地徵收判決等等屬之（按一八五七年一月六日法國大理院判例，見一八五七年達祿斯定期類集第一編第四六頁；一八五九年四月六日法國大理院判例，見一八五九年達祿斯定期類集第一編第一六五頁；一八七八年五月七日法國大理院判例，見一八七八年達祿斯定期類集第一編第四三八頁；一八八四年一月十五日法國大理院判例，見一八八五年達祿斯定期類集第一編第二九一頁。）

(九五)有權上訴於大理院者爲誰？　關於此點，在一八四八年法律中並未道及，爲此，須參照普通法（參看卡爾索內與塞薩布呂二氏合著之『民事訴訟之理論與實際研究』（Garsonnet et Cézar-Bru, Traité théorique et Pratique de Procédure civile）第二版第六冊，）因之凡判決中舉及之當事人，公人或私人——或代表均得上訴於大理院：

（1）實施土地徵收者　當然實施土地徵收者，對其應負責之手續上錯誤，不能加以反對（按一八八四年二月二十日法國大理院判例，見一八八五年達祿斯定期類集第一編第二六二頁。）若遇實施土地徵收者爲國家或省時，應由省長上訴於大理院（參看一八四四年二月二十五日法國大理院判例，及克勤朋氏所著之『土地徵收法規』第二十段第十一款之二），如爲區時，應由區長上訴於大理院，若爲聯合會時則由聯合會之總幹事上訴於大理院。

（2）被徵收不動產之業主　不僅在判決中列有姓名之業主，卽在判決中未列名之業主，亦有權上訴於大理院也（按一八五七年一月六日法國大理院判例，見一八五七年達祿斯定期類集第一編第四六頁；一八五七年八月二十五日法國大理院判例，見一八五七年達祿斯定期類集第一編第三五三頁；一八八三年十一月七日法國大理院判例，見一八八五年達祿斯定期類集第一編第一七五頁。）

（3）被徵收產業者之債權人　該債權人雖可上訴於大理院，但須依照民法第一一六六條，對其債務人提起訴訟（按一八六六年十二月四日法國大理院判例，見一八六六年達祿斯定期類集第五編第一九七頁。）

至其他因土地徵收之實施而喪失其對於不動產之原有權利人士，如租客等，究竟享有上訴於大理院之權與否，其解答殊不一致，有些學者則承認其享有此種權利（如貝達二氏在其合著之『關於公用土地徵收法之評判』第二六五款中，卽作如是主張），但判決例之主張則反乎是也（按一八五四年八月九日法國大理院判例，見一八五五年達祿斯定期類集第一編第一三六頁。）

（九六）上訴之通告，形式及其期限　按照一八四一年法律第二十條第二節之規定，『上訴應至遲於判決通告送達後三日內向法庭書記室聲明，並於八日內按一八四一年法律第十五條所規定之住所通知關係人或按工程之性質而通知省長或區長，如有違反上述情形時，卽不發生效力。』

按上述條文觀之，上訴期限，應於判決通告送達後之第三日晚終止，——根據『至遲』二字而來——在書記室規定停止辦公之時（按一八五〇年八月二十六日法國大理院判例，見一八五〇年達祿斯定期類集第一編第二八〇頁；一八六二年六月二十三日法國大理院判例，見一八六三年達祿斯定期類集第一編第三八四頁）倘遇第三日正逢節期時，得延至次日（按一八三六年一月十一日法國大理院判例，見一八三六年達祿斯定期類集第一編第五一一頁；一八七七年一月十五日法國大理院判例，見一八七八年達祿斯定期類集第一編第七四頁；一八八八年三月十九日法國大理院判例，見一八八八年達祿斯定期類集第五編第二四九頁；一八五七年六月六日法國大理院判例，見一八五七年達祿斯定期類集第一編第四六頁；一八六二年七月二十三日法國大理院判例，見一八六二年達祿斯定期類集第一編第三八四頁。）再者此爲無疑之事，上訴尚可依據普通法於判決通告送達前行之（按一八四三年四月四日法國大理院判例，見一八四三年達祿斯定期類集第一編第一九二頁；一八五六年法國大理院判例，見一八五七年達祿斯定期類集第一編第二六三頁。）但所謂上訴期限，則只能於判決依法通告後起算，若遇送達於當事人之判決摘要書，對於判決中所列舉之各種文件未予揭示，而僅敍明法定手續業已完成時，則此種未能使被徵收產業者確知判決主要內容之通告，自不能作爲上訴期限之起點（按一九〇二年七月一日法國大理院判例，見一九〇三年西勒定期類集第一編第四八頁。）

再者，所謂上訴期限是否須待判決批露後，方可起算一節，在吾人認爲殊可不必計及。原一八四一年法律第二十條並未載明任何區別，僅規定上訴期限之起點而已（贊成如是主張者有一九〇九年五月十二日法國大理院判例，見一九一〇年西勒定期類集第一編第一五一頁；至反對如是主張者，則有一八五七年一月六日法國大理院判例，見一八五七年達祿斯定期類集第一編第四六頁；一八六〇年六月二十日法國大理院判例，見一八六〇年達祿斯定期類集第一編第四〇六頁；一八八二年六月六日法國大理院判例，見一八八三年西勒定期類集第一編第一八三頁。）

因之，倘遇判決書於三日送達時，則所謂上訴期限，應於七日屆滿。若無上訴提出，則判決自七日起，即發生效力。

一八四一年法律第二十條第二節關於上訴期限之規定，其適用於不滿土地徵收判決，而提出上訴之被徵收產業者，殊無多大困難也。但其適用於實施土地徵收者時，其情形究爲何若？倘遇實施土地徵收者，並無被徵收產業者任何通知而欲上訴於大理院時，是否須依據上述三日之期限？反之，在被徵收產業者方面，爲使上述期限迅速開始起見，究有無將判決通知實施土地徵收者之必要？此數問題，均由一九一〇年五月二十六日法國最高法院（Cour suprême）之裁決，予以解決矣（見一九一〇年六月六日法院新聞，並參看一九〇九年五月十一日法國大理院判例，見一九一〇年西勒定期類集第一編第一五一頁。）該裁決曾經明定，被徵收者若未將判決通知實施土地徵收者任何上訴期限均不適用於實施土地徵收者。且在實施土地徵收者方面乃至於評定價金委員會既經有所取決以後，只須其未曾作足以引起誤解其意嚮之行爲，如請求緊急佔用或無保留進行價金規定，正式承認土地徵收判決時，可隨時提起上訴。法國一般學說均如是主張（參看法耶氏所著之『大理院』(Faye, La Cour de cassation) 第三七六款。）

若遇上訴於大理院時，應向宣佈土地徵收判決法庭之書記室聲明（按一八八四年八月二十日法國大理院判例，見一八八四年達祿斯定期類集第一編第三六四頁；一八八六年三月十七日法國大理院判例，見一八八六年達祿斯定期類集第一編第四七一頁；一八八三年一月十六日法國大理院判例，見一八八三年法國大理院民事報告書第一七頁）。此種聲明，應經上訴大理院之原告人及法庭書記簽字登錄於公開登記簿。且該項聲明尚可由口託之代理人行之，只須當事人於上訴大理院時，予以認可足矣。

關於上訴之緣由，並非立即說明不可（按一八六一年二月十一日法國大理院判例，見一八六一年達祿斯定期類集第一編第二八一頁；一八六七年三月二十七日法國大理院判例，見一八六七年西勒定期類集第一編第二五九頁；）只須於日後予以補充足矣。但此種說明手續，乃勢所必須，否則大理院即對於上訴予以不接受之宣告（按一九〇一年七月十五日法國大理院判例，一九〇一年十月三十一日法律；一九〇七年六月二十七日法國大理院判例，見一九〇八年達祿斯定期類集第一編第一九九頁；一九一四年七月七日法國大理院判例，見一九一四年七月十八日法院新聞。）

再者，以上所述之上訴聲明，按一七三八年六月二十八日所公佈之條例第七條，及法國共和曆第五年二月十四日公佈之命令，應當保存於登記處（按一八七八年八月二十九日法國大理院判例，見一八七八年達祿斯定期類集第一編第四三六頁；一八八四年八月二十六日法國大理院判例，見一八八五年達祿斯定期類集第一編第二五三頁），並繳付一百十二佛郎又五十生丁（按一九二〇年六月二十五日法律第一一〇條，及一九二四年三月二十二日法律第三條）；對於上述規定若有違反情形時，上訴即喪失其效力（按一八九〇年三月十日——十七日法國大理院判例，見一八九一年達祿斯定期類集第五編第二七七頁；一九〇六年十月十七日法國大理院判例，見一九〇七年達祿斯定期類集第一編第一一一頁；一九一四年十一月二十四日法國大理院判例，見一九一四年十二月五日法院新聞。）該聲明書之存放手續，除省長以國家名義可以省略外，無論任何當事人，必須遵守（按一八七八年二月二十七日法國大理院判例，見一八七八年達祿斯定期類集第一編第二〇二頁；一八八六年八月九日法國大理院判例，見一八八六年達祿斯定期類集第五編第二三三頁；一九二三年十一月二十七日法國大理院對巴特汝雅（Patrouillard）控告巴黎市事件所為之判例。）至該聲明書得有效保存至訴訟開始審訊時為止（按一八八一年一月三十一日法國大理院判例，見一八八一年達祿斯定期類集第一編第三一八頁；一八八二年三月七日法國大理院判例，見一八八四年達祿斯定期類集第一編第三四三頁）原告人此時，只須持示正式收條，即足證明上述手續業經遵辦也。

最後，（按一八八三年十一月二十二日法國大理院判例，見一八八五年達祿斯定期類集第一編第一五五頁；一九〇七年七月十七日法國大理院判例，見一九〇八年達祿斯定期類集第五編第十二頁；一九一一年二月六日法國大理院判例，見一九一一年西勒定期類集第一編第四〇八頁）關於上訴，應由執達吏通知被告方面，否則無效。（此種通知在巴黎城應由大理院執達吏行之按一九一一年四月五日法國大理院判例，見一九一一年西勒定期類集第一編第五三五頁。）若向行政機關上訴時，則上訴通知應按行政手續行之。（法國民事訴訟法第一〇三三條之規定，除遇遠距離情形外，在此不能適用；）即謂須於向法院書記室聲明上訴意旨後至遲第八日晚實行通知（按一八五七年一月六日——十日法國大理院判例，見一八五七年達祿斯定期類集第一編第四六頁。）若遇上訴為徵收者所提出時，應按一八四一年法律第十五條之規定，通知對方選定之住所，如無選定住所時，即通知區長及佃農，或產業管理人（按一九一五年五月十一日法國大理院判例，見一九一五年五月二十二日法院新聞。）

（九七）上訴並無中止效力　在普通法上講，關於土地徵收之上訴，並不發生中止效力（按一八四三年五月三日法國大理院判例，見一八四三年達祿斯定期類集第一編第三三六頁；一九一九年五月二日法國大理院判例，關於該內爾事件（affaire Quesnel）。）因之在徵收者方面可無須顧及上訴事實，繼續在進行中之程序，召集評價委員會，將償金予以保存，但為慎重計，對於地點之現狀不加變更，以便一旦被大理院批駁時，新評價委員會得以估量不動產之價值。

（九八）應繳呈各種文件於大理院　上訴一經提出並經通知後，應將各種必須文件繳呈於大理院，俾便從事裁決。若係國家舉辦之工程，由省長將該文件送呈於公共工程部長，反之，如係省或區舉辦之工程，則由省長將該文件送呈於內政部長，然後由各該部長將該文件直接送交大理院書記室，而無須經司法部長之轉遞手續。此外，各關係人亦得委託律師辦理此種手續也。

按法律規定，各種文件應於『實行上訴通知後十五日內』繳呈於大理院（按一八四一年法律第二十條第三節之規定。）但是對於上述期限若未遵守時，則並不足以使上訴喪失其效力，一般判決例恆主張，只須於大理院未實行裁決以前，已將各種文件送到該院書記室即可矣，至十五日之期限，固無關宏旨也（按一八九七年二月二日及同年六月二十八日與十二月六日法國大理院先後公佈之判例，見一八九八年達祿斯定期類集第一編第二二三頁及一八九九年達祿斯定期類集第一編第五〇六頁；一九〇一年一月二十一日法國大理院判例，見一九〇一年西勒定期類集第一編第三六七頁；一九〇二年二月十日法國大理院判例，見一九〇二年西勒定期類集第一編第四一五頁。）然倘遇原告人未曾提供任何文件，且未作任何補救辦法時，則該原告人所提起之上訴即將喪失其效力（並科以罰金，賠款，訴訟費用，參看下款）（按一九〇七年六月二十七日法國大理院判例，見一九〇八年達祿斯定期類集第一編第一九九頁；一九一四年七月七日法國大理院判例，見一九一四年七月十八日法院新聞。）

（九九）上訴判決與裁判效力　為使大理院迅速裁決起見，法律曾經規定，上訴可直接向大理院民庭提出，而『該庭即於次月內予以裁決』（按一八四一年法律第二十條第三節；）但此種裁決責任並無任何制裁以隨其後在事實上若要大理院於上述期限內實行裁決，幾近於不可能之事（關於此點，可參看一九二三年三月二十四日政府公報。）至大理院之裁判，則不容加以反對也（按一八四一年法律第二十條第四節之規定。）

關於大理院裁判之效力，可就下列兩種情形中覘之。

（1）上訴被批駁　遇此種情形時，則徵收判決變爲確定。而敗訴之原告應擔負（一）訴訟費用；（二）其預先交存之保證金應歸庫有；（三）保證金之半數應歸被告（按一八七三年三月五日法國大理院判例，見一八七三年達祿斯定期類集第一編第六三頁；一八八二年十二月十二日——十八日法國大理院判例，見一八八四年達祿斯定期類集第一編第一六四頁。）

（2）上訴被認可　遇此種情形時，則所有根據徵收判決而產生之行爲（如供給通知評價委員之指定，評價委員會之取決及讓與命令）乃至根據徵收判決主要點而產生之行爲，均連同徵收判決一併廢止（按一八五七年三月十四日法國大理院判例，見一八五七年達祿斯定期類集第一編第四七頁；一八八四年一月十五日法國大理院判例，見一八八五年達祿斯定期類集第一編第二九一頁；一八八七年三月十四日法國大理院判例，見一八八八年達祿斯定期類集第一編第一八四頁；一九〇一年十二月十八日法國大理院判例，見一九〇四年達祿斯定期類集第一編第四五九頁；一九一一年十二月二十二日法國大理院判例，見一九一二年達祿斯定期類集第一編第三九一頁。）再者，所繳存之保證金，應予發還。最後，關於訴訟事件，卽交另一法庭復審。

（一〇〇）復審法庭之職權　由大理院指定之復審法庭，其受理案件情形，正與初審法庭無別，卽將關係案件之文卷連同大理院裁決書送交檢察官可矣。至其職權所及範圍，自僅限於原判目標所在之徵收事件也（按一八三七年七月十八日法國大理院判例，見一八三七年達祿斯定期類集第一編第二二八頁。）但該法庭在此限度內之職權完全獨立。

至於評價委員會之主席法官，則應就復審法庭法官中指定一人充任之，而該委員會之各委員，當就本省陪審員名單所列人員中指定若干人充任之（按一八五五年三月二十一日法國大理院判例，見一八五五年達祿斯定期類集第一編第二二頁；一八八二年一月三日法國大理院判例，見一八八四年達祿斯定期類集第一編第二〇〇頁；一八八八年三月十四日法國大理院判例，見一八九〇年達祿斯定期類集第二編第三五二頁。）

第四節 公用徵收判決之效力

（一〇一）公用徵收判決產生二大效力（1）被徵收者之各種權利，可即移轉於徵收者，無須經過批露手續或登記手續；（2）被徵收不動產之各項義務，均因此豁免。至因徵收而被廢止之各種權利，則以享用特別償金權利代之，或以被徵收者所得關於償金之各種權利代之（參看白德勒米氏所著『行政法』第九版第六二九頁。）

（一〇二）第一效力：產業立即移轉於徵收者 公用徵收判決對其所指定之不動產所有權，得於判決書送達或批露之先，立即予以移轉。即謂宣判之日，即業主喪失其產業之時是也；但業主於宣判以前，固仍保有對於產業之全部權利（參看一八五七年五月十九日法國賽內省地方法院判決，見一八五七年五月二十一日法院新聞）至對於第三者亦然。由此可見業主及第三者所有權之移轉，於宣判後即可予以實行，而不待經過登記手續也。關於此項原則，一八五五年三月二十三日法國公布之法律並未違反一八四一年五月三日公布之法律，對於不動產所有權之移轉，並不限定須經登記後始可對第三者發生效力。至一八五五年法律對於一八四一年法律所定原則未予違反者，實由於第一係根據一般法律對於特別法律不能予以牴觸之原則，其次係根據一八六九年三月三十一日法國參政院之意見而來（參看一八七〇年達祿斯定期類集第三編第一一二頁）。由此足見法庭判決對於所有權之移轉，實具有一種例外力量，試觀其對於第三者擬施於被徵收不動產之一切行爲乃至追究行爲，及關於不動產之一切特權與抵押，均一律予以免除可知矣。

因徵收者立即成爲業主之事實而發生下列結果：

（1）徵收者自判決之日起，對於被徵收之不動產，應負完全責任，故其應付之償金須適爲當時該項不動產之實值，決不容依據該項不動產日後全部或部份毀滅之事實而予以減少也（參看達祿斯判決例彙編V項關於公用徵收之第二三六款一九一〇年八月一日法國大理院判例，見一九一一年西勒定期類集第一編第一七二頁。）

（2）自後，被徵收之業主對於不動產不得轉讓，或予以使用收益權，或抵押；若遇被徵收之業主將其出售時，買方僅有權以其本人名義爲本人利益計，請求償金，而此償金則由評價委員會決定之；

（3）自後，被徵收者僅有一種債權，其原有之不動產所有權已不復存在矣。若遇被徵收者於死前曾指定其不動產繼承人及動產繼承人時，則不動產繼承人仍不得享有不動產所有權，因該不動產不復為立遺囑者所有故也；但動產繼承人則得享有徵收償金權，及接受發還產業之權，且對其所繼承之各種證券，得提出請求（參看一八七九年十一月二十七日巴黎高等法院裁決，見二二三六九號書記官與律師日報。）倘遇被徵收者於判決宣判後與人結婚時，則償金權應歸夫婦共有，至遇被徵收者於宣判後將其權利讓與第三者時，得適用一般債權讓與規則；）

（4）自後，行政機關對於判決利益不得擅自廢置，因有司法契約與既得償金權之存在故也（參看一八四五年五月二十日法國大理院判例，見一八四五年西勒定期類集第一編第四一四頁；一八五九年七月十一日法國大理院判例，見一八五九第七月十二日法律雜誌（le Droit），一八六二年四月十六日法國大理院判例，見一八六二年西勒定期類集第一編第七二一頁；一八四六年七月二十五日都魯士（Toulouse）高等法院裁決，見一八四六年西勒定期類集第二編第四八七頁；一九二二年十一月七日法國大理院判例，見一九二二年十二月一日法院新聞。）

（一〇三）關於被徵收業主之留置權　公用徵收判決只能對所有權予以移轉，不能使被徵收者立即交出不動產，蓋以被徵收者於償金未照付或未交付存儲以前，須保有該不動產，俾為其債權之擔保品故也。根據上述理由遂產生下列結果：

(1)被徵收者對其不動產仍享有居住權，出租權，並得徵收所得利益。若遇於評價委員會取決後六個月內，償金未曾照付或未曾交付存儲時，一般人公認被徵收者不但依據一八四一年法律第五五條第二節之規定享有償金利息，並得繼續於償金未照付或未交存儲以前保持其利益（參看一八七二年七月二日法國大理院判例，見一八七二年達祿斯定期類集第一編第二一七頁。）再者，一般人公認在償金未照付或未交付存儲以前，被徵收者得繼續享用其不動產，因之對於到期截下之木材得自由處置之（參看一九二三年二月十四日法國大理院判例，見一九二三年達祿斯定期類集第一編第三一頁）；

(2)被徵收者如遇第三者或徵收者予以糾纏，或於償金未照付或未交付存儲以前，欲對之加以驅逐時，爲顧慮佔有物起見，得採取各種必要措置；

(3)被徵收者有權舉辦改良工程，但以不違反一八四一年法律第五二條之規定爲條件；

(4)被徵收不動產各種捐稅負擔，仍由被徵收者任之，並不屬於徵收者。此種解決，實基於公平與理性觀念而然也。蓋以業主於償金未照付以前，對其所有產業，仍保有享用權，則其對於與享用權有關之捐稅，在理固應負擔。再者捐稅乃爲收益或進款之負擔，在法國稅法中，已成一種原則，此項原則，曾經一八〇八年十一月十二日公布之法律予以確認。對國庫徵收產業所得租金、利益與進款各稅，特別賦予一種特權，無須顧及捐稅册所登記之業主姓名究爲何人也。所以對於產業權之基本要素，一經予以區分時，則知有享用要素者對於捐稅，應予負擔。至所謂享用要素者，即指收受進款者而言，如收益者有使用權者長期租用者是也（參看一八五五年六月十四日法國參政院裁決，見一八五六年達祿斯定期類集第三編第二頁；一八七八年十一月八日法國參政院裁決，見參政院裁決類集第八六三至第八六四頁及法國民法第六〇八條。）凡以上所述對於仍據有不動產之被徵收者於償金未照付以前，亦可適用也。吾人豈不常見賣者給予買者付款期限，在此期限未到之前賣者仍得享用其產業利益乎？但此賣者對於與享用有關之各種負擔，尤其是捐稅一項，須自任之也（參看亞米樂氏所著之『法例研究』(Amiaud, 'Traité-formulaire) 第五部第一四九款）

但立法者為免除捐稅上之困難起見，曾建議（按一九一八年十一月六日公布之法律）一種補充規定辦法，明白指明捐稅應自何時起由徵收者負擔，曾經修正後之一八四一年法律第六四條，即依據上意而明文規定如次：『關於業主出讓不動產或部份不動產，或為業主因公用關係，而被徵收之不動產或部份不動產之各項捐稅，於讓予命令或公用徵收判決宣佈後之下屆一月一日以前，應由原業主負擔之。』

（一〇四）第二效力：被徵收不動產之各項權利歸於消滅　所有關於不動產之物權或債權，均以公用徵收判決關係而歸於消滅；該物權或債權所有者，以補償名義得享有特別償金權，或讓其所有權利轉入被徵收者應得償金項下。

法國一八四一年五月三日公布之法律第十七條第十八條及第十九條，均係根據上述規則，對於下列三種人得適用之：

（１）享有優先權之債權人，或抵押債權人；

(2)對於不動產提出追還或撤消契約訴訟者；

(3)有享用權者或有地役權者。

(一〇五)(甲)優先權與抵押　按一八四一年法律第十七條之規定『各種契約上、司法上、或合法之優先權及抵押應於十五日之登記期限內實行登記。若在此期限內，並未實行登記時，則所有關於被徵收不動產之各種優先權及抵押，不論其性質如何，均一概免除。惟於償金未照付及債權人間未曾商得解決辦法以前，對於婦人，未成年人受法律限制者所有在償金上各種權利須避免予以損害。各債權人無論在任何情形之下，不得過事多索，惟得要求償金須依據一八四一年法律第四篇中之規定，予以確定。』

由上述條文觀之，所謂公用徵收判決，一經合法宣佈與登記後，即可免除各種優先權與抵押（此處所指之優先權與抵押當係在判決之先成立者，至在判決後成立之各種優先權與抵押，因係涉及他人所有物，不發生效力故也。）享有優先權之債權人或抵押債權人喪失其對於不動產之一切權利，而只能於償金上獲得其權利之補償（參看一八七〇年七月十一日法國大理院判例，見書記官與律師日報）。該享有優先權之債權人或抵押債權人，不能如在普通法上所允許之各種讓與，對於不動產請求予以拍賣，或予以高價出售。至彼輩所有之惟一保障，惟有在徵收者與被徵收者雙方協定償金時，得提出異議，並請求評價委員會確定償金數目（參看一八四一年法律第十七條第三節。）

以上所舉之享有優先權之債權人及抵押債權人等對於償金得實行其優先權，而徵收者因該債權人等之登記，得悉債權人等之姓氏，並確定其抵押權與優先權之地位。原一八四一年法律規定：公用徵收判決，雖足阻止不動產之取得新權利，但對其先前取得復經依法登記之權利，並不取消其存在。因之，享有優先權或抵押權之債權人於公用徵收宣判以後，得從事登記；但須於公用徵收判決登記後之十五日內行之，否則即喪失其對於徵收者方面之優先債權人或抵押債權人之資格矣（參看一八四一年法律第十七條第一節與第二節）。

再者，一八四一年立法者關於上述諸點，不過將法國民法第八三四與八三五兩條關於不動產讓與之規定，應用於公用徵收而已，所不同者，只將在普通讓與情形下之任意登記，一變而為強迫登記。其所以使登記含有強迫性者，實為使享有優先權或抵押權之債權人依登記手續而使人予以確認故也。

有些作者（參看慕爾龍氏所著『登記之研究』〔Mourlon, Traité de la transcription〕第八款）認為一八五五年三月二十三日公布之法律，曾對於普通法上登記之效力予以修改，其對於公用徵收法亦然，實於無形中將一八四一年法律中之第十七條予以廢除矣。但此種看法，殊難令人同意。原該第十七條係載諸特別法中，且並未曾經過明令廢除，自應繼續有效。（參看主張此說者之西勒一八五五年份之法令註解〔Sirey, lois annotées, 1855〕第三五頁附註一三；卡爾索內氏所著『公用徵收之研究』第二二九款；白德勒米氏所著『行政法』第九版第六三二頁；一八六六年十一月二十二日法國剛城高等法院〔Cour de Caen〕之裁決，見書記官與律師日報第一九〇九一期；並參看本書上文第一〇二款。）

享有隱密抵押之債權人（Créanciers à hypothèques occultes）（如未成年者，為法令所限制者，已婚之婦及國家等，為使人予以確認起見，必須從事登記。然而彼輩於價金未照付或債權人間未曾商得徹底解決辦法以前，亦仍保有登記權也。

關於與現行普通法相反之一八四一年法律第十七條，允許享有優先權或抵押權之債權人於判決登記後十五日之期限內得從事登記一層，引出一個難題，即所謂該債權人所辦理之登記，其合法效力之產生，究自公用徵收判決登記之日計起，抑自公用徵收判決登記後十五日之期限屆滿後計起？則猶待研究也。

以上所舉之問題至堪令人尋味，因據吾人所知，按法國民法第二一五四條所規定抵押登記每十年應當修正之重訂，在十年合法效力期中，即就保障債權人之權利而論，實非必須。復次，假定上述登記期限，起始於公用徵收判決登記之日至一八四一年法律第十七條所規定之十五日期限內屆滿時止，試問是否該項登記得以其在公用徵收判決登記之日即已有合法效力為由，而免除每十年應行重訂之手續，抑以合法效力於十五日期限屆滿後始行產生為由，該項登記應予重訂，否則即認為已喪失其時效。

在吾人看來，上述之第二說，似較為可取。吾人曾於上文中道及，一八四一年之立法者，在一八四一年法律第十七條中，僅對於法國民事訴訟法第八三四條之規定，予以採用而已。然而一八四一年法律第十七條自後發生影響甚大，其結果則為無論就學理上或判例上講，所謂重新登記之義務，只能於曾經抵押不動產出賣文件登記後十五日期限屆滿後，始得免除（參看一九〇九年刊行之書記官室公報〔Journal du Notariat〕第八三三；頁一九二〇年一月二十九日法國大理院判例，見一九二〇年二月十八日審判廳新聞，並參看本書下文第二五三款。）

保有抵押權者，爲使其登記不爲十五日期限所影響起見，最好於請求期限內請求辦理具有合法效力之登記，並於請求書中載明按某日登記之某法院判決某項不動產業被徵收云云。

（一〇六）（乙）撤銷契約訴訟，追還訴訟及他種訴訟　公用徵收判決且可使『撤銷契約訴訟，追還訴訟，及所有其他對物訴訟』歸於消滅，原按一八四一年法律第十八條之規定，上述各項訴訟『並不能阻止公用徵收之進行，或妨礙公用徵收產生之效力。所謂該訴訟人等之權利只對於物值「償金」有效，而不動產則免除一切負擔矣。』至償金一經照付後，該訴訟人等對於被徵收者之違例取用，得以債權關係，予以反對。

關於公用徵收判決之所以具有上述效力一層，至易予以適當解釋。以正當而且確實之所有權，尚不能妨礙公用徵收之進行，至於冒認而不確實之所有權，或其他次於所有權之各種權利，當更不能妨礙該公用徵收之進行也。所以關於撤消契約訴訟，追還訴訟，及他種對物訴訟，均以公用徵收判決效力故而歸於消滅，茲分論之如次：

（甲）撤消契約訴訟　此種訴訟之結果，足使被徵收者依據法律或契約所獲得之各種權利，因後來產生新事變之關係，而歸於消滅（參看一八三六年一月六日法國大理院判例，見達祿斯判例彙編第五編關於公用徵收部份第二八三款；一八五三年一月十七日巴黎高等法院裁決，見一八五四年達祿斯定期類集第一編第三五五頁。）倘遇被徵收者方購得一不動產，猶未付淸價額時，則未得售價之賣主本可請求撤消此項買賣並追還其不動產，但公用徵收判決對於賣主之請求撤消買賣權利，予以剝奪，而賣主則僅享有償金權利而已。

關於撤消契約訴訟不論其對於徵收者方面爲失效或消失，其在被徵收者與賣主關係上，仍然存在。此點至關重要，殊不容予以忽視也。實則據吾人所知，未得售價之賣主，得有下列兩種救濟辦法供其選擇：(1)提起撤消契約訴訟，追還其不動產；(2)對於不動產享有優先權，較之買方任何受權人得請求先照付其售價。

然而吾人已於本書上文第一〇五款中看出若遇公用徵收情形時，所謂優先權只能於公用徵收判決登記後十五日之內實行登記條件之下始得提出。再則，賣主即使在此情形之下使用其優先權，而結果仍只能以獲得售價爲止。因之在賣主方面總以請求撤消買賣較爲有利。無疑的，所謂優先權若未經登記，當即歸於消滅。反之，即使該優先權得以提出，但在事實上，價金每每超過售價，所以賣主以請求撤消買賣爲有益。因準此而行，則賣主可得被徵收者對於徵收者之地位，取得全部價金，換言之，即可取得多於售價之金額（參看白德勒米氏所著之行政法第九版第六三三頁。）

(乙)追還訴訟，即第三者自稱被徵收不動產之業主所提起之訴訟是也。立法本意，欲使徵收者對列名賦稅册之業主從事實行徵收程序時，得免攘奪之嫌也。

(丙)所謂對物訴訟或混合訴訟者，即指第三者對被徵收者所提起之訴訟，如以未履行贈遺條件爲由所提起之廢除訴訟，復原訴訟（參看一八六九年一月二十九日賓內省法庭裁決，見一八六九年二月二日法院新聞），及關於契券無效之訴訟是也。

(一〇七)(丙)使用收益權，地役權或享用權　所謂使用收益權及具同樣性質之各種權利，地役權及租賃權，以公用徵收判決關係，均同歸於消滅。但各種權利中如使用收益權，使用權，居住權與所謂優先權，抵押權，及撤消契約訴訟，或追還訴訟，均與被徵收者所獲得之償金有關（參看本書下文第一〇八款），至他種權利如地役權或享用權等，均須另撥特別償金以應付之（參看本書下文第一〇九至第一一三款。）

（一〇八）使用收益權與長期租借　使用收益權者須喪失其對不動產之享用權，但彼得依據其使用收益權期間之長短而有權獲得償金。至於有使用權者，或有居住權者，及長期租客，當亦同然也（關於此點可參看一九〇二年六月二十五日法律。）

（一〇九）地役權　凡與被徵收不動產有關之各種地役權，不論其性質如何，均同歸於消滅。至享有地役權者——如對於被徵收不動產享有通過權或汲水權之鄰人是——則有請求特別償金權（參看一八六三年二月九日及同年五月十二日法國大理院判例，見一八六三年達祿斯定期類集第一編第二五四及第二五五頁；一八六六年七月三十一日法國巴約內(Bayonne)地方法院判決，見一八六八年達祿斯定期類集第一編第一三三頁；一八六八年一月二十八日法國大理院判例，見一八六八年達祿斯定期類集第一編第一二三頁；一八八六年一月八日法國大理院判例，見一八八六年達祿斯定期類集第一編第五七頁。）

然而凡根據法律或位置關係而產生之各種地役權，應歸例外。實則此種地役權構成對產業上之合法限制，所以，凡因此而產生之各種權利與義務應即轉歸於徵收者。

所以若遇被徵收之不動產，其地基將作開闢公共道路之用，並有一境界牆存在時，只須該被徵收之不動產求經拆毀，或經拆毀而在界牆與擬闢公共道路間留有一部空地，在徵收者得享有因連界關係所獲得之一切利益（參看一八六二年七月二十一日法國大理院判例，見一八六二年達祿斯定期類集第一編第三八〇頁；一八六六年一月三十一日法國大理院判例，見一八六六年達祿斯定期類集第一編第二五六頁）。

倘遇被徵收之不動產業經拆毀，公共道路亦經開闢，所謂境界牆與公共道路接近時，其情形則較爲複雜。一般人認爲一方面所謂境界牆已成爲徵收者與其鄰人間不可分開之所有物，因之後者若就境界牆開闢窗戶時，則對於徵收者應付以足抵界牆所值之半之償金，或足抵徵收者就境界牆招貼廣告所得利益之償金（參看一八四九年一月三十日法國大理院判例，見一八四九年達祿斯定期類集第一編第八三頁；一八六二年七月二十一日法國大理院判例，見一八六二年達祿斯定期類集第一編第三八〇頁；一八六六年一月三十一日法國大理院判例，見一八六六年達祿斯定期類集第一編第二五六頁；一八七一年十一月八日法國大理院判例，見一八七一年達祿斯定期類集第一編第三〇五頁）在另一方面徵收者非依據法國民法第六五五及以次各條之規定，不得舉辦足以動搖或破壞境界牆之任何工程（參看一八七六年一月三十一日法國大理院判例，見一八七七年達祿斯定期類集第一編第二三一頁）。

（一一〇）租契　公用徵收判決對於租契，得立予解除（參看一八六二年四月十六日法國大理院判例，見一八六二年達祿斯定期類集第一編第三〇〇頁）。其所以如此者因爲：

（1）自後被徵收之業主對其租客無權予以辭退，或根據法國民事訴訟法第八一九條之規定，要求租客繳付公用徵收判決宣判後所欠之到期租金（參看一九一二年三月十一日法國賽內省地方法院裁決，見一九一三年西勒定期類集第二編第二二八頁）。

（2）徵收者與通常買主不同，無須辭讓租客繼續享用至租契滿期為止也；且在徵收者方面，對於租客可不依照通常辭退之期限，即予以辭退（參看一八六五年一月二十七日巴黎高等法院裁決，見一八六七年一月三十日法院新聞），只須付以相當之收奪償金足矣（參看一九〇七年里爾（Lille）地方法院之裁決，見一九〇七年十一月二十三日法律雜誌；一九二一年十一月三十日法國賽內地方法院裁決「關於巴黎市與司曼馬路事件」一九二二年三月七日法國賽內地方法院裁決，見一九二二年四月三十日法院新聞。）至在租客方面則有權任意離去，對徵收者請其居留一層，可勿顧及也（參看一八六二年四月十六日法國大理院判例，見一八六二年達祿斯定期類集第一編第三〇〇頁；一八六四年七月四日與八月九日法國大理院判例，見一八六四年達祿斯定期類集第一編第四四三頁與第四六五頁；一八六五年八月二日法國大理院判例，見一八六五年達祿斯定期類集第一編第二五七頁；一八八〇年十一月二十三日法國大理院判例，見一八八一年達祿斯定期類集第一編第二五九頁；一八八六年七月二十一日法國大理院判例，見一八八七年達祿斯定期類集第一編第九二頁。）

（3）公用徵收判決一經宣判以後，則租客對於被徵收區域之佔用，即變為不固定（參看一八八五年十二月二十四日巴黎高等法院裁決，見一八八五年十二月三十一日法律雜誌，一八八六年七月二十一日巴黎高等

法院裁決見　八八七年達祿斯定期類集第二編第九二頁一八九〇年七月十七日法國里昂高等法院裁決，見黑附曼類編第五部關於公用徵收判決第一〇一六款；一九〇七年七月七日都魯士高等法院裁決見一九〇八年下半年份之法院新聞類編第五部關於公用徵收之第七款。）此種毫無固定性之佔用，不能認爲當事者間之一種默認的續租原則（參看一八六四年六月二十日法國大理院判例，見一八六四年西勒定期類集第一編第三六八頁。）且不得認爲係一九一八年三月九日法律第五十六條之延長應用（參看一九二〇年六月二十二日法國大理院判例，見麥尼挨氏所編之各種租契判例（Meunier, jurisprudence des baux à Loyer）第二年份中之第二九六款；一九二二年三月七日法國賽內法庭裁決，見一九二二年四月三十日法院新聞。）

（4）各租客因其租契被解除之結果，得請求特別償金，而此償金固與業主所得者無關也。該項償金，即使徵收者同意允許租客繼續居留原處至租契滿期時爲止，亦須照付（參看一八六四年六月二十日及七月四日法國大理院判例，見一八六四年達祿斯定期類集第一編第二七三頁與四四三頁；一八七〇年三月二十二日法國大理院判例見一八七〇年達祿斯定期類集第一編第一二九七頁。）在法國法院判例認爲租客所有之償金權，並非原於剝奪事實而來，實則係隨公用徵收判決而產生者，而該公用徵收判決則將租客所有之享用權一變而爲無固定性，無可靠期限，喪失租契上各種保障之佔有，而租契僅用以保障償金之照付而已。

（5）所謂享有償金權利之租客，乃於公用徵收判決宣判以前即已獲得租契之租客是也。至該租契之產生於公用宣告後，或於讓與命令頒發後則無關也。再者，在公用徵收判決宣判前所成立之租契，不必具有確期（各租客對於徵收者可提出於公用徵收判決宣判前所成立之確實無欺之任何租契，至對租契成立期發生疑義時，應由徵收者設法證實之（參看卡爾索內氏所著之『公用徵收之研究』第五一五款）

（b）租客於租契解除後自公用徵收判決宣判之日起可不負擔關於租契上之議價，但應負擔相當於在其事實上佔用期中所得利益之償金（參看一八九九年三月七日與二十七日法國賽內省地方法院裁決見一九〇六年十一月一日公用徵收公報（Moniteur des expropriations）及法院新聞類編五年記事表第五部關於公用徵收之第一三〇款與第一三一款。）至該租客若何抗辯其並不負欠殊無益也。此種佔用償金額不能超過租契所規定之價額，關於此點，可由法院斟酌情勢自由估定之（參看前曾列舉之一八九九年三月七日與二十七日及一九一二年三月十一日法國賽內省地方法院先後所爲之裁決；一八九二年三月十日法國里昂地方法院裁決見一八九二年五月三十一日法律雜誌，前曾列舉之一九〇七年七月七日都魯士地方法院裁決；一九一四年六月十七日法國大理院判例見一九一四年六月二十五日法院新聞。）通常此項償金額之規定甚低，蓋以佔用之無固定性故也。該償金應按日計算，歸尙未領得償金之原業主所有，若原業主既領得償金以後，則應歸徵收者所有（參看一九〇七年七月十七日都魯士地方法院裁決見一九〇八年一月二十六日新聞。）

倘遇租客已曾預繳租金時，則將已繳租期在公用徵收判決宣判後已經過之期間內扣除（參看前曾列舉之一九一二年三月十一日法國賽內省地方法院裁決。）

曾經認可對某私有產業上所有排洩穢水之權利，實對於該不動產構成一種享用權。若遇此項不動產被徵收時，則當事人得有請求償金之權利，而此項償金應由評價委員會確定，省參議會不預聞焉（參看一九一〇年三月十一日法國賽內省地方法院裁決，見一九一〇年二月二十六日法律報（La Loi）及一九一一年二月三日里昂公報（Moniteur de Lyon）。

關於部份的公用徵收　若遇部份的公用徵收情形時，則租客所持之租契與被徵收部份及未被徵收部份均有關，其可能的解除部份，當只限於被徵收部份。按法國民法第一七二二條之規定，該租客對未被徵收部份得自由選擇減低租金或解除租契。此項選擇權，惟租客有之，而業主則無也（參看一八四〇年二月五日法國大理院判例，見一八四〇年達祿斯定期類集第一編第一二七頁；一八五七年三月十六日法國大理院判例，見一八五七年達祿斯定期類集第一編第一一八頁；一八六九年三月十五日法國大理院判例，見一八六九年達祿斯定期類集第一編第二五五頁；一八八九年一月九日法國大理院判例，見一八八九年西勒定期類集第一編第一〇五頁；一八六五年三月二十四日與三十一日法國賽內省地方法院裁決，見一八六五年四月六日法院新聞，一八八七年十一月二十五日法國賽內省地方法院裁決，見一八八七年十二月二十三日法院新聞。）

再者，租客不能以其所持之租契為理由，要求實施全部徵收（參看本書下文第二七一款）。

（一一一）口頭租客　所謂口頭租客者（Locataires verbaux），即持有無一定期限租契之租客是也。該租契縱有字據為憑，仍可按當地習慣，隨時預告租客，予以解除。

以上所述『口頭租客』一語，顯然含有語病；因無字據而僅憑口語所成立之房屋租賃，只須具有一定期限如三年者，即可免呼爲口頭租賃，反之依合法字據或白契而成立之房屋租賃，只須未具一定期限，且將視爲口頭租賃矣。其結果竟致所用術語與其所宣示之含義無關，烏乎其可？（原此項術語，係根據法國民法而來，該民法第一七三六至第一七三八各條對於不具一定期限之租契，縱有字據爲證，仍名之曰『未有證書之租契』（Des baux faits sans écrit）至對於曾經當事者各方明白同意或合法認定具有一定期限之租契，即使其只根據一種口頭上同意，統名之曰『具有證書之租契』（Des baux faits par écrit ou baux écrits）。其所以如此規定者，蓋由於在事實上當事者各方訂立一種證明租賃合同之字據時，每每均載明租契期限故也；反之，口頭上成立之租契，通常均未具有一定之期限也。）

按法國判例，對於口頭租客，與持有租契之租客（Locataires à baux）均適用同樣規則。至在徵收者方面之依照習慣期限予以辭退，或宣稱擬讓其繼續享用租地直至依當地習慣而成立之期限屆滿爲止，均屬無關緊要：因該租客等之地位，一經公用徵收判決宣判以後，並不以上述情事而減少其不固定性，同時，關於償金一層，已成該租客等之既得權利故也（參看一八八〇年十一月二十三日法國大理院判例，見一八八一年達祿斯定期類集第一編第二五八頁；及克勒朋氏所著之『公用徵收法典』第十四段。）

（一一二）關於不動產之其他契約　公用徵收判決，對於其他與公用徵收目的不相容但與被徵收不動產有關之一切字據與契約，均得予以解除：例如對於被徵收不動產上所爲之工程交易是也。

凡持此類字據與契約人士，自不能向被徵收者方面要求賠償損失，因該類字據與契約之未克執行，非出被徵收者之本意也然必須被徵收者實不知其人行將遭遇公用徵收之實施，且未嘗故意向上述人等掩飾此種意外事變而後可（參看一八六二年九月十三日法國賽內省地方法院裁決見一八六二年九月二十四日法院新聞。）

上述持有工程交易契約人士，若爲履行交易起見，已曾舉辦相當工程時，得請求償其所費。至於與公用徵收目的，及徵收者權利不相違反之契約，當可予以維持也。

再則，公用徵收對於公用徵收判決宣判後，被徵收業主與其租客間，或二房東（Locataire principal）二房客（Sous-locataires）之間，爲分配未來償金所訂立之特別契約，亦不予以反對也（參看一八六九年三月十九日巴黎高等法院裁決，見一八六九年四月一日之法院新聞。）

第五章　友好讓與(Cessions amiables)

（一一三）法律對於友好合同之優待　公用徵收實爲普通法上一種過度之舉，以是，立法者至望一般人士於努力獲得不動產之友好讓與失敗以後，最後採取此項辦法。爲此，立法者特起草若干規定，俾便友好協定之締結，例如：

（1）所謂友好合同，可在程序中之任何時期締結，固不僅限於讓與命令頒佈以後，用以代替公用徵收判決已也；

（2）對於友好合同之締結，特給以各種便利；

（3）在某些條件之下，使友好合同盡量利用以迅速實施工程爲目的之一八四一年法律之各項規定。

上舉各點，容於本章中分論之。

（一一四）友好合同得在公用徵收程序中之任何時期締結　實則，立法者曾經規定，友好合同之締結，不僅代替公用徵收判決移轉產業於徵收者，且可於公用徵收判決宣判以後，對於償金予以確定，或僅對於佔有時期予以確定均可。

更有進者，友好合同得於讓與命令頒佈以前，乃至在公用宣告以前締結之。該合同可同時載明產業之移轉，與價格之規定或僅載明讓與同意而價格則待日後決定也。

吾人對於因締結時代不同而互異其影響與效力之上述各種合同，當於下文中分別研究之茲分三節如次：

(1)在公用宣告以前所締結之合同，或所謂真正友好讓與(cessions amiables proprement dites)；

(2)在公用宣告以後，但在公用徵收判決宣判以前所締結之合同，或公用讓與(cessions à titre d'utilité publique)；

(3)在公用徵收判決宣判以後所締結之合同，或同意公用徵收(adhésion à expropriation)。

第一節　在公用宣告以前所締結之合同

(一一五)在公用宣告以前所締結之合同，對當事者能力問題，及其產生之效力，應受普通法規定之限制有時行政當局僅知為實施工程起見必須佔用某一不動產時，竟於公用宣告以前，即以友好方式取得該不動產似此，當為一種通常的取得，就其產生效力，及締結合同當事人之能力而論，自應依照普通法上之規定也。

若遇所謂讓與，為無條件之讓與，或為『協助之捐贈，』俾便公共工程之實施時，有時不免引起異議，應由省參議會予以解決(參看本書下文第一三二款。)

其次，監護人對於未成年人之產業，須完成法國民法第四五七及以次各條規定之各種手續後，始得為同意讓與之決定。至對於業已解放之未成年人(mineur émancipé)(依法國民法第四八四條)及受法限制者

（interdit）（依法國民法第五〇九條）之產業，亦應依照同樣手續也。同樣，已婚婦女對其所有之不動產，若未經其夫允許或至少未經司法當局允許時，不得予以出讓（依法國民法第二一七條與第二一九條。）

（一一六）營業資金　行政當局若須與業主或與在不動產範圍內作商業投資之租客締結上述種類合同時，應按照曾經一九一三年七月三十一日法律修正之一九〇九年三月十七日法律關於出賣或典質商店規定之各項手續辦理之。

無疑的，在事實上並無真正所謂出賣商業資金情事發生。然而租契之解除其結果足使曾經典質或舊賣主尚未取清賣價享有特權之商業資金歸於消滅（未曾收清賣價之賣主為喪失其主顧關係，對於被徵收者所得之償金得享有一種優先權（參看一八六七年五月十七日法國賽內省地方法院裁決，見一八九五三號之書記官與律師日報）：且立法者認為上述賣主及享有典質債權人，不能以合同之締結而稍蒙損失。

如此，行政當局應依照曾經一九一三年七月三十一日法律修正之一九〇九年三月十七日法律第三條之規定：

（1）在合法認可之報端上，將友好合同予以批露；第一次批露應於合同締結後之十五日內行之，第二次批露，應於第一次批露後之第八日至第十五日之間行之。其所以如此者，為便利未曾登記之債權人對於償金得發表其意見之機會故也（所有各債權人自第二次批露之日起在十日內得隨時發表其對於價格之意見）；

（2）請求商務公斷處（Tribunal de commerce）書記室發給兩種表冊，即：對於商業資金之各種優先權表册及各債主之優先權表册是也。倘遇該表册中曾載有已經登記之各債權人時，行政當局不得遽然付款而該債權人等之權利於不顧也。

在以上所舉情形之下，因無公用宣告關係，則所有關於契約上，或報端批露上所須之粘貼印花票與登記各項手續，均不得享受優待。

（一一七）在合同締結後發生之公用宣告，並不足以改變該合同之各種效力 吾人在本書下文第一二八款中可以看出，法律對於在公用宣告後所締結之合同特別賦予以重大效力。因此，吾人要問是否可以對於在公用宣告以前所締結之合同賦予同樣效力。問題之關鍵，豈非在於承認擬辦工程之公用宣告乎？故公用宣告或在友好合同締結以前或以後發生，實無關緊要也。

但法國判例並不採用上述主張，並認為所謂友好合同，即使有公用宣告以隨其後，其產生之效力，仍不外為似一種志願出發 (vente volontaire) 所可產生之效力，而第三者對於不動產之既得權利，亦得繼續存在（參看一九〇三年十一月十七日法國賽內省地方法院裁決，見一九〇四年上半期審判廳新聞第八九頁；一九〇七年二月十五日巴黎地方法院裁決，見一九〇七年達祿斯定期類集第二編第五五頁；一九一九年十一月十四日巴黎地方法院裁決；一八六三年八月十四日巴黎地方法院裁決，見一八六四年達祿斯定期類集第二編第四四二頁；一八六四年八月二十七日巴黎地方法院裁決，見一八六四年達祿斯定期類集第五編第一六七頁。）

吾人應當注意者，即關於友好合同，一八四一年法律僅在其第五八條第三節中曾加道及，按該節規定，對於上述讓與所費之印花稅與登記稅，在某種條件之下，得予以退還。然假使將公用宣告前所成立之友好讓與與公用宣告後所成立之友好讓與等價齊觀，則上述之特別辦法，當爲不必有之舉。因有上述之第五八條第一節之規定，即已足矣。按該第一節之規定，凡依照一八四一年法律成立之合同與字據，得免費粘貼印花與登記。對於此點，立法者特別留意，不欲將兩種假定混爲一談，且不欲對於上述之兩種合同，給予同樣結論。

再者，假使吾人承認在公用宣告前締結之友好合同與在公用宣告後締結之友好合同產生同樣效力，其結果當不能不承認所謂公用宣告具有解除第三者權利之效力，蓋有鑒於該公用宣告對於當事者間所締結者，普通法上合同之性質與效力，不能予以改變而然也（參看一八六七年六月十七日及一八七〇年三月二十二日法國大理院判例，見一八七〇年西勒定期類集第一編第三六九頁。）然因此所得結論，殊難令人同意，蓋以上述對於第三者權利之解除，必須根據合同或判決而後可故也。

抑尤有進者，吾人於一八四一年法律預備起草經過中，可以看出有人主張，不論在任何時期所締結之友好合同，在效力上講，應與公用徵收判決等價齊觀。然上述主張終遭否決，結果立法者僅將在公用宣告後締結之友好合同，在效力上與公用徵收判決相提並論（按一八四一年法律第十四條末節與第十九條，並參看與一八四一年法律第十九條討論經過有關之一八四〇年份之公報（Le Moniteur）第九九五頁及一八四一年份公報第五二〇頁。並參看卡氏所著『關於公用徵收之研究』第四八六頁附註第七。）

在友好合同締結後所爲之公用宣告，其結果雖不能對於該合同之效力予以任何改變，但對於行政當局究不無稍處，所以行政當局自願促成公用宣告之產生也。實因在友好合同締結後五年以內所爲之公用宣告按曾經一九一四年一月三十一日修正之一八四一年法律第五十八條第三節之規定，足使行政當局取回其登記稅，印花稅與抵押稅故也（參看本書下文第三三四及以次各款。）

（一一八）結論第三者權利之維持　根據在公用宣告前締結之友好讓與，只能產生一般出賣所可產生之效力原則，其所得結論如次：

（1）按法國民法第一七四三及以次各條之規定，凡與因友好讓與所得不動產有關之既存租契，得繼續存在，因之若遇行政當局強欲辭退各租客時，該租客人等得請求賠償損失，且此類案件應由民事法庭受理（參看一八六三年八月十四日巴黎地方法院裁決，見一八六四年達祿斯定期類集第二編第四四二頁；一八八一年六月十三日法國大理院判例，見一八八一年西勒定期類集第一編第三八一頁）；

（2）在法律上講，各種地役應繼續存在，若於事實上予以解除，涉及永久損失時，則享有該地役權人等只能向省參議會控訴（參看一八六五年四月二十六日法國大理院判例，見一八六五年達祿斯定期類集第一編第一六七頁；一八六八年一月二十七日法國大理院判例，見一八六八年達祿斯定期類集第一編第一一五頁）；

（3）爲使產業之移轉對第三者發生效力起見，所謂友好合同，應舉行登記；

（4）凡關於不動產之優先權與抵押權，應繼續存在，且享有優先權抵押權之債權人，對於不動產得請求予以拍賣。再者，所謂合同登記手續一經完成後，該債權人等即不得請求登記矣。

(5)行政當局與一般得主相同，在法律上有遭遇收奪之危險，因在事實上常有撤消契約訴訟，或追還訴訟，或他種訴訟發生故也。

（一一九）第三者所有權利之解除與追認判決(jugement de donné acte)　不因公用宣告而喪失其效力之第三者所有權利，行政當局若欲予以解除而與第三者分別成立妥協時，須依照公用徵收程序乞援於司法當局（參看本書上文第八二及以次各款。）

但以產業之移轉業已實行之關係，法庭無由爲公用徵收之宣判；因本人無須徵收其本人所有物也。故法庭之使命，僅在將行政當局所獲得之友好讓與，予以『追認』(Donner acte)，並指定評價委員會之主席法官而已。至該委員會之使命，在於確定對於不動產享有各種權利之第三者應得之償金數目也。

再則吾人須注意者，即一八四一年法律對於上述情形，並未明白予以規定。該法律所規定之追認判決，一若『只於被徵收業主業已同意讓與，惟對於價格未能妥協之情形下』始得適用（參看一八四一年法律第十四條末節。）但假使此類判決於同意讓與價格未臻妥協情形之下，足資應付，設更進一層言之，倘遇關於產業之移交與價格均臻妥協時，該類判決是否仍足資應付，則尚待研討也。

所謂追認判決與公用徵收判決同樣足以消滅第三者對於讓與不動產之各種權利（參看本書上文第一○四款及以次各款。）至追認判決所應遵照之各種批露佈告與登記手續與公用徵收判決所應遵照者亦正相同也。原規定上述各項手續之一八四一年法律第十五與第十六各條所道及者，乃爲法庭依照一八四一年法律

第十四條規定所爲之判決，然此條則同時與公用徵收判決及追認判決有關也。

最後，如對於追認判決不滿，須提上訴時，亦若對公用徵收判決然，應訴諸法國大理院（參看一九〇三年三月二十五日法國大理院判例，見一九〇三年西勒定期類集第一編第二八八頁）。

關於依照上述方式被解除各種權利之第三者其應得償金之解決，一若實施公用徵收程序時然，應依照一八四一年法律第四編中之規定行之（參看本書下文第一三八及以次各款）。

（一二〇）在追認判決宣判以前，應否適用一八四一年法律第二篇所規定之各種手續？關於此點，吾人之解答，則爲否定的。按一八四一年法律第十四條末節規定：「若遇業主業已同意讓與，但對於價格未臻妥協時，法庭對於同意一點予以追認，並指定評價委員會之主席法官，至一八四一年法律第二篇所規定之各項手續是否已經完成（卽存放圖樣於區署，實施部份調查，讓與命令之頒發等等）則無須過問也。」且該節並未說明與業主成立之妥協，究竟已否解除關於不動產之各種既存權利。但吾人設更進一層講，若遇業主所給予之同意不僅限於讓與一點，且及於價格時，得無相當理由予以一種區別乎？（有一些作者認爲行政當局只能於與業主所成立之妥協，已將關於不動產之各種既存權利，予以解決之情形下，始得免辦一八四一年法律第二篇所規定之各項手續。至若與第三者未能妥協時，其情形自當別論云云。此種主張，殊乏充分理由也。）

再者，一八四一年法律第二篇所規定之各項手續，乃純爲被徵收業主之利益設想，使其對於實施某種工程必須佔取其不動產一層，得有抗辯之機會而設也。至遇業主已對於佔取其不動產一層予以同意時，則上述各種手續，當為不必有之舉也。

由上文觀之，則所謂追認判決只可以限於核准公用宣告部份圖樣，及業主所為之同意讓與而已。

第二節　在公用宣告後但在公用徵收判決前所締結之合同或『公用讓與』

(一一一)法律對於在公用宣告後但在公用徵收判決前所締結之合同所給予之各種便利　立法者對於此類友好合同，特別予以重視：(1)一方面使無能力者(incapables)之讓與產業手續趨於簡便(按一八四一年法律第十三條之規定)；(2)使友好合同與公用徵收判決具有同樣之效力(按一八四一年法律第十九條之規定)。吾人對於上述兩點當於下文中逐一分論之。

(一一二)無能力者所有產業之友好讓與　按一八四一年法律第十三條第一節規定：『若遇按照一八四一年法律第五條規定所提供之圖樣中，或按該法律第十一條規定所提出之修改圖樣中涉及未成年人受法限制人，缺席者或其他無能力者之產業時，所謂監護人，特委之暫時占有人及一切無能力者之代表，一經向法庭請求，經會審並經檢察官同意後核准，得對於上述產業之讓與予以同意。』

所謂『無能力者之產業』究應如何解釋？在一八四一年法律第十三條，則以凡不能依照普通條件予以讓與之各種不動產，均稱之為無能力者之不動產，即：

(一)真正所謂無能力者之產業：此類無能力者，則有未得解放之未成年人，或既得解放之未成年人，受法限制者，未經其夫允准之已婚婦女，備有法律顧問而該顧問不能或不願同意其行爲之人，未受法律限制但須受暫時管理人支配之狂人等等屬之；

（2）其占有者僅有管理人應具權力之各種產業：此類產業則有特委暫時占有之缺席人所有產業，屬於之人承繼遺產範圍之不動產，與破產有關之不動產與有限責任繼承有關之不動產等等屬之（遇破產情形時，假使清算結果資產不敷，則徵收者決不能與破產者商討償金事件，否則難免對於債權團須付第二次償金也：（參看一八八一年五月十日巴黎地方法院裁決，見書記官與律師日報第二二五六三號；）反之，若遇破產者與債權人間成立妥協時，則該破產者得收回其現存產業管理權，並得重享訴訟權也（參看一九一〇年五月二十六日法國大理院判例，見一九一〇年六月六日法院新聞；）

（3）按普通法（一八八七年一月二日法律）凡宗教公有之不動產讓與，只能於絕對必須條件之下，並經政府特別允許，參政院核准後行之；

（4）就其性質上講不容讓與之不動產：此類不動產則有未經婚約載明可以讓與之嫁妝產業，屬於貴族世襲財產範圍之產業，或屬於同性質歲俸之產業以及負有換易義務之不動產（參看法國民法第一〇五五條。）

在原則上講，以上所舉之各種產業，實不容讓與，或至少須經若干繁複與細微之手續後，始可從事讓與也。然一八四一年法律第十三條則規定，曾經公用宣告涉及之不動產，可於徵得法庭經會審並經檢察官同意核准後，依友好方式予以讓與也。

但上述可依友好方式讓與之不動產，須爲列入部份圖樣中，或列入經按照一八四一年法律第二篇規定實施調查後高級行政當局所提之修正圖樣中者。換言之，在讓與命令未頒發前，所謂無能力者所有產業，只能於遵照法國民法關於該產業讓與所爲一切規定條件之下，始得予以讓與；至讓與命令一經頒發後，則關於無能力者所有產業之讓與，只須依照一八四一年法律第十三條所規定之簡便手續行之可矣（參看一八九三年六月十九日法國大理院判例，見一八九四年達祿斯定期類集第一編第四八三頁；並參看貝德二氏所著『關於公用徵收法之批判』第一九八款；法國判決例彙纂第五編關於公用徵收部份之第九五三至九五四條；按德拉羅與茹斯藍（Delalleau et Jousselin）二氏主張，一八四一年法律第十三條所規定之讓與方式可適用於公用宣告後所締結之一切合同，乃至對於在讓與命令頒發前所締結者亦然也；並參看達祿斯判決例總編中所載之一八九三年六月十九日法國大理院判例。）

以上所述關於在讓與命令頒發前之產業讓與，與在讓與命令頒發後之產業讓與間之區分，其含義至爲明瞭易解。蓋以在讓與命令頒發以前，所謂須得徵收之產業尚未確定，因於實施工程上所必須之產業之指定，惟有讓與命令任之，始爲合法也；似此佔用必須性未經明白認定之產業讓與，當無由予以各種便利也。反之，一經讓與命令頒發後，則必須佔用之產業已毫無疑義，無論如何，凡產業之讓與，非以友好方式出之，即依司法手續解決也。

由上文觀之，吾人可知立法者之處心積慮，一方面擬獎勵友好合同之締結，一方面則擬保障私人所有權利，對於在原則上須經繁複與細微手續之不動產讓與，使之趨於簡便多矣。

有允許讓與權之法院當爲產業所在地之法院因該法院所處地位對於公用徵收目的物不動產價值之認識，及擬付償金是否適度之估定較之其他任何法院顯爲便利（參看一八八三年一月三十一日法國孔彼耶尼(Compiègne) 地方法院裁定見一八八三年審判廳新聞第一編第四一三頁；克勒朋氏所著之『徵收法典』中與一八四一年法律第十三條有關之第十七款。）而該法院只須具有同意讓與資格者提出申請時，即可受理（參看本書下文第一二三款。）至於申請書是否需要代言人簽字一層，議論殊不一致。主張需要代言人簽字者，則有一八五四年二月二十七日巴黎地方法院裁定，見一八五四年西勒定期類集第二編第一三九頁至主張不需要代言人簽字者則有貝、德二氏所著之『關於公用徵收法之評判』第一九一款及法國判例定期彙纂第九五八款。）當實施公用徵收時，所謂代言人之從旁協助，當爲不必要之舉；但吾人於此所討論者，乃爲一種志願讓與也。

上述法院尤應證實所需產業是否已列入部份圖樣中，或已列入按一八四一年法律第十一條規定經行政當局修改之圖樣中。若係已婚婦女，其產業用途未經婚約明定時，該法院得斟酌情形明令予以保存或移用也（參看一八六六年八月八日都魯士地方法院裁定，見一八六六年達祿斯定期類集第二編第二〇九頁。）該法院於會審並經檢察官之同意後，得從事裁定（參看一八四一年法律第十三條第一節。）

（一一三）讓與應得何人之同意？ 法院對於讓與一經依照上述手續予以認可後，即可實行讓與：

監護人（Tuteur）對於未經解放之未成年人或受法限制者之產業，可不待親族會議之同意，即可從事讓與；

業經解放之未成年人，以其財產管理人之協助，得從事讓與；

在已婚婦女得自由從事讓與，至其丈夫，卽得法院之認可，亦不容越俎代庖也（參看本書下文第一二四款）；

在浪費者（l'prodigue），若經其法律顧問同意後，可不須其協助及法院之認可，卽可從事讓與；

在宗教團體代表，則可無須政府之允許也。

繼承人缺席，繼承財產管理人管理瘋人財產者，債權團，法院所委對於業主缺席財產之臨時佔有者，其對於讓與所爲之同意，皆得有效（法院所委定之管理人，在業主是否缺席猶未確定期中，並無權從事讓與；反之，確實佔有者，則得自由從事讓與也。）

再則，在契約上只能於經法院明白允許之條件下，始得涉及價格與產業讓與（參看一八四二年五月二十三日法國大理院判例，見一八四二年達祿斯定期類集第一編第二六六頁。）

（一二四）已婚婦女之財產讓與　按照普通法規定，不論在任何制度之下，已婚婦女對其所有不動產得有權讓與（但陪嫁之不動產除外），惟須經其夫之允許，否則須經法院之允許（參看法國民法第二一九及以次各條與第一四二八條之第三節第一五三五，一五三八，一五七六各條。）

已婚婦女在上述同樣條件之下，得從事爲公用所需之友好讓與。因之，在法院方面，只於已婚婦女之丈夫不予同意之情形下始有出而干預之必要至其干預所需手續則應依照一八四一年法律第十三條第一節所規定者行之。

再者，在普通法上若遇已婚婦女之夫對於某項財產操有享用權時，則所謂經司法允許之讓與只能涉及該項財產之純粹所有權（參看不拉尼奧爾氏所著之『民法之研究』(Planiol, Traité de droit civil) 第二版第三册第一〇五〇款之二）。若遇為公用所需之讓與時，未經丈夫允許之已婚婦女，乃至對於其夫操有享用權之不動產，亦得援用一八四一年法律第十三條之規定也。實則，已婚婦女之丈夫較之普通使用收益權人並無享受特別優遇之理由在再則，吾人將於本書下文第一二八款中看出所謂使用收益權即以徵收者與業主雙方已訂立友好合同關係，便喪失其存在也（參看法國法學家論著彙纂第五部關於徵收之第九九七款；至與上述主張相反者，則有貝、達二氏所著之『關於徵收之評判』第一八八款。）按貝、達二氏主張若遇已婚婦女之丈夫對其操有享用權之不動產不允讓與時，得援用公用徵收程序以處置之。

至於曾經婚約允許讓與之陪嫁財產，應以通常財產視之。因之，已婚婦女對於該項財產於經其丈夫或法院允許後，得予出讓；其他在普通法上不容出讓之各種財產，若為公用所需時，得經法院之允許與依照一八四一年法律第十三條規定之各項手續予以出讓；按該第十三條第三節規定，該條第一節關於無能力者所有財產之規定，得適用於陪嫁不動產與貴族世襲財產。然有一些作者則認為關於陪嫁財產之讓與，不但須經司法當局之允許，即已婚婦女丈夫之允許亦在所必需，蓋有鑒於即陪嫁不動產被徵收以後，對於償金條件之接受，尚須已婚婦女丈夫予以同意故也（參看法國法學家論著彙纂關於公用徵收之第五編第九八一款。）

（一二五）關於國家、省區及公共機關所有財產之讓與　國家、省區以及公共機關有時與未成年人作同等觀，按一八四一年法律第十三條第四第五兩節對於上述機關所有財產爲公用所需時，曾爲種種便利友好讓與之規定。如該條稱：『在同樣情形之下（卽謂所指財產若經列入一八四一年法律第五條所規定之圖樣中，或經列入高級行政機關修正文中是也）省長若經省參議會議決允許後，卽可對於省有財產予以讓與；至於區長或管理人對於區有或公共機關所有財產，一經區參議會議決允許或經理事會議決允許後，經省署會議核准後，亦得予以讓與。財政部長對於國有財產之讓與得予以同意，至對於王室財產，則根據該財產管理人之提議，亦得同意其讓與。』

由上文觀之，上述各公有財產只須被列入公用工程確定路線或讓與命令，卽可爲友好之讓與，而無須經過標賣手續也（參看一九一〇年八月六日法國參政院裁決見參政院裁決類集第七一七頁。）卽如：

（1）財政部長對於國家私有財產得爲友好之讓與，惟於下列兩種情形時，則爲例外，卽如：（甲）若遇須讓與之國家不動產所值在百萬以上時，應經過立法機關之核准（參看一八六四年六月一日法律）；（乙）反之若遇國有財產劃入市街省道或鄉村道路範圍，更或應得償金未越五千佛郎時，惟省長始有權予以讓與（參看一八九七年十二月六日法律第三條，一八五二年三月二十五日命令C表第五項及一八九七年十二月六日法律，）其方式係由省署於成立合同以前，根據財產管理人之提議，以經省參議會同意命令核准之（若涉及公共財產之一部或公務佔用不動產時，應於實行讓與以前，從事測量與遷讓；）

(2)省長對於省有財產一經省參議會議決核准時，即可爲友好讓與之措施。一八七一年八月十日法律對此規定並未予以修改。按該法律規定，省參議會對於省有產業得爲最後之裁決，而省長即根據該會之決定訂立合同。若遇上述產業獲得之人爲國家時，省長應以代表該省名義列名於合同中，而代表國家人員當爲省祕書長；

(3)區長或公共機關管理人對於區有財產或公共機關財產，一經區參議會或理事會議決允許，並經省參議會核准後，均得爲友好讓與之措施也。

(一二六)巴黎賽內省署附設之委員會　法國賽內省省長兼巴黎市長，特在巴黎市組一常設委員會，名爲償金委員會(Commission des Indemnités)。該委員會係由一部份市參議員與一部份公務人員合組而成。其目的則在於便利並起草行政當局與被徵收私人間之友好合同。

上述委員會之干預僅具有半官式性質，並不能使行政機關受何拘束，而行政機關對於該委員會之提議可置之勿理也。根據同樣理由，被徵收者對其向該委員會所爲而未經商洽之提議，亦得免受拘束也。

所謂合同，只於被徵收者所承諾之義務，經巴黎市參議會批准，並經省長核准後，始成爲正式。

(一二七)爲公用而實施之友好讓與可發生之效力　友好讓與產生於讓與命令之或先或後，在其所產生之效力而論，固無關緊要，但須有公用宣告居其前足矣。當討論一八四一年法律之際，有人曾要求友好讓與之特殊效力，只適用於一八四一年法律第五條所規定之圖樣存案後所成立之友好讓與，但該項要求未經採納也

（參看一八四一年三月三日公報第五二〇頁及一八九三年六月十九日法國大理院判例，見一八九四年達祿斯定期類集第一編第四八三頁）。

反之，所謂合同之效力，每按產業移轉與償金決定同時成立，或償金尚待決定（即如該合同僅載明業主對其不動產讓與所給予之同意，對於應付償金則容後決定是）各情而互異。在第一種情形之下，一切均已完成，司法當局皆無干預之必要；至在另一情形之下時，法院即應為評定償金委員會指定主席法官也。

抑尤有進者，不論在上述之任何情形下，縱有司法當局出而干預，為追認之判決，在徵收者方面對於一八四一年法律第二篇所規定之各項手續可不必履行。實則，假使徵收者曾為友好之獲得，吾人必須強其遵辦如司法機關批准之讓與應履行之各項手續，無乃大違立法原旨也。誠然，有一些作者認為行政當局雖無向法院證實其確已履行一八四一年法律第二篇所規定之各項手續之必要，但在事實上仍當予以履行；至對於第三者發生效力之友好讓與，則僅限適用於讓與命令中所確指之土地也（參看達符利氏所著之『徵收之理論』第一卷中與一八四一年法律第二條有關之第八款以及德拉羅與貝罕二氏合著之『徵收之研究』(Delalleau et Perrin, Traité de l'expropriation) 第二卷第五頁）。但此種主張業經法國判例予以廢止矣。再則，假使司法當局未經請求從事承認其公佈合乎手續及經過法庭調查，所謂讓與命令，夫復何用？

（一二八）友好讓與徵收判決具有同樣效力　關於此點，係根據一八四一年法律第十九條第一節而來，按該節規定：『一八四一年法律第十五條第一節及第十六、十七、十八各條中所規定之規則，得適用於行政機關與業主間所成立之各種友好契約。法國判例向來均如是主張也（參看一八六二年四月十六日法國大理院判例，見一八六二年西勒定期類集第一編第七二二頁；一八六五年八月二日法國大理院判例，見一八六五年達祿斯定期類集第一編第二五六頁；一八六七年六月十七日法國大理院判例，見一八七一年達祿斯定期類集第一編第二五一頁；一八七〇年三月二十二日法國大理院判例，見一八七〇年達祿斯定期類集第一編第二九七頁，及一八七〇年西勒定期類集第一編第三六九頁；一九三三年六月十九日法國大理院判例，見一八九四年達祿斯定期類集第一編第四八三頁。）

因之，關於產業之移轉於行政當局一事，只須經過公用宣告與事實的讓與後，應爲全部的，乃至對於第三者亦可發生效力，並不待一切批露與登記手續完成而後可也（參看本書上文第一〇二款。）所謂對於不動產之各種權利亦因以解除，一變而爲對業主所得償金或對一種特別償金之權利矣；最顯著者，如租契之撤消是也（參看本書上文第一一〇及以次各款）。再則，上述之權利享有者在未給付償金以前，應予維持（參看一九〇四年十二月十九日法國大理院判例，見一九〇五年達祿斯定期類集第一編第一二九頁。）

自後，若各種償金均依友好方式得以解決，當無須再有徵收判決或追認判決，更無須評定償金委員會之干預，正所謂一切應辦手續均已完成。尤有進者，假使一八四一年法律第二篇中所規定之存放圖樣，調查，讓與命令各項手續尚未完成時，至此當無須再予以完成矣。

（一二八）之二　償金之利息　若遇規定利息之特別條款尚付闕如，在實行讓與後六月內復未照付或繳存償金時，行政當局應照付利息。實則一八四一年法律第五五條第二節之規定（參看本書上文第二四一款，）得適用於經公用宣告後始成立之各種友好讓與，蓋按法國判例向來主張，所謂各種友好讓與均與徵收判決產生同樣效力故也。然若遇當事者對於佔有期間共同予以確定時，自然無形已將付款期限合併商決，其自然結果，當使利息起算期同歸於解決也。若遇徵收情形時，所謂利息起算期並非以租契解除之日爲始，實則以法律或當事者間成立之契約所明定之佔有期爲準也。

（一一九）友好讓與應如徵收判決予以批露並登記　關於此點，實係根據一八四一年法律第十九條而來，按該條規定，一八四一年法律第十五條第一節及第十六、十七各條所規定之規則，均得適用於友好讓與（參看本書上文第八九、九一、一〇五各款）。該規則云何？即（1）依佈告方式撮要批露；（2）就所在區內之某一報端爲撮要之露佈；（3）於各種批露手續完成後，應將契約予以登記，再則，各種批露手續應在登記手續之先行之，否則即喪失其效力。

關於通知業主以讓與事，殊非必要，蓋業主對於讓與事定早已知悉也。所以一八四一年法律第十九條並未舉及該法律第十五條第二節之規定。

凡對不動產得行使權利之第三者所須知之事件，均須載在撮要批露之內，如售主姓名，不動產所在之位置及其性質價值以及稅額等是也。

凡要求特別償金之第三者，應於友好讓與批露之八日內聲明，否則即喪失時效矣。

至對於業主所得價金享有權利之人士如登記之各債權人等若不於上述之法定期限內有所舉動即無權要求放棄合同中所定之價格而另定新價及要求價金額數應由評定價金委員會予以確定也。但彼等直至付價時爲止，對於價格仍保有異議權。

所謂解除手續（les formalités de purge），如批露與登記手續等等，在其未經完成時，並不阻礙徵收之進行；不過當事者日後仍得依據一八四一年法律第四篇所規定之手續要求行使其權利而已（參看一八四一年法律第十九條第三節。）

（一一九）之二　抵押債權人對於利息之權利　在普通法上，凡抵押債權人只能於解除通知或催促付款通知與放棄通知發出後始得對於不動產價值利息有所要求（參看法國民法第二一八三條。）至在徵收程序中，則並無所謂通知與催促但惟有足以產生同樣效力之手續而已。按普通法所根據之原則，乃在已登記之債權人保守緘默期間，或在債權人未經得主徵詢期間，凡關於不動產之進益一如價值利益然，均保有動產性質，至抵押債權人對之不容有遞奪權也（參看法國民法第二一七六條；）由上文觀之，吾人即可得一結論，即一八四一年法律第十五條爲一切有關人士利益着想，所規定之批露辦法，直等於法國民法第二一八三條而規定之通知手續，假使上述批露辦法曾經循序進行，亦足使得主與債權人間產生一種法律關係也。所以該批露辦法一經發端，則所謂利息，則一變而爲不動產矣。

同樣關於營業資金典質債權人在其本人與得主或徵收者間尚未成立一種法律關係期中，對於該資金價値所生利息，不得有所要求。因之在徵收者方面，只要在未曾接到該營業資金典質債權人之聲請，或在未與該債權人以一九〇九年三月十七日及一九一三年七月三十一日法律中所規定之任何通知期中，得任意照付利息，無須顧慮責任問題也。再則，頃曾道及之通知實與法國民法第二一八三條中所規定者頗為類似（參看本書上文第一一六款。）但為愼重將事起見，應於付款時節確知並無資產典質債權人之存在可也。

（一三〇）小量讓與得免除上列各項手續　在普通法上講，任何人均可免去解除手續，但為兩次付款足矣。若遇實施徵收情形時，則法律規定之各種解除抵押手續，如批露與登記等項，對於行政當局均為必須履行之事。蓋依公家會計規則而論，行政當局非予履行不可，否則所付之款殊欠妥當性也。

然而依一八四一年法律第十九條第二節之規定，行政當局對於未越一五〇〇佛郎交易之價額，則可不須完成解除手續，即行付款（按一九二一年七月十七日法律規定在該法律以前所規定之最高額數為五百佛郎）。為執行該項法律所公佈之各項命令，對於免除手續之條件，均有詳細之規定。

上文所舉之任意辦法，行政當局亦可不採用。否則即有蹈下列危險之虞，即使已將對於業主之償金付清，而對於不動產抵押債權人仍須予以付款也。

一八四二年四月十八日，及一八六六年七月十四日先後公佈之兩項命令曾經規定，區長經區參議會議決允許並經省長核准後，始得採用上述任意辦法，而區收稅吏只能照付載明區參議會議決允許，並經省長核准之票據。

在實際上，行政當局對其所接洽之對方情況勢難盡行確知，且對於售主之是否爲監護人或會計員更或爲已婚者等等則每茫然不知也。爲此，行政當局於未付給低於五〇〇佛郎之償金，及未採用第十九條所賦予於彼之任意辦法之先，特令其對方繳呈區長發給之有力償款證明書（Certificat de solvabilité）。若此種證明書未經繳呈時，所謂登記與解除手續，應立予完成。

一八四一年法律第十九條第二節中所規定之辦法，曾產生甚美滿之結果。一方面既可節省時間，另一方面復可避免付給每每超於償金額數之費用。且經驗曾昭示吾人，爲免去解除手續所節省之費用每每超過應付總數之二倍以上。

（一三二）必須追認判決之情形　吾人於上文中已曾見及，在公用宣告後成立之友好讓與所解除之第三者所有權利，一變而爲對償金之權利矣。

倘遇關係各方與行政當局對於償金未能依友好方式予以解決時，該償金即應由評定償金委員會確定之。爲此，行政當局應努力獲得法院判決，而該判決對於已成立之讓與予以證實後，應即指定評定償金委員會之主席法官，然後由該委員會確定償金數目。

以上所述情形中之最顯著事實，如遇已經登記之債權人依據一八四一年法律第十七條所賦予之權利，於合同批露後八日之法定期限內，對於業主應得償金，要求須交由評定償金委員會確定，或業已出讓之不動產租客，及其他對於不動產享有權利之人士拒絕接受行政當局所提條件是也。

追認判決若遇友好讓與僅涉及產業之移轉，並未對於償金予以確定時，實為必需。凡遇此種情形時，應由法院指定評定償金委員會之主席法官，然後再由該委員會從事確定償金額數。

上述追認判決，應視同徵收判決，予以批露並登記，然後二者始可產生同樣效力。

刻吾人試問僅涉及產業移轉之公用讓與，復須履行徵收判決所應辦之手續，究其便利何在？其便利有二：一方面可以減縮徵收程序之預備手續；吾人在上文中固已看出追認判決只須一經公用宣告，並經部份圖樣完成後，便可予以宣佈，可無須完成部份調查或頒給讓與命令也（參看本書上文第一二〇款）。另一方面，產業移轉之友好協定，便於緊急佔用。然若涉及建築物時，行政當局於評定償金委員會集會以前，應勿將其拆毀，因該建築物一經拆毀，則評定償金委員會即缺乏確定償金所必需之估量要素故也。

（一三二）無條件之讓與　能自由處置其所有權利之業主，對於實施工程所必須之不動產，得以友好合同方式，為無條件之讓與。而此種友好合同，無論就其實質上或形式上講，均無遵照一般贈與規則之理由（參看卡氏所著之『徵收之研究』第七三九款，達祿斯判決例類編第二二五款。）實則，無條件之讓與，並非慷慨贈與可比。蓋以業主之所以無條件將其不動產出讓，俾便實施公共工程者，正因其認為該項工程一經實施後，彼所有之其餘產業，可藉此增高其價值故也。

至於無能力者之代表，只須按一八四一年法律第十三條規定經法院之允准，對於受任管理之財產，亦得為無條件之讓與。此種法院之干預，在吾人觀之，大可給予無能者所有利益以充分之保障也。然而有一些作者則以為合同應載明實施工程後所可産生之高價，即可當作償金收用，以示非為損害無能力者而為之贈與云云（參看克勒朋氏所著之『徵收法典』中與一八四一年法律第十三條有關之第五十二款。）

若遇實施公共工程所必需之不動產無條件讓與發生爭執時，例如為確知行政當局必須履行之各項條件是否已經逐一完成，是遇此裁判權究將何屬？豈論及公共工程，即由行政當局管轄，論及徵收程序，即由司法機關管轄歟？法國糾紛法院（Tribunal des conflits）對此，特根據所謂無條件之土地放棄究在公用宣告前或後而定為一種區別。若遇該放棄事實發生於公用宣告之後，則構成一種友好讓與，其結果為關於徵收程序之糾紛，應由司法機關受理；至該放棄事實先於公用宣告時，則為便利行政當局實施工程之一種協助供獻，自由省署管轄。此種區別，業經法國參政院予以採納矣（參看一八七六年五月二十七日法國糾紛法院裁決，見參政院裁決類集第四九七頁；一八九七年七月三十日參政院裁決，見參政院裁決類集第六一六頁及一八九〇年一月十一日參政院裁決，見參議院裁決類集第二〇頁。）

第三節　產生於徵收判決後之合同或『對於徵收之追認』（Adhésion à expropriation）

（一三三）產生於徵收判決後之合同之目的　當公用徵收一經宣判後，所有對於不動產之既存權利全歸消滅，而該權利之享有者得請求相當於其所受損失之償金。在立法者本欲關於償金之確定，應讓當事者以共同協定行之，為此特強令徵收者向權利所有者申明擬付償金額數（參看本書下文第一四七及以次各款）以於該項申明被對方拒絕接受時，始由評定償金委員會依法予以確定，此卽在下列數章中吾人應予研究者。

依上文觀之，則產生於徵收判決後之合同（或稱爲『對於徵收之追認』）其目的乃在於確定償金，且可對於未付償金前所需之緊急佔用予以商訂也。

（一三三）之二　批露與登記　產生於合法登記判決後之合同無須重新登記。

再則，一八四一年法律並未強令徵收者對於上述合同予以批露；然在徵收者爲其利益着想，實有予以批露之必要，蓋爲避免第三者尤其是抵押債權人或自契債權人等之疑慮，非如此不可也。實則，該債權人等恐徵收者及其債務人間未經評定償金委員會評定所成立之協定損及彼等所有權利，固非毫無理由。

（一三四）關於提供條件之接受無能力者與公共法人　假使享有償金權利者爲已成年人，並得自由支配其權利者，當可自由接受徵收者所提供之條件。但若遇該享有償金權利者爲無能力者，或公共法人時，其情形當與上不同。按一八四一年法律第二五、二六兩條之規定，該無能力者或公共法人若接受徵收者提供之條件時，應經過爲公用而出讓其產業所須履行之手續與允許也。

按一八四一年法律第二十五條規定：『在婚姻契據上受丈夫協助之已婚婦女，監護人，受委暫時代管缺席人資產者，及其他無能力者之代表，只須按本法第十三條之規定取得允許，卽可對於本法第二十三條所陳述之提供條件予以有效之接受。』由此觀之，當無再履行法國民法中所規定各項詳細手續之必要也；實則，只須法院根據一種簡易請願書給予允許卽可矣（參看本書上文第一二三款。）倘遇法院允許付諸斟酌時，則所成立之協定歸於無效（參看一八四二年五月二十三日大理院判例，見一八四二年西勒定期類集第一編第五七一頁。）

同樣，按一八四一年法律第二十六條規定：『財政部長、省長、區長或管理人對於為徵收國有、皇室所有、省有、區有或公共機關所有財產而提供之條件，得依照一八四一年法律第十三條所規定之手續並徵得允許後予以接受。』

根據公文所述，吾人可得下列各項結果：

(1)財政部長除前曾列舉之各情形外（參看本書上文第一二五款），得代表國家同意徵收，並接受償金；

(2)省長經省參議會議決核准後，得代表省同意徵收，並接受償金。

(3)區長為執行經省署議決並經省長核准之區參議會決定起見，得代表區同意徵收，並接受償金；

(4)公共機關管理人經理事會議決並經主管當局核准後，得代表公共機關同意徵收並接受償金。

（一三五）已登記之債權人對於權利所有者所接受之償金有提出反對之權　若遇接受償金者為業主時，則已登記為不動產之債權人對該接受償金者所接受之償金，得提出反對意見。實則，正如吾人於本書上文第一〇五款中所見，該債權人等無論何時均有權要求由評定償金委員會確定償金數目（參看一八四一年法律第十七條第三節。）蓋立法者居心，不欲債務人自由處置該債權人等認為共同質物之不動產而損及彼等之權利使然耳。

但已登記之債權人，究應在何種期限內行使其反對權？吾人將於本書下文第一五六款中研究一八四一年法律第二十四條時，可以看出該反對權對於已成年並得自由支配其權利之債權人，應於接到提供條件通知後十五日內，如該項通知付諸闕如時，即於協定成立後之十五日內行使，至債權人爲無能力者或公共法人時，該反對權即應於協定成立後一月內行使。再者，業主與徵收者間所成立關於確定償金之合同並非通知債權人不可，至在徵收者方面，又無必須批露合同之義務（參看本書上文第一三三款之二），其結果直使債權人無由知道合同之存在，而對於一八四一年法律第十七條所賦予之權利，當無從行使也。

在事實上，實施徵收之行政當局認爲不須經過評定償金委員會認可之關於不動產徵收，或營業資金徵收之同意行爲，一方面均予以揭示，他方面復於法定報端批露之。職是故也，如對於不動產之債權人或對於營業資金之抵押債權人各關係人等，因得以行使其所有權利矣。

假使業主已接受償金建議，而已登記之債權人，則於法定期限提出反對時，豈已成立之友好合同，遂因此而喪失其效力乎？吾人敢應之曰否。實則該合同對於徵收者與被徵收者間關係之規定，仍得繼續有效。至於評定償金委員會決議之對於被徵收者，應不溯既往。因之若該委員會所評定之償金多於業主所欲之數目時，則此多出之數應給予債權人；但徵收者對於負欠業主數目仍限於合同中所規定者，而對於債權人所提之訴訟，當不能避免拖人但可待債務屆期時，要求被徵收者照付多出數目（參看德茹二氏合著『徵收之研究』第四三九款。）

（一三六）緊急佔用　吾人已曾道及產生於徵收判決後之友好協定，其目的乃在對於確定償金或付給償金以前所需之緊急佔用特予允許。但該協定既不涉及權利之讓與又未涉及償金之放棄若就其於各當事者間可發生之影響而論，是否可與確定償金之友好合同等價齊觀?（參看本書上文第一三四款。）

吾人對於上列問題，只能作否定之解答。實則，關於緊急佔用所成立之友好合同，並不損及無能力者之利益。因此，吾人認爲監護人，與無能力者之代表，若遇對於該類合同須予以同意時，可無待法院之認可（參看貝德二氏合著之「關於徵收法之評判」第四三八款。）然有一些作者，輙援一八五四年十二月二十六日法國大理院判例，發爲相反之言論。但要知該判例所涉及之事件中，所謂緊急佔用合同，是產生於徵收判決以前，是該合同直無異一種眞正讓與合同也（參看一八五五年達祿斯定期類集第一編第四五〇頁。）再則，吾人刻所假定者，佔用合同實成立於讓與業經實行以後。其性質自與其他不同，殊未可混論。

通常在涉及緊急佔用合同之情形下時，當事者均共同約定償金之利息，應自佔用之日計起，至該償金之已否確定可勿計也。

（一三七）友好合同之手續與糾紛及其解釋　關於出賣合同收據及其他與讓與有關之各種字據，可當法院書記官之前，或按照一八四一年法律第五十六條之規定以行政官廳字據形式訂立之（參看本書下文第二九二款。）所有此類字據，得免繳一八四一年法律第五十八條所規定之印花稅與登記稅（參看本書下文第二九八及以次各款。）

不論依據何種手續，乃至依據行政手續所訂立之友好合同其於行政當局與關係人間所引起之解釋上或執行上爭論，一如涉及產業問題然，應歸司法當局受理。法國一般學說與判例向來均如是認定（參看一八五五年二月二十二日參院裁決見一八五五年達氏類集第三編第五七頁；一八五五年五月十日參院裁決，見一八五五年達氏類集第五編第二一四頁；一八七六年五月十二日參院裁決，見一八七七年達氏類集第三編第四頁；一八七八年八月一日——十二月二十四日大理院判例，見一八七八年達氏類集第一編第四六八頁與一八七九年達氏類集第一編第一六七頁；一八五〇年三月十五日糾紛法院裁決見一八五〇年達氏類集第三編第三四頁；一八八〇年七月二十四日糾紛法院裁決見參院裁決類編第六八六頁；一八八〇年十一月二十日糾紛法院裁決，見一八八一年達氏類集第三編第八三頁；一九一一年六月二十四日糾紛法院裁決，見參院裁決類編第七三八頁及附註；達氏判例類編第二三三款；克勒朋氏所著之『徵收法規』第十三條第七及以次各項；達符利氏所著之『徵收之研究』第一卷第十三項第五節及以次各節；卡爾索內氏所著之『對於徵收之研究』第七四一款。）此處司法管轄權頗佔優勢，卽於假定工程爲讓與之條件下，所謂行政管轄權亦當讓步，因爲此種工程雖是實施於公地之上，但已喪失其公共工程性質，至所發生之爭論事件亦從未向省署會議提出也（參看上文所舉之各糾紛法院裁決；與可克氏『演講集』第三版第八六〇款；賀鋭猷氏所著之『憲法概論』第八版第七七一頁附註一。）

但遇所發生之爭論，若涉及字據手續問題，如對於字據未經主管當局訂立，或未經依法核准，發生異議，更或於未經公用宣告之先，爲便利公共工程之執行所提供之協助時，自當歸行政裁判範圍也（參看上文所舉之八六〇年三月十五日糾紛法院裁決一九一一年六月二十四日糾紛法院裁決，見參院裁決類編第七三八頁及附註。）

第六章　評定償金前應有之步驟

（一三八）此種步驟之性質如何　所有權一經移轉於征收者時，不論其係依據友好方式或征收判決而來，尙待解決者實爲征收者爲得佔用已被征收之不動產所應付給之償金是也。一八四一年法律第四編關於此種償金之評定，尙予以規定矣。但在研究由何種機關及如何着手評定之先，吾人對於法律規定評定償金前所應有之各種步驟須逐一加以檢視。

上述評定償金之事前措施，卽應得償金人士之確定，對於應得償金人士予以征收者所提償金建議之通知，若遇征收者所提償金建議被拒絕時所引起評定償金委員會之傳審關係人等是也；由此吾人可分下列二節討論：

(1)對於各有權人士之通知；

(2)償金之提出與請求。

第一節　對於各享有償金權利人士之通知

（一三九）征收者對各有權人士之確知　征收者於征收判決宣判後，對於業主之認識，仍僅限於其名稱而也。且除該業主而外，尚有享有特種償金權利者，及各種償金之解決所直接影響之第三者之存在，則征收者究如何始知此等人士之存在耶？

征收者對於上述人士之確知其存在，計由兩種方式得之：第一種方式，係由業主指明之各有權人士；第二種方式則係由各有權人士自動聲明者。原此係根據一八四一年法律第二十一條之規定而來，該條稱：「按照一八四一年法律第十五條規定，業主應於通知書發出後八日內，召集民法中所規定之各項人士如佃農、租客、有使用收益權者，有居住或使用權者，及根據業主契據或他種字據得要求地役權之各項人士，並向行政當局陳明，否則由其個人獨力擔負上述人士要求之各種償金（參看與爲實施公共工程所需臨時佔用有關之一八九二年十二月二十九日法律第十一條與第十二條，而後面之第十二條曾對於行政當局之附帶責任有所規定。）至於其他之有關人士，得按照一八四一年法律第六條所載明之通知方式行使其權利，並須於上述同樣八日之期限內親向行政當局申明，否則即喪失其所有一切償金權利。」

（一四〇）（1）業主有指明某些有權人士之義務　在原則上，必須向之提出條件之業主，其名必須曾在捐稅册上載明者（參看一八八〇年八月四日大理院判例，見一八八一年西氏類集第一編第三八頁；一九一一年十二月二十七日大理院判例，見一九一二年西氏類集第一編第二三二頁；一九一三年二月十日大理院判例，見一九一三年四月二十八日審判廳新聞黑爾曼類編第二九四款）；若遇捐稅册上所登記爲多數業主時，應將所提償金建議分別通知各業主，否則無效（參看一八六二年十一月二十六日大理院判例，見一八六三年達氏類集第一編第二五二頁；一八六六年五月一日大理院判例，見一八六六年達氏類集第五編第一九六頁。）然而，倘使其名登記於捐稅册之業主已不復再爲業主，而征收者又確知此項變動時，則征收者所提償金建議應向新業主提出（參看一八六五年十二月十三日大理院判例，見一八六九年達氏類集第一編第一八六頁；一八七五年五月十日大理院判例，見一八七七年達氏類集第一編第三一頁；一九〇六年五月二十九日大理院判例，見一九〇六年達氏類集第一編第四二四頁。）

再者，對於並未列名於捐稅册，但於有效期內聲明其爲被征收不動産之共同業主之人士，征收者亦應將其所提償金建議予以通知（參看一八八〇年十二月十九日大理院判例，見一八八二年達氏類集第一編第八十頁。）因此若遇在捐稅册登記之業主死亡，其繼承人等曾向征收者聲明爲不動産之共同業主時，則征收者對於該繼承人等應予以個別通知（參看一九一五年二月十七日大理院判例，見一九一五年二月二十八日法院新聞。）

按照一八四一年法律第二十一條規定，不論業主爲國家，爲省，爲區，或爲個人，一經收到征收判決書後，即使於實施征收程序以前，已將其所有不動産出售，亦應以送達書或郵寄方式於判決送達後八日內將該條中所列舉之各有權人士名姓通知征收者（參看一八四四年二月十七日大理院判例，見一八四四年達氏類集第一編第三七一頁；一八六八年六月十七日大理院判例，見一八六八年達氏類集第一編第三二六頁並參看本書下款。）

如上述手續未曾照辦，則業主對於各有權人士所提出之償金要求，應負全責；且遇此情形時，關於償金額數，應由民事法庭確定之（參看上舉之一八四四年二月十七日大理院判例；一八七三年十二月二十二日大理院判例，見一八七四年達氏類集第一編第一七五頁）。

再者上文所述之通知責任僅適用於業主，而大房客則並無宣佈二房客等姓名之責任，且不須遵照大理院之希望，於接得償金建議通知時，知照二房客俾得實行其權利也（參看本書下文第一四五款）。

（一四一）（2）業主應予宣佈之各有權人士　按照一八四一年法律第二十一條規定，該有權人士應爲：

（1）佃農與房客，僅限於佔用被征收不動產部份者。至於鄰近不動產之業主，則不得以其在被征收不動產上所開境界壁上之窗（jours de souffrance）除去之關係，提出任何償金要求（參看巴黎 22—4—1872，Gaz. Trib., 25—4—1872）。

至於被征收不動產之守門者，亦不得要求任何償金，蓋以按判例與學理講該守門者只能認作受薪資之傭人，業主得按照習慣期限隨時辭退故也（在巴黎之習慣期限爲八日）（just. Paix Paris, 25—12—1870, D. 70, 3, 120; Tribu Seine, référés, 7—2—1899, Gaz. Trib., 15—2—; Paris, 18—2—1919, Gaz. Trib., 12—5—1919; Pand. franç. v° Concierge, n° 64; Dalloz, Rép. Suppl. v° Louage d'ouvrage, n° 17）。

反之，吾人在本書上文第一一一款中看出房客中有在被征收不動產上享有宣洩濁水權利者，而此種享用權之隨被征收之不動產而歸於撤消，應得一種償金以爲抵補，該償金若不能依友好協商方式解決時，則由評定償金委員會確定之。

（2）使用收益權者。若有一使用收益權者存在時，即由其向征收者宣佈不動產之佃農與房客，而非由處有權者宣佈也。一八四一年法律第二十二條規定：『本法律關於業主及其債權人之規定條文，得適用於使用收益權者及其債權人』；

（3）民法中所規定之有居住權者與有使用權者；

（4）長期租客（一九〇二年六月二十五日法律第十一條）；

（5）根據業主契據享有地役權者。所謂業主契據，即賦予業主以所有權之合同或判決，或根據與業主有關之其他字據，如已爲業主後所產生對其產業有利益或加重負擔之地役權之合同或判決是也。例如，被征收者之允許煤氣公司爲流通煤氣起見，得在其屋上安設固定之高柱（參看 Cass., 25—11—1884; D. 85, 1, 35）：按此判例，煤氣公司應向征收者接洽。）

假使業主對於上列人士未按規定予以宣佈，而該人士等復未於判決通知送達後八日內自動向征收者聲明時，則征收者對於該人士等不負任何責任，但業主對之則須負責也。如該人士等未於指定期限內聲明，則無權向評定償金委員會提出任何要求（參看 Cass., 23—5—1900, D. 1901, 1, 545）。

而征收者於評定償金委員會中討論上列人士等提出要求之償金額數時，得以提出要求過晚已失時效爲已辯護也（參看 Cass., 17—6—1868, D. 68, 1, 326; 5—1—1903, S. 1903, 1, 78），

（一四二）（3）應自行聲明之各有權人士　按照一八四一年法律第二十一條第二節之規定，所有其他認

爲對於被征收不動產有行使某種權利之人士應自行聲明。而此種『其他有關係人士』即：

（1）未登記於捐稅册之真實業主；參看 Cass., 16—8—1865, j. N. 18, 386）

（2）提起追還訴訟或對物訴訟者（參看 Cass., 10—6—1850, Crépon, op. cit., 925; l' art. 21, n° 50; 17—6—1868, D. 68, 1, 326; 10—1—1883, D. 84, 1, 460）；

（3）根據法令規定或與舊業主成立之字據，合同，或判決而享有地役權者（參看 Agen, 14—12—1886; j. N. 18, 925; Cass., 8—12—1868, D. 69, 1,112）；

（4）其權利由森林管理法予以規定之使用者；

（5）二房客（sous-locataires）（參看本書下文第一四五款；）

（6）根據今日罕見之某種合同，如出賣契約（bail à vente）與長期租借契約（bail à location perpétuelle）而對於不動產享有權利者；

（7）曾經登記爲不動產之各債權人。假使該債權人等並未依照一八四一年法律第二十一條所規定之期限內，自行聲明時，則喪失其向評定償金委員會提出確定償金之要求權利，及干預該委員會之權利；

（8）被征收不動產內之營業資金典質債權人，及營業資金之出售者。按一九〇九年三月十七日，同年四月一日，及一九一三年七月三十一日先後公布之營業資金典賣法，對於上述之出賣者與典質債權人，特賦予以出賣優先權，一若對不動產之抵押然。而該出賣者與典質債權人應與一八四一年法律第二十一條第二節中所規定之各關係人相提並論，若未按照此條規定之期限，自行向征收者聲明時，即不得於評定償金委員會中參預其債務人應得償金額數之討論（參看本書下文第二五四款）；

（9）附着被征收不動產而建立之高牆共同業主。假使該業主擬提出償金之要求時，則須於一八四一年法律第二十一條所規定之期限內行之，否則即喪失時效矣（參看本書下文第一四六款；Trib. Seine, 25—6—1868, Gaz. Trib., 28—6—1868）；

再者，就大體而論，除一八四一年法律第二十一條第一節規定者外，一切對於不動產享有某項權利者。

（一四三）上述各有權人士應自行聲明之時期　關於此點，一八四一年法律第二十一條第二節曾明顯規定，即於征收判決書或代替判決之其他文件，如追認判決或友好讓與實行通知後之八日期限內是也。然有一些作者（參看貝達二氏合著之『關於征收法規之批評』第二七九與第二八八款）則認為各有權人士未接得判決通知僅於該判決批露後始得知情時，則其自行聲明之期限應在此判決批露後之八日內云云殊無意義也，因此種解釋適與一八四一年法律第二十一條第二節之原文牴觸故也。

再者，上述之各關係人士，尚可於所謂八日期限以前自行聲明，即謂可於部份圖樣批露後行之；因按一八四一年法律第二十一條第二節之規定，該關係人士必須按照一八四一年法律第六條規定之知照辦法，即自部份圖樣批露後，行使其權利故也。

抑尤有進者，以上所舉之各關係人士，自應向征收者正確說明其干預之名義，及其要求之性質，俾便征收者得出酌重要性而比例其應當給予之答覆條件。

（一四四）制裁因提出要求過晚而喪失權利　按一八四一年法律第二十一條規定，上述各有權人士若未於指定期限內自行聲明時，則其『所有之償金權利卽歸喪失』。因此，不但征收者可不必向其提出償金建議，且可根據訴訟不受理之理由對其參預評定償金委員會加以拒絕也；假使該委員會未顧及此點，而給以償金時，則征收者得向大理院提起越權訴訟（參看 Cass., 14—4—1874, D. 74, 1, 487; 10—1—1883, D. 83, 1, 460）。

但征收者對於一八四一年法律第二十一條喪失權利之規定，可不必援用，對於有權人士之過晚要求，可予以承認，並允許該有權人士參預評定償金委員會。凡遇此種性質之參預，若征收者未加反對時，卽認爲已得彼之默認，並取消其以後提出喪失權利之抗辯權（參看 Cass., 28—1—1859, D. 59, 1,176）。

再者，所謂喪失權利，實僅對於征收者而言。因按照不容任何人損人利己之原則，若對於毫無權利或僅有部份權利接受償金之人士，僭然給以償金時，則眞實有權人士，得請求民事法庭斟酌情形，將該償金全部或部份追還（參看 Cass., 25—3—1859, D. 59, 1, 407; 14—5—1867, D. 67, 1, 199; 8—12—1868, D. 69, 1, 112; 28—7—1879, D. 80, 1, 81; Agen, 14—12—1866, Préfié, j. N. 18925）。

（一四五）二房客　按法律規定，任何人均無向征收者宣佈某某爲二房客之責任：與二房客不一定相識之業主，不負宣佈之責任，固無論矣，未經一八四一年法律第二十一條規定之大房客，亦不負宣佈之責也。

但法國判例則將二房客列入第三類有權人士，而賦予一種優越地位。按判例主張，大房客雖不必將該有權人士向征收者宣佈，但至低限度應知照該有權人士，俾得行使其權利；否則二房客償金權利喪失時，得對其提出控告。因大房客對二房客應予以保障，俾得安然享受，若此種保障付諸闕如時，亦應使之於可能範圍內向征收者要求其應得之償金（Lyon, 10—3—1857, D. 58, 2, 18; Cass., 20—4—1859, D. 59, 1, 166）。再者，在原則上講，大房客於接得償金建議通知後，卽一八四一年法律第二十一條所規定之期限大體告滿後，始知有征收事實之存在。法國判例至欲只須大房客之姓名曾經向征收者宣布，則二房客得於八日之期限告滿後直至償金解決時為止，隨時出而干預（參看 Cass., 9—3—1864, D. 64, 1, 441），因征收者於聆悉有大房客存在事實之下，同時便知尚有二房客存在故也。但遇大房客之姓名未經向征收者宣布時，則二房客應於一八四一年法律第二十一條所規定之八日期限內，自行向征收者聲明，否則其權利卽歸於喪失（參看 Cass., 19—4—1921, Gaz. Trib., 2—8—1921）。

由上文觀之，依照大理院意見，只須主要租賃之事實已向征收者聲明，而此種聲明足以保存其權利，及是項租賃應得償金尚未經評定償金委員會予以解決時，則二房客可不受一八四一年法律第二十一條規定八日期限之限制，且可提出償金之要求；另一方面，二房客若遇其償金權歸於喪失時，對於未以征收事實告彼之大房客，得提起控訴。但須知此項公平判例，實用以補法律之不足，並非用以解釋法律也（為此可參看一八五九年份判例與立法批評雜誌（Revue critique de législation et de jurisprudence）第四八一及以次各頁及達符利氏所著之『關於征收之理論』第一册第二十一段第三十五款。）至於一八四一年法律第二十一條第二節對於二房客與其他關係人士並未作任何區分之規定，則二房客應與其他關係人士同樣於征收判決通知送達後八日內自行聲明，否則即喪失其權利。再則，所謂大房客並無陳明二房客之責任，亦無必須通知之義務（所謂二房客提出要求之遲早問題，儘是一種不常見之程序問題，在評定償金委員會主席法官管轄權之內，可參看上文所舉之一九二一年四月十九日大理院判例。）

（一四六）高牆之共同業主　吾人在本書上文第一四二款中見及，該共同業主如欲要求償金時，即應於一八四一年法律第二十一條所規定之期限內，自行聲明。但該業主豈眞得有償金權利者乎？吾人殊未敢以爲然也。即使該業主於法定之期限內出而進行，吾人認爲征收者對其要求僅可爲假定之償金建議（offre hypothétique）答覆（遇此情形時，關係人之權利，須經承認其具有充分理由時，始給付償金。關於此點，可參看本書下文第二一八與第二二一款）。

實則，當被征收之建築物突出於公共道路路線時，則有下列兩種情形發生：或毗連之不動產經過征收手續將其改正，或應用拆讓地役權將其改正。

在第一種假設之下，則受改正影響之不動產業主，對其所喪失部份，得有取償權，尤以其界牆半壁部份爲然。自後，該不動產業主即不得再提出任何要求。

假使以上所指之不動產之改正，係根據路政計畫而來，其情形當與上述不同。實則，遇此情形時，按照一八〇七年九月十六日法律第五十條之規定，上述不動產業主只能對其出讓於公共道路之地段，並係沿界牆部份者，提出償金要求。自後關於界牆部份之半壁地基，當屬於公共道路範圍也。但該業主對於界牆之本身仍保有其所有權（參看關於哈蒲事件之一八七一年十一月七日大理院判例）特別是對其不動產相聯接之界牆（自後變爲突出牆壁，）該業主得有絕對的招貼權利，此權利可爲個人收入之來源也。

關於相連不動產之征收，因其拆毀牆壁，似使上述業主遭受一種損失，職是故也，該業主得有請求償金之權利。然吾人對此要求不論其在第一或第二情形之下，皆不予贊同也。

實則，上述業主對於變爲突出牆壁之舊牆建築材料雖仍保有一種權利，但此權利殊不可恃，因其既不能阻止其他產業之實行改直路線，且除遇征收情形外，亦可與業主之意旨相反而歸於消滅。遇此則無所謂償金也。

再者假使上述業主於實施征收時得有償金權利，則在其實行改正不動產時，可得兩種償金，一是關於地基，一是關於界牆半壁之建築材料。似此，殊與一八〇七年九月十六日公布之法律第五十條明文相牴觸，按該條規定，凡遇業主自動或因破朽不堪拆毀其住宅時，只能對其所放棄之地基價值得有請求償金之權利也。

第二節　償金建議與要求

（一四七）對各有權人士提供償金建議之責任　按曾經一九一八年十一月六日法律修正之一八四一年法律第二十三條第一節之規定『行政當局應向各業主，其他經人指定且按照一八四一年法律第二十一條規定期限內出而進行之關係人士，告以爲收買而獻給之償金數目，且有時亦告以對於超過百分之十五之增高價格所得之償金應予扣除之數目』由上述原文觀之則征收者對於依照一八四一年法律第二十一條規定期限內舉發之各關係人士應作給付償金之建議，乃至有時對其所否認有要求償金權利者亦然（Cass., 1er—3—1843, D. 43, 1, 161; 2—5—1859, D. 59, 1, 208; 1er—6—1864, D. 64, 5, 164; 13—8—1889, Pand. Franç., 89, 1, 64; 16—5—1904, S. 1905, 1, 102）。然在上述第二情形之下時，此種建議只能以假定名義行之，且僅假設要求者之權利已經主管司法機關之承認；評定償金委員會對於此類償金之核准亦只能以假定名義行之（參看本書下文第二二一款）。

此種建議應分別向各有權人士為之。因之對於每個業主，每個房客，均須分別予以通知（參看 Cass., 18—8—1857, S. 57, 1, 862）。如征收判決中所指明及捐稅冊中所登記之業主不幸死亡時，假使其繼承人等曾向征收者聲明其為不動產之業主時則償金建議應分別通知各繼承人，始為合法（參看 Cass., 17—2—1915, Gaz. Trib., 28—2—1915）。假使同一業主有數處產業被征收時，則按其被征收不動產之數目，給以償金建議之通知（參看 Cass., 23—1—1901, S. 1901, 1, 368）。

以上所述通知償金建議手續，除下列兩種情形外，須嚴格執行：

（1）如遇被征收者根據一八四一年法律第五十五條第一節之規定，發起進行處理償金之起訴（參看 Cass., 14—2—1866, D. 66, 5, 208 及本書下文第二六八款）；

（2）如遇在評定償金委員會中經各當事人之明白同意，於征收判決書中所包含之地基外另增加新地基，例如被部份征收之業主同意放棄其全部產業是也（參看 Cass., 24—6—1857, D. 57, 1, 292）。

（一四八）未提供償金建議之制裁　償金建議手續如未履行時，則全部程序將歸於無效。實則，一八四一年法律第四十二條曾經明白規定，本法律之第三十七條必須遵守，否則即難免無效處分（參看本書下文第二一〇款）依該第三十七條規定：『主席法官應將執行一八四一年法律第二十三條規定之償金建議表交與評定償金委員會全體委員閱覽』。由此觀之，如償金建議手續未曾履行，則該第三十七條將失其效用，因此引起無效處分。抑尤有進者，法國判例向來均作上列主張也。

然而，上述之無效處分，惟未經予以合法待遇之有權人士始得反對（參看 Cass., 20—4—1859, D. 59, 1, 165; 23—5—1864, D. 64, 5, 170; 7—4—1869, D. 69, 1, 342）。再者，該有權人士對於上述之無效處分僅可放棄實行，但須有明白之放棄表示。且被征收者若未明白表示放棄時，當可根據未曾接得任何償金建議之事實上訴於大理院（參看 Cass., 6—8—1856, D. 56, 1, 331; 20—8—1860, D. 60, 1, 415; 1er 7—1867, D. 67, 1, 253; 24—3—1869, D. 69, 1,256; 2—7—1870, D. 70, 1, 407; 1er—12—1880, D. 82, 1, 80）。

（一四九）對於各有權人士分別提供單一償金建議即可　實則，法律並未規定行政當局在其償金建議中必須將構成償金之要素逐一加以區分也。但於償金建議中，對於償金之某一要素若予以正式摒棄，則又適足招致全部進行程序之歸於無效也（參看 Cass., 2—8—1870, D. 70, 1, 365; 2—7—1872, D. 72, 1, 233;

31—12—1888, D. 89, 1, 76)。

征收者只於有權人士得以各種名義請求不同償金之情形下，始提供個別之償金建議（offres séparées）。例如設有一人其同時被征收之產業有數部份之多時，應按其被征收之不動產處數而提供相等之償金建議是也（參看 Cass., 23—1—1901,S. 1901, 1, 368）。然有人認為當業主本人佔用其不動產時，不論其為全部的或部份的佔用，對之提供一個單一償金建議即可矣（參看 Cass., 28—5—1910（關於布勒奥（Préau）控告巴黎市事件）Cass., 7—4—1910, S. 1912, 1, 527）。

至於償金建議中數目之多寡，征收者得自由決定之。若遇償金建議中所提供之數目過少，亦不能構成無效處分之理由也（參看 Cass., 7—4—1910, D. 1912,1, 527）。所以有人認為即使提供之數為一個佛郎，亦算合法，並不能目為過少（參看 Cass., 23—11—1853, D. 54, 5, 347; 12—3—1856, D. 56, 1, 69, 31—12—1867, D. 68, 1, 132）。但法國大理院對於含有否認償金權作用之一個佛郎償金建議，曾於一八六三年一月二十七日所為之判例中予以駁斥矣（參看 D. 63, 1, 132）。

（一五〇）有資格提供償金建議之人士　按一八四一年法律第二十三條中所指之『行政當局』，即為（1）若遇國家，或省舉辦，或省與區共同舉辦征收時，即為不動產所在地之省長；（2）若遇征收者為一區時，即為區長（3）若遇舉辦征收之目的工程已出讓與承包人時，即為享有特許權者（參看本書下文第二九五款中所舉之一八四一年法律第五七條。）

要之無資格者提供償金建議所引起之違法行為，只須經應提供該償金建議者之簽署，及被征收者在評定償金委員會中既不提出抗議復不作任何保留，即可生效（參看 Cass., 31—5—1865, D. 65, 5, 173; 4—5—1869, D. 69, 1, 342; 17—10—1905, Mon. Lyon, 27—10—1905; 15—1—1908, D. 1908, 1, 395)。

（一五一）通知償金建議之手續　根據一八四一年法律第二條連同第十五條第二節第三節及第五十七條第二節之規定，償金建議之送達，應由執達吏或其他一切行政機關人員其口供在司法機關足資信賴者執行之（即警務人員，田園看守者，執法吏(Porteur de contraintes)及鐵路公司之曾經宣誓人員等等（參看本書下文第二九六款）。普通郵寄之償金建議，即使得有拒絕建議之置答，亦不能滿法律之所欲，反足以招致評定償金委員會之決定歸於無效（參看 Cass., 3—1—1906, D 1906, 1, 40）。

再者，上述之償金建議應送達產業所在區內之法定住所，如遇缺乏法定住所時，即以兩份建議書分送於區長與產業看護人（參看本書上文第八八款；及 Cass., 15—5—1855, D. 55, 1, 204; 8—11—1881, D. 83, 1, 24; 17—3—1885, D. 86, 1, 112)。

以上所述之償金建議，並非真實給付償金，不過為一種建議而已，至送達償金建議之人員，當無隨身帶送現金之必要也。

凡送與未成年者之償金建議，應交其監護人，至送與已婚婦女，已獨立之未成年人，及置有法律顧問者之償金建議非特須送達與其本人而已，且同時須分別送達與其丈夫，財產管理人，或顧問也。

若遇征收國有產業時，應以償金建議通知省長。

（一五二）送達償金建議之期限　按照一八四一年法律第二十四條之規定，『各業主及關係人等應於下半月內聲明其已經接受建議，如不接受該建議時，應卽表示其所要求之金額；』並按照同年法律第二十七條之規定，『本法律第二十四條所規定之半月期限，遇本法律第二十五第二十六條規定之情形時，得延長為一月。』

由上文觀之，償金建議至遲應於評定償金委員會集會前十五日內為之，且此最低限度之期限，若遇一八四一年法律第二十五第二十六條規定之情形時，卽有權者為未成年人或為公共法人時，得改為一月。在事實上，因征收者應負調查被征收者地位之責，固不能以其對於無能力者未遵守一月期限之規定作為失察推託也。故為彼計，至遲應於評定償金委員會集會前之一月內實行通知所有關係人等。

按照程序習慣，送達通知日不能計入上述之期限中（參看 Cass., 2—5—1859, D. 59, 1, 208; 5—4—1869, D. 69, 1, 943）。

再者，償金建議可與征收判決同日送達，且二者尚可以同一文件行之（參看 Cass., 27—1—1869, D. 69, 1, 243）。

（一五三）違法的償金建議之制裁　假使償金建議未曾依法送達，如半月或一月之期限未予遵守，或未將償金建議送達被征收者之合法住所，或於通知書上未註明收件人時，所有進行程序卽歸於無效；但此種無效處分是相對的，只須被征收者出席評定償金委員會，並於討論償金問題時，既不提出抗議，復不作任何保留，則無效處分即不存在（參看 Cass., 29—11—1853, D. 54, 1, 377; 15—5—1855, D. 55, 1, 204; 12—6—1860 D. 60, 1, 405; 26—8—1867, D. 67, 1, 316; 25—5—1868, D. 68, 1, 404）。

（一五四）友好方式之償金建議　按一八四一年法律第二十三條所規定之償金建議，爲屬於司法上之償金建議(offres judiciaires)，蓋與友好式償金建議有別也。而此種友好式償金建議，並無任何手續，且不具強迫性。

然實際上，征收者每依照立法者期盼征收達到雙方協訂之願望，對於關係人等，均於致送司法上之償金建議之先，送達友好式償金建議。直待此種建議未見接受時，始改致司法上之償金建議也。而此種建議所提之金額，通常較友好式償金建議所提者爲少，蓋所提金額構成評定償金委員會猶認爲最低限度之數目故也。關於此點，吾人將於本書下文第二二九款中可以見及。

（一五五）償金建議之批露及其用途　按照一八四一年法律第二十三條第二節之規定，上文所述應送達之司法上之償金建議，須依照同年法律第六條規定，予以揭示並批露（參看本書上文第六二款）。

上述之批露辦法，其目的乃在使持白契之債權人及有意對議價提起訴訟人等，得及時向征收者表示反對給付償金，以免其所有權利遭受損失也。

上述應辦手續，對於被征收者無甚關係，其有錯誤或不合法之處，當不致使進行程序歸於無效也　參看

(Cass., 1—3—1858, D. 58, 1, 389; Pandectes françaises Rép. v° Expropriation, n° 1965)。

(一五五)之三　因價格增高而舉辦之征收（關於此點，可參看本書下文第三九九款之二）。

(一五六)各有權人士之考慮期限　按照一八四一年法律第二十四條與第二十七條之規定（參看本書上文第一五二款），各關係人等對於償金建議予以接受或拒絕之考慮期限，應爲十五日。而此種考慮期限，對於無能力者及公共法人，可延長爲一個月。

但上述之考慮期限究自何日起算？按一八四一年法律第二十四條規定，應『自下半月起』；同時，一八四一年法律第二十三條在其第一節與第二節中對於償金建議通知與其批露均曾分別予以規定。且有一些作者，如柏若禮與達拉馬爾二氏在其合著之『關於公用征收法之評判』第三〇九款中，均認爲考慮期限應自通知手續或批露手續二者中擇其最後履行者之當日起算。但由吾人觀之，此種辦法殊與判例所主張者不合，蓋判例對於償金建議之批露曾宣佈其無制裁效力故也（參看本書上文第一五五款）。所以吾人與大多數作者同樣主張，無論在任何情形之下，所謂半月之期限或一月之期限，應自實行償金建議通知之日起算，至於該償金建議之已否批露可勿顧及也。似此辦法，方不背乎論理。實則，所謂考慮之期限，自各有權人士於得悉償金建議之日即應起算也。蓋各有權人士因接得通知得悉償金建議，至於償金建議之批露，固與彼等無甚關係也。

法律對於有權人士所爲之償金建議答覆，並未予以任何特別形式之規定。其所要求者，不外(1)對於償金建議所爲之答覆，應於上述之法定期限內行之；(2)被征收者若拒絕償金建議所提供之金額時，在其覆文中，須將其要求數目列出；但並不強迫其說明要求理由也。

（一五七）制裁判令負擔訴訟費用　對以上所述之兩種規定，若未遵辦時，應受同樣之制裁。未於法定期限內置答者，或雖已置答但未將其要求說明者，均予以判令負擔訴訟費用（Cass., 16-7-1902, Gaz. Pal., 1902, 2, 283; 5—1—1903, S. 1903, 1, 78）。按一八四一年法律第四十條第五節規定：『所有不在一八四一年法律第二十五與第二十六兩條規定範圍內之受償金者，對於同法律第二十四條中之規定未予遵辦時，不論日後陪審委員會之察定如何，得判令其負擔訴訟費用。』

吾人由上文可以看出，關於判令負擔訴訟費用一層，不適用於不在一八四一年法律第二十五與第二十六兩條規定範圍內之各有權人士，換言之，不適用於無能力者與公共法人是也。根據此點，則無能力者與公共法人並不受於一定期限內說明其要求之限制。

（一五八）償金建議之接受　關於此點，可參看本書上文第一三四款。

（一五九）償金建議之拒絕及陪審委員會之傳審　假使關係人拒絕接受償金建議時，應召集陪審委員會，從事償金數目之確定。實則，按一八四一年法律第二十八條規定：『行政當局在其所爲之償金建議，於一八四一年法律第二十四與第二十七兩條所規定之期限內，未經接受時，應即召集各業主，以及所有其他指定或有意出而干預之各關係人士出席陪審委員會，以便依照下章中所規定之方式，從事償金問題之解決。至對於曾經被拒絕之償金建議，在傳審票（Citation）中，應說明之。』

由上文觀之，則征收者應召集拒絕接受所提償金建議之各有權人士，不論其爲明白拒絕者，或爲未嘗置答者，出席陪審委員會。至於有權人士之緘默，在法律則並不認爲係承認之表示，反以爲是拒絕之表示也。因之，有權人士並不因其緘默而喪失其向陪審委員會要求較多償金之權利；但不過有被判令負擔訴訟費用之虞而已（參看本書上文第一五七款。）再者，該有權人士在陪審委員會中仍得宣告其接受償金建議也。

至於無能力者，或公共法人之代表，可無須經過一種允許，便得拒絕接受償金建議，及於陪審委員會中辯護其所代表人之權利，因法律認爲陪審委員會之干預，對於無能力者已足構成充分保障也。

按一八四一年法律第二十八條末節規定，以上所述之傳審票，對於償金建議被拒絕之經過，應加以敍述。尤有進者，該傳審票之召集各有權人士出席陪審委員會，只能至少在償金建議提出後十五日或一月行之（參看本書上文第一五二款與第一五六款，）否則所進行之全部程序歸於無效（此種無效，可遭大理院之駁斥）（Cass., 24—8—1846, S. 46, 1, 879; 3—2—1855, S. 55,1, 606）。

（一六〇）各有權人士，對於償金建議之接受或拒絕，只容各爲其本人行之。此種合理而公正之規則，在實行上，頗引起不少困難。茲試舉吾人常見之負有使用收益權之不動產而論，虛有權者接受償金建議，有使用收益權者拒絕之，或虛有權者拒絕償金建議，而有使用收益權者接受之，此實可能之事也。

第一種假設：假使陪審委員會所斷給之償金，多於虛有權者所承認接受之數目時，該多出之數於使用收益權滿期後應即退還征收者，而虛有權者實無權過問也；使用收益權者應提出保證，擔保該項多出數目之退還。反之，若遇陪審委員會所斷給之償金，少於虛有權者所承認接受之數目時，則該項多出之數，卽應歸虛有權者所有。

第二種假設：有使用收益權者接受，而虛有權者拒絕之。假使陪審委員會所斷給之償金，多於有使用收益權者所承認接受之數目，則此多出之數，應歸虛有權者所有。在與此相反之情形下時，則征收者於使用收益權滿期後得收回差數，對於此項差數，虛有權者殊無權過問也。

有時業主旣已承認接受償金，但其債權人則援用一八四一年法律第十七條所賦予之權利予以拒絕，並要求對於償金須由陪審委員會確定（參看本書上文第一〇五款）。遇此情形時，假使陪審委員會所斷給之償金，多於業主所要求之數目時，則此多出之數，應由征收者付與各債權人，而該征收者得代替享有各債權人對於業主所享之權利，且一俟債務滿期時，得向業主取償其所付之數。

（一六一）修改償金建議與要求之可能性　征收者對其所提之償金建議，只須未經受償金者予以承認，在陪審委員會中可提出修改，增加或減少均可。蓋以未經承認之償金建議，只能認作未履行之承諾而已。

至在應提出其要求數目，否則卽被判令擔負訴訟費用之受償金者方面，則得在陪審委員會中增多其要求數目，並不受一八四一年法律第四十條第五節中規定之限制，而負擔全部訴訟費用也（Cass., 16—7—1902, Gaz. Pal., 1902, 2, 283; 及柏若禮與德拉馬爾二氏合著之『關於征收法之評判』第三一七款。）

以上所述之各項修改，卽在陪審委員會討論期中，亦可提出，當然不須遵照初次提出償金建議所應履行之法定批露手續，並無須依照一八四一年法律第二十四條與第二十七條規定之十五日或一個月期限（參看本並上文第一五六款及(Cass., 27—4—1859, D. 59, 1, 207; 20—8—1862, D. 62, 1, 383; 15—3—1869 D. 69, 1, 172; 28—5—1877, D. 77, 1, 470; 11—5—1881, D. 82, 1, 462; 20—3—1882, D. 83, 1, 177; 6—2—1907, S. 1907, 1, 144— 關於一八四一年法律第二十三條，可參看克勒朋氏所著之『征收法典』第一〇款；達符利氏所著之『關於徵收之理論』第一册第四七〇頁與第四七一頁；及達祿斯判例類編第五編關於征收部份之第一二四九款。)

（一六二）必須提供新償金建議之情形　若遇徵收目標有所修改時，則必須提供新償金建議蓋以在一種新情形之下，須有特別償金建議與之適應故也。違者即難免無效處分。

吾人試舉一例以說明之，即如倘有一被徵收者援用一八四一年法律第五十條所賦予之權利（參看本書下文第二七〇款及以次各款）對其受部份影響之不動產，要求予以全部征用時，則征收者即使其反對此項請求，亦當對此新情形，提供新償金建議是也(Cass., 31—7—1899, Rec. Gaz. Trib. 1900, 1er sem., 11 avec note; 11—7—1904, Gaz. Pal., 1904, 2, 378, et Gaz. Trib., 16—11—1904)。

尤有進者，當徵收者僅對於最初償金建議中所列數目加以變更時，並不受任何手續條件或期限之拘束，但遇對於某一新目標提供新償金建議時，其情形則又不同矣。倘遇此情形時，則徵收者必須再行批露，並須再遵照十五日之期限，否則將遭無效之處分也，而此種無效處分，必須經過一種正式棄權手續始得解除，決不能視被徵收者出席陪審委員會之事實爲已足也(Cass., 29—3—1858, D. 58, 1, 321; 10—2—1874, D. 74, 1, 416;

9—1—1883, D. 83, 1, 424; 21—10—1890, S. 91, 1, 86; 11—7—1904, Gaz. Pal., 1904, 2, 378, et Gaz. Trib., 16—11—1904; 25—1—1905, Gaz. Pal., 1905, 1, 250; 17—6—1914, Gaz. Trib., 25—6—1914)。

關於必須遵照批露手續與期限之拘束，只能於徵收目標之變更（如要求全部徵用是）在陪審委員會中始行提出之情形下，方得予以免除(Cass., 22—2—1869, D. 69, 1, 246; 21—2—1889, D. 90, 5, 253)。

（一六三）在陪審委員會集會前之程序上無效處分　關於解決徵收償金之訴訟，當自陪審委員會組成始。在被徵收者『對於在陪審委員會集會前所產生之不合法行為與無效』為使其所有否認權日後發生效力起見，只須於陪審委員組成之日，立即提出保留可矣。但若於勘察地段後之次日始提出保留，則為過晚也；且因此喪失向大理院上訴之權（Cass., 5—8—1908, Gaz. Trib. 1909, 1, 101）。

再者，上述辦法只適用於僅有相對無效性之不合法行為，而此種不合法行為，如有否認權者表示默許，即可得到庇護。至於其他之不合法行為，則須有正式與明白之棄權表示，始發生效力也。

第七章　徵收陪審委員會

會經一九一四年四月二十一日，一九一八年十一月六日，及一九二一年七月十七日法律修正與評定償金委員會有關之一八四一年五月三日法律之規定，可分爲下列三節論之

(1)陪審委員會之組成；

(2)陪審委員會之職務與措施；

(3)陪審委員會之決定與上訴途徑。

（吾人將於下文中可以看出，徵收陪審委員會得於應付被徵收者之償金額數爲最後之估定。而此種特權會引起不少批評。晚近法國阿爾德世(Ardéche)省參議會曾於一九二五年九月二十九日發表一個決議，希望組織一上訴陪審委員會(jury d'appel)，以便於必要時對於初級陪審委員會之決定予以修正。）

第一節　陪審委員會之組成

（一六四）組成陪審委員會之三個步驟　徵收陪審委員會(jury d'expropriation)之組成須經下列三個步驟：

（1）在每一省內，應由省參議會確立一份常年名單（Liste générale annuelle），在一年期中，即依據此項名單選擇陪審員，以解決省中舉辦各種徵收所應付之償金；

（2）經被徵收產業所在區內民事法庭確立之開會名單（Liste de session），其中包含之人員，係自常年名單中選出，至於彼等之職責，則在裁決開會期中所遇之一切事件；

（3）至於為審查每一問題起見，根據開會名單而組成之陪審委員會，則名曰裁決陪審委員會（jury de jugement）。

第一項　每省常年名單之確立

（一六五）常年名單應由省參議會確立之　關於此項進行，徵收者與被徵收者當然為局外人也。實則按照經一九一八年十一月六日法律修正之一八四一年法律第二十九條規定，『省參議會應逐年按每縣確立一份名單，其人選當就有寓所在縣區內，並具備參加刑事陪審委員會之法定條件之選舉人中選充之。

『登記人數……

『依上述方式所確立之各縣名單，應由省方合為一總名單（Liste unique），至於必要時奉命解決因公用徵收所引起之償金問題之特別陪審委員會，其陪審員即根據該名單選充之（參看一八四一年法律第二十九條第三節）』。

由上文觀之，在每一省內，惟有省參議會始有權確立上述名單，並在其每年八月間主要集會期中行之。

在法國賽內省之省參議會，則並無主要集會，因得不受一八七一年八月十日法律規定之限制，其結果乃在其逐年十二月表決預算集會期中，確立上述名單。

（一六六）每縣名單應有之陪審員人數　每縣名單登錄之人數，應爲：

不及十萬居民之縣選七十五人；

十萬以至不及三十萬居民之縣選一百人；

三十萬以上居民之縣選二百人，在賽陰省，則選六百人。

吾人已於上文中見及各縣名單應合爲一總名單，而此總名單則可適用於全省也。

依上述方式而確立之總名單，其人數曾經法律予以明定；而此項規定人數之或減或增，頗足影響特別陪審委員會之組成條件。因之，凡根據多於或少於法律明定人數之名單而組成之特別陪審委員會，其組成應歸無效，且對其取決得向大理院提起上訴也（Cass. 24—3—1824, Gaz. Trib. 7—4—1924）。

此種解釋係根據昔日判例而來（參看 Cass., 26—4—1887, S. 87, 1, 328; 17—5—1900, S. 1901, 1, 102; 23—1—1907, Pand. Franç., 1907, 1, 104）。

在一九一八年十一月六日法律未經公布以前，省參議會於特殊環境之下，根據一八八〇年七月三日法律之規定，經參政院令核准後，對於某縣常年名單之人數，得予增至一百四十名。但此種辦法可以認爲已經廢止蓋以該項辦法僅在盧翁(Rouen)城用過一次故也（參看一八八一年八月十七日命令，見法律彙編第一〇九九一號。）至關於規定里昂(Lyon)二百名陪審員人數之一八五四年六月二十二日法律，亦可認爲已經廢止也。

（一六七）確立上述總名單應遵照之規則　省參議會不僅依照上述方式確定陪審員之人數，且對於縣名單所應列人員須予以指定，但應遵守下列各項規則：

(1)按照一八四一年法律第二十九條之規定，只能指定曾經列名於選舉名單之人員；

(2)只能選用在縣內置有眞實寓所之人員（按一八四一年法律第二十九條規定），至於塞蔭省，則爲選用在省內置有寓所者；

(3)曾經於上年度會期內服務者，不得列入。實則，按一八四一年法律第四十七條規定『曾在會期內服務之陪審員不予列入省參議會所確立之下年度名單中。』此類陪審員名單當由省長送給省參議會，而省長對於該陪審員等姓名，則自初級法庭檢察官處取得之；

(4)凡無能力參預刑事陪審委員會之人員（如未滿三十歲者），或擔任民選職務，公共職務，或與陪審員職務不相容之職業者，均不得列名。

最後，應於可能範圍內盡力避免選用年滿七十者，因年滿七十之人員一旦奉命執行職務時，得有請求免除服務故也。實則，按一八四一年法律第三十條第三節規定『年滿七十者若提出請求時，得免除其陪審員之職務』

也。

省參議會除上列各項保留外，得自由處置。最顯著者，如對於旣已列名於縣名單之人員得予維持是也；此類事實，固曾屢見不鮮也。

法國賽茵省爲便利省參議會工作起見，曾於一八八六年六月十日頒一命令，根據此項命令組成一個行政委員會，以籌備預選名單，然後由省參議會就此預選名單中選擇六百名列入常年名單中。關於上述預選名單之確立，在巴黎市爲分區(Arrondissement)舉行，其在近郊則爲分村（Canton）舉行。每一名單均應載明有關之區或村按人口比例應得之分配額也。

（二六八）常年名單之有效期限　常年名單之有效期限爲一年，自省參議會在其集會中確立後之次年一月一日起算（按一八四一年法律第二十九條修正條文末節之規定。）此項新規定已使舊規則所引起之不便處得以免除矣。按舊規則，常年名單因無固定之起算日期，有時適用一年，有時則又超過一年也。

一八四一年法律第四十五條經過上述變更後，曾作下列之規定：『陪審委員業經開始之工作，若於本年度內未能完成時，得由該委員會繼續之，直至工作結束時爲止。』再者，按法國判例所謂陪審委員會業經開始工作一層，並非謂該委員會人選曾經指定，該委員會曾經召集爲已足，必須曾經實行集會並開始辯論 (Cass., 15—2—1843, D. 43, 1, 109; 13—3—1861, D. 61, 1, 181)。

陪審委員會因違反上述規則所爲之決定，應歸無效，而此種無效，決不以在陪審委員會討論中並無保留提出，得資辯護；且亦足構成向大理院上訴之理由也(Cass., 15—2—1843, D. 43, 1, 109; 2—3—1881, D. 82, 1, 462; 11—7—1883, D. 84, 1, 184; 30—6—1903, S. 1904, 1, 48)。

第二項　開會名單之確立

(一六九)司法當局應負此種使命　按曾經一九一八年十一月六日，及一九二一年七月十七日法律修正之一八四一年法律第三十條規定：『凡遇有組成特別陪審委員會之必要時，應由被徵收產業所在區內之法院民事第一庭，就依照前條規定而確立之名單，開會選定十四人，俾組成特別陪審委員會，對於償金數目爲最後之確定』

若在假期中，則上項選擇事務，應委指定辦理休假期內事務之法院某庭執行。若遇法院中人對之加以迴避或否認時，則由高等法院行之（按一八四一年法律第三十條第二節規定。）

關於開會名單，惟有在塞內省與培爾福區（Territoire de Belfort）兩地，對於被徵收不動產所在縣區之縣名單所列陪審員，不能選用三名以上。再則在該兩地之開會名單，對於在被徵收不動產所在市區內或村內置有眞實寓所之陪審員，不得選用三名以上（按一八四一年法律第三十條第三節規定。）

依照上列條件選出之十四名陪審員姓名，應按字母次序之先後列入開會名單中。

如舉辦徵收之行政當局認爲必要時，得將同一判決宣判之各項徵收事件，分配於數組陪審委員會處理之。

上述應分配與每組陪審委員會之事件表，須附入任命該委員會之判決書中。

不能當選之人員爲：（１）依照一八四一年法律第十一條規定業經省長命令指定但尚待取得之地基與建築物之業主，佃農與房客（２）曾對於上述不動產提出登記之債權人（３）經一八四一年法律第二十一條與第二十二條指定，或依據該兩條規定得提出要求之各關係人員。

下列人員若經其本人提出請求時，得予免除其陪審員之職務：

（１）年滿七十者

（２）凡在同年內已參加特別徵收陪審委員會者

（一七〇）應於何時，並由何人聲請於法院？　在原則上，關於開會名單人員之指定，應由徵收者請求法院執行之。有時則爲例外在一八四一年法律第五十五條第一節規定之情形下，上項手續轉由被徵收者辦理之（參看本書下文第二六七款。）

上項請求應於徵收判決宣判，與預備交與陪審委員會處理之問題確定後舉行但必須在陪審委員會傳審關係人士以前方可否則陪審委員會之決定根本無效(Cass., 14—8—1867, D. 67, 1, 316; 12—12—1887, D. 89, 1, 39)。

徵收者爲便利上述指定工作起見，應向法院檢察處 (Parquet du tribunal) 繳呈下列文件：（１）陪審委員會之常年名單（若以前未曾交去時）；（２）徵收判決書謄本一份。

最好另附上列預備交與陪審委員會辦理各項事件，及各關係人姓名之說明文件，藉便於法院唯免選用該關係人等故也。

（一七一）各陪審員應由法院開會審庭選定之　按照一八四一年法律第三十條規定，陪審員之選定，並非以抽籤方法取決，乃由眞實之選擇而來。職是之故，爲便利法院得選用確能勝任解決償金之人員起見，吾人已曾道及，有將預備交付陪審委員會辦理之問題詳情，陳明於法院之必要。

關於陪審員之選擇，應由法院開會審庭執行之（參看一九二四年達氏星期類編第一四三頁）並不許各當事人到場也。其次，該當事人等在未接得陪審委員會通告召集列席以前，無權享受該委員會之裁決。所以一般人認爲在此期間內，法院爲彌補錯誤起見，對其已加任命之陪審委員會，得更易之（Cass., 26—8—1868, D. 68, 1, 444; 3—1—1882, D. 84, 1, 200; 6—6—1888, D. 89, 5, 252; 21—12—1910, S. 1911, 1, 415）。

判決書對於參加陪審委員會之法官姓名，應予敍及（Cass., 22—11—1841, D. 41, 1, 385）。

（一七二）確立開會名單時應遵守之規則。　法院選用陪審員時必須遵守之規則如次，如有違反情形，其結果應歸無效（參看一八四一年法律第四二條）：

（1）按照一八四一年法律第三十條之規定，開會名單應具十四人之姓名，按字母順序之先後登記（參看本書上文第一六九款）；

（2）再按一八四一年法律第三十條之規定，上述十四人姓名，應由舉辦徵收省內依照一八四一年法律第二十九條而確立之名單上選出。遇必要時，得成立數組陪審委員會，將同一判決書宣判各項徵收有關之事件，逐分配於各委員會處理之。

一八四一年法律在其第三十條倒數第二節中，曾道及應當避免之事項一層，吾人認爲是一個忠告，較之認爲是一種規定更爲確切，蓋以在確立陪審委員會名單時，對於該應避免事項如有違反之處，並無制裁以隨其後故也。

（一七三）應避免之事項及其間接制裁　所謂應避免之事項爲何？按一八四一年法律第三十條倒數第二節之規定，「不能當選之人員如下：（1）經省長按照一八四一年法律第十一條規定所頒命令（即讓與命令）指定並待取得之地基與建築物之業主，佃農與房客；（2）對於上述不動產曾提出登記之債權人；（3）凡經一八四一年法律第二十一條與第二十二條指定或根據該兩條規定得提出要求之其他一切關係人等」（參看本書上文第六九款。）

以上所舉人員並無一定限制，凡對於償金多寡有直接利害關係者，不論其資格如何，均應一併列入（Cass., 7—4—1845, D. 45, 1, 208; 11—6—1856, D. 56, 1, 196; 3—2—1858, D. 58, 1, 126; 3—8—1859, D. 59, 1, 416; 30—3—1863, D. 63, 1, 134）。例如其地基被列入徵收範圍之地產公司會員，至於該公司縱爲私法人在所不計也；被徵收公司之管理員，在徵收區內供職之區長，副區長及區參議員，至於巴黎市之市長與副市長則爲例外，蓋以該區長等並未預聞巴黎市財產管理故也（Cass., 10—7—1861, D. 61, 1, 289）；舉辦徵收之本省參議員；凡直接參預徵收進行之行政機關代表等是也。

再者，以上所述之應避免事項，對於確立開會名單之法院並無強迫性，因對一八四一年法律第三十條倒數第二項所規定應避免事項有所違反時，並不足作爲上訴於大理院之理由也（參看一八四一年法律第四二條）。職是之故，凡上文列舉之人員，僅可列入開會名單中，至該人員等參預陪審委員會之決定亦不致遭受無效之處分也。

然按法國判例，假使有關係之當事人等於依照判決組成陪審委員會之際，請求迴避上述人等，及經主席法官拒絕請求，更復對於該上述人等加以否認時，其情形自當別論，蓋以其有違及否認權之處故也（Cass., 26—5—1846, D. 46, 1, 408; 11—6—1856, D. 56, 1, 196; 28—5—1861, D. 61, 1, 282）。

最後，一八四一年法律第三十條規定，凡年過七十者，「若經其提出請求，得免除其所擔任之陪審員職務；」因此，對於業已列名於總名單之年過七十者，最好能避免再將其列入開會名單中。但此並非一種義務也。法國於一九一八年十一月六日公布之法律，曾規定將上項免除服務辦法擴大應用於「同年內業已參加特別徵收陪審委員會之人員」。

第三項　陪審委員會之組成

（一七四）陪審委員會開會日期之確定　開會名單一經法院確立後，即可從事召集當事人，並當場組成陪審委員會。

但徵收者應於事前與徵收判決委任之主席法官共同商決，根據簡單請求，頒一命令，將陪審委員會集會地明，日期與時刻，併予以確定，蓋以發給各當事人與陪審員之集會通知，須註明地點與日期故也。一八四一年法律第三十一條，即根據此意為下列之規定：『十四名陪審員之名單，須送交省長，由省長經與主席法官共同商決後，實行召集各陪審員與各當事人，告以集會地點與日期，惟至遲須於八日前行之（Cass., 24—3—1925, Gaz. Pal., 10—6—1925）。在召集通知中應載明各陪審員之姓名。』

（一七五）各陪審員與各當事人之召集　一八四一年法律第三十一條，對於召集各陪審員與各當事人之事項，獨委諸收受開會名單之省長一人而已。

再者法國判例認為若徵收之目的在謀一區之利益時，則上述之召集事項，得由區長執行之。或為讓與工程時，根據一八四一年法律第六十三條，取得行政當局關於徵收事項所有一切權利之特許權人亦得有權召集之（Cass., 29—8—1854, D. 54, 1, 321; 6—4—1859, D. 59, 1, 164; 6—11—1905, D. 1906, 1, 257）。

若遇被徵收者進行徵收時，則上述召集權當然由該被徵收者行使之（參看本書下文第二六七款）。

應予傳訊者究為何人？　凡開會名單所開列之十四名陪審員，及對於收受償金建議後表示拒絕或不予置答之人士，不論其受償金權是否引起爭論，均應一併傳訊。更有進者，若遇收受償金建議人士中間有無能力者在，則不僅傳訊該無能力者而已，即無能力者出席陪審委員會必須得其許可或協助之人士亦應同時傳訊也。

因之若遇被徵收之不動產係屬於已婚婦女時，則對於夫婦二人一併傳訊，『丈夫一方面以其本人名義，另一方面為使對其妻所為決定有效起見而參預也；』此項辦法，即對於賣笑婦或嫁妝制度下之已婚婦女，亦得適用。若遇被徵收之不動產，爲屬於夫妻間共同所有時，則僅傳訊丈夫一人足矣（Cass., 19—8—1846；見達富鈍氏所著之徵收之理論第一册第二八段第一六款 11—1—1848, D. 48, 5, 182; 25—5—1868；見達富鈍氏書中第二八段註三）

假使被徵收之不動產，爲未經解放之未成年人所有時，則應傳訊其監護人，而該監護人可不待親族會議之許可，便得出席陪審委員會；若遇被徵收之不動產，係屬於業經解放之未成年人時，則於傳訊該未成年人之際，通知其財產管理人。同樣，倘遇被徵收者備有法律顧問時，則對於該被徵收者與其法律顧問應同時傳訊（Cass., 17—4—1866, D. 66, 5, 195）。

最後，若遇被徵收者爲一破產者時，則對於破產後成立之債權團總代表(syndic)自當一併傳訊。然一般人認爲倘遇破產者與其債權團間曾締有條約時，則對於破產者所施行之徵收程序得爲有效之繼續進行，並無對於訂立條約時，各債權人爲監視並代表其所有利益所委託之代表予以通知之必要，蓋以破產者既恢復其管理財產權，同時亦已取得訴訟權故也(Cass., 26—5—1910, D. 1913, 5, 38)。

（一七六）頒發傳審票之手續與法定期限　傳審票應由執達吏(huissier)，或其口供在司法上足昭憑信之任何行政機關人員送達之（按一八四一年法律第五十七條第二節，並參看本書下文第二九六款）至舉辦徵收區內之區長，則不得執行此種送達，否則傳審票歸於無效，而陪審委員會之決定亦遭同樣之結果（Cass., 3—4—1905, D. 05, 1, 344）。

按照一八四一年法律第三十一條之規定，傳審票應於陪審委員會集會前八日發出且此項期限應爲十足的；例如陪審委員會之集會期爲某月十日，則該傳審票至遲須於一日卽行發出（參看 Cass., 24—3—1925, Gaz. Pal., 10—6—1925）。並爲便於監督關於此項規定之遵守起見，傳審票上應載明日期。因之一般人認爲不能以任何說明方法代用之傳審票若對於發出日期未予載明時，應歸無效 (Cass., 2—5—1906, S. 1909, 1, 131; 21—7—1908, S. 1908, 1, 312; 12—4—1911, S. 1911, 1, 400)。而此項至關重要之無效處分，足使陪審委員會犯錯通過之決定對於被徵收者失效 (Cass., 1er—2—1910, S. 1911, 1, 344; 30—6—1913, S. 1914, 1, 104)。

按照一八四一年法律第十五條第二第三兩節之規定，爲當事人而發之傳審票，應送達其法定寓所，如當事人無法定寓所時，則以兩份傳審票分送於區長與租客或產業看護人 (Cass., 24—6—1907; La Loi, 19—11—1907; 15—7—1907, Gaz. Pal., 1907, 2, 171; 2—12—1913, Gaz. Pal., 21—2—1914. 並參看海爾曼類編第五部關於徵收部份第一六九三款）。至對於陪審員之傳票，則按照名單所開列之寓所送達，若遇陪審員已不復在該寓所時，則送交區長與縣區內之檢察處可也。

法律曾經明定，送與當事人之傳審票內容除註明陪審委員會集會地點，日期，時刻之外，對於償金建議遭受拒絕之經過（按一八四一年法律第二十八條）及陪審員姓名（按一八四一年法律第三十一條末節）均應載明；其所以如此者，蓋爲便利當事人對他人有行使其否認權之必要時，得於事前覓得對方故也。

陪審員之傳票除註明陪審委員會集會地點，日期，與時刻之外，只須將收受傳審票之陪審員姓名，及該陪審員業被列入開會名單之事實一併載明足矣；固無須開示全部名單也。

在事實上徵收者往往於送致陪審員之傳審票中，將一八四一年法律第三十二條原文予以轉載；按該條規定陪審員若不出席時，則應受處分，同樣對於說明陪審員職務之一八四一年法律第四十八，第五十一，與第五十二各條，亦一併予以轉載也。

（一七七）制裁陪審委員會決定之無效處分　按照一八四一年法律第四十二條規定，對於本法律第三十一條所爲關於召集陪審員與當事人之規定，如未遵守時，則將招致上訴於大理院之結果。

所以，如對於有權者之傳審犯有錯誤時，則陪審委員會所爲之決定對該有權者無效（Cass., 2—4—1849, S. 49, 1, 376）。

同樣，不合法之傳審票例如未於陪審委員會集會前八足日內送交法定住所，或未將應有說明列入，均不發生效力；但此種無效處分得以未經合法手續傳訊之當事人出席陪審委員會，既不提出抗議，復不作任何保留，而被免除也（Cass., 22—7—1850, D. 50, 1, 280; 16—5—1859, D. 59, 1, 206; 16—6—1900, S. 1901, 1, 197; 11—2—1902, Mon. Lyon, 25—3—1902; 20—31905, Mon. Midi, 25—4—1905; 14—7—1907, Gaz. Pal., 1907, 2, 165; 2—12—1913, Gaz. Pal., 21—2—1914. 並參看克赫朋氏書中與一八四一年法律第三十一條有關之第五十款，及達宮銳氏書中與上述第三十一條有關之第二十五款。）

然而，此種缺點，對於陪審員因徵收者在其傳審票中誤註姓名或寓所與或會期而未能出席所引起之無效處分，則不能予以任何辯護(Cass., 23—6—1840, S. 40, 1, 705; 31—1—1849, S. 49, 1, 217; 22—8—1853, S. 53, 1, 636; 7—8—1858, S. 58, 1, 155)。然晚近一般人認為，假使向大理院上訴人在陪審委員會中未曾提出聲明或抗議，僅基於陪審員本人不合法一點而提起之上訴，不予受理可也(Cass., 16—6—1900, S. 1901, 1, 197; 20—3—1905, Mon. Midi, 2—4—1905)。

更有進者，凡非出自徵收者之不規則行為(例如倘遇陪審員之未得通知，係由總名單上錯誤而來，為此可參看 Cass., 5—2—1855, S. 55, 1, 154; 14—11—1893, S. 94, 1, 294; 21—10—1907, Gaz. Pal., 1907, 2, 427)或以陪審員變動寓所而引起之不規則行為(參看 Cass., 28—7—1856, D. 56, 1, 292; 12—4—1870, D. 70, 1, 389; 18—6—1881, D. 83, 5, 28)，及不致妨礙當事人行使其所有權利之不規則行為(例如對於陪審員雖有犯錯誤之處，但該陪審員仍然出席陪審委員會，為此可參看 Cass., 27—3—1843, S. 43, 1, 439; 26—5—1846, S. 1846, 1, 589; 27—12—1854, S. 1855, 1, 453; 16—9—1915, Gaz. Trib., 27—7—1915)等，均不足招致無效處分也。

(一七八)陪審委員會之集會　被召集之各陪審員，應即按照傳審票中所開列之地點，日期，時刻集會，由主席法官或其代理人主席(參看本書上文第八十六款)，依第三十四條之規定，佐以法院書記官或學習書記官，以便職掌會務記錄也。

一八四一年法律所規定關於土地徵收陪審委員會之進行程序，顯然係模仿刑事陪審委員會之程序而來；所以陪審委員會與主席法官之職權各自不同。陪審委員會之職務專在謀償金之解決，而主席法官之使命則在指導預審與議決時之辯論，並給予陪審委員會決定以執行效力。

主席法官宣佈審問與會期業已開始，並得立即從事組成陪審委員會。

若遇某一當事人或多數當事人或徵收者之代表缺席時，並不足以阻止陪審委員會之組成與進行（按曾經修正後之一八四一年法律第三十四條規定，並參看本書下文第一八二款。）

（一七九）陪審員點名及缺席原由　主席法官應先命書記官於當事人在場時，將開會名單上所載之陪審員實行點名。但此種點名，並不須依照字母順序呼唱也（Cass., 1er—8—1922, Gaz.Pal., 2e sem. 1922, p. 467）。

按照一八四一年法律第三十二條規定，凡無正當理由在點名時未答應或以後開會缺席一次或拒絕參加評議之陪審員，得『科以至少一百或至多三百佛郎之罰金。』關於此項罰金應由主席法官宣佈之。至於受罰之陪審員在處罰尚未執行以前，得向主席法官提出反對及其迴避理由也。

（一八〇）陪審委員會主席法官之職權　按照一八四一年法律第三十二條末節之規定，主席法官對於陪審員所提出之耽誤理由（如疾病，羸弱，私人事務等等）及各種職務上衝突，得予以裁定。該條並稱『關於該職務上衝突理由係在按照一八四一年法律第三十條規定所爲之指定後發生或察覺者，』但法國判例並不根據此點，作一保留；蓋以其承認主席法官對於所有任何時期發生之職務上衝突理由有權裁決尤其對於其姓名選被列入常年名單（Cass., 4—8—1902, S. 1903, 1, 448; 27—12—1904, Gaz. Pal., 1905, 1, 131）（如陪審員爲外國人，破產者，未滿三〇歲者是）或開會名單之陪審員，得予裁去故也（Cass., 21—10—1907, Gaz. Pal., 1907, 2, 417）（如徵收者之代表，或對於徵收有直接利害關係者是。）

主席法官對於上述事項，有絕對自由處理權，且其所爲決定並不受大理院之懲戒（Cass., 7—4—1845, D. 45, 1, 207; 11—7—1859, D. 60, 1, 412; 17—3—1869, D. 69, 1, 271; 11—8—1873, D. 73, 1,487; 8—11—1905, D. 1906, 1, 499）。

主席法官對於處理上述事項之動機，固不必加以說明；然仍應將陪審員之不出席或以職務上衝突關係，或曾請求免去陪審職務種種事實載入記錄中；否則彼等倩人代理應視作缺乏理由，而陪審委員會之決定，亦歸於無效（Cass., 20—12—1847, S.48, 1, 297; 17—2—1851, S. 51, 1, 272; 4—7—1855, D. 55, 1, 253; 24—7—1860, D. 60, 1, 406; 6—8—1907, D. 1908, 1, 79 et Gaz. Pal., 1907, 2, 451）。

主席法官雖有上述自由處理權，但倘遇當事者對於某一陪審員有違犯法律明定職務衝突情事，提起控訴時，該主席法官仍維持某一陪審員，而此種維持復損及當事者之否認權時（Cass., 13—5—1902, D. 1902, 1, 402; 8—31—904, Pand. franç., 1904, 1, 480），反之，並無提起職務衝突控訴，而主席法官竟擅自裁去不應受裁之某一陪審員時（如遇陪審員未曾接得集會通知，主席法官竟越權宣佈應予察原，並令由候補陪審員代替之）陪審委員會所為之決定，均歸於無效。

（一八一）補充陪審員（Jurés Complémentaires）倘因不能分身或以職務上衝突，更或以一八四一年法律所規定之准免職務種種關係，陪審委員會之組成人數少於十人時，則主席法官得依據按一八四一年法律第二十九條規定所擬定之省名單選定必須人數以補足十位額定人數，並緊急召集之（參看修正後之一八四一年法律第三十三條第一節。）

關於上述補充陪審員之指定，主席法官並不須遵守時間或手續各項條件之限制。只須預先接得通知，得悉若干陪審員不能出席時，便可於陪審委員會集會之前，隨時召集與缺席陪審員同樣數目之補充陪審員（Cass., 27—12—1904, Gaz. Pal., 1905, 1, 131）。再則主席法官並無須特為此事頒佈命令或公開集會選定該補充陪審員也。

尤有進者，法律並不限令將選定之補充陪審員姓名通知各有權人士，而對於該補充陪審員等，不過給予一種普通邀請，求其依照地點，日期，時刻蒞會足矣（Cass., 4—3—1844, D. 44, 1, 185; 18—2—1863, D. 63, 1, 253）

凡接到上述召集通知人員，應立刻接受，否則將蒙一八四一年法律第三十二條對於缺席陪審員所規定之刑罰處分（參看本書上文第一七九款及一八四一年法律第三十三條第二節。）

主席法官當選定補充陪審員時，必須遵守一八四一年法律第三十條第三節之規定，即謂，對於被徵收不動

區所作區內之區陪審員名單所開列之陪審員只能選用三人是也（參看一八四一年法律第三十三條第三節）

陪審委員會記錄應將陪審員因職務上衝突或曾申請除名而不克出席之各項事實載入，至對於主席法官採取決定之理由，則無加以說明之必要。若上項記載付諸闕如時，則選用補充陪審員爲毫無理由，其結果竟使陪審委員會之決議歸於無效（Cass., 6—8—1907, D. 1908, 1, 79）。

（一八二）對各出席人員點名與否認權　開會名單既已依上述方式擬定後，主席法官應命書記官當各陪審員與各當事人在場時，『對於須經陪審委員會裁定之各項人員』舉行點名（按曾經一九一八年十一月六日法律與一九二一年七月十七日法律修正之一八四一年法律第三十四條第二節。）

若遇若干關係人等雖經予以合法傳訊，終不出席，或委他人合法代表時，應以抗傳論，而會務仍得繼續進行，一若彼等出席者然。關於此點，在普通法上已成爲一種原則，至一八四一年法律則復依此原則，而爲下列之明文規定：『當事者之缺席並不足以延緩陪審委員會之進行與裁決之宣判。凡經依法傳訊，仍不出席或委他人合法代表之關係人，應以抗傳論，而陪審委員會仍得自由裁定，一若該關係人已出席者然』（按一八四一年法律第三十四條第三節規定。）凡業主，佃農房客，或其他有權者，均應出席，或委曾在律師公會登記之律師，或代言人，或持有手續完備並經登記之委任狀之第三者（此項委任狀應附列陪審委員會記錄中）代表之。而該委任狀並不能享受一八四一年法律第五十八條所規定免稅之優待（按一八四一年法律第三十四條第四節。）

按一八四一年法律第三十四條第五節之規定，當事者與其受委人（mandataires）間爲規定前者對於後者之報酬起見而訂立之契約，倘以分派陪審委員會斷予之償金為基礎時，不論其根據任何名義均不發生效力。

主席法官在各出席人員既經點名以後須向各當事人指陳法律所賦予彼輩之否認權，並告知若欲行使該權，須及時行之。

按曾經修正後之一八四一年法律第三十四條第六節之規定『行政當局有行使絕對否認權（Récusation. péremptoire）至在另一方面之當事人（即被徵收者）則亦同有此權』按一八四一年法律第四十二條之規定對於上述第六節之規定如有違反時得向大理院起訴，請予批駁。所以在陪審委員會中若有當事人曾行使否認權在一次以上或經有效否認之陪審員仍然列席時，則其進行終歸無效（Cass., 17—2—1851, D. 51, 1, 25; 16—3—1886, D. 88, 1, 183）。同樣假使陪審委員會記錄對於曾經當事人行使否認權之事實未予敍及，或對於當事人業已部份或全部放棄否認權之事實未予載明時，陪審委員會之進行事項亦歸無效（Cass., 28—6—1869, D. 69, 1, 344; 17—3—1874, D. 74, 1, 424; 21—3—1877, D. 78, 1, 489; 29—3—1887, D. 88, 1, 184）。

上文所論及之否認權是絕對的，即謂該否認權不容付諸討論，並不須說明其理由，當事人於唱名至彼所欲否認之陪審員輪次時只須說一『否認』二字足矣。且在陪審委員會未正式組成期間，當事人即得行使該項權利。

（一八三）有多數關係人情形時問題之合併　倘遇有多數問題提出於同一會期中時，假使行政當局未曾行使一八四一年法律第三十條所賦予之權力，將與同一判決宣判各項徵收有關之各項問題分配於數組陪審員會，只須組成一個陪審委員會足矣（按一八四一年法律曾經修正後之第三十四條第七節。）至產業被徵收之各當事人倘遇僅有一個陪審委員會時，則應互商公推一人代表行使其共有之否認權。若該當事人等對於公推人選未能妥洽時，則用抽籤法決定之。

茲特對於下列各項假定，分別予以研究：

（1）設有多數關係人，其所有之權利目標，爲同一不動產時。 遇此情形時，則僅有一同樣性質之問題在，只須各關係人等協商公推一人代表彼等向行政當局接洽足矣。

（2）設各關係人所有之權利目標，爲多數被徵收不動產時。 遇此情形，則在組成一共同陪審委員會以前，應對於每一事件，即對於每一被徵收之不動產，分別組成一個別陪審委員會(Jury distinct)；至於當事人對於曾予拒絕之個別陪審委員會，只須其在出席該委員會時曾提出若干保留，便可要求該委員會所強加於彼之決定，予以廢除(Cass., 7—6—1853, D. 53, 1, 285)。

然上文所論及之多數事件，在今日均委歸同一陪審委員會處理矣。因之，各當事人對於行使否認權一節，應共同商決。若未能依妥協方式解決時，則採用抽籤法以決定代表行使否認權之當事人一位。

（3）設多數事件均提出於同一集會 遇此情形時，正如在前項情形中，各關係人實有會同協商之必要。但若遇多數事件一併移交於同一陪審委員會處理時，則此多數事件就陪審委員會之組成上講，或就陪審員之參加辯論或決定上講，僅作一種事件論。因之，設有一位陪審員會以某種理由邀准缺席，停止參預陪審委員會之各項進行與參預辯論時，則該陪審員卽以此故不復爲陪審委員會中人，以後亦不得出席參預討論其他相互有關之各項事件。法國晚近判例卽作如是主張（Cass., 13—6—1914, Gaz. Trib., 14—11—1914）。此項嚴格判例，在實際上每易引起許多困難，特別是在巴黎市爲然，蓋以在巴黎市習慣向來集會期間甚久，對於各項事件均分批處理故也。吾人試問，設有一陪審員未曾參加與第一批事件有關之集會，但對於與第二批事件有關之辯論，均曾出席參加，若將彼對此第二批事件之裁判權，予以剝奪，究其理由安在？

（一八四）各陪審員於陪審委員會裁決會時須減爲八人　按照一八四一年法律第三十五條第一節之規定，『特別陪審委員會須有陪審員八人之出席始得組成』。

依上文觀之，假使否認權業經各當事人盡量予以行使時，則其餘之陪審員八人應共同組成陪審委員裁決會（Jury de jugement）。反之，『若遇否認權未經行使，或曾經宣告之否認權不足數時』，則主席法官應以抽籤法從事縮減陪審員人數（按曾經修正後之一八四一年法律第三十四條第八節），對於陪審員之或去或留，均以抽籤法決定之（Cass., 23—10—1923; 5—6—1925, Gaz. Pal., 4—7—1925）。

關於陪審委員裁決會之組成人數，決不容超過八人，但必須達到八人實數。如對此規定有所違反時，則陪審委員會之決定應歸無效（Cass., 28—4—1848, D. 58, 1, 323; 11—2—1861, D. 61, 1, 281 11—3—1878, D. 78, 1, 435）。

再則立法者鑒於在被徵收不動產所在區內組成陪審委員會，因本地各種關係與影響，每每發生嚴重結果，所以在徵收區內陪審員在陪審委員會中，不能居多數或相等數。職是之故，乃有曾經修正後之一八四一年法律第三十四條第九節與末節之規定：『除卻賽內省與柏爾福耳區域二地外，凡被徵收不動產所在區內之陪審員在陪審委員裁決會中之人數，不能超過二人。至在賽內省與培爾福耳區域二地，則被徵收不動產所在市區或村內所有真實住所之陪審員，其出席陪審委員裁決會之人數，不得超過二人。』

（一八五）陪審委員裁決會一經組成，即不容當事人予以反對。

陪審委員裁決會一經組成後，不得以任何藉口變更其組織。所以，自後該會若遇一個或多數陪審員（實則只能容許二人，蓋以陪審員至少須足六人方可作有效之討論（參看本書下文第一八六款）因事不能出席時，主席法官得准免其參預會務進行，但不能另行委人代替，蓋以各當事人已不復再有否認權故也。更有進者，凡此在開會期中邀准退出之陪審員，當不復再參預裁決會與其餘陪審員共同討論矣（參看 Cass., 13—6—1914, Gaz. Trib., 14—11—1914;— 及本書上文第一八三款。）

至於在陪審委員會組成之日缺席之陪審員，只須其在開會期中到會陳明缺席理由，並經主席法官核准後，可予免除罰金處分，但不允其再出席會議（參看貝達二氏合著之『關於徵收法之評判』第四二四頁。）

抑尤有進者，若陪審委員會未能依照一八四一年法律第四十四條規定，對其所負確定償金事項之使命，予以完成，即行閉會時，則主席法官經當事人之請求，應重新召集開會，由各陪審員原人對於尚未了結之事件再予以討論（參看德茹二氏合著之『徵收之研究』第四三九頁。）

吾人於此當可看出，以上所述關於陪審委員會之組織規則，固已至爲詳盡，然而猶不及刑事陪審委員會組織規則之嚴格也。

（一八六）陪審員不足六人之陪審委員會　陪審委員會在組成後，若遇有三人以上之陪審員，或以事缺席，或爲迴避起見，或爲拒絕宣誓，或爲拒絕參加決議，以致該會不足六人時，應另行組織新陪審委員會（參看 Cass., 6—2—1844, D. 44, 1, 165; 25—1—1853, D. 53, 1, 27; 12—8—1869, D. 69, 1, 503; 17—3—1875, D. 75, 1, 286）；蓋有鑒於曾經修正後之一八四一年法律第三十五條第二節之規定而然也，按該節規定『除陪審委員會之主席法官不計外，陪審員至少須足六人，始得爲有效之討論』（參看一九二一年七月十七日法律。）

（一八七）當事人缺席問題　吾人前已道及，即使有一個或多數當事人缺席，均不致阻止陪審委員會集會與進行也（參看本書上文第一七八與第一八二款。）

因之，若遇當事人缺席時，陪審委員會對於與該陪審員有關之各項事件，仍得予以裁決，一若該當事人在場者然。至於陪審委員會所爲之決議，若無合法要求提出時，則每每對於徵收者所提之償金建議，直予以認可而已。蓋有鑒於曾經修正後之一八四一年法律第三十九條末節之規定而然也；按該節規定：『無論在任何情形之下，償金數目不能低於行政當局所提出者，或多於有關係之當事人所要求者』（參看本書下文第一九九及以次各款。）

（一八八）會務進行之批露　八四一年法律第三十七條並未規定陪審委員會中之辯論經過，須予以批露也（參看本書下文第一九五款。）由此可以推知陪審委員會之組成並無經過公開集會之必要。

至關於十四陪審員名單之確立，出席人員之點名及否認權之行使，只須當事人在場，可於不公開之集會中爲之（參看 Cass., 16—1—1844, S. 44, 1, 374—375; 及貝達二氏合著之『關於徵收法之評判』第四二二款；與德茹二氏合著之『徵收之研究』第五四四款。）

然實際上上述各項進行每於公開集會中爲之也。

第二節　陪審委員會之職務及其進行

（一八九）陪審委員會之組成及其進行可以間斷　陪審委員會之組成及其進行不必相連接。因之，主席法官於陪審委員會組成之後，得將討論事件工作延至另一日，而當事人與陪審員須不待召集自行出席。遇此情形時，主席法官每於陪審委員會組成之日監督各陪審員發誓，但此並非必需之事（參看本書下文第一九二款）再則，主席法官且有權更改開會地點，而此種變更對於已出席與未出席之當事人均同樣生效，但以在公開集會中宣佈爲條件(Cass., 20—10—1903, D. 1904, 1, 128)。

假使在開會期中，遇有陪審員不克出席時，其缺席並不足以阻礙陪審委員會各種進行之效力，蓋以陪審委員會一經組成後，只須至少有六人出席，便可作有效之討論故也。

（一九〇）會務進行記錄　按會經修正後之一八四一年法律第三十四條第一節規定，陪審委員會應備製一份『會務進行記錄』，若此記錄付諸闕如時，則陪審委員會所為之決定歸於無效，蓋以若無該項記錄，則對於會務進行之經過，無從證實故也。

上述之會務進行記錄，應由協助主席法官之書記官編製，至對於該項記錄之編製與完成，則並無一定之期限，但依法律本意，該項記錄似應於陪審委員會會務結束後，即時完成之。

會務進行記錄，應具下列各點，否則無效：（1）須經主席法官與書記官簽字（Cass., 31—12—1844 et 27—8—1845, D. 45, 1, 78 et 263; 1er—8—1905, S. 1906, 1, 48; 21—11—1846, D. 47, 1, 78; 29—6—1869, D. 69, 1, 344）；（2）主席法官與書記官可予證明之各種經過情形，須加以敘述。凡記錄中所記載之事實，任何證人任何當事人之反對宣言，乃至任何具有正式性質之人士所為之反對宣言，以及陪審員之證明，均不足以推翻之；惟可加以否認者，厥惟藉口記載有誤而已（Cass., 19—1—1834, D. 35, 1, 113; 5—3—1862, D. 62, 1, 378; 2—8—1870, D. 70, 1, 407; 10—2—1879, D. 79, 1, 175; 11—10—1882, D. 84, 1, 344; 21—3—1887, D. 88, 1, 276; 30—7—1901, S. 1902, 1, 48; 29—4—1902, D. 1904, 1, 266）。但在法國判例，認為該會務進行記錄，尚可藉其他與同一事件有關之文件補充之（Cass., 8—11—1859, D. 60, 1, 414; 5—5—1873, D. 73, 1, 344）。

（一九一）陪審委員會會務進行之程序　凡陪審委員會之會務進行程序，應具下列各項：

(1)陪審員宣誓，在各項進行中爲必不可少者；

(2)問題討論應公開行之；

(3)關於評議與取決得於不公開會議中行之；

(4)公開宣讀委員會之決議。

自後，主席法官卽宣佈該決議付諸執行，並送與徵收者，最後裁決訴訟費用問題。凡此了結後卽宣告閉會。

(一九二)陪審員之宣誓　按照一八四一年法律第三十六條規定，『當陪審委員會組成之日每個陪審員均應宣誓將以公正之態度完成其所任職務。』

當然，上項手續應在其他一切進行之先完成之；蓋以各陪審員於宣誓之後，始具合法性質故也。至所謂應在一切進行之先完成者，乃謂在各陪審員閱悉部份圖樣，關於償金建議與要求表，或聆悉各當事人所陳述意見與勘察地段之先行之是也(Cass., 9—5—1843, D. 43, 1, 261; 22—12—1875, D. 76, 5, 324; 2—1—1883, D. 83, 1, 391; 27—4—1904, Pand. Franç., 1905, 1, 190; 2—7—1908, Gaz. Pal., 1908, 2, 212; 17—7—1909, S. 1912, 1, 117; 9—4—1910, S. 1912, 1, 118; 18—6—1912, S. 1913, 1, 233)。

但不必在陪審委員會組成後，立卽舉行宣誓；假使主席法官於陪審委員會組成後宣佈事件改期討論時，則該宣誓儀式卽可於預定之下次討論會中舉行(Cass., 16—1—1844, S. 44, 1, 374)。

宣誓儀式應由各陪審員個別舉行，陪審員當點名至彼之輪次時，應呼『余謹誓』或『余誓將……』以答之誓則並無一定之誓詞方式也(Cass., 23—6—1903, S. 1904, 1, 144)。然法國大理院在其一九〇八年六月三十日公佈之裁決中（見Gaz. Pal., 1908, 2, 260）曾經認爲凡宣誓『敬謹忠實』完成其使命之行爲，適將法律之規定內容予以變更而構成一種違反事實。

宣誓乃一種主要手續，因之在其他一切進行之先，若未舉行宣誓時，其結果竟致陪審委員會之決議歸於無效（按一八四一年法律第四十二條規定。）且此種無效處分，實具有公共性質，決不以當事人之棄權，或在會務進行之中途補行宣誓，更或於補行宣誓後，再着手其他進行等事實，而歸於消滅。

關於上述宣誓手續業經完成之事實，自當載入會務進行記錄中，而此記錄對於各陪審員在各種進行之前，業已分別舉行宣誓一節，應當加以記載，否則該記錄歸於無效 (Cass., 4—8—1862, D. 62, 1, 382; 26—8—1863, D. 64, 5, 156; 1er—8—1887, D. 89, 1, 79; 28—12—1903, S. 1904, 1, 244; 27—4—1904. Pand, franç., 1905, 1, 190)。

（一九三）應繳呈於陪審委員會之各種文件　上述之宣誓儀式，一經舉行後，主席法官應將藉資證明各當事人間未臻妥協之各種文件，分交各陪審員，並宣佈開始討論。但該各種文件究爲何物？按一八四八年法律第三十七條規定：應爲（1）關於償金之建議與要求表；（2）部份圖樣（或爲該文件等之抄本）。此爲一重要之手續，應於一切討論之先行之，此項手續若有遺漏時，則關係人除明白表示棄權外，得據此上訴於大理院 (Cass., 30—1—1861, D. 61, 1, 135)；所以會務進行記錄亦應將該項手續載入，否則無效 (Cass., 11—8—1841, D. 41,

4, 312; 15—7—1844, D. 44, 1, 308; 25—8—1858, D. 58, 1, 328; 13—2—1860, D. 60, 1, 40; 23—8—1889, D. 91, 1, 40)。然若上述違反規定事實，責在徵收者之未繳呈所需文件時，則該徵收者即無權利用該事實也(Cass., 19—1—1852, D. 52, 1, 31)。

按照一八四一年法律第三十七條規定，上述之償金建議與要求表所開列之償金建議與償金要求，應爲依據一八四一年法律第二十三條與第二十四條送達之償金建議與要求，即所謂司法上之償金建議與要求是也，參看本書上文第一四七款及以次各款。）再者，該表只須載明每一償金建議或每一償金要求所提出之總數目即已足矣（Cass., 24—11—1846, D. 47, 1, 249; 8—6—1860, D. 60, 1, 141; 10—12—1876, D. 78, 1, 72）。至若該表有不正確或遺漏之處，當事人得有權改正之。

除上述必須繳呈之兩種文件（即部份圖樣與償金建議與要求表）外，如當事人認爲有繳呈必要之文件，亦可繳呈陪審委員會。但須遵守下列兩項條件，否則無效：即(1)該類文件須於陪審委員會未結束討論之前繳呈(Cass., 18—5—1884, D. 85, 5, 252; 27—1— et 25—3—1903, S. 1903, 1, 240 et 536)；(2)該類文件並須於事前送交對方關係人(Cass., 13—7—1904; Mon. Lyon, 27—7—1904; 25—6—1889, D. 69 1, 178)。

當陪審委員會會務進行記錄對於被徵收者已按法律規定，於一定之期限內向省長陳明其對於答覆合法之償金建議所提出之要求，以及對於主席法官已將與問題有關之各項文件如部份圖樣與償金建議與要求表交與陪審員查閱等事實逐一予以記載時，吾人當可就此證明，被徵收者所發出拒絕償金建議並說明其要求之文件，業已列入卷宗，與其他各文件固同爲各陪審員所見，及吾人更信陪審委員會對於各當事人之期望，可澈底知悉矣（Cass., 28—3—1916, Gaz. Trib., 8—4—1916）。

（一九四）討論之開始及陪審委員會之管轄權　按照一八四一年法律第四十四條之規定：『陪審委員會只能明悉召集開會時所受理之事件』（Cass., 14—1—1851, D. 51, 1, 289; 27—8—1856, D. 56, 1, 324）。然各當事人於互相妥協之情形下，對於受理裁決應付不動產部份徵收償金之陪審委員會得請求其對於該不動產其餘部份讓與之價值，予以確定（Cass., 26—12—1859, D. 60, 1, 39）。

陪審委員會對其受理之各事件，應完全予以裁決。原按一八四一年法律第四十四條規定：『陪審委員會須對於受委確定各項償金之工作業經全部完成後，始得閉會』再則吾人曾見在本年十二月三十一日陪審委員會對其已經開始之工作尚未完成時，仍得保持其管轄權，直至該項工作全部完成時爲止（參看本書上文第一六八款。）

（一九五）討論之公開及當事人之代表問題　按照一八四一年法律第三十七條第四與第七兩節之規定：『各當事人及其代表得簡略剖陳其意見……討論係公開性質……。』

由上文觀之，則各當事人及其代表之受訊，須有曾經合法召集之對方當事人在場，並在公開會議中行之。各陪審員與主席法官均不得於評議會中傳訊該項人等。假使各陪審員與主席法官認爲有請求該項人等提出說明之必要時應重新舉行討論會議(Cass. 30—7—1860, D. 60, 1, 407; 13—4—1863, D. 63, 1, 256; 29—5—1877, D. 77, 5, 228; 6—1—1884, D. 84, 1, 215; 16—7—1884, D. 85, 1, 472)。

討論公開一節，與一八四一年法律第三十七條之各項規定，均具有強迫性，如有違反之處，則定招無效處分也（參看本書下文第二一〇款所舉示之一八四一年法律第四十二條）。因之，關於公開討論之經過，陪審委員會之會務記錄，應當載明；再則，公開討論之事實一經會務進行記錄載明即足矣(Cass., 11—8—1841, D. 41, 1, 312; 12—6—1843, D. 43, 1, 314; 24—7—1860, D. 60, 1, 406; 8—5—1865, D. 66, 5, 213; 12—6—1883, D. 83, 1, 400; 11—10—1883, D. 84, 1, 324; 2—2—1904, Pand. franç., 1904, 1, 413; 26—6—1907, D. 1908, 1, 138)。但若該記錄曾載明公開會議突然中斷主席法官與各陪員退而舉行評議會議時，對於業經公開聽取各當事人要求之經過並未加以提及，則不免於無效處分 (Cass., 18—7—1916, Gaz. Trib., 29—7—1916)。

法律雖未明白規定各陪審員對於受理之事件，在討論期中，不應擅自發表意見；但在事實上，自非如是辦理方可(Cass., 16—6—1900, S. 1901, 1, 197; 14—2—1906, Gaz. Trib., 1906, 1, 79; 15—1—1908, D. 1908, 1, 395)。

再者，即使當事人不在場，各陪審員仍得照樣進行工作（參看本書上文第一八二款），但遇該當事人出席時，則陪審員對其所發表之意見，應予以聽取。

按照一八四一年法律第三十七條規定，當事人或其代表均得出席陪審委員會議代書人(avoués)之協助並非必要也。

吾人在上文中已曾見及曾經修正後之一八四一年法律第三十四條（參看本書上文第一八二款）曾規定一些辦法，使陪審委員會之進行工作較為繁難而將弊竇減少，該項辦法之最顯著者，即如允許代表參加確定徵收償金工作是也。為此，該第三十四條特別限定代表繳呈付足印花與登記稅之合法委任狀，而律師與代書人獨不與焉；在另一方面且嚴格禁止刻下甚為流行代表與當事人間依照償金多寡比例索酬之各種契約。

(一九六)問題之討論　凡經陪審委員會傳訊之一切人士，即使徵收者對其償金權利有表示異議情事，仍得享有出席與提出要求之權利。至於未在法定期內陳明身份因而未經陪審委員會傳訊之人士，則徵收者得反對其出席也。

各當事人在辯論期中，得有修正其要求之權。

關於討論程序，得由主席法官決定之，且惟有主席法官得宣佈停止發言(Cass., 18—12—1861, D. 61, 1, 302; 30—10—1889, D. 90, 1, 463)。

按照一八四一年法律第四十四條規定，陪審委員會對其所受理之各項事件，應「依次不間斷」逐一予以裁決。但此並非命令式之規定；實僅為避免長期擱置之一種期望而已。至於各陪審員實行延會以求適當之休息，當亦為情理所允許也(Cass., 7—7—1870, D. 70, 1, 72; 10—11—1884, D. 85, 1, 200)。

各陪審員於審查某一事件若認為有偵查之必要時，得另行審查其他事件，直至偵查工作業經完成後，始返而審查某一事件（參看貝德二氏合著之『關於徵收法之評判』第六一〇款。）

主席法官對於陪審委員會開會後因解決償金問題所引起之程序上問題得有權裁決之；反之，對於徵收判決所宣佈之徵收是否適當與合法，則無權加以估定也（Cass., 31—1—1923）。

（一九七）陪審委員會可實施之偵查工作　陪審委員會在辯論期中經主席法官之申請，或以職務關係，得對其所認為必要之偵查工作，盡量實施之（Cass., 5—5—1857, D. 57, 1, 166）。而主席法官若對於該項工作加以反對時，則難免有越權之嫌，其結果將使陪審委員會之決議遭受批駁也（Cass., 13—8—1866, D. 66, 5, 198）。所以陪審委員會對於足供諮詢材料之人士，得予以傳訊，或為勘查地段之決定（Cass., 27—1—1903, S. 1903, 1, 240）。

按照一八四一年法律第三十七條第五與第六兩節之規定：『陪審委員會為欲明瞭事實真相起見，得聽取其認為適當人士之意見——並得施行實地勘查，或委會中之陪審員一人或數人擔任之。』然上述偵查工作每每係任意而非強迫性質。

再者，一般人均已公認陪審委員會不得從事鑑定工作（L'expertise）。實則，此種鑑定工作，係一種冗長而又浪費之手續，對於徵收事件殊不適宜；倘有可慮者，即各陪審員對於經彼輩所指定之專家所提供之考察意見完全以個人之意見代之，此則顯然有悖乎法律之本意也。

就各種偵查工作而論，當推地段勘查（visite de lieux）一法爲最盛行。實則陪審委員會如欲確知遭受徵收影響之產業狀況，性質與價值，及地域情形，則採用該項勘查工作實爲最穩妥之途徑；所以在徵收進行之程序中鮮有不實行勘查地段方法者。

但所謂勘查地段，究應於何時行之？吾人既知此項偵查工作爲陪審委員會所決定者，則其開始進行，自應在陪審委員會正式工作之後，換言之，即在各陪審員既經宣誓之後始得開始進行勘查地段工作是也（Cass., 13—8—1866, D. 66, 5, 199; 23—3—1870, D. 70, 1, 393; 14—1—1914, Mon. jud. Midi, 15—2—1914, P. 51）。由此可以看出該勘查地段工作只須在辯論尚未終結期間隨時均可舉行（Cass., 12—4—1848, 見達符利氏所著之『徵收之理論』第一册第四九八頁附註一；及 18—11—1848, D. 48, 1, 173）。且陪審委員會即使在既經開始評議工作之後，亦可從事該項工作，但須遵守下列兩項條件，即：（1）在實行勘查工作之前須通知各當事人，俾便參預，（2）在實行勘查工作之後，須重新舉行辯論，俾便各當事人提供關於勘查工作之合法性，與會加查明之各項事實之意見（Cass., 7—2—1837, D. 37, 1, 178; 27—7—1855, D. 55, 1, 374; 11—8—1857, D. 57, 1, 229; 13—8—1868, D. 68, 5, 198; 8—12—1880, D. 80, 5, 198）。

以上所述之勘查工作，究應如何進行？是實有予以研究之必要。茲將應實行之各事項分述於下：第一，應傳訊當事人，告以勘查工作之擬議，及其實行日期與時刻（但當事人固可不必參加勘查工作也）；（Cass., 20—4—1858, D. 58, 1, 323; 25—3—1869, D. 69, 1, 272; 11—5—1886, D. 87, 1, 71; 25—3—1903, S. 1903

1916; 1—5—1916, Gaz. Trib., 20—5—1916）第二陪審委員會須全體馳赴須經勘查地段（Cass., 26—3—1850, D. 50, 1, 85; 20—2—1879, D. 79, 1, 175; 28—7—1902, S. 1902, 1, 528），或指派陪審員一人或數人代替該會工作均可，但若遇所指派之陪審員爲數人時，則該陪審員等須全體到場參加工作，至未曾到場參加工作之陪審員，卽不得參預陪審委員會之決議。

陪審委員會之會務進行記錄，對於上述工作完成之經過，應加以記載，否則全部無效（Cass., 16—1—1877, D. 77, 1, 471; 17—11—1886, D. 87, 1, 176）；但此種無效性得以當事者於實行勘查工作或重新開始辯論工作期中未提異議，而歸於消滅（Cass., 8—12—1863, D. 64, 5, 170; 18—5—1868, D. 68, 1, 405; 11—3—1886, D. 87, 1, 71; 20—12—1886, D. 87, 1, 175; 5—2—1890, D. Rep. Suppl. loc. cit., n 204; 14—3—1904, S. 1905, 1, 102; 6—8—1907, Gaz. Pal., 1907, 2, 357）。

由上文觀之，被指派陪審員之未參預勘查工作，只須未經當事人提出抗議，或以其曾經獲得陪審委員會之允許時，卽不致使勘查工作歸於無效。

更有進者，主席法官是否需要參預勘查工作？自一九一四年四月二十一日法律規定主席法官必須參加陪審委員會評議工作以後，若遇該會決定全體參加勘查工作時，主席法官自應參加也（參看曾經修正後之一八四一年法律第三十八條，見本書下文第一九九款；及一八三六年五月二十一日法律第十六條，見本書下文第三六二款；達符利氏所著之『徵收之理論』第二册第五四八頁）。

至於書記官之參加勘查工作，則爲任意性質 (Cass., 23—6—1840, S. 40, 1, 714)。

再者陪審委員會得非正式舉行勘查工作，並不須遵照上述各項規定，但此種勘查工作，應以自動的並以非正式名義(à titre privé) 行之，而無須乎事前集議與召集各關係人也(Cass., 30—7—1856, D. 56, 1, 291; 21—8—1861, D. 61, 1, 399; 13—4—1870, D. 70, 1, 386; 2—8—1873, D. 73, 1, 487)。

在舉行非正式勘查工作中，假使有一方面之當事人未曾參加，只須已參加之另一方面當事人不曾提供足使陪審員改變其信念之說明與解釋時，可不致影響陪審委員會之進行也 (Cass., 9—5—1916, Gaz. Trib., 20—5—1916)。

法國大理院對於勘查地段工作之具有正式或非正式性質一點，得有斟酌情形予以裁定之無上權利，固不受陪審委員會會務記錄所爲界說 (Qualification) 之拘束也（參看上文中曾經舉及之 13—4—1870 et 14—1—1914 法國大理院裁決）

（一九八）辯論之終結　當各陪審員既經明瞭問題之眞相以後，『即由陪審委員會之主席法官宣告預審終結』(Clôture de l'instruction)（按一八四一年法律第三十八條第一節）而陪審委員會之會務進行記錄對於宣告預審終結一事，應卽予以記載，但無須特別記載，僅載明爲全部工作之結束卽足矣 (Cass., 18—11—1846, D. 47, 1, 77; 27—1—1855, D. 55, 1, 456; 11—8—1857, D. 57, 1,329; 29—12—1903, S. 1904, 1, 464)。

主席法官不得撮要敘述辯論之經過，與發表個人意見，否則遭無效處分（Cass., 25—3—1873, D. 73, 1, 180）。

（一九九）關於陪審員之評議工作　按照一八四一年法律第三十八條第二節之規定，辯論終結一經宣告後，「各陪審員應立即退入室中繼續在主席法官主席之下從事評議工作。」

由上項條文觀之，可知

（1）陪審員之評議工作，只能於辯論終結後舉行（Cass., 20—3—1855, D. 55, 1, 61; 19—6—1861, D. 61, 1, 286; 9—5—1887, D. 89, 1, 160; 11—6—1888, D. 89, 1, 431）並須於辯論終結後立即舉行。然法國判例認爲倘遇辯論在夜深結束時，則各陪審員可將評議工作延至次日舉行（Cass., 7—1—1845, D. 45, 1, 184; 18—4—1854, D. 54, 1, 161）。再者，主席法官若遇該項情形時，爲避免一切困難起見，最好延至次日始宣告辯論終結。

（2）各陪審員之評議工作，應在主席法官主席之下舉行，吾人前已見及，主席法官只能由宣佈徵收之法院法官充任（參看本書上文第八六款，及Cass., 10—7—1923, Gaz. Trib., 18—8—1923）。關於陪審員評議工作應由主席法官主席一層，實爲一九一四年四月二十一日法律得意之作。按照一八四一年法律第三十八條舊條文之規定，各陪審員舉行評議工作，應避免主席法官參加，並就陪審員中公推一人擔任主席。此種不健全之規定，固已經多數作者加以非難。因在一般作者認爲，主席法官之得參加評議會，正足以消弭許多動遺物議之鑑定（參看賀鍛猷氏所著之『憲法概論』第七六七頁。）再者，一八三六年五月二十一日法律（參看本書下文第三六二款）關於小規模陪審委員會之規定，固已昭示吾人，主席法官之參加評議工作，正足以使陪審委員會獲得一種合乎理性之節制。

（3）評議工作應在祕密會議中舉行，絕不容書記官，當事人，以及民衆參加陪審委員會之會務進行記錄。對於此點如絕對不提時，一切進行即有招致無效處分之虞（Cass., 29—6—1869, D. 69, 1, 344; 28—8—1878, D. 79, 1, 23）。

（4）各陪審員對於評議工作應繼續舉行，換言之，不應中斷及與外界接觸是也（Cass., 7—12—1910, S. 1911, 1, 408）。因之若遇下列情形之一時，則陪審委員會之決議歸於無效：（1）假使書記官與各陪審員共同參預起草決議工作（Cass., 26—3—1912, S. 1912, 1, 416）；（2）假使有一陪審員退出評議室，並與民衆或當事人接觸（Cass., 20—8—1845, D. 45, 1, 359）；（3）假使陪審委員會只聽取一方面之當事人意見，而另一方面之當事人不在場時（Cass., 9—12—1856, D. 56, 1, 437; 2—4—1873, D. 73, 1, 188; 6—1—1874, D. 74, 1, 215）。但法國判例認為，陪審委員會得停止過長之評議工作，俾便各陪審員獲得適當之休息；而擔任服役之執達吏（Huissier de service）亦得入會議室，遞交在辯論時曾經提出，而經陪審員索閱之文件等等……（Cass., 30—5—1843, D. 43, 1, 376; 7—1—1845, D. 45, 1, 184; 5—3—1856, D. 56, 1, 119; 27—1—1883, D. 83, 1, 243; 25—8—1884, D. 85, 1, 183; 30—6—1885, D. 85, 1, 415）。

陪審委員會之會務進行記錄對於上列規則業經遵守一節應加以確實記載，否則無效（Cass., 19—2—1855, D. 56, 1, 132; 22—6—1864, D. 64, 1, 158）。再則該記錄對於此點只須載明各陪審員退入評議室，舉行評議工作，而公開會議旋即重開亦已足矣（Cass., 28—8—1876, D. 77, 1, 23）。

（5）最後吾人在本書上文第一八三與第一八五兩款中見及法律允許參加評議工作之陪審員，實只限於曾經參加一切會議與一切辯論工作之陪審員，蓋有鑒於當獨一陪審委員會（jury unique）受理數項事件時，若就各陪審員實行參加辯論工作與決議兩點上講，該數項事件直等於一項事件故也（Cass., 13—6—1914, Gaz. Trib. 14—11—1914）。

第三節　陪審委員會之決議及其上訴途徑

一　陪審委員會之決議

（二〇〇）各陪審員之表決與簽字　陪審委員會在退入評議室中得裁決所受理之一切問題，且按一八四一年法律第三十八條第三節之規定，陪審委員會之決議應獲得『多數贊成票』方可。由此觀之，若遇參加評議工作之陪審員爲七人時，倘欲償金建議之通過，須得四人之贊成。並按照曾經修正之一八四一年法律第三十八條第四節之規定，若遇贊成票數與反對票數相等時，則取決於主席法官（按一九一四年四月二十一日法律）。但關於償金數目之決定，絕不容以折衷各陪審員所提各種數目爲標準；此種進行步驟殊大悖乎法律也。

上述表決，得公開或祕密舉行之。

各陪審員之對於決議，並無加以說明之必要。

再者，陪審委員會之決議，至少須經陪審員六人之表決，始得有效，而主席法官未計入也（參看本書上文第一八六款中所舉及之一八四一年法律第三十五條第二節。）並按一八四一年法律第三十八條及一八一〇年四月二十日法律第七條合併條文之規定（一八一〇年法律係關於司法組織與司法行政之法規，其第七條規定，凡係未曾參加迭次審訊之法官宣告之裁決，均歸無效）凡參加表決之陪審員，須曾經參加一切審訊（參看本書上文第一八五款。）

最後，按照一八四一年法律第四十一條之規定，陪審委員之決議，須經『參預決議之陪審員簽字。』一八四一年法律第四十一條第二節，為避免因意見未經採納表示不滿之陪審員，其拒絕簽字，結果足以影響陪審委員會之多數人，因而至於影響償金之確定起見，特予明文規定，『所有對其曾經參預之評議工作，而拒絕予以簽字之陪審員，倘無合法理由提出時，得科以一八四一年法律第三十二條所規定之罰金處分』（即至少一百至多三百佛郎之罰金。）再則，同條第三節更規定，凡經主席法官及陪審員至少四人簽字之決議，皆為有效而合法。

至於陪審委員會為確定償金而應遵守之規則，吾人當於本書下文第七章中第二一六及以次各款可以見及，此處當可不贅。

(二〇一)公開宣讀決議　陪審委員會之決議，一經確定並簽字後，應即重新舉行公開庭訊，並按照曾經修正後之一八四一年法律第四十一條第一節之規定，主席法官應將該決議宣讀（或令書記官宣讀亦可），否則有遭無效處分之虞也（參看 Cass., 24—2—1853, D. 53, 1, 150; 29—6—1869, D. 69, 1, 344; 14—5—1881, D. 82, 1, 462; 12—6—1883, D. 83, 1, 400; 29—12—1903, D. 1904, 1, 583)。

主席法官不得拒絕宣佈決議，否則即有越權之嫌也。但主席法官對於決議有不合規定之處，如內容錯誤，或有遺漏等情時，得令各陪審員重返評議室予以修正；而陪審委員會之會務進行記錄對於此項措施之經過原由，須加以提及，以備大理院於必要時審查主席法官行為是否合法時得資參考 (Cass., 23—12—1863, D. 64, 5, 149; 27—1—1869, D. 69, 1, 243; 1er—8—1922, Gaz. Trib., 10—9—1922)。再者上述措施自主席法官根據一九一四年四月二十一日法律之規定，得參加辯論工作與簽署決議以後，業已失卻其實際重要性矣。

(二〇二)主席法官之命令及其三種目的　依照上述方式所表決之決議，其本身尚缺乏執行效力，必須按照一八四一年法律第四十一條第一節之規定，經主席法官特頒一命令後，始得具有執行效力。

上述命令須經主席法官與書記官簽署。其起草與登記手續，得單獨為之，或與陪審委員會會務記錄在同一原稿內，其次序則在記錄與決議之後。但不論在何種情形之下，該項命令應立即在公開庭訊中宣讀；而陪審委員會之會務進行記錄對於此點，當加以記載，否則無效 (Cass., 29—6—1869, D. 69, 1, 344; 11—5—1881, D. 82, 1, 462; 24—12—1900, D. 1901, 1, 239)。

按照一八四一年法律第四十一條第一節之規定，上述命令應具三種目的，若涉及其他事件時，卽不免有越權之嫌矣（Cass., 2—1—1837, D. 37, 1, 177; 4—4—1838, D. 38, 1, 273; 24—12—1879, D. 80, 1, 165）。茲將三項目的分論如下：

（1）『對於陪審委員會之決議，予以具有執行效力之宣告』。陪審委員會之決議，亦卽根據此點獲得執行效力，否則卽成爲具文而已。由此觀之，主席法官命令使經陪審委員會確定之價金，可以索取矣。

（2）按照一八四一年法律第四十一條規定『使獲得產業之行政當局』履行一八四一年法律第五十三，五十四及以次各條之規定（此卽與付給價金有關之規定；爲此，可參看本書下文第二三八及以次各款）。再者，主席法官命令對於此點有所疏忽時，並不足以喪失其強迫效力，且不得據此上訴於大理院（Cass., 7—5—1867, 見達符利氏所著之『關於徵收之理論』第二册第二七二頁附註一）。蓋以上述第四十一條並非與若違反其規定卽遭無效處分之其他各條可比故也。要之，無論在任何情形之下，卽使經被徵收者同意，所謂產業之獲得，早已於確定價金以前實行，而法官命令對於宣告行政當局實行獲得產業一節，亦不容予以忽略（Cass., 7—1—1837, D. 37,1, 177）。

（3）『裁定訴訟費用』。主席法官若對於裁定訴訟費用一層，有所疏忽，更或對於一八四一年法律第四十條分配訴訟費用之規定有所違反時，則其所頒發之命令，卽有被廢除之虞，因該第四十條適爲若違反其規定，卽可據此上訴於大理院各條之一故也（參看本書下文第二一〇款中所舉及之一八四一年法律第四十二條。）

主席法官於裁定訴訟費用時每每允許徵收者按照曾經修正後之一八四一年法律第五十三條第三節之規定就被徵收者所得償金中照扣該項費用。

（二〇三）關於訴訟費用之分配　主席法官應從事解決之訴訟費用，實只限於徵收者提出償金建議後所耗於訴訟者；蓋以不論在任何情形之下，凡在提出償金建議前所耗於訴訟之費用，均歸徵收者負擔故也。實則，按一八四一年法律第四十一條第五節之規定『訴訟費用之規定，不應涉及爲履行一八四一年法律第二十三條規定，提供償金建議所引起之行爲上或需要上之費用，以及在提供償金建議以前所耗之費用所有上述各項費用，不論在任何情形之下，均歸行政當局負擔。』

主席法官於裁定訴訟費用時，究應遵守何項規則？按一八四一年法律第四十條已經加以規定，原該條稱：『假使陪審委員會所斷給之償金，並未超過行政當局償金建議中所提之數目時，則拒絕該償金建議之當事人應被判令負擔訴訟費用。——假使陪審委員會所斷給之償金，與當事人所要求之數目相等時，則行政當局應被判令負擔訴訟費用。——假使陪審委員會所斷給之償金，一方面超過行政當局償金建議中所提之數目，但同時復少於當事人所要求者時，則訴訟費用，應由陪審委員會令由當事人與行政當局依其所提償金建議與要求比例分擔之。——凡不在一八四一年法律第二十五條與第二十六條規定情形之下受償金者，若對於同法律第二十四條之規定有所違反時，不論日後陪審委員會之鑒定如何，均予判令負擔訴訟費用』——（參看本書上文第一五六款。）

吾人在一八四一年法律原文中已曾見及受償金者已按照同法律第二十四條規定之十五日期限答覆徵收者所提之償金建議，及未依照規定期限留答兩種情形。若在第二種情形之下，則不論陪審委員會如何確定償金，而受償金者均被判令負擔訴訟費用；但有一例外，即此種處置對於一八四一年法律第二十五條與第二十六條所舉示之無能力者，並不適用。不但如此，即使該無能力者未作任何表示，亦認爲一若已在適當時期內提出要求者然。但事實上，有關係者每以訴訟費用不甚鉅大之故，寧願擔負，而將其要求延至最後提出也。

假使受償金者曾在法定期限內答覆償金建議時，則按一八四一年法律第四十條依據敗訴者即負擔訟費原則所爲之規定行之，即：(1)假使陪審委員會所斷給之償金，並未越過行政當局償金建議中所提之數目時，則應判令被徵收者負擔訴訟費用；蓋以其敗訴故也；(2)反之，假使陪審委員會所斷給之償金，等於被徵收者所要求之數目時，則應判令徵收者負擔訴訟費用，亦以其敗訴故也；(3)假使陪審委員會所斷給之償金爲多於償金建議所提之數目，而少於要求數目時，則訴訟費用，應由陪審委員會令由當事人與行政當局依其所提償金建議與要求比例分擔之。例如，假使被徵收者所得償金，多於償金建議中所提數目三百佛郎，而少於其所要求之數目七百佛郎時，則應付訴訟費用爲十分之七，至於徵收者所應付者，即爲十分之三。以上所述之一八四一年法律第四十條之規定，實具有強迫性，如有違反之處，即遭無效處分；因按同法律第四十二條之規定，如主席法官對於上項規定，有所違反時，則其所頒之命令即有被批駁之虞故也（參看本書下文第二一〇款）。

假使遇有交替式或假定式之償金(indemnités alternatives ou hypothétiques)情形時，關於訴訟費用之分配，仍依照上述各項規則（參看本書下文第二二一款）。但主席法官須分別判定兩種假定情形下之訴訟費分配辦法，以便日後不論在任何情形之下，均可在其所頒之命令中求得解決途徑也（Cass., 15—1—1908, D. 1908, 1, 395。按照此項大理院裁定，假使陪審委員會判定兩種或然式償金 (deux indemnités éventuelles)，其中一種爲等於另一種則爲多於徵收者在其所爲償金建議中提供之數目時，則主席法官不得判令被徵收者負擔全部訴訟費用也。）

最後，立法者認爲，判令被徵收者所負擔之訴訟費用，不應超過其所受之償金數目，至其餘部份之訴訟費用，應歸舉辦徵收之行政當局負擔之（按一八四一年法律第四十條末節規定。）

（二〇四）平價命令 (ordonnance de taxe) 訴訟費用之分配，既經使陪審委員會決議獲得執行效力之法官主席命令予以確定後，所待解決者，即爲根據該項既定之基礎，而對於各關係人應付之訴訟費用予以清算是也。

此項工作，即關於訴訟費用之平價，仍由主席法官擔任之。按一八四一年法律第四十一條第四節之規定，『主席法官對於行政當局與被徵收者應依據一八四一年法律第四十條規定情形付給之一切開支與訴訟費用，須予以平價。』爲此，主席法官於頒發第一項命令之相當時期以後，通常在二個月或三個月以後，另頒『平價命令』，實則，須待一切訴訟行爲，尤其是關於陪審委員會之決議通知均已完成後爲之（參看本書下文第二〇七款。）

假使主席法官在清算中曾犯計算上錯誤，如將不應計入訴訟費用之開支竟予列入時，此種錯誤只足招致對於訴訟費用規定之反對，並不構成撤消准予據有命令（ordonnance d'envoi en possession）（即以上所述主席法官所頒之第一項命令）之理由也（Cass., 23—5—1842, D. 42, 1, 266; 7—4—1845, D. 45, 1, 207; 30—7—1856, D. 56, 1, 295）。再者，按一八九七年十二月二十四日公佈關於徵收書記代言人執達吏等項開支之法律第四條之規定，以上所述之反對意見應於執行平價命令通知後之十五日內提出，否則即以喪失時效論（Cass., 15—1—1901, S. 1904, 1, 281; 3—2—1914, Gaz. Trib., 4—6—1914）。

關於徵收之訴訟費用表，乃由一八三三年九月十八日所頒命令根據同年七月七日法律始予以確定，而該命令並未經一八四一年法律予以廢止也。

上述之一八三三年九月十八日所頒之命令，已經一九二三年八月四日公佈之命令予以廢止（參看本書之法規原文）矣。按一九二三年命令對於執達吏書記官旅費，以及徵收所需之一切開支，均有所規定。自後關於規定方面之缺陷，當不復存在矣。

（二〇五）陪審員應得之公費　在各當事人依據一八四一年法律第四十條規定，應負擔之訴訟費用中，特別列有法律斷付陪審員之公費一項。此項公費之內容爲何。

按照一九一一年七月十三日公佈之財政法第九十二條之規定，各辦理徵收之陪審員，若經其請求時，即可領取下列公費：（1）若陪審員須爲距家兩公里以上之旅行時，得領取旅費；（2）在開會期間之逐日居留費。上述每項費用之數目，以命令確定之。按曾對於一八三三年命令第十八條與第二十四條加以廢止之一九一一年十一月十四日命令規定公費數目如次：（1）旅費以每公里來回旅費為十生丁照算；（2）居留費在巴黎以每日十佛郎計，在四萬居民以上之城市，以每日八佛郎計，至在其他城市則以每日六佛郎計。

一九一八年之立法者認為，對於斷給陪審員旅費與居留費之原則，應予列入徵收法中，同時，上述公費數目最好由公共行政規程予以確定，蓋較之由普通命令確定更為妥善故也。所以對於一八四一年法律中之第四十一條追加一末節規定如次『各陪審員若提出請求時，得領取按里計算之旅費及居留費，至該旅費與居留費之數目，則由公共行政規程確定之。再者，上述費用，應由主席法官平價，並以緊急開支名義照付。』

更有進者，曾對於一九一一年命令加以廢止之一九二一年四月二十日命令，復將上述之旅費與居留費予以改訂。對於旅費一項，特予規定每公里來回旅費以二十生丁計；至對於居留費一項，則規定在巴黎以每日十六佛郎計，在初級地方法院(Tribunal de 1ere Classe)所在之城市，以每日十四佛郎計，至在其他城市，則以每日十二佛郎計。再則，該項命令，除以上所述者外，尚有其他次要之規定（參看本書法規原文）。

關於徵收所須費用，自經改訂後，雖已略有增加，但所增者究不甚多，而一八四一年法律所規定之訴訟程序，畢竟仍不過費也。

（二〇六）關於閉會及送存於地方法院書記室之各項文件　會期一經屆滿後，主席法官即行宣告閉會矣。按照一八四一年法律第四十六條規定，『陪審委員會之工作，一經終結後，其決議稿本以及其他與其工作有關之各項文件應即送存縣內民事法庭書記室』蓋爲便於不滿決議之當事人爲必要之研究故也（Cass., 17—1—1906, Gaz. Pal., 27—1—1906）。再者以上所述關於送存文件之規定，縱未遵行時並不足以招致無效處分也（參看本書下文第二一〇款所舉示之一八四一年法律第四十二條）。

更有進者，按一八四一年法律第四十七條之規定，『曾經服務陪審委員會之陪審員姓名，決不容再列入省參議會擬訂之下次名單中』，爲此主席法官應將曾經參加陪審委員會會務之各陪審員名單謄呈省長，以免該陪審員等再被列入下年度之總名單。然而，對於第四十七條規定設有違反時，並不能據此上訴於大理院也（參看本書下文第二一〇款。）

（二〇七）陪審委員會決議之通知　按一八四一年法律，並未規定傳達陪審委員會決議一項。因之，關於傳達陪審委員會決議，及與該決議有關之「准予據有命令」並無強迫性可言也。

然以上所述者卻有一例外在。即對於未經合法傳喚在法理上無出席陪審委員會義務，因而缺席，並未見陪審委員會決議之當事人，並不適用是也。且以陪審委員會決議通知上項缺席之當事人一節，實在所必須；否則所謂上訴期限對於該當事人並不適用（Cass., 5—1—1848, S. 48, 1, 222; 2—4—1849, S. 49, 1, 370）。

（二〇八）陪審委員會決議之解釋　若陪審委員會決議發生疑難時，只有司法當局方得予以裁決。實則，只有民事法庭始有權處理下列事項：

（一）裁決陪審委員會之管轄權；

（2）解釋陪審委員會之決議（Cass., 21—3—1855, D. 55. 1, 122）。

（3）裁判陪審委員會決議之執行事項尤其是有時舉辦徵收之行政當局向陪審委員會所認擔之義務所引起之各種困難（Conseil d'État, 6—4—1906, Lebon, p. 347）。

第二節　上訴途徑

（二〇九）向大理院上訴爲唯一上訴途徑　按照一八四一年法律第四十二條之規定，『若對於陪審委員會決議與主席法官命令有所控訴時，只能上訴於大理院。』此項規則，至爲顯明，無須加以解釋也。

實則，陪審委員會就其本質言，爲一種最高裁判機關，其所爲之估定事項只須其合乎法律之規定，並不受任何拘束且不得據以上訴。

至於主席法官所頒之命令，因其與陪審委員會決議有密切之關係，勢必與該決議具有同樣性質，而適用同一規則也（Cass., 12—3—1902, D. 1904, 1, 245）。

（二一〇）翻案原由　對於陪審委員會決議所提之控訴，不僅只能向大理院爲之，並只能於指定情形之下方得上訴，並非每遇違反法律規定時，卽可上訴也。

實則，按一八四一年法律第四十二條之規定，對於陪審委員會決議與主席法官命令，只能在違反一八四一年法律第三十條第一節，第三十一條，第三十四條第二節與第四節，第三十五，三十六，三十七，三十八，三十九，四十

第四十八條第四節，及第七十八，七十九，與八十條各項規定情形之下時，得提起上訴。

由上文觀之，在一八四一年法律中，如有違反其規定，即足引起上訴大理院行爲之各條款，列舉如次：

(1)與縣中民事法庭擬定開會名單有關之第三十條第一節；

(2)與召集陪審員與當事人規定有關之第三十一條；

(3)與否認權及裁減陪審員人數有關之第三十四條第二節與第四節（須參閱同條中之第六節與第八節，因該條於列入否認權與裁減陪審員人數規定之先，已曾列入不少新節目故也，並參看本書附表中之一九二五年五月五日大理院裁定）；

(4)與陪審委員會組成人數（八人）及陪審委員評議會人數（六人）規定有關之第三十五條；

(5)與宣誓儀式有關之第三十六條；

(6)與公開辯論及勘查地段條件有關之第三十七條；

(7)與辯論終結評議，主席法官爲開會時主席及決議方式有關之第三十八條（上述之主席法官應爲宣判徵收法庭之人員，否則所有一切徵收程序與陪審委員會決議均歸無效，爲此可參看 Cass., 23—6—1915, Gaz. Trib., 8—8—1915)；

(8)與確定償金規則有關之第三十九條；

(9)與分配訴訟費用有關之第四十條；

(10)與徵收償金內容有關之第四十八條第四節;

(11)與附帶條件徵收(Expropriation conditionelle)有關之第七十八七十九八十各條,關於此點,吾人將於本書下文中予以論及(參看本書下文第三九九款)。

再則,以上所舉之各條款均爲限制的(Cass., 7—11—1922, Gaz. Trib., 1er—12—1922)。因之一般人均認爲陪審委員會決議誤列徵收判決日期之行爲,並不至使該決議喪失其效力(Cass., 26—10—1914, Gaz. Trib., 2—11—1914)。同樣,舉辦徵收者持有在數年內不容損毀被徵收不動產之證明文件,不能援爲上訴大理院之根據(Cass., civ. 31—1—1923)。

(二一)有權向大理院上訴人等 關於此點,一八四一年法律第四十二條並未規定及之,所以必須參照普通法,並承認凡糾紛之當事人或代表人,只須其有上訴必要,均得提起上訴,即:

(1)徵收者——假使舉辦徵收者爲國家或省時,省長得提上訴,如舉辦徵收者爲區時,區長得提上訴,若爲會社時,則其總代表得提上訴,以及享有法律賦予權利人士(如特許舉辦鑛業者)或特許者之替代人等均得提起上訴,但無論如何,徵收者決無權利用本人須當負責之違法行爲,而提起上訴(Cass., 20—2—1884, D. 85, 1, 262)。

(2)所有曾經陪審委員會傳喚之當事人 曾經陪審委員會傳喚之當事人,即使缺席不到,或隨意託人代表,仍得有權提起上訴(Cass., 5—5—1844, D. 44, 1, 173; 13—5—1846, D. 46, 1, 207; 5—2—1883, D.

84, 1, 278; 11—6—1883, D. 84, 1, 342）。再則上述當事人等且得委託代理人（Mandataire），乃至口頭委託代理人代爲上訴（Cass., 17—3—1875, D. 75, 1, 268）。

（3）大理院高等檢察官　大理院高等檢察官爲維護法律計，得提起上訴。

然若遇下列情形之一時，對於上訴可不予受理：（1）上訴人在陪審委員會中曾明白承認或默認放棄利用某項違法行爲提起上訴（然所謂默認放棄只能對於不具公共性質之無效處分言之：）例如該上訴人對於在彼法定住所未曾收到之償金建議，竟允作爲討論基礎是也（Cass., 15—5—1885, D. 55, 1, 204）；（2）假使上訴人業已承認陪審委員會決議，例如於收受償金時，並未對其被徵收一點提出任何保留（Cass., 11—7—1883, D. 85, 1, 248；但是無保留接受償金行爲，並不足以妨礙對公用宣告提起越權訴訟也；參看 Conseil d'Etat, 12—11—1909, Lebon, p. 866），或上訴人爲徵收者業已實行據有不動產是也（Cass., 22—6—1840, D. 40, 1, 281）；（3）假使上訴人本人爲其據以上訴之違法行爲作者。

（三三）上訴之手續期限與通知　按照一八四一年法律第四十二條第二節之規定，上訴期限爲『十五日』；並『自決議之當日計起』至於該決議已否送達弗計也（Cass., 30—6—1856, D. 56, 1, 263; 17—7—1901, Pand. franç., 1902, 1, 112）。

以上所述之十五日期限，對於缺席者，只須其正式收到償金建議通知與傳喚出席陪審委員會之傳票，即可適用（Cass., 7—2—1865, D. 65, 5, 169; 5—1—1848, D. 48, 1, 152; 2—4—1849, D. 49, 1, 790）。假使對於該缺席者本會予以傳審時，則上述之十五日期限即自接到陪審委員會決議通知之日計起（參看本書上文第二〇七款）(Cass., 29—4—1913, S. 1913, 1, 527)。

再者上述之十五日期限應是十足的，即通過決議之日與提起上訴之日均不得計算在內。因之，對於某月一日所通過決議不滿時，可於同月十七日始提起上訴（Cass., 15—1—1877, D. 78, 1, 74）。

按照一八四一年法律第四十二條之規定，關於『上訴提出通知與裁判方式得依據同年法律第二十條規定行之』，即謂如不服徵收判決提起上訴情形然（參看本書上文第九六款及以次各款）最顯著者，如上訴係由徵收者提出時，則應遵照一八四一年法律第十五條之規定將上訴情形通知受償金者之法定住所，如此項法定住所付諸闕如時，則通知區長及佃農或產業看護人（Cass., 11—5—1915, Gaz. Trib., 22—5—1915）。假使被徵收者寓所曾經登錄於捐稅册時，應同時以一份上訴抄本送與該被徵收者。

以上所述對於對方之上訴通知至遲須於上訴十五日期限屆滿後之八日內爲之（Cass., 26—1—1841, D. 41, 1, 93），否則以喪失時效論。

但上訴人既經履行上述通知以後，若任法定期限屆滿始終未曾提供任何文件或提出請求證明表示時，則其所爲之上訴，將以喪失時效論（Cass., 27—1—1907, D. 1908, 1, 199）。再則，假使上訴人未於一八四一年法律規定上訴期限內繳納保證金時，亦以喪失時效論（Cass., 17—11—1923）。至關於寄送文件，可參看本書上文第九十八款。

(二一三)按照普通法規定，上訴期限與上訴本身，均無中止效力，且無論如何不能阻止徵收者實行據有不動產也(Cass., 10—11—1909, S. 1911, 1, 119)。然徵收者爲其本人利益計，對於不動產應避免足使萬一翻案時另組之新陪審委員會使命難於完成之各種變動。

(二一四)上訴裁判與裁定效力　對於陪審委員會決議表示不服所提起之上訴，一若對於徵收判決表示不服所提起之上訴，然應直接向大理院民庭提出(參看本書上文第九九款)，而『該庭卽應於次月內予以裁決』(參看一八四一年法律第二十條第三節)；但是須於次月內予以裁決之規定，並不含有制裁性質。再則大理院之裁定，決不容加以反對(參看一八四一年法律第二十條第四節)。

關於大理院裁定，有兩種可能情形如次：(1)假使上訴被拒絕時，則陪審委員會決議對於上訴人卽爲確定的。且判罰該上訴人以一百五十佛郎之罰金(現已增爲二百二十五佛郎矣)(卽以預繳之保證金充之，)付對方當事人以七十五佛郎之償金，並負擔訴訟費用(參看本書上文第九六款)。(2)假使上訴一經受理時，則大理院所爲之批駁，只對於上訴之當事人有效，所以，該項批駁若係依據高等檢察官爲法律着想所提上訴而來，則各當事人卽無權利用該批駁裁定，而經過批駁之決議，對於各該當事人仍具有一種契約效力也(參看法國共和曆第八年六月二十七日公布之法律第八十八條)。

大理院批駁後所引起之三個結果如次：

(1)未經付給之償金，不得索付；

(2)徵收者有停止實行據有之義務，若早已實行據有時，倘經被徵收者提出要求，即應停止工程進行；

(3)將事件批交新陪審委員會處理之（按一八四一年法律第四十三條，並參看下款。）然若遭批駁者爲主席法官所頒之命令時，則對於陪審委員會之決議，應予維持；遇此情形時，只須於原任主席法官所屬法院中另行派定新主席法官，而即由此新主席法官重新另頒命令可也。（參看本書上文第八十六款。）

（二一五）新陪審委員會　按照一八四一年法律第四十三條（曾經修正者）之規定，新陪審委員會之陪審員應就同一省內選充之，但不容前屆陪審委員會之任何陪審員參加，否則其決議歸於無效（Cass., 3—6—1853, D. 53, 1, 286; 20—7—1881, D. 81, 5, 266）；蓋以不如此即無所謂新陪審委員會，且與法律規定不符故也。

至於主席法官一節，凡曾經擔任前屆陪審委員會主席者，自不得於新陪審委員會中擔任同樣職務。蓋由彼主席通過之決議一經大理院批駁，對其實構成一種私人方面阻礙（Cass., 25—7—1910, S. 1911, 1, 171）其結果應另派法官一員以代遭遇阻礙之主席法官（Cass., 6—3—1878, D. 78, 1, 439; 2—5—1883, D. 83, 1, 392; 11—3—1885, D. 85, 1, 240; 22—6—1885, D. 86, 1, 382）。

按照一八四一年法律第四十三條第二節之規定，『大理院於必須之情形下，得將估定價金工作委諸由鄰近省內陪審員所組成之陪審委員會擔任之。』遇此情形時，即『應依照一八四一年法律第三十條之規定進行。』至於該新組成之陪審委員會，應在其所在縣內集會，否則無效。且該陪審委員會應由其所在縣內之法院院長令委法官一員擔任主席職務(Cass., 17—5—1854, D. 54,1, 223; Conseil d'État, 7—2—1856, D. 56, 3, 70; 7—8—1863, D. 65, 3, 6)。

第八章　償金之確定

（二一六）陪審委員會應遵守之規則　一八四一年法律不僅對於陪審委員會應如何進行及應如何完成其工作各節均予以規定，且對於陪審員估計與核算償金時應遵照之規則亦曾予以規定也。上述之各項規則，均詳載於一八四一年法律第三十九，四十八，四十九，五十與五一十二各條中；茲可分三節，加以說明如次：

（1）陪審委員會之管轄範圍；

（2）償金應當具有之性質；

（3）償金數目之估計。

第一節　陪審委員會之管轄範圍

（二一七）（1）陪審委員會僅有確定償金之權　與陪審委員會管轄範圍有關之規則，可約爲兩項如次：

（1）陪審委員會僅有確定償金之權；

（2）反之，亦惟有陪審委員會始有確定償金之權。

按一八四一年法律第二十九條倒數第二節之規定，選定陪審委員會，以便從事『因公用徵收須付償金之確定，」至同年法律第三十八條復稱「陪審委員會之決議，對於償金數目須予以確定。」由此觀之，所謂陪審委員會之職權絕對僅限於確定償金一事；至所有其他一切問題，均不在其裁判範圍以內，更不得任意加以決定。

一八四一年之立法者對於上項規則，曾予分別列入同年法律第三十九，四十八及四十九各條中，吾人當於本書下文中對各條予以研究。

（二一八）結論與確定償金無關之糾紛之解決　按照一八四一年法律第三十九條第五節之規定，「若遇涉及法律本身或請求人資格之糾紛，以及與確定償金數目事無關之困難發生時，陪審委員會應單獨從事償金問題之解決，至與上述糾紛及困難有關之當事人，則須另行上訴於主管機關；」而同年法律第四十九條更稱「若遇行政當局對於被徵收之佔有者(détenteur)之償金權利提出異議時，則陪審委員會除將對於異議之裁判留待主管機關予以解決外，須將償金予以確定，一若該償金應付給者然；而主席法官並須令繳償金準備金直儲存至各當事人妥洽或糾紛歸於解決時為止。」

由上文觀之，與確定償金事項無關之一切糾紛之解決權，並不屬於陪審委員會，而應由主管機關受理。陪審委員會若違反此項規定行事時，則其決議無效（Cass., 27—1—1909, Cour de Cass., Bull. civ., 1909, P. 22; 11—5—1915, Gaz. Trib., 22—5—1915），蓋以違反一八四一年法律第三十九條規定之行為，足以構成上訴於大理院之理由故也（參看本書上文中第二一〇款所舉及之該第三十九條）。

至於異議之是否發生於徵收者與被徵收者之間，殊無關緊要。原一九一四年法律第四十九條規定，例如，假使徵收者否認請求者（intervenant）之償金權利（參看 Cass., 10—3—1914, Gaz. Trib., 14—3—1914），或抗議被部份徵收業主請求全部徵用之權利（參看本書下文第二七五款），或被徵收者認為被徵收地段內容有錯誤之處，並據此提出訴訟請求（Cass., 25—11—1913, S. 1914, Bulletin des Sommaires, 1re Partie, P. 20; 16—3—1915, Gaz. Trib., 20—3—1915），或異議發生於被徵收者與第三者之間，（如遇第三者堅稱對於被徵收之不動產，享有地役權，或提請追還，更或為房客堅稱為該被徵收不動產之業主，及業主對於上述各項權利提出否認等情形是）不論在上列任何情形之下，陪審委員會均無解決糾紛之權，而當事人等應向主管機關上訴。因之對於上述兩種假定並無加以區分之必要，且更可不必為兩項同樣規則之規定。實則，一八四一年法律第四條與同法律第三十九條第五節，固是同一規則而兩用也。

但是陪審委員會雖無權處理法律之根本問題，然對於償金，則得予以確定，一若償金應付者然，且對其應為之決議，並無理由予以延緩也——此點顯與一般預審問題之普通程序不同——，因之該委員會應準備足以適合日後解決辦法之各種交替式及或然式償金（參看本書下文第二二〇款與第二二一款）。復按一八四一年法律第四十九條之規定，主席法官更應命令繳存償金準備金，而此項金額須直儲存至主管機關已將糾紛加以解決時為止。再者，該主管機關對於糾紛之解決，須不悖乎陪審委員會決議之詞意為限（Cass., 21—7—1908, S. 1908, 1, 430）。至對於一八四一年法律第四十九條規定之違反行為，並不足以構成上訴大理院之理由，蓋以該條不在同年法律第四十二條所列舉之範圍故也（Cass., 7—11—1922, Gaz. Trib., 1er 12—1922）。

特殊情形：位置於水流上工廠之徵收　按照一八〇七年九月六日法律第四十八條規定，如遇上項情形時，『首應考查磨坊與工廠建築物是否合法，若爲公用需要時，關於該類建築之契劵是否足使其業主徒見其建築物歸於毀滅，而毫無些須償金之獲得；』再則，法國參政院判例，曾有下列之規定：（1）陪審委員會對於工廠建築物之是否合法一點，並無權加以裁決；實則此處有一預審問題在焉，其解決之權，應歸行政機關（Conseil d'État, 27—8—1846, Lebon, P. 456; 20—6—1848, P. 401; 27—8—1854, P. 806）；（2）至關於確定償金事陪審委員會只可確定關於建築物與材料之償金，至因原動力之喪失而應付給之償金，則惟有行政機關始有權加以確定（Conseil d'État, 29—3—1851, Lebon, P. 233; 15—3—1855, P. 204; 27—8—1857, P. 696; 並參看本書下文第二三二款。）

（二一九）另一結論：陪審委員會對於契據之估定權　關於陪審委員會之另一限定職權之應用，吾人可於一八四一年法律第四十八條關於陪審委員會對於契據之估定權規定中可以看出。實則，按該第四十八條第一節稱：『陪審委員會得爲凡足以影響償金估價之契據眞實性與字據效力之裁判人。』由此原文觀之，若就陪審委員會之估定權講，應將契據分爲兩類：一類爲足以給予償金權者，另一類則爲僅足以影響償金估價者。

依吾人在本書上文第二一八款中所見，則陪審委員會對於足以給予償金權之契據，並無權考慮其法律價值。例如，設有一自稱房客出而爲償金之要求，並爲支持其要求起見，繳呈一種租契。但徵收者則以爲該租契係僞造，並無所謂償金權。遇此情形時，陪審委員會殊無權過問是項租契之是否眞實；實則，惟有民事法庭始有權過問此字也(Cass., 1er 3—1843, D. 43, 1, 16; 26—1—1857, D. 57, 1, 47; 14—4—1857, D. 57, 1, 166; 2—5—1882, D. 84, 1, 296; 7—7—1883, D. 84, 1, 431; 12—12—1887, D. 88, 1, 440);因之陪審委員會只可確定一種或然的償金,至對於徵收者所提出之異議,置而勿論可也。

反之若遇涉及僅足以影響償金估價之契據時,法律則賦予陪審委員會以估定該項契據眞實性之任意的,無限制的權力,且以此竟置陪審委員會於普通裁判人應遵守之一般規則拘束以外矣。例如,假定徵收者在陪審委員會中一方面固承認租契之存在,且因而承認持契人享有償金權利,但在另一方面,對該租契之眞實性發生疑問,藉口持契人爲使應得償金增加起見,將眞實租期延長;遇此情形時,陪審委員會對於僅與償金數目有關之抗議,得予以裁定。或遇被徵收者爲欲獲得較多之償金起見,特別引證曾有一第三者向其提出至有利益之購買建議,但徵收者則同時堅稱該項購買建議全爲揑造時;陪審委員會對於此類字據,得予估定其眞實性。再則,陪審委員會對於修改售價或租契價格之反對證書(Contre-lettre),即使徵收者抗議其眞實性,亦得取供參考也。

一九一八年十一月六日公布之法律,爲防止被徵收者揑造證據期圖利用徵收機會,獲得重大利益起見,特予規定主席法官對於繳呈之一切文件,得自動或經當事人之請求,予以扣押,並附入陪審委員會之會務記錄中。且該主席法官對於揑造文件,得予以扣押,並轉交初級法院檢察官以供一切有用之研究。再者,上述之規定辦法,業被列入一八四一年法律第四十八條之第二節與第三節中矣。

(二二〇)(2)惟有陪審委員會始有確定償金之權　陪審委員會雖僅有確定償金之權,但亦惟該委員會始有此項確定權（Cass., 19—12—1904, D. 1905, 1, 129；並參看本書下文第二二三款）。再者陪審委員會所爲之裁判，實具有一種臨時性質；因之該委員會即使遇着一種預審問題發生亦不應延緩其裁決；蓋以異議一經解決後所須召集之陪審委員會，乃爲另組之委員會而非爲該委員會故也。職是之故，法律特予規定，陪審委員會若遇發生之糾紛與償金估價無關時，應即將償金予以確定，一若並無糾紛發生者然；但此項償金乃爲一種或然的償金，應予以存儲，直至糾紛解決之日爲止（參看本書上文第二一八款）。

由上文觀之，陪審委員會對於任何人以書面或在會議中口頭提出之償金請求，即使徵收者對是項人等否認其有償金權，亦應爲償金之確定；否則，其決議歸於無效（Cass., 15—11—1868, D. 69, 1, 25; 27—6—1869, D. 69, 1, 344）。

但在上述情形下所確定之償金，乃爲或然的，須俟關係人之償金權經主管司法機關予以承認後，始得付給該關係人也。

（二二一）結論關於假定式或交替式償金　在上述情形下，陪審委員會所確定之或然式償金，計有假定式或交替式兩種，茲分論如次：

陪審委員會在徵收者對於當事人之償金權提出異議之情形下所確定之償金，名之曰假定式償金（indemnité hypothétique）（參看本書上文第二一八款）；而此項償金須待請求者所提之要求經予承認其有理由時，方可付給。

設遇糾紛無論如何解決，而償金權均不發生問題，惟償金數目之多寡，則隨日後決議而定之情形時，陪審委員會應卽確定數種交替式償金（indemnités alternatives）以備適用於主管當局裁決後所可發生之一切或然事實；然後就該各項償金中擇其適合者照付。徵收者若遇上述情形時，應就各項償金中擇其規定最大數目者爲標準繳儲準備金。至於主席法官方面，當從事分配訴訟費用時，更應留意於未來各種或然事實（Cass.，15—1—1908，D. 1908，I，395）。

茲設有一鄰人堅稱對於被徵收不動產，享有一種視線地役權（Servitude de vue），並以此提出償金之要求，但在業主方面深恐因上項要求而減少其所得金額，特對於該項要求提出異議，並請求照付償金。一若彼之財產並不受地役權拘束者。然陪審委員會遇此情形時，對於業主所提出之異議，當無權加以解決；但對於償金問題則不容置而不論，爲此應卽確定三種償金：一種假定償金，爲上述地役權一經裁定予以承認後應卽付與鄰人者；另兩種交替式償金，其中一種爲假定上述產業不負地役義務，另一種則假定其負有地役義務，一俟日後判決判明後，再決定業主於上述兩種償金中究應獲得何種也。

同樣，陪審委員會若遇徵收者對於請求全部徵用事提出異議時，應卽確定兩種交替式償金，其中一種爲適用於被徵收部份者，另一種則爲適用於徵用全部不動產者（參看本書下文第二七五款）（Cass.，21—8—1838，D. 38，I，366；4—12—1901，S. 1902，I，288）。再則如被徵收者既一方面對於徵用部份提出償金要求，同時更以水流方向變更之故，致使其其餘部份之產業因而遭受跌價損失，亦提出償金要求，而徵收者則請求陪審委員會確定兩種交替式償金，一種爲適用於被徵收者僅對其被徵收地段享有償金權情形者，另一種則爲適用於被徵收者對於剩下地段有享有權並對於其餘部份產業跌價損失得有要求償金權之情形者；陪審委員會遇此情形時，亦應予確定各種交替式償金（Cass., 11—5—1915, Gaz. Trib., 22—5—1915）。至遇被徵收者堅稱：徵收判決中對於徵收地段內容指定欠確而提出請求。同時，徵收者則對於上項說法提出異議時，陪審委員會亦應爲交替式償金之確定；一種須參照判決所開內容而定，另一種則須參照被徵收者所提要求之內容而定。對於上述各規則如有違反時，陪審委員會之決議即歸無效（Cass., 25—11—1913, S. 1914, Bulletin des Sommaires, 1re Partie, P. 20）。

更有進者，即使關於法律根本問題之糾紛雖經初級與高級裁判，但當陪審委員會通過決議時正遇該項糾紛上訴於大理院，在此種情形之下，所謂確定假定式或交替式償金辦法亦在所必需也（Cass., 22—4—1856, D. 56, 1, 158）。

（二二二）制裁　按照一八四一年法律第四十二條之規定，對於同法律第三十九條規定如有違反時，即足以構成向大理院上訴之理由；因之在上文所述之各種情形下，假使陪審委員會並未確定一種假定式償金或各種交替式償金時，則其決議歸於無效，並遭大理院駁斥也（Cass, 22—1—1901, S. 1901, 1, 367; 27—1—1909, Bulletin, civ. Cour de cass., 1909, P. 22）。

但上述規定須經當事人提出確定上列各種償金之要求時，始具有強迫性。若該類正式要求付諸闕如時，陪審委員會卽可不遵照上述規定矣（Cass., 8—11—1842, D. 44, 1, 29; 16—4—1867, D. 67, 1, 392; 21—7—1875, D. 75, 1, 416）。

再者陪審委員會對於適應各種假定之償金，得予確定同樣數目（Cass., 16—8—1865, D. 65, 5, 177; 20—3—1885, D. 86, 5, 226）。

第二節　償金建議與償金要求

（二二三）償金應具有之四種性質　按照一八四一年法律之規定，徵收償金均應具有若干性質，而陪審委員會決不容加以疏忽。茲將償金應具有之四種性質舉示如次：

（1）償金對於每一有權者應分開；

（2）償金應確定；

（3）償金應屬於金錢；

（4）償金既不得少於償金建議所提數目，復不得多於償金要求所提數目。

吾人對於上列各種性質，及其產生之結論，與法律予以規定之制裁，於下文中分別加以研究。

（二二四）償金對於每一有權者應分開　此種性質，實係根據一八四一年法律第三十九條之規定而來；原該條第一節稱：『陪審委員會對於以業主，佃農，房客，使用者及以一八四一年法律第二十一條曾予舉及之其他關係人等不同名義而提出要求之各當事人，應予裁定各項個別償金』卽謂，陪審委員會應對於每一業主，每一房客，及每一享用地役權者等，分別予以裁定一項償金是也；對此規定，如有違反之處，卽難免於遭受無效處分，蓋以對於一八四一年法律第三十九條規定之違反行為，足以構成向大理院上訴之理由故也（參看本書上文第二一〇款中所舉及之一八四一年法律第四十二條）(Cass., 50—6—1860, D. 60, 1, 404; 1er 7—1862, D. 62, 1, 382; 6—1—1863, D. 69, 1, 9; 7—12—1884, S. 86, 1, 40; 20—6—1898, S. 99, 1, 513; 21—2—1905, S. 1906, 1, 237)。

更有進者，陪審委員會不應讓受償金者之間有虛懸未決之償金分配問題存在。所以，一般人認為，假使教會當局與區當局同時向陪審委員會分別提出請求，在區當局方面則自稱為教堂前廣場之業主，但同時在教會當局則以教堂及其地基業主資格，對於教堂前廣場聲明保留其所有權時，陪審委員會對此兩項請求，當不能僅確定一個總數以作付給償金之用；蓋以其並不確知所斷給之償金究應歸屬何人故也(Cass., 23—1—1907, S. 1907, 1, 144)。

（二二五）例外情形：使用收益權者　一八四一年法律不欲陪審委員會特為使用收益權者確定一種個別償金，蓋有見於使用收益權之期限缺乏確實性，及估定償金情形之困難故也。關於此項措施，自與公文所列規則有所違反。再者，若對於該有使用收益權者予以確定一種個別償金，則使用收益權有因此變為流通資本之虞；似此，恐與立法者本意，不免有抵觸之處，蓋立法者之所以對於使用收益權每每予以固定者，正為阻止關於資金雖弊之事件發生故也。

所以，曾經一九一八年十一月六日法律修正之一八四一年法律第三十九條第三節特予規定：『若涉及使用收益權情形時，陪審委員會對於全部不動產價值，只能予以確定一項償金；所謂虛有權者與有使用收益權者之各種權利，只能適用於償金總額，而不能適用於產業。』且此項償金數目須等於所有權全部存在之不動產實值。而有使用收益權者對於此項償金，於提出保證後得享用之，其期以直至其權利期限完結時爲止（參看本書下文第二四八款）一俟該使用收益權期限屆滿後，償金始歸虛有權者。抑尤有進者，以上所述若遇涉及使用收益權情形時，只予確定一項償金事，並不具有強迫性。陪審委員會遇此情形時，若經各當事人之請求，得予確定兩項個別償金；一項爲適用於業主者，另一項則爲適用於有使用收益權者。似此則有使用收益權者得享償金所有權，其結果當可免提保證也（Cass., 1er 4—1868, D. 68, 1, 220）。

再者，一八四一年法律第三十九條第三節之規定，正爲剝奪有使用收益權者之權利應予確定償金事而發也。但有時有使用收益權者得以個人名義提出償金請求，如遇失去其收穫物，或設其本人爲商人，遭失顧客之喪失，及遷移費用之損失時，即得享有償金權利（Cass., 16—3—1864, D. 64, 5, 168; 22—5—1865, D. 65, 5, 175; 2—5—1882; D. 84, 1, 296）。且該有使用收益權者所要求之償金，乃爲本人所應得者，是不獨對之具有享用權，且並所有權兼而有之；所以，該有使用收益權者固可不提任何保證而取得其所要求之償金也。

更有進者，一八四一年法律第三十九條第三節所規定之例外情形，實只對於有使用收益權者而言，至對於有居住權者與有使用權者，則並不適用。所謂居住權與使用權，雖就大體上講，直等於部份的使用收益權（usufruit partiel）但在勢又不能不認定，據有上述權利者只能對於業主之資本利益，享有部份的權利。實則吾人已曾見及，一八四一年法律第三十九條第一節，對於『有使用權者』（usagers），及同法律『第二十一條所舉及之其他各關係人』，固已明文規定予以分別確定一種個別償金矣。再則吾人更知有居住權者適亦在上項各關係人之列也。

（二二六）究在何種情形之下始對一人爲各種個別償金之確定　無疑的，陪審委員會對於某一請求人所確定之償金，爲防日後發生困難起見，當以將該償金予以分門別類，以期適應特殊目的或第三者行使權利等情爲上策，較之僅予確定一項總數便利多矣。

例如，設遇業主本人佔用其所有不動產之一部份時，最好分別予以確定兩項償金：其中第一項爲剝奪償金（indemnité de dépossession），另一項則爲收奪償金（indemnité d'éviction），所謂抵押債權人對於前項償金當享有優先權，但對於後項償金則否也。同樣，有使用收益權者，以商人資格得享有個人收奪償金權（indemnité personnelle d'éviction），且僅對於使用收益權償金，須提出保證而已（參看上款）。

以上所述之區分辦法，雖經一般人諄諄持以勸告陪審委員會採用，但試問該項辦法對於該委員會是否具有強迫效力乎？實則否也。吾人試觀一八四一年法律第三十九條稱：『陪審委員會經各當事人以各種不同名義提出請求時，得爲各該當事人裁定各項個別償金，』及該條舉例，『如業主，佃農，房客等等……』當知立法者不過盼望爲每一當事人確定一項個別償金而已。

然法國判例以爲須在下列兩種條件之下，始可對於一人爲各種個別償金之確定，卽(1)當事人正式提出請求(Cass., 6—12—1859, D. 60, 1, 168; 24—7—1860, D. 60, 1, 406; 29—4—1891, Le Droit, 28—5—1891; 23—1—1901, S. 1901, 1, 368)；(2)當事人以各種名義提出償金請求，如一方面以業主資格另一方面則以營業家資格提出請求是也(Cass., 16—6—1873, D. 74, 1, 477; 3—3—1886, D. 86, 1, 379)，

(二二七)償金應確定　法律對於此點，並未予以明白規定，實則不過曾經載明陪審委員會應確定償金而已(按一八四一年法律第三十八條規定)。但法國判例對於確定償金一節，向來主張陪審委員會對於償金數目應予以明確之決定，以免日後徵收者與被徵收者之間發生關於償金數目之糾紛(Cass., 16—2—1846, D. 46, 1, 64; 27—5—1851, D. 51, 1, 172; 19—11—1856, D. 56, 1, 396; 17—3—1885,D. 86, 1, 112; 16—7—1900, S. 1901, 1, 48; 23—1—1907, S. 1907, 1, 144)。

所以陪審委員會對於償金之給付一層，不能附以任何條件，例如審查土地內容是也，且當事人間若未對於土地內容成立妥協，以及陪審委員會決議未曾載明土地內容時，更不能按公尺計算確定償金(Cass., 15—1—1844, D. 44, 1, 121; 2—12—1851, D. 52, 1, 9; 23—6—1903, S. 1904, 1, 144)。

但有關於土地內容之異議發生時，吾人已於上文中見及，乃屬於預審問題，並不在陪審委員會職權範圍以

內。因之陪審委員會不得命令從事該項內容調查，更不得採納某一方面當事人所指陳之面積，否則即有越權之嫌矣。再則倘各當事人未曾上訴於主管機關，請求確定上項內容時，陪審委員會對於償金則僅就公尺計算予以確定可也（Cass., 15—3—1859, D. 59, 1, 278; 19—7—1870, D. 70, 1, 428; 30—1—1884, D. 85, 1, 264），或予確定兩種足以分別適用於各當事人所引證之兩種內容之交替式償金亦可（Cass., 18—7—1904, Gaz. Pal., 1904, 2, 195）。

（二三八）償金應關於金錢　即謂，對於償金應確定一項金額。再則，此項規則與前款中所列規則，同樣未經法律予以明文規定，但隱約中則又係根據法律而來；例如，一八四一年法律第五十三條固曾言及「已付淸之償金」(indemnités acquitées) 現金供給 (offres réelles)，與準備金 (consignation) 也，凡此均足昭示償金必須關於金錢（參看本書下文第二三八款與第二五〇款）。更有進者，按法國民法第五四五條規定所謂償金，應當「預付」，但據吾人所知，若損害賠償非為現金，當無所謂預付也。再則，假使所確定之償金非為現金，則殊難按照一八四一年法律第三十九條規定，認定陪審委員會之對於償金建議與償金要求事項是否自居於合法範圍以內也（參看本書下款）。

上述規則，除經各當事人同意，可勿遵照外，若對之有所違反時，即足以招致無效處分（Cass., 26—6—1912, S. 1913, 1, 280; 16—2—1846, D. 46, 1, 64; 23—6—1862, D. 62, 1, 279; 7—1—1874, D. 74, 1, 215; 21—7—1886, D. 87, 1, 318），且不論徵收者或被徵收者，對此無效處分，均得予以援用（Cass., 15—

1—1877, D. 78, 1, 74)。

法國判例根據償金應屬於金錢原則，卽認定陪審委員會不得爲減少償金起見命令徵收者於付給現金以外，爲被徵收者舉辦任何工程；蓋以不如是則被徵收者卽有同時爲金錢與服役債權人之虞，果似此則又非法律所願也（Cass., 19—3—1872, S. 72, 1, 440; 7—1—1874, D. 74, 1, 215; 19—12—1877, S. 78, 1, 78; 26—6—1912, S. 1913, 1, 280)。

（二二九）償金旣不能少於償金建議所提供之數目，又不能多於償金要求所要求之數目。 按照一八四一年法律第三十九條第六節之明文規定『陪審委員會所斷給之償金，無論在任何情形之下，不得少於行政當局所爲償金建議所提供之數目，亦不得多於關係當事人之償金要求或以增價關係所提出之要求數目』（參看本書下文第三九九之二款。）

抑尤有進者，以上所述之償金建議與償金要求，並非一八四一年法律第二十三條與第二十四條所論及者，但質指陪審委員會在其所爲最後決定中所涉及者。

至於鑑定償金數目之是否超過被徵收者所要求之數目一節，應就償金之全部加以鑑定，並非就償金中之某項數目着眼也（Cass., 4—3—1844, S. 44, 1, 428; 29—4—1844, S. 44, 1, 446)。若遇陪審委員會對於當事人在其訴訟中所爲償金數目之區分，加以採納時，則上述規則卽適用於關於償金之每項請求。且一般人均認爲，卽使在兩項償金情形之下有違反上述規則情事，亦難免大理院予以全部批駁；蓋以各項償金有一種連繫關係故也(Cass., 23—4—1877, D. Rep. Suppl. v° Expropriation, n° 753, note 1)。

若遇陪審委員會除依照被徵收者所提請求外更將拆卸材料斷予被徵收者時，則償金數目自多於被徵收者所請求之數目也(Cass., 2—6—1845, S. 45, 1, 493)。

按照償金數目既不能少於償金建議所提供之數目，復不能多於償金要求之數目原則而論，則陪審委員會若遇並無一項償金建議足以適合於某項確切償金要求時，則其所斷給之償金數目，應恰爲償金要求所要求之數目(Cass., 23—8—1854, D. 54, 1, 319; 31—12—1867, D. 68, 1, 15)；反之若遇並無一項償金要求足以適合於某項償金建議時，則其所斷給之償金數目，應恰爲償金建議所提供之數目(Cass., 2—1—1849, D. 49, 1, 74; 7—2—1874, D. 74, 1, 247; 27—2—1883, D. 83, 1, 478; 11—2—1902, Gaz. Pal., 1902, 1, 450; 4—4—1905, Gaz. Pal., 1905, 1, 559; 24—6—1907, Gaz. Pal., 1907, 2, 248)。

上列規則與一八四一年法律第三十九條所規定之其他規則同，若對之有所違反時，卽足以招致無效處分(參看本書上文第二一〇款中所舉示之一八四一年法律第四十二條及 Cass., 6—12—1910, S. 1912, 1, 119)。但按照法國判例，惟有被徵收者得對於少於償金建議所提供數目之償金決議提起控訴，一若惟有徵收者得對於多於償金要求所要求數目之償金決議，提起控訴者然也(Cass., 17—6—1846, D. 51, 5, 242; 23—5—1900, 1, 464; 1er—7—1901, S. 1901, 1, 464)。

（一三〇）陪審委員會之最高權力　陪審委員會於確定償金數目時，除須遵守償金建議與償金要求間之法定限制外，得有自由取決之最高權力（參看本書上文第一二九款。）

凡有關係人等不得藉口陪審委員會所斷予償金過少請求補足金額（Conseil d'Etat, 21—7—1922, Lepon. P. 645）。

然而立法者所表示償金應當公正之願望，陪審委員會不應漠視（按法國民法第五四五條；並參看本書上文第八款。）換言之，卽所斷予之償金恰爲徵收物之同等價值，俾便關係人覓得絕對類似物或完全同樣之環境是也。

再者，一八四一年法律在其第四十八條第二節，及第五十一條與第五十二條中，對於陪審委員會確定償金數目時，應遵守之規則，曾予以明文規定（並參看一八九二年一二月二九日之公共工程估用法見書末法規原文表。）

（一三一）陪審委員會應尊重之各種損害　爲使償金足使被徵收者重新覓得與實施徵收前所有之絕對同樣環境起見，該項償金對於因徵收事實所引起之一切損害，自應完全予以彌補。但上述之損害，往往較之被徵收者被剝奪之權利價值尤爲重大。玆假定吾人對於某一業主之產業奪取其四分之三，固然，吾人應至少付以四分之三產業價值。但試問吾人遺下之四分之一產業，該業主將如何處置之？實則，該遺下之四分之一產業，與其餘部份分開後，並不復再值全部產業之原有價值四分之一也。所以陪審委員會除將移轉部份之價值計入償金外，對於被徵收者對遺下部份所遭受之減價損失，亦應一併計入而後可。

但是陪審委員會應尊重之損害，只限於佔用產業直接引起之各種確定的現實的損害。按曾經一九一四年四月二十一日法律及一九一八年十一月六日法律先後修正之一八四一年法律第四十八條第四節，對於此點，曾予以明白規定。吾人試觀該第四節稱：『徵收償金只能包含因收奪事實所引起之現實的確定的損害；而非由徵收結果直接引起之不確定的或然的損害不與焉。因之設於辯論期中經徵收者提出涉及此種不確定的或然的損害性質之請求時，陪審委員會對此請求，應另予裁定。』

至於非由徵收事實所引起，但為徵收目的實施工程所引起之各種損害，陪審委員會殊不必予以尊重，否則其所為決議應歸無效；蓋以法律只許其對於根據徵收事實所應付之償金予以確定故也（按一八四一年法律第二十九條）；且按法國判例，以上所述之無效處分，決不以當事人之含默不言而歸於消滅（Cass., 18—1—1854, S. 54, 1, 735; 14—8—1854, S. 55, 1, 142; 9—7—1888, S. 90, 1, 223; 21—2—1899; D. 1900, 1, 237; 16—7—1902, Gaz. Pal., 1902, 2, 1, 240; 9—1—1907, S. 1907, 1, 96; 26—6—1907, D. 1908, 1, 338; 31—7—1907, Gaz. Pal., 1907, 2, 366）。再則，關係人等對於因實施工程所引起之損害，若欲要求賠償時，應即按照法國共和曆第八年五月二十八日法律及一八○七年九月十六日法律之各項規定，向省議會提出請求。

上述陪審委員會應予尊重之各項損害，其每一損害均各隨其個別情況而互有不同之處。吾人容當舉例說明之。

（一三二）業主應得之償金　陪審委員會當確定償金時，應顧慮到被徵收者與一般售主迥然不同；彼為被強制奪取其所有物之業主。所以，應斷給與彼者，非為售價，乃一種償金，而此項償金應足使被徵收者得另行覓得同樣性質與同等價值之代替物而後可。

根據上述理由，陪審委員會對於下列各點，應予注意：

（1）基於產業移轉時期之不動產時價，換言之，即宣判徵收時之不動產時價是也。至對於實行據有日期，當無顧及之必要（Cass., 9—7—1856, D. 56, 1, 293; 7—2—1876; D. 76, 1, 273; 9—4—1884, D. 84, 1, 287; 1er—8—1910, S. 1911, 1, 172）。且該項時價，除遇一八四一年法律第五十二條規定之情形外，應包含產業地上地下物如建築與栽種，乃至含有永久目的之附屬各項不動產之各種價值。

假使陪審委員會估定不動產價值之際，徵收者早已開始實施工程時，則自應參考工程未實施以前之情況。蓋以徵收者對於工程實施後所產生之增價，並無給付之義務故也。實則，按未經一八一〇年，一八三三年及一八四一年各項法律廢止之一八〇七年九月十六日法律第四十九條規定，付給土地業主之金額，應以「未實施工程以前之土地價值為標準」。

尤有進者，陪審委員會對於業主所有物之用途，乃至對於該所有物對於業主方面之便利或使用價值，均應予以注意。蓋以業主亟欲保有之產業，今竟加以徵收，實無異強科以一種犧牲，因之對其產業之特別便利價值，應予照付。

（2）凡因徵收事實所引起之一切現實的，直接的附帶損害，例如因部份徵用使產業減縮因而減價；修復土地，圈圍產業或爲預防坍陷所耗之工程費；因徵收事實所引起關於租金或進款上之損失，尤以在陪審委員會決議與佔有期內，此項損失最爲顯著；維持交通費，戰爭損失賠償費，及遺下產業所引起之交通上困難等等（Cass., 22—8—1853, D. 53, 1, 284; 23—6—1863, D. 64, 1, 66; 5—5—1873, D. 73, 1, 244; 8—1—1883, D. 84, 1, 192; 9—7—1888, D. 90, 1, 311）是也。再則，假使對於某一工廠之溝渠須加以徵收，而溝渠又爲該工廠所合法取得者時，陪審委員會對於動力之損失，應予以估價（Trib. Confl., 29—6—1895, Lebon, P. 529）。

按一九一八年五月二十七日公佈之承繼，贈與，及交換不動產業估定法第六條稱「陪審委員會若遇公用徵收情形，尤其是關於不動產徵收情形時，應以納稅人所聲明，或根據稅收法規已爲行政機關所估定之永久價值，爲其估價之基礎。」

惟吾人須加注意者，卽陪審委員會對於上述規定有所違反時，在事實上並不受任何制裁，至其所爲之估定，則爲一項總數，並不加以說明。似此，陪審委員會至易引證其所定價額曾經參照上述各種估價也。

所謂已爲永久稅收估價者，乃指救濟期限告滿後之估價而言，尤其是未在法定期限內予以否認之直接稅估價爲然也。倘遇各種估價不能一致時，則採距產業移轉期最近之永久估價爲標準。

要之，以上所述，終不失爲一種償金估價之新要素也。

(二三三)建築栽種與修理　吾人在上文中已曾見及，陪審委員會於確定業主，或建築物所有權者之佃戶(Locataire Propriétaire de Constructions)應得償金之際，應就其受理裁決請求時之時價，從事估定被徵收土地上之建築與栽種。但關係人爲欲得較多之償金起見，每有於徵收程序正在進行期中，對於被徵收之不動產爲不必要之變更與修理情事。一八四一年法律爲防止此項舞弊情事發生起見，在其第五十二條中曾賦予陪審委員會以估定上述修理工程，建築栽種，是否具有誠實性之無上權力，並令其對於在徵收疑難期中(Période critique de l'expropriation)所爲之修理，建築栽種，如經認爲目的乃專在獲得較多之償金時，不予斷給任何償金，實則，按一八四一年法律第五十二條稱：『凡各種建築，栽種，與修理，倘經陪審委員會之有見於其實施時期或其他一切情況之鑑定權屬於該會，而認爲其實施目的在獲得較多之償金時，絕不能構成取得任何償金之理由』也。再者，與實施公共工程臨時估用有關之一八九二年十二月二十九日法律第十五條所明定適用之規則，與適用於估用以前所實施修理之規則，並無若何區別。

(二三四)礦山淺礦與石礦　所謂地產乃兼包地下產業，所以，斷給之償金，應以代表地面價值與地下價值爲宜。然而，若遇地下層含有礦山或石礦時，則應視進行徵收時，該礦山或石礦是否曾經開發，而加以區別。

（1）在進行徵收時尚未開發之礦山與石礦　遇此情形時，則又應視所涉及者究為礦山抑為石礦，而適用之規定，而互有不同也。

實則，凡一種石礦，乃至未經開發者，其對於土地業主實構成一種價值，蓋以該業主如願意時，自行開採該石礦，或將該石礦轉租於第三者而獲得進款故也。所以，吾人認為陪審委員會應將石礦價值列入償金以內（柏若禮與達拉馬爾二氏卽作如是主張，見柏達二氏合著之『關於徵收法之評判』第五〇三款。）但有一些作者對此，則極力加以辯駁（如德拉祿與茹斯藍二氏在其合著之『徵收之研究』第三三一款中，卽持反對意見是也。）誠然，一八〇七年九月十六日法律第五十五條認為關於開採公共道路或公共建築必需材料所佔用之地段，須對其業主付以相當代價，一若公共道路所佔用之地段然，並曾明文規定『關於開採材料之價值只能在俟估既經開採之石礦之情形下，方可計入估價中。』然吾人在此所論及者，並非一八〇七年法律適用上問題，並非開採材料之地役問題，乃一八四一年五月三日法律所規定之徵收問題。而徵收法既為狹義的法規，自不容藉口有類似之點，擴大援用，為各種假定所為之規定也。

至於礦山，則須經政府特許，始能開採——再者，此種特許權，很少賦予地面業主，——而該礦山對於地面業主，只於特許狀頒給以後，方成為有價值之物。但據吾人所知，上述特許狀可永遠不予以頒給，因之陪審委員會對於在法律上為無主物之未特許開採之礦山，固可不必計及也。

至於各種淺礦（如各種地面上之礦層是；為此，可參考曾經一九二二年四月十六日法律修正之一八一〇年四月二十一日法律第三條）就民法上講，則實與石礦等類齊觀，且在事實上，所謂淺礦與石礦，均屬於地面業主所有。至於淺鐵礦，卽使曾經享有特許權者加以開採，其情形亦與上述者同。

（2）在進行徵收時已經着手開採之礦山與石礦　於此，對於已經着手開採之石礦與礦山，亦應加以區分，蓋以適用於石礦與礦山之規則，並不相同故也。

土地業主對於在其產業上開採之石礦，不論由本人或第三者經手，均得隨時提出償金之要求。假使該土地業主已將石礦租與第三者時（如出讓開採權是）則應斷給兩項償金，以一項付與租戶，俾償其突被剝奪石礦所蒙之損失，以另一項付與業主，俾償其對於石礦定期收入上所蒙之損失。倘遇土地業主對其所有石礦，並非出租，乃將石床開採所有權讓與第三者時，亦應斷給兩項償金。蓋以在此情形之下，實有兩種不同之不動產存在，卽：（1）可供開採之石礦層；（2）產業之其餘部份是也。因有兩種不同產業存在之結果，每個業主均有權提出償金之要求，但須分別爲之。至遇在同一產業上有多種石礦存在時，上述規則亦可適用（參看亞基雲氏所著之『礦業立法』第七六七及以次各款（Aguillon, Législation des mines）。

至對於既經出讓之礦山，其情形則與上述情形逈異，蓋有鑒於礦山特許權之法律性質而然也。實則，該礦山特許權係與地面不動產所有權逈然不同之另一種不動產所有權（按一九一〇年四月二十一日法律第十九條，與一九一九年九月九日法律第一條）再者，該特許權實爲一種不可分之產業，且僅可以對之施行全部徵收，而斷不容徵收其一部份。至對於地面產業所實施之徵收，則並不足以影響已經讓與之下層礦山。倘遇日後構成徵收動機之公共工程，在其實施上與開礦工程勢難並立時，則對於開礦工程應由行政機關命令制止之，而享有特許權者在若干指定情形之下，得據此提出償金之要求。但此項關於因公共工程之實施所引起之損害賠償，應由省參議會決定，因之與產業移轉有關之一八四一年五月三日法律，在此並不適用（參看亞基融氏所著之『礦業立法』第五九四及以次各款暨一八八四年五月七日糾紛法院決議，見法國參政院裁決類集第三二一頁）。

（二三五）增價強迫抵償　吾人已知陪審委員會對於剩下產業因實施徵收結果所引起之跌價（moins value）應予計入償金矣（參看本書上文第二三一款）。須知該委員會對於被徵收部份之產業，因公共工程實施之結果所引起之增價，亦應予以計入也。按一八四一年法律第五十一條曾經明白規定：『假使工程之實施對於產業其餘部份引起一種即時的，特別的價值增高時，則於估計償金數目之際，將以該項增價作爲參考』（參看一八〇七年九月十六日法律第五十四條。）

然有一些作者（如卡爾索內氏在其所著之『徵收之研究』第五六〇及第五六一款中所主張者是）則以爲上述法律規定不過是一種勸告，並非一種強迫義務可比，而陪審委員會當無必須以增價抵償償金之義務。但以吾人觀之，上述說法殊與一八四一年法律第五十一條原文及起草一八四一年法律經過事實有所牴觸也。

實則，按一八四一年法律第五十一條所稱『將以該項增價作爲參考』一語，在今日法律術語中直可視爲一種命令式，即等於『應以該項增價作爲參考。』更有進者，法國上議院一八四一年有意將上述『將以該項增價作爲參考』一語，代替一八三三年法律中所載之『得以該項增價作爲參考』；且狄佛爾氏在其報告中曾經宜稱『將以……』一語『含有更進一步之命令式意義』，其意當謂『應以……』也。由上文觀之，在一八四一年以前，對於陪審委員會僅爲一種任意措置，自後即變爲一種強迫義務矣。

但上述之強迫義務，並無一種制裁規定，遂致在實際上，一八四一年法律第五十一條之規定，每每徒爲具文，而陪審委員會對於間有之鉅額增價，並不取供參考，殊有背乎立法者之意旨也。

爲彌補上述之法律缺陷起見，倘遇徵收者對於增價曾加引證，並提一八四一年法律第五十一條之適用請求時，應限令陪審委員會分別確定兩項金額：一項爲代表佔用地域價值及各種損害賠償；另一項則爲其餘土地因工程實施結果所引起之增價的代表價值，但後項金額不得超過前項金額。至前項金額對後項金額所超過之數目，即構成應斷給之償金。

按一八四一年法律第五十一條之規定，陪審委員會應予參考之增價，乃爲一種『即時的』增價，其意即謂，目前工程所能引起確實價值之高漲，並非指一種或然的，疑問的利益而言；實則，對於此種利益應如何予以估計，殊難言也。

再者，以上所述之增價，應爲被部份徵收產業之遺剩部分所『特有』者。陪審委員會對於未遭徵收，並屬於同一業主之其他鄰近不動產所獲得之增價，則並無取供參考之必要也。

實則，吾人對於部份徵收時，徵收者爲對付償金要求起見，所引證之一八四一年法律第五十一條規定之增價，不可與一八四一年法律第二條之二所規定之增價，及在某種情形之下，行政當局根據一八〇七年九月十六日法律第三十條規定得向業主催索之增價，混為一談。蓋按一八〇七年九月十六日法律第三十條稱：「當經政府命令舉辦或批准之新闢市街，廣場，碼頭或其他一切省或區所屬一般公共工程之結果，使私人產業因而增高價值時，得以此類產業所得利益之半數移充償金之用。」

然上述之處置權，甚少實行：在一百十年中間僅應用十五次，且增價徵收實際上僅成功一次（參看與一九一八年十一月六日法律草案有關之『若納內報告書』(rupport Jeunnency) 第二九一頁；及一九〇三年出版之『行政雜誌』(Revue générale d'administration) 第一卷第一九一頁，暨一九〇七年份該雜誌第一卷第四二四頁）

（二三六）增價不能消滅全部償金　此點實根據法國之向來判例而來(Cass., 28—8—1839, S. 39, 1 794; 12—3—1856, D. 56, 1, 69; 26—1—1857, D. 57, 1, 44; 25—11—1858, D. 59, 1, 25; 28—7—1879, D. 80, 1, 81)，並於一八四一年法律之起草經過時曾經立法者加以確認矣。實則，法國政府在其所提之草案中，固曾主張得以增價「全部或部份」抵償償金數目。然法國下議院以為似此處置，殊使償金失其存在，遂加以否決；蓋該院至欲保持償金之原則故也。

但抵償一事，究可演至何種程度？而法國判例對於此點，主張殊不一致。最初，法國判例 (Cass. 28—8—1838, S. 39, 1, 394) 於區分部份徵收構成要素之際，主張無論在任何情形之下，不得以增價抵償被徵收產業所有之價值，但得以該增價與分裂所引起之跌價，及根據跌價理由所要求之附帶償金相互抵償。例如設有一價值十萬佛郎之地產，經鐵路線穿過，而估去其約值五千佛郎之地帶，則斷給之徵收償金，首應包含該被估去地帶之價值，即五千佛郎，次乃及於上述全部地產因被分裂爲二所受損失應得之賠償。吾人茲再假定徵收者於使得該地產遭受損失之餘，興築小站於該地產之旁，以便經營運輸農產物。似此，該地產之因而增價，當在吾人意料之中。但法國判例只承認得以該項增價與全部地產所遭受之跌價抵償，並不得與代表估去地帶之實值五千佛郎抵償，由此觀之，遇此情形時，則斷給之償金至少應爲五千佛郎矣。抑尤有進者，即所謂徵收償金應由地產實值與工程對於其餘部份產業所引起之得失差額構成之。

但法國大理院旋將以上所述之區分辦法加以摒棄，在吾人觀之，殊有未當。該院既而主張（參看一八七九年七月二十八日法國大理院裁決，見 D. 80, 1, 81, S. 81, 1, 377）只須不致使償金減至於零，即得以增價與被徵收產業之實值相抵償，其意即謂陪審委員會得按照償金建議斷給僅爲一個佛郎之償金是也（參看白爾德乃米氏所著之『行政法』第九版第六四一頁）。

由上文觀之，在實施徵收時所涉及之增價，絕不容其消滅全部償金。不論增價數目之多寡，即使其有時超過被徵收產業之實值，對於被剝奪之業主，終應斷予一項償金，乃至償金數目僅爲一個佛郎，亦應予以斷給也（參看賀銳猷氏所著之『憲法』第七六八頁）。

（一一三七）租戶或佃農應得之償金　吾人在本書上文第一一〇款中已曾見及，其租借行爲遠在徵收判決以前成立之一切租戶，不論其租借是否爲定期，均得享有償金權。然若遇下列情形之一時，則所謂償金權，即不復存在，如(1)倘租契曾經載明，租戶遇徵收情形時，不得享有償金權 (Paris, 24—2—1860, D. 61, 1, 288; Cass., 13—3—1861, D. 61, 1, 396; Trib., Seine, 8—8—1889, le Droit 29—9—1889)；(2)倘租戶同意接受新訂之租契 (Cass., 17—6—1867, D. 71, 1, 251)。

上項償金應包含租戶『在其租契利益上』所遭受之一切損害 (Paris, 23—7—1881, Gaz. Pal., 81, 1, 149)，而陪審委員會對於此種損害，憑良心作公平之估計，殊無依據法國民法第一七四五及以次各條規定之必要。至於遭受之損害——為此而斷給之償金，須足夠全部賠償之用——，其程度則又隨環境而異。以一般而論，該項損害應包含下列各點：(1)遷出與重新設置費用；(2)租戶另覓具備原處所有條件場所或須負擔之高價租金（實則徵收者應使被徵收者得重處於實施徵收以前之同樣地位，但無使其獲得較好情況之義務）；(3)租戶對於被徵收不動產曾經耗去之工程費用（但以已經付給者為限）；最後，若涉及者為一商人時，則所謂顧客之損失，擾亂，為失竊，以及其尚未收益之遷入費用等等，均應予以計入損害中。

再者，陪審委員會一如處理不動產然，應按照一九一八年五月二十七日法律第六條之規定，以『根據納稅人申明，或未經抗議之行政估價，更或為依照稅收法已成固定之行政估價之實值』為其估價之基礎（參看本書上文第二三二款末節。）蓋以一九一八年法律第六條之條文，特別是『尤其是』之字義觀之，無疑的，該第六條之規定，可適用於商業資產也。

最後，吾人尚應指陳者，乃為曾經一九二四年四月三十日法律修正之一九一五年十一月九日公布之寄售飲料店限制法，對於遇重大情形時，暫行徵收該類商店之辦法，有所規定。

吾人在本書上文第一一一款中，已曾道及，若遇實施部份徵收情形時，則被部份收奪之租戶，以其遭受收益減少爲由，得提出減租或取消租契之請求，二者聽其自擇。陪審委員會對上述兩項假定，並無權置以可否。該會遇此情形時，應確定兩項交替式償金，以備採用。其中最高額之償金，爲適用於取消租契情形者，至另一項之次高額償金，則爲適用於減租情形時者。若該會對此有違反情事時，倘經當事人之請求，其行爲歸於無效(Cass., 5—7—1840, D. 40, 1, 127; 18—3—1857, D. 57, 1, 118; 15—3—1869, D. 69, 1, 225)。

第九章　償金之付給

第一節　預先付款之性質

(二三八)償金之付給應在實行佔有以前行之　各種償金一經依照友好方式或經陪審委員會予以確定後,應即付與各有權者,並須於實行佔有以前行之。

其所以須預先付款者,一方面為給予所有權以一種最妥善之保障,另一方面則防止行政當局延宕工程之實施。然而在本書下文第三四三及以次各款中可以看出若遇緊急情形時,上述規則即行稍見緩和矣。

按一八四一年法律第五十三條第一節曾加道及任何當局法院主席法官或陪審委員會,均不得對於徵收者所負之上項強迫義務予以免除(Cass., 28—1—1834, D. 34, 1, 48; 31—7—1843, D. 43, 1, 408; 2—2—1869, D. 69, 1, 246)。吾人試觀該條條文所稱『經陪審委員會確定之各種償金,應在實行佔有以前付與各有權者手中』即可知矣。

但以上述規則乃為保障私人權益而設,該私人等自可對於上項利益放棄其請求權(Cass., 16—11—1875 D. 76, 1, 248),並與徵收者依照友好方式從事商決佔有期間與給付償金期間也。

抑尤有進者,所謂預先付款之規則,只適用於徵收情形,對於既經同意改正路線所引起之削減地基,或臨時佔用等類情形則並不適用。

（二三九）結論　償金如未照付或未交付存儲時，則徵收者卽難免遭遇下列兩項結論：

（1）徵收者不得實行佔有被徵收之不動產；

（2）在陪審委員會決議後六個月屆滿之日起，徵收者應卽負擔償金利息。

但徵收者畢竟與普通購主不同，不得判令其歸還既經徵收之不動產，而被徵收者不能視其爲未付買價之售主，提起解除訴訟；然而倘被徵收者已讓徵收者實行佔有時，則對該徵收者得提催付償金之訴訟。此種訴訟之時效爲三十年，並應向民庭起訴（參看卡爾索內氏所著『徵收之研究』第六〇五款。）

（二四〇）（1）保存權　吾人在本書上文第一〇三與第一一〇款中已曾見及，凡佔有既經徵收不動產之各有權者；如業主，使用收益權利者，租戶與佃農均享有保存權（Droit de rétention），因而對於徵收者在未付給或繳存償金以前卽實行佔有一事，得提出反對。

再者，無疑的，上述各有權者對於反對實行佔有事，只能依照合法途徑行之，不得以造成既成事實爲要挾；最顯而易見者卽如對於徵收者既經實施之工程，不得予以摧毀是也（Paris, 2—4—1842, D. 44, 2, 132; Rouen, 11—5—1842, D. 42, 4, 412; Cass., 23—6—1852, D. 52, 1, 363; Conseil d'État, 30—1—1868, D. 70, 3, 110; 21—7—1876, D. 76, 3, 98; Trib. Confl., 12—3—1883, S. 85, 3, 28; Cass., 24—3—1898, D. 98, 1, 425; 18—10—1899, S. 1900, 1, 102; Douai, 13—2—1906, Gaz. Trib., 1906,

5, 126)

但所謂保存權者為何自當加以說明也。

(1)關於業主或使用收益權利者，一般學說均一致主張彼等得根據該保存權，佔用不動產並接收關於不動產之進益直至其應得之償金實行付給或繳存時為止(Trib. Toulouse, 17—7—1907, Gaz. Trib. Midi, 26—1—1908；至關於捐稅問題可參看本書上文第一〇三款第四節。)

因之假使徵收者在未付給或繳存償金以前卽行辭退各租戶時，則業主無從獲得其應收之租金。該業主得訴諸法院要求償金，但以證實上述辭退行為對彼確構成一種損害為必要條件。再者該業主不得藉口該辭退行為要求立付償金或要求自租戶退出之日起計算償金利息(Cass., 16—4—1867, D. 67, 1,393)。至遇租戶自動退出並未經徵收者予以催促時，業主當不得作任何要求也。

(2)關於租戶與佃農，彼等得根據保存權反對徵收者或原業主 (Paris, 28—8—1865, Gaz. Trib., 2—9—1865; 19—4—1867, Gaz. Trib., 27—4—1867; Trib. Lille, 2—11—1907, Le Droit, 23—11—1907)。在未付給或繳存彼等應得之償金以前，將其辭退乃至徵收者於徵收判決宣佈以後依法將其辭退，彼等亦可提出反對也。然而假使租戶一經辭退便卽讓出住所，而並未利用其保存權時，則業主得向徵收者提出償金之要求，正如吾人於上文中所見者然。

但是，假使租戶仍留原住所時，無疑的，自當照付享用費（參看本書上文第一一〇款），若業主仍享有此產業時（即謂該業主應得之償金尚未經徵收者付給或繳存是也）則此費即歸業主所得，倘在相反情形之下時，則歸徵收者所得（Paris, 7—5—1861, D. 61, 2, 988; Trib. Seine, 4—12—1861, Gaz. Trib., 13—12—1907; Cass., 16—4—1862, D. 62, 1, 300; Paris, 16—7—1867, Gaz. Trib., 20—7—1867）。至於佔用償金數目尚未能依照友好方式解決時，即由法院予以全權決定（Trib. Seine, 7 et 27—3—1899, Moniteur des expropriations du 1er—11—1906; 11—3—1912, S. 1913, 2, 228; Cass., 17—6—1914, Gaz. Trib., 25—6—1914）。自後在實施徵收以前，用以限定各當事人間關係之租契再無注意之必要；實則遇此情形時，租戶之佔用至不可靠，其昔日所恃租契所給予之安寧保障業已歸於消失矣。

假使租戶已曾向業主預繳一季或數季之租金時（似此情形至屬常見），則於實施徵收後享用產業所欠繳業主之數目中扣除，且於必要時，尚得要求歸還多出之數（Cass., 31—5—1858, D. 58, 1, 274; Trib. Seine, 21—12—1860, 10 et 14—1—1861, Gaz. Trib., 18—1—1861; Trib. Seine, 4—12—1861, Gaz. Trib., 13—12—1861; Trib. Seine, 9—10—1863, Gaz. Trib., 16—10—1863, 11—3—1912, S. 1913 2, 228）。

租戶與佃農之佔用期間，在斷給彼等償金一經付給或繳存以後，應即終止，而徵收者對於彼等固無須依照普通辭退手續與期限之拘束也（Trib. Seine, 16—1—1866, Gaz. Trib., 25—1—1866）。再者若法定手續均已完成（如對於償金業已付給或繳存是），於必要時法院得根據一八四一年法律第五十三條之規定頒發驅逐令(Trib. Seine, 30—11—1921, Paris, 7—3—1922, Gaz. Trib. 30—4—1922)。

（二四一）（2）償金利息　按照一八四一年法律第五十五條第二節之規定，『償金既經確定以後，倘未於陪審委員會通過決議後六個月內予以照付或予以繳存時，則利息得依法自上述期限屆滿之日計起。』此種強迫付息之義務，實爲催促徵收者迅速付款之一良好方法也。

償金利息權，與保存權迥然不同。凡受償金者均得享有該項權利，固不僅限於佔有不動產之受償金者爲然也。

按一八四一年法律第五十五條之規定，受償金者應得之法定利息率，最初由一九〇〇年四月七日法律規定爲百分之四，既由一九一八年四月十八日法律改增爲百分之五（按照一九一七年七月三十一日法律第三十八條之規定，對於償金利息須課以百分之五之捐稅，即所謂白契稅(impôts cédulaires)是也。）上項利息，一經六個月期限屆滿後，不待有催促或訴願之表示，即依法開始起算。再者，該項利息自六個月期限屆滿之當日即可起算，並無須待至次日也。但假使償金業於期限屆滿之當日，已實行付給，當不復再有任何利息之可言（實則，縱有利息，亦不過僅爲一日之部份的而已。）

業主或使用收益權利者，即使在陪審委員會通過決議之六月個期限屆滿後，猶根據其保存權佔有不動產，亦有享受償金利息之權利；以此假使租戶尚未離去住所時，則業主或使用收益權利者可以獲得償金利息，同時尚可獲得所有不動產之進益(Trib. Seine, 2—2—1864, Gaz. Trib. 5—2—1864; Cass. 2—4—1872,

D. 72, 1, 217,

徵收者既經繳存償金以後，即不復再負任何義務；但自繳存償金後之第六十一日起，儲金處（la Caisse des Dépôts）應負擔繳存數目之利息（Ordonnance du 3—7—1916, art. 14）。按法國共和曆第八年四月二十八日公布之法律曾經規定該項利息率爲百分之三，後經一八九三年七月二十六日公布之財政法，減爲百分之二矣。

一八四一年法律第五十五條，顯然假設徵收者在償金未解決以前，尚未按規實行佔有。但若遇行政當局與被徵收者間訂有協定而不動產又爲可獲進益者時，則利息得自收奪之日起算（按法國民法第一六五二條規定。）

實則，關於徵收事件法律或當事者間合同指定之實行佔有之當日，即爲利息起算之日，並非撤消契約之日。再者，一八四一年法律第五十五條之規定，可適用於經公用宣告後成立之友好讓與（參看本書上文第一二八款末節。）

更有進者，假使曾經共同約定，在六個月期限未屆滿以前實行佔有時，則利息於一經催促以後便定期起算，至於已否實行佔有，非所顧及也。

（二四一）之二　受償金者可否提出立付利息之要求　受償金者可要求按季或按年付息耶？抑實行徵收之行政當局可俟其能付本金時再行付息耶？

以上所述第二項解決，似較近於情理。實則，利息僅為與其有密切關係之償金之附屬品而已；因之，對於利息所提之要求不能先於償金或在償金以外為之。

再者，一八四一年法律第五十五條所規定之利息，並未具有債權之契約的或法定的性質；實則，僅為一種損害賠償（dommages intérêts），用以賠償非由被徵收者釀成之遲付損害而已。一般講起來損害賠償均付至釀成之事因終止之為止，換言之，即在付給償金之際，同時實行是也。

然而對於上述主張，亦有持異議者。有人曾特別提及徵收者若延宕實行佔有，即可避免其實行徵收所引起之各種結果。再者，償金利息之時效為五年（按法國民法第二二七七條規定）；似此，假使被徵收者未曾訴諸法院，使時效終斷，即有被剝奪一部份利息之虞矣。

償金利息問題，至為複雜。迄目前為止，法國判例猶未能予以滿意之解決也。

（二四二）損害賠償　除卻一八四一年法律第五十五條第二節所規定之法定利息外，尚有其他損害賠償存在乎？吾人敢應之曰否。按一八四一年法律第五十二條所規定之利息，吾人應認為係對於因償金遲付，遭受損害之受償金者應得之一種賠償而已。

實則，關於限於付給現金債務問題之一般原則，乃為『原於遲緩執行之損害賠償，絕不容超出法律規定之利息率』（按法國民法第一一五三條之規定）由是觀之，關於徵收事件，若欲避免上項原則，只有違法，而此種違法尚未經一八四一年法律規定也。再則，上項說法已經法國判例予以認定矣（參看 Béquet, Rép. v°

L'expropriation, n° 600; Carpentier, Rép. gén. de droit français, eod. verb. n° 3665; Cass., 2—7—1872, D. 72, 1, 217)。

至於徵收者應付之償金，絕不容與被徵收者因某種理由所短欠之數相補償。再則收奪償金（indemnité de dépossession）不能依據法國民法第一五九一條提出索付要求，至一八四一年法律第五十五條所規定之期限，並不十分嚴格，不過用以作利息之起算點而已。

（二四三）一八四一年法律第五十五條之規定並不適用於因改正路線所引起之退讓地基事件　實則，遇徵收情形時，關於償金之付給，在原則上，應先於實行佔有行之。至遇改正路線情形時則反之，而所謂實行佔有，每每先於償金之付給。因之，依法吾人不能以特爲徵收情形所訂之規則移用於改正路線情形也。倘遇此情形時，應即參考普通法（即法國民法第一六五二條），以便確定因改正路線，退讓地基之價值利息起算日期。按法國民法第一六五二條規定，買主只在下列三種情形下，始有負擔售價利息之義務：（1）假使出賣時曾經訂立契約；（2）假使既經出賣與交付之物能產生利益或其他收入；（3）假使買主曾被催促付款。

根據以上所述，如契約或催促付諸闕如時，行政當局（關於退讓地基）或業主（關於佔有地基），若退讓或佔有部份當同意改正路線時，在出讓者手中可以產生利益，自同意改正路線之日起，始有負擔利息之義務。

第二節　付款方式

(二四四)應付之款爲何　在原則上，徵收者應付給全部償金，如本金，利息，及訴訟費（參看本書上文第二四一款。）然而徵收者對於被徵收者所短欠之數，如該被徵收者被判令負擔之訴訟費用，祇須係現款或可以照付的，均可依抵償方法實行扣除。再者吾人在本書上文第二〇二及二〇三款中已曾見及，通常主席法官得允許徵收者對於被徵收者應負擔之訴訟費用，在償金總數中扣除。

爲避免一切請求事件發生起見，按先後曾經一九一八年十一月六日法律，及一九二一年七月十七日法律修正後之一八四一年法律第五十三條規定，如關係人拒絕現金付款，國家，省或區得按照一八四一年法律第四十條之規定，將被徵收者應負擔之各項費用實行扣除後，發一與陪審委員會所確定償金數目相等之支票。

(二四五)付款之方式爲何　假使徵收者爲一私人時（如享特許權者是）其付款方式得按照一般手續爲之（按法國民法第一二三五及以次各條；）若徵收者爲行政當局時，則按公家會計法爲之。倘在後者情形之下，受償金者不會或不能簽字時，則收條須以法院書記官證書或按行政證書(actes administratifs)體裁出之（按一八四一年法律第五十六條規定。）

但一般人認爲實施徵收之區當局對於有權者應得償金之付給，亦得以郵局支票行之；設該支票未經有權者加以拒絕，並於收到後曾通知區長，但未曾循收稅吏之請求，過其出納處，並對於該收稅吏將償金送達其寓所，收取匯票收條之建議亦未加以注意時，吾人可認爲徵收者所採取之付款方式業經被徵收者承認矣。而此種對於事實及當事人意思之認定，乃是超越的，並得免於大理院之監督（Cass., 15—6—1915, Gaz. Pal., 18—

（一三〇）。

更有進者，吾人在本書上文第一三〇款中已曾見及按一八四一年法律第十九條第二節之規定，在友好讓與之情形下行政當局對於未超過一千五百佛郎之獲得物（在一九二一年七月十七日法律公布以前，上項規定數目僅爲五百佛郎，）無須辦理出賣證書與抵押權之解除等各項登記手續，即可實行按值付款。此項規定在實際應用上已曾產生優良效果。但在獲得物價值經由陪審委員會確定之情形下，則又無與上項規定同樣之規則存在。因之假使與上述同樣數目之償金係由陪審委員會確定時，其付款須經繳呈抵押表册(états hypothécaires) 手續，並於必要時更須對於被徵收不動產之一切扣押登記予以解除等項手續完成後，始得實行。

以上所述，顯有悖乎常理。所以一九一八年十一月六日公布之法律，爲彌補該項缺點起見，曾在一八四一年法律第五十三條上追加一節（即第五節；）按該節規定，一八四一年法律第十九條第二節對於在友好讓與之情形下所認可之措施權力，可適用於經陪審委員會確定其數目未越五百佛郎之償金付款（但在今日上述法定數目已增爲一千五百佛郎矣。）

尤有進者，一九二一年九月二十一日法令規定，凡區或公共慈善機關，依友好方式或按曾經一九一八年法律及一九二一年法律修正後之一八四一年五月三日法律所獲得之不動產，倘其價值未越一千五百佛郎時，均免去解除抵押權手續。自後，一九二二年三月十七日公布之各項命令，對於各行政機關，亦准予採行與上述同樣之破格免除矣。

(二四六)償金究應付給何人手中 按一八四一年法律第五十三條第一節規定償金應『付給於有權者手中，』但所謂有權者究爲何人？

法國判例認爲償金應付給陪審委員會決議認其享有償金權利，且其資格及權利未經第三者於會中否認者之手中，並認爲在此種情形卽眞實關係人亦無權阻止付款也(Cass., 16—8—1865, S. 65, 1, 460)。

所以若對屬於嫁妝之不動產徵收所引起妻對其夫之控訴，而其夫之名僅在土地稅捐册上載名時，假使妻在付給償金以前未曾申明，則償金依法付與其夫(Voir J. N., n° 18386)。

假使有權者爲一已婚之婦女時，爲使付款有效起見，則其丈夫之允許乃在所必須；且倘遇發生爭論情形時，應由法官依據各種事實與訴訟原由，並於必要時得依據法律對於夫妻間之是否一致爲無上之估定 (Cass., 15—6—1915, Gaz. Trib., 18—6—1915)。

(二四七)受償金者應有之證明 在一九一八年十一月六日法律公布以前，受償金者因陪審委員會決議僅載明其姓名，其資格與證書又未經他人否認時，通常均被認爲已於適當時會提供必須之證明矣；而陪審委員會決議之對於該受償金者，實無異爲一種既定判決(jugement passé en force de chose jugée)任何理由均不能阻止或延緩其執行也。

最顯著者，卽爲徵收者不得藉口陪審委員會決議中所載明之受償金者，未曾提供產業證書，而拒絕付款是也。此點實根據法國向來判例而來，且已曾經一般學說予以承認矣（參看禹禮約氏所著之『關於徵收事件應當繳呈之產業證書」(Juliot, de la production des titres de propriété en matière d'expropriation)，見職業立法雜誌（Revue de législation professionnelle）一九〇八年份第一至六期及一九〇九年份第一期）尤其是以 Cass., 27—10—1903, S. 1907, 1, 518; 28—8—1858, D. 58, 1, 272 所主張者爲然。按一八五八年八月二十八日法國大理院判例，倘徵收者在其提出之償金建議中及在交呈陪審委員會之償金建議與償金要求表中對於第三者已承認其具備被徵收不動產之業主資格，且在陪審委員會決議通知該第三者時，並未作任何保留，最後在一切法定手續完成之際，無任何關係人出而申明時，即不得藉口該第三者並未繳出產業證書而拒絕付給陪審委員會所斷給該第三者之償金。例如徵收者以被徵收者缺乏正規的產業證明爲理由而保留償金時，在初級裁判，巴黎高等法院及大理院，均曾認爲徵收者已有越權之嫌矣。

一九〇三年十月二十七日法律所規定之解決辦法，其結果每每損及上述業主之債權人，而該業主之姓名則以產業證書未曾繳出關係，亦無由得悉，且因之不能以任何請求送交抵押保管者。

所以爲避免上項不便起見，按曾經修正後之一八四一年法律第五十三條在其第六節中所爲之特別規定，所有未列名於捐稅冊上之被徵收者，爲使其應得之償金得以照付起見，應以產業證書證明之。

一八四一年法律第五十三條第七節已將同條第六節之規定引伸適用於佃農，租戶，有使用權者，或其他被宣布或自動參預有權者。自後彼等對於陪審委員會所斷給之償金，須設法證明其個人取得償金權。

假使未曾提供證明時，則按遇法律爭論情形時之處置法處理之，即由實施徵收之行政當局將償金交存儲金處，直至有所取決後，再定處理辦法是也（按一八四一年法律第五十三條第八節，及同法律第四十九條。）

（二四八）使用收益權者與擔保義務　吾人在本書上文第二二五款中已曾見及，按一八四一年法律第三十九條第四節規定使用收益權者，為保證其享用權一經滿期後即行歸還償金本金起見，須提出擔保。如該項擔保付諸闕如時，則不付償金與彼；但將該償金存儲，而按法國民法第六〇二條規定以所得之利息付與使用收益權者（參看本書下文第二五二款。）

再則，按法國判例主張，可以抵押物或其他同值之擔保品代替擔保。但遇成年並有自由處理其權利之虛有權者協同簽署收條時，得將使用收益權者提出擔保之義務，予以免除。

對其未成年子女財產享有使用收益權之父母，得免除提出擔保之義務（按一八四一法律第三十九條第四節；）反之，對於享有法國民法第七六七條所規定使用收益權或其他使用收益權之鰥夫，則不得免除其提出擔保之義務。

至於實施徵收之行政當局，最好以適用於不動產之使用收益權者之規則，擴大適用於動產使用收益權者。

其次，假使被徵收不動產所負擔之契約的使用收益權（usufruit conventionnel）與法定的使用收益權（usufruit légal）屬於同一第三者享有時，則該第三者對於適應其契約的使用收益權之償金部份，提出擔保。

使用收益權者，即使其曾經使用收益權證書予以特別免除，亦應提出擔保。蓋以行使使用收益權之條件已因徵收事實關係，完全變更故也。虛者，虛有權者之權利建築於使用收益權者尚不能自由處置之不動產時，以罷已曾獲得充分之保障，但因實施徵收結果情形大變，上述所有權者之權利至此遂一變而爲一種資本，而使用收益權者在負擔一種簡易的歸還義務條件之下，便得任意處置矣（參看白德勒米氏所著之『行政法』第九版第六四四頁及波特利拉岡提納利氏所著之『民法摘要』(Baudry-Lacantinerie, Précis de droit civil)第八版第一卷第一五七六款之二。）

第三節　償金之存儲

（二四九）存儲之條件　吾人在上文中，對於徵收償金應於何時並依何種方式付給，已詳加論及。但有時不能按規則將償金付與有權者。然則，徵收者豈因此感受困難，對其所必須之不動產無法實行佔有乎？在法律則殊不謂然，且折衝關於徵收理由之公用需要、與關於保障所有權之尊重預付償金原則之結果，決定若遇不能付給償金情形時，徵收者爲免除其義務，並得實行佔有起見，將該償金付予存儲足矣。至若被徵收者拒絕接受償金，或遇含有足使付款效力有損害之障礙時，即照上述情形處理可也（按一八四一年法律第五十三條第二節與同法律第五十四條。）

在以上所述之任何情形下，存儲償金實爲徵收者免除義務之惟一方法。但若遇付款困難來自第三者時，採用簡易之存儲法固爲已足，反之，倘遇有權者本人不接受償金而反對付款時則須先提出現金付款（offres réelles），然後所採用之存儲償金辦法方爲有效。

（一二五〇）來自被徵收者之付款困難與現金付款之必要　假使被徵收者拒絕接受償金時，殊不應讓其不良願望阻止實行佔有，所以一八四一年法律第五十三條第二節曾經規定只須徵收者向有權者提出之現金付款未達目的後，已將償金交付存儲，即可實行佔有，至對於被徵收者之拒絕，當可置之不顧。該第五十三條第二節稱：『假使有權者拒絕接受償金時，實行佔有得於現金付款與存儲償金以後實現之』。至若受償金者對其接受附以各種條件或保留時，其處理情形可仿以上所述者爲之(Trib. Seine, 10—2—1869, Gaz. Trib., 19—2—1869)。

要之，在將償金交付存儲之先，必須曾經提出現金付款。而此項通知，須送至法定寓所，若無法定寓所時，即以通知兩份分送於區長與不動產看護人，且必須付以現金方可（按法國民法第一二五七及以次各條。）

但徵收者只須其對於上述條件予以完成後，得於實行償金存儲後，立即實行佔有，乃至關係人對於現金付款之效力一點提出抗辯，亦在所不顧（參看貝達二氏合著之『關於徵收法之評判』第六六〇款。）再者，關於現金付款與償金存儲之效力爭論，應由司法當局受理之，蓋以其在實際上所涉及者，乃爲關於執行陪審委員會決議之困難是也（參看本書上文第二〇八款及一八四四年三月三十日法國參政院裁決，見參政院裁決類集第一八二頁；與賀銳猷氏所著『憲法』第七七一款。）

至於現金付款之目的，乃在證實有權者所爲之拒絕，並證明償金存儲之必要。根據此點，假使償金存儲，曾經受償金者之同意，當無再爲現金付款之必要也。按一八四一年法律第五十九條即曾爲與此類似之規定，據該條稱『若遇業主對於行政當局之償金建議承認時，且倘經業主請求並無第三者於一八四一年法律第二十四與第二十七條所規定之期限內提出異議時，則償金卽可交付儲金處，以便按照普通法規定轉交或分配於有權者。』

(二五一)關於國家省或區舉辦徵收之特別規則　立法者爲尊重公家會計無收條卽不讓現金流出金庫之原則起見，特於現金付款只能付以現金之規則外另予規定(按一八四一年法律第五十三條第三節)：『假使所涉及之工程爲國家，省，或區舉辦者時，則所謂現金付款，於扣除被徵收者應負擔之各種費用與訴訟費以後，得以與陪審委員會所確定償金數目相等之支票出之：此種經主管命令長官發給與付款人簽字後之支票得向票面指定之公家出納處支取款項。』但是，關於償金存儲，則只能以現金出之。按以上所述之第五十三條第四節又稱：『假使有權者拒絕接受支票時，則實行佔有須於實行現金存儲以後爲之。』

(二五二)來自第三者之付款困難與簡易的償金存儲　假使付款困難，非來自有權者本人方面，乃來自第三者時，例如設遇抵押登記或反對情形時，立法者認爲此類困難已足使償金存儲爲合法，且因此決定徵收者可無待提供現金付款，卽將償金交付存儲；一八四一年法律第五十四條稱：『凡遇有關於被徵收不動產之各種登記或足使付款於有權者手中爲不可能之其他困難時，可無須提供現金付款；在此種情形之下，只將行政當局應付之款交付存儲，以備日後按普通法規定分配或轉交。』就以上所述，對於普通法實爲一種違法行爲，其目的乃在加速實行佔有者也。

但足使徵收者免除現金付款之付款困難究何所指耶？而一八四一年法律第五十四條對於此點，並未明白指陳，不過僅云『關於被徵收不動產之各種登記，或足使付款於有權者手中爲不可能之其他困難』而已。但法國判例卽根據上述條文之普遍性加以決定，可以准許將償金交付存儲之理由，不僅限於第三者對其所有權利，以登記方式作合法表示所引起之困難，及根據扣押命令或禁止所引起之困難而已，卽一切具有足以使徵收者對於付款效力發生嚴重疑慮性質之困難亦然也（Cass., 10—1—1855, D. 55, 1, 93）。

吾人對於具有上述性質之困難，當可舉例如次：關於被徵收不動產之優先權或抵押權登記；各種反對與扣押命令；關於商業資產之優先權登記；以或然的名義斷給償金之事實（如所謂交替式或假定式償金是也）；受償金者之無能力；對於陪審委員會之決議曾提上訴於大理院；提出擔保之義務（參看本書上文第二四八款）等等。

尤有進者，吾人在本書上文第二四七款中，已曾見及被徵收者對其償金權拒絕提供證明一事，卽足構成一種付款困難，可作償金之存儲矣。

（二五三）（1）抵押登記　關於被徵收不動產之抵押登記問題，並無甚發生疑難之處；因吾人在本書上款中已曾見及，一八四一年法律第五十四條曾經明白指出，果有關於被徵收不動產之抵押登記事實存在，卽足據爲拒絕付款，並將償金數目交付存儲之理由。再者，倘被徵收者未將其產業之抵押登記予以撤銷時，則上述將償金數目交付存儲，實爲必須照辦之手續。徵收者若對此未照辦時，卽有兩次付款之危險。實則，法律之所以規定上述存儲償金手續並非全爲徵收者方面利益計，俾便於實行佔有不動產，且同時亦爲抵押債權人之利益計，使存儲之償金數目日後得按普通法規定，分配於各該債權人等也（參看一九一五年五月十日都魯士法院判決，見律師書記公報第三一一九三號，及一九一五年十二月二十六日法院新聞。）

徵收者在未將償金交付存儲之前，並無請求業主撤銷抵押登記之義務。實則，只須有抵押登記之事實存在，徵收者即得有將償金立即交付存儲之權利（此實係根據一八四一年法律第五十四條之理論，精神與條文而來；）且該徵收者於將償金交付存儲以後，便可立即實行佔有不動產，原法律之本意，當不外乎此也。

依吾人觀之，只須根據揭發不動產抵押登記之抵押保管人所給證書一紙，便可將償金數目交付存儲矣。但在事實上，若無詳明證書時，儲金處每每拒絕收受交付存儲之償金也。

償金一經交付存儲以後，若無登記業經撤銷或曾登記之債權人已表同意之事實證明，即在上述登記未經重辦之情形下，儲金處得拒絕交出（Cass., 30—1—1865, J. N. 18238; 11—7—1870, J. N. 20035; 與上述意見相反者，則有（Cass., 29—1—1920, Gaz. Pal., 18—2—1920）。關於優先權或抵押權之登記，究自何時起，始得免除重辦手續問題，如以徵收判決登記之日爲準，抑以一八四一年法律第十七條所規定十五日期限屆滿之日爲準？爲此，可參看本書上文第一〇五款。

若遇受償金者不能撤銷抵押情形時，在徵收者可無須過問有無關於不動產之登記事實存在，只須其能實行有效付款，當得援用一八四一年法律第五十四條之規定（參看本書下文第二五九款。）

設遇所涉及者爲不可分析之不動產時，關於某一共同業主部份之抵押登記，當不能阻止對於未負抵押義務之其他各共同業主分別付以應得之款也。

（二五四）（2）關於商業資本之優先權登記　如在商務法庭書記室執掌之公共登記簿曾經載明，有關於一九〇九年三月十七日——四月一日，以及一九一三年七月三十一日兩項法律爲售主並兼爲抵押債權人利益計，而規定之優先權登記之事實存在時，亦足構成所謂付款障礙，並得據爲將償金交付存儲之理由。因之，假使徵收者得悉在被徵收不動產內經營之商業資本有抵押優先權登記之事實存在時，得將該商業資本業主應得之償金交付存儲。

但徵收者是否必須過問有無上述性質之登記存在？再者，該徵收者究竟是否如一般資產得主，於實行付款之先，須將上述登記事實予以撤銷耶？在吾人看來，凡此均非爲徵收者所必須顧及之事。

抑尤有進者，一九〇九年三月——四月先後公布之法律規定所涉及者，乃爲商業資本之出賣情形，並非爲經營商業資本不動產之徵收；實則該兩項法律固從未述及關於徵收之特別規定也。再者，立法者在一九〇九年三月十七日公布之法律中所欲防止之各種舞弊，遇徵收情形時，實不易發生。蓋以一八四一年五月三日法律所規定之批露辦法，似較之一九〇九年三月十七日法律所規定者更爲切實故也。且上述兩項法律有數點彼此發生矛盾；例如，按一九〇九年法律第二十三條之規定，曾經對於商業資本提出登記之債權人，若遇該商業資本出賣時，在某種條件之下，得要求拍賣。但按一八四一年法律第十七條之規定，則上述曾經提出登記之債權人，無論在任何情形之下，均無要求拍賣之權利。因之該上述兩項法律固各有其適用範圍也明矣。

所以，吾人並無理由強迫商業資本徵收者與一般商業資本得主同樣必須依據一九〇九年法律之規定，於未付償金之前，先向商務法庭書記室實行撤銷關於該商業資本之優先權登記手續。

由上文觀之，則商業資本之前屆售主，或商業資本抵押債權人，倘未按照一八四一年五月三日法律第二十一條第二節之規定行使其干涉權利，或對於斷予彼等債務人之償金，並未提出異議時，則徵收者得實行付款與該債務人，而不負任何責任。蓋以該徵收者係按一八四一年五月三日特別法之各項規定行事，而一九〇九年三月十七日法律對於一八四一年法律，固未曾載明有明白乃至暗示的牴觸之處也。

但以有鑒於徵收者有向被徵收者請求證明其獲得償金資格之權利，徵收者得向收受償金者於付款之際，提出最近發給之證明書，以證明並無售主優先權或抵押債權人之登記事實存在。倘上項要求遭遇拒絕，或商業資本經人提出抵押登記時，則徵收者得按一八四一年法律第五十四條之規定，將償金交付存儲。

（一二五五）（3）反對意見與支付扣押　倘遇有債權人向徵收者提出支付扣押證據，或對於收受償金者曾提起追還，或撤銷，或對物訴訟之第三者表示反對付款異議時，將償金交付存儲亦爲合法。再者，關於反對付款異議，只須一簡單聲明即足矣，固無須一經告發後復經一種反告發而後成立也。且所謂支付扣押，或反對異議，其效力如何亦非所計及也。

假使支付扣押爲對有使用收益權者而發時，則徵收者不僅應將該有使用收益權者應得之數交付存儲，即對其僅有享用權之數，亦須同樣交付存儲也（參看克赫朋氏所著之徵收法典第五四項第五款。）

再者，假使償金須整付於各共同業主，而支付扣押乃對其中之某一人而發時，亦應將全部償金交付存儲（參看克赫朋氏所著之徵收法典第五四項第八款。）

（二一五六）（4）關於假定式或交替式償金　陪審委員會倘遇不屬其權限範圍內之糾紛，實行確定一種假定償金或數種交替式償金，並着當事人向法定機關起訴時（參看本書上文第二一一八與第二一二一兩款），即使該項糾紛為徵收者所揭發者，亦足構成付款阻礙，而徵收者因得按一八四一年法律第五十四條之規定將償金交付存儲也。再則若遇陪審委員會所確定者為多種交替式償金時，則交付存儲之款應為足以代表各項償金中之最多者。

（二一五七）（5）關於有權者之無能力問題　有權者在法律上為無能力時，亦足構成付款障礙。實則，無能力者只能在完成若干手續情形之下，始得收受陪審委員會所斷給之償金：例如，遇徵收嫁裝不動產所斷給之償金時，須負實行使用之義務，至遇替代相續限制下之不動產（immeuble grevé de substitution），其情形亦然。至於辦理各項手續所引起之遲緩，當足構成立即付款之障礙，其結果使法律所期盼之迅速佔有無由實現。所以，遇此情形時，徵收者可無須向被徵收者提出現金付款，直按一八四一年法律第五十四條之規定，將償金交付存儲。

設有權者為親屬監護下之未成年人，而親屬復為按照法國民法第七二八七條規定，為其財產之使用收益權者，設使該親屬不聲明放棄使用收益權，或拒絕提出擔保與負擔公證收條（quittance notariée）費用，徵收者亦可按一八四一年法律第五十四條規定將償金交付存儲也。

（二五八）（6）關於上訴大理院問題　爲反對徵收判決或陪審委員會決議，向大理院所提起之訴訟，雖無中止效力，但一般人均認爲此項控訴足以構成一八四一年法律第五十四條中所道及之付款障礙（Trib. Seine 10—2—1869, Gaz. Trib., 19—2—1969）。實則該項控訴之結果足使償金權歸於消滅。再者，按一七九三年七月十九日——二十四日法律之規定（該法律曾經明白規定公家出納處（Caisse publique）於執行正被控於大理院期中之判決時之各種付款辦法）在關係者未提出『確實與充分的擔保』以前，不得付出任何款項。依此條文看來，向大理院上訴之事實，似猶不足構成付款障礙，必須受償金者未提出確實與充分的擔保時，始允徵收者將償金交付存儲。

（二五九）（7）關於產業證書之拒絕呈驗　在一八四一年法律第五十三條第六與第七節規定之情形下，若有拒絕呈驗產業證書情事發生，即是構成付款障礙之理由。

假使被徵收者之身份未經充分證明，或其名字不詳，更或因之未能確悉其真實狀況時，則徵收者得將償金交付存儲：蓋以上列各情均足構成付款障礙之理由也（參看本書上文第二五三款。）

（二六○）（8）關於具有恢復或減少可能性之不動產　至於不動產在有恢復或減少可能性之情形下時，是否亦足構成不能給付償金與有權者之理由一節，依吾人看來，此種情形決不能認爲一種付款障礙。蓋此處於實際上所涉及者，並非一種現存權利，但僅爲一種或然權利。依吾人看來一八四一年之立法者當無意使政府無定期爲第三者所有或然權利之看護人也。觀於一八四一年法律第十八條所稱所有一切對不動產所提起之對物訴訟，均一變而爲價值問題矣。可知條文中所論及者乃爲一種剩下所能行使之權利，但遇物價既經按規付給被徵收者，隨後又產生新權利時，則此種權利只能對被徵收者本人構成一種債權而已。

因之在上列情形之下時，徵收者不但無權將償金交付存儲，且不得向領受償金者請求保證預備繼承人日後不提起訴訟，再者，此種訴訟並不一定能成立也（按一八六八年七月十日巴黎高等法院判決）。

（二六一）存儲償金須以現金爲之　無論在任何情形之下，交付存儲之償金，須以現金爲之，並須交付本金，利息及訴訟費全部數目(Cass., 28—4—1868, D. 58, 1, 272)。

關於存儲或付給償金所發生之各種困難，均由司法當局處理之。行政當局不得干預存儲償金之撤回，或飭令允准撤回該項存儲償金。然存儲償金若遇未能呈驗產業證書之情形時（如一八四一年法律第五十三條所規定者），則實行徵收之行政當局得依據各種說明，指定領受償金者。

（二六二）存儲償金之撤回　當徵收者按一八四一年法律第五十三與第五十四條之規定，將陪審委員會所確定之償金交付儲金處存儲以後，此項存儲即產生關於付款之確定的與不能挽回的效果。因之，徵收者不得藉口交存數目已逾三十年期限，且以其對於被徵收者所擔保之債權因而喪失時效之故，請求儲金處發還其交付存儲之數。一般人均認爲是項存儲期限已滿三十年之數，應視爲有缺額與無主之財產，而歸國家獲得(Paris, 23—11—1912, D. 1914, 2, 17)；但白爾德乃米氏在其所著之行政法第六四八頁中則發爲與上述相反之意見。）

關於按一八四一年法律第四十九條規定，交付存儲之各種假定償金，儲金處所負之任務，與保存糾紛款項者之任務正同，而徵收者只能在證實被徵收者無權接受該項儲金，或曾獲得有權者棄權書之情形下，得向儲金處請求歸還。

但設遇假定償金已存滿三十年，而假定問題猶未解決時，究應如何處理？又假使徵收者已曾完成中止時效之手續，是否得取回該項儲金？在吾人看來，對上述問題之回答應爲肯定的。實則，吾人前此對於存儲之固定償金，所以主張不能退回徵收者，乃因該固定償金係應用於確定權利，且吾人皆知徵收者固不能對於實物與價值兼而有之也。至於各種假定式償金，其情形當又不同。比如，徵收者之所以將償金交付存儲，乃爲領受償金者之領受償金權未經明白確定而然也。因之，假使三十年期限已經屆滿，而該領受償金者猶未聲明其權利時，則交付存儲之償金，應卽歸還徵收者。然而，法國判例主張，則與以上所述者正相反；徵收者只能在事前設法證實被徵收者無權領受償金條件之下，得取回該項償金。

由上文觀之，關於撤回償金一層，法國判例曾作固定償金（indemnités définitives）與假定償金（indemnités hypothétiques）之區別。上述之固定償金無論在任何情形之下，均不得退回徵收者；至於假定償金，則可退回徵收者，但只能於徵收者與被徵收者對審判決之條件下行之。

徵收者爲取得上述退回之款項起見，應同時傳喚儲金處與領受償金者（退回款項在一百佛郎以上時，應卽依照上述辦法行之。至於訴訟費，則爲數甚微，蓋此種程序得享受一八四一年法律規定之免除印花與登記優待辦法故也。）

至於應提供之文件則爲：（1）陪審委員會之決議抄本一份；（2）指令儲金之省署命令副本一份；（3）儲金處收據抄本一份，或至少抄示該收據之日期與號數，最後若遇領受償金者之最近通訊處未曾列入省署命令時，尤應予以抄示。

實則爲防止日後發生困難起見，須儲金處亦參預上述解決辦法，蓋以該儲金處對裁判決定而言，卽爲當事者，且其措置與反對將居於優勝地位，當不能拒絕加以執行；在其可能範圍以內，且可提供關於被告方面之說明；最後，果按上述辦法處理，則行政當局尤能獲得一種對審程序上之便利也。

抑尤有進者，儲金處若以堅持『狹義形式主義』之故，致足構成『苛求行爲』，而使有權接受退回儲金人士遭受一種損失時，卽將有被判令賠償損失之虞也（Cass., 20—1—1920, Gaz. Trib., 13—4—1920）。

第十章　業主請求實施之徵收與獲得

第一節　依據業主請求而實施之徵收

(二六三)預防徵收者之延緩行爲而賦予關係人之各種保障　關於徵收者故意拖延已指定之徵收產業之不安定狀態，在徵收判決宣佈以後，不求償金問題之解決，或在償金既經決定以後，遲遲付款等情，固已爲立法者所料及。且立法者爲糾正徵收者上述不良蓄意或玩忽行爲起見，已在一八四一年五月三日法律第十四條第二節與第五十五條中爲若干規定：

(1)假使在讓與命令頒佈一年以後，行政當局猶未進行徵收時，則曾列名於讓與命令中之不動產業主得請求徵收；

(2)假使徵收判決宣布六個月以後，徵收者並無進行時，其權利受該判決影響之關係人，得請求確定償金；

(3)在陪審委員會決議宣布六個月以後，領受償金者得享有償金利息之權利。

(二六四)(1)業主本人得請求徵收之權利　爲避免行政當局長期延緩實施工程所必須之產業不安定狀態起見，一八四一年法律第十四條第二節特許業主本人於讓與命令頒佈一年以後，若行政當局尚未進行徵收時，得爲徵收判決之請求。按條文規定：『假使行政當局在省長頒佈讓與命令後一年以內，並未進行徵收時，則列名於讓與命令中之任何業主，均得向法院提出請求。而此項請求書即由檢察官遞交省長，然後由省長將文件從速寄發，而法院即於三日以內從事裁決。』

實則，當讓與命令聲稱此項產業之佔用實爲『必須』時，已將產業置於徵收之合法的威脅之下矣。再者，自頒佈讓與命令時起，所謂徵收程序業已開始，而徵收者已無加以停止之權。至其產業已載明於讓與命令中之各業主，則得請求繼續舉行徵收也。由此觀之，則行政當局若未於讓與命令頒佈後一年以內，請求徵收判決時，各關係業主本人即得請求實施徵收。但上述一年期限倘未屆滿時，該各關係業主當不得提出上項請求也。再則，此項請求權，惟其產業曾經列入讓與命令中之業主有之。至各租戶與其他一切有權人士，均不得請求實施徵收。

（二六五）進行程序　此種程序，至爲簡單，業主只須向法院提出請求書即足矣。至於代言人之協助，當非必要也。上述手續一經照辦時，即應由檢察官向省長催索徵收判決必須依據之各種文件，並請求判決。

一八四一年法律第十四條曾經規定，省長須『迅速』寄發文件，法院應從速裁決；按條文規定，須於『三日內』行之。但此期限並非命令式，非予依照不可（參看本書上文第八三款。）

（二六六）公用宣告並不授與關係人以任何權利　根據一八四一年法律第十四條第二節之規定，只有讓與命令能產生一年期限，該期限屆滿後，各業主得有請求實施徵收之權利。此點頗易解釋。實則，每當決定讓與命令時，固當請求業主提供本人意見，在讓與命令未頒佈之先，當無任何確定性存在也。

由上文觀之，公用宣告卽使已裁明須加徵收之產業者亦不足以拘束行政當局，而行政當局對於曾經核准進行之徵收，固可不必予以完成也。法國判例與學說均作如上主張（參看 Cass., 2—3—1857, D. 57, 1, 127. 然而須加注意者，讓與命令並不足以阻難業主自由支配須加徵收之不動產；實則，業主仍得保有不動產之支配權，一如往昔，以之出租也可，以之出讓，亦無不可；且若不在一八四一年法律第五十二條所規定之情形下，業主猶得在該不動產上進行建築，而陪審委員會對此建築物，日後尙須加以考慮也。）然公用宣告書，正如達富銳氏所云（參看達氏所著之『關於徵收之理論』第一卷第三四頁），『僅授與行政當局以一種任意處置權，而行政當局對此權利得自由決定行使，或將其擱置，並無另外一種有聯帶關係之處置權，可供其產業將受工程影響之業主行使也。』

（二六七）（2）任何被徵收者均得享有請求確定償金之權利　立法者對於徵收者未在一定期限內進行償金之確定時，當然允許因徵收判決而遭受剝奪之各關係人，得請求其應得償金之確定。爲此，立法者特於一八四一年法律第五十五條第一節曾加以規定：『假使徵收者未在徵收判決宣布後六個月內進行償金之確定時，則當事人得請求加以確定。』再者，由此條文可以看出，所謂徵收判決——或追認判決，更或未經裁決手續之友好讓與（按 Cass., 14—8—1863, D. 64, 1, 442; 28—5—1867, D. 67, 1, 215）宣布後六個月期限未屆滿之前，被徵收者當無權提出請求也。但被徵收者於上述期限屆滿以後，若於請求徵收者履行徵收程序之際，發覺徵收者無意進行徵收時，卽得將該徵收者之提議權取而代之。

至於請求陪審委員會開會與請求確定償金之權，則與請求徵收判決權，決不相同（參看本書上文第二六四款，）不獨被徵收之業主有之，卽凡其身份業經向徵收者陳明而得享有償金權之一切關係人士或於適當期中提出要求之人士尤其是租戶均得享有也（Cass., 16—4—1862, D. 62, 1, 300; 20—6—1864, D. 64, 1, 278; 8—7—1879, D. 79, 1,396)。再者，一八四一年法律第五十五條對於上述各關係人等並未規定任何區別。

（二六八）進行程序　在程序中之第一步，卽爲向應提償金建議與召集陪審委員會之徵收者發出催促書。假使此項催促未發生效果時，關係人得立卽向法院提出請求書，請求指定陪審員並無須傳喚徵收當事人也(Cass., 12—6—1860, D. 61, 1, 130)。

其次，則爲關係人與徵收判決中所指定之主席法官共同商決陪審委員會之集會日期與時間。而主席法官不得拒絕召集陪審委員會 (Cass., 21—2—1860, D. 60, 1, 167)。

復次，至遲在陪審委員會集會前八日內，關係人卽應召集各陪審員與徵收者，尤須注意以陪審員名單通知徵收者。如此項通知付諸闕如時，則陪審委員會之各項進行將歸無效 (Cass., 25—7—1883 見一八八三年份法國大理院民事報告書第三二六頁。)

請求人應將償金要求與償金建議表交呈陪審委員會。再者，是項償金要求與償金建議，卽在陪審委員會中着手擬就，亦無不可。實則，一八四一年法律第二十三條與第二十四條之規定，在此並不適用。提出請求之被徵收者，並無須依照上述兩條規定之手續與期限，將其所要求之款額通知徵收者且假使被徵收者曾經發出是項通知時，在徵收者固不必依照一八四一年法律第二十四條所規定之十五日期限予以答覆也（Cass., 20—7—1864, D. 64, 5, 157; 5—12—1864, D. 64, 5, 168; 9—1 et 14—2—1866, D. 66, 5, 209; 參看達氏所著『徵收之研究』第二卷第三八六頁以及克勒朋氏所著之『徵收法典』中與一八四一年法律第五十五條有關之第二十八與第二十九款。）

關於訴訟費用，則應依據一八四一年法律第四十一條第五節予以解決：按該第五節規定，在徵收者提供償金建議以前所耗去之訴訟費，不論在任何情形之下，均應由徵收者負擔之（參看本書上文第二〇三款。）

（二六九）（３）陪審委員會通過決議後六個月期限屆滿後之償金利息權　償金一經陪審委員會確定後，尤應督促徵收者實行付款。爲此，立法者曾經規定假使在陪審委員會通過決議後六個月以內未將償金付清或交付存儲時，則償金利息得於上述六個月期限一經屆滿後，立即開始起算（按一八四一年法律第五十五條第二節。）

在償金依據友好協定確定情形之下，得援用以上所述辦法。再者，上述利息乃具有刑事制裁性，所以於六個月期限一經屆滿後，可不待提出催促，或裁判請求，即得開始起算（參看本書上文第二四一款。）

第二節　零散產業全部徵用之要求

第一項　經被徵收者提出者

（二七〇）被部份徵收之業主得有強迫徵收者徵用全部產業之權利　當實施部份徵收時，每每使被徵收業主對於剩餘之產業無法利用比如房舍不能再住人，或剩餘部份之面積過於狹小無法利用是也。因之一八四一年法律爲彌補上述缺陷起見特允被徵收者得有強迫徵收者徵用其全部產業之權利，縱使徵收者於實施工程上僅需一部份產業，弗顧也。該項權利，即一般人所謂要求全部徵用權。且一八四一年法律第五十條曾特別加以規定：『因公用必須獲得建築物之一部份，假使業主於一八四一年法律第二十四與第二十七條規定之期限內，向陪審委員會主席法官正式聲明要求全部購買，須全部購買之。——一切地段因分割關係，剩下者僅及原地產四分之一時，設業主無鄰近之其他地產，以及剩餘部份在十安（量地尺之單位每安等於十平方粎）以下，亦應依照上述規定辦理之。』再者，觀於條文所載『假使業主……要求』一語可知，此項辦法爲任意的，關係業主究願採用與否，固聽其自便也。

（二七一）誰得要求全部徵用　吾人在以上所舉之一八四一年法律第五十條中已曾看出，惟業主得有要求全部徵用之權（租戶不得援用該條之規定：Cass., 22—6—1914, Gaz. Trib., 25—12—1914. 至與上述意見相反者，則有一八五四年五月六日之巴黎高等法院裁決，見 D. 56, 2, 65）；設產業權爲分割狀態，則各所有權者之同意實爲必須。例如，在不可分情形之下，則不可分立之業主（Propriétaire indivis）在未徵得其共同業主（Copropriétaires）之先，即無權要求全部徵用，同樣，虛有權者亦須徵得使用收益權人之同意，方得請求全部徵用（Cass., 15—1—1849, D. 49, 1, 83; 13—2—1861, D. 61, 1, 181）。

再者，因以上所涉及者爲讓與事，所以業主更須具有讓與能力（Capacité d'aliéner）。因之，監護人未徵得經合法認可之家族會議同意之先，不得提出全部徵用之請求。若涉及妻之不動產時，夫在未徵得其妻同意之先，亦不得提出同樣請求（Cass., 25—6—1883, D. 83, 1, 479）。

（二七二）全部徵用之要求何時始可提出　業主之要求全部徵用，若無公用理由時，則只能在法律嚴格規定之各項情形下行之。爲此，一八四一年法律第五十條特爲建築物徵收與未經建造地產徵收之區別：

（1）關於建築物，只須徵收對於建築物之某一整個部分有所損害，不論該部分面積大小，均可提出全部徵用之要求。但必須徵收連帶佔用建築物之一部份，假使徵收實施結果並未損及建築物本身而僅及天井或鄰近之花園，或爲孤立之附屬建築物如穀倉馬廄時，則業主即不得要求全部徵用（Cass., 14—1—1873, D. 73, 1, 508; Trib. Seine, 8—2—1878, Gaz. Trib., 24—2—1878, Moniteur, 5—3—1841, P. 539）。

（2）關於未經建造之地產，全部徵用之要求，只能在下列三項條件具備時始可提出：

（甲）徵收結果只餘全部不動產四分之一；

（乙）留與業主之部份在十安面積以下；

（丙）業主並無其他鄰近地產。

設遇徵收結果，將產業剖分爲兩部，而此留下在公路或路線兩邊之每一部份具備上述三項條件時，亦得提出全部徵用之要求也。

再者依吾人意見兩種假設——建築物或單純地產——所規定之條件不能彼此互相適用：因之假使附於地產上之建築物並未遭受若何影響，卽令該項地產僅餘全部四分之一，且在十安以下，而業主並無其他靠近之不動產，亦不得請求全部徵收也。然而有一些學者之主張，則又與上述者相反（參看達拉祿與茹斯藍二氏合著之『徵收之研究』第二卷第八四〇款。）

（二七三）全部徵用之要求究應依照何種方式提出　除卻上述各項基本條件外，一八四一年法律第五十條對於請求全部徵用權之應用，更規定手續上之條件。該條曾明文規定，請求書須『於一八四一年法律第二十四與第二十七條所載明之期限內』提出，卽在賦予業主答覆徵收者償金建議之期限內，或於通知償金建議後之十五日以內行之。再者，設遇提出請求之業主爲無能力者時，則上述期限應增爲一個月。但對於因不遵照上述期限而引起之無效性，惟徵收者始有權提出異議(Cass., 9—7—1856, D. 56, 1, 293; 18—1—1859, D. 59, 1, 24; Paris, 22—6—1869, D. 70, 2, 86)，並以徵收者接收請求關係便卽歸於消滅(Cass., 28—7—1879, D. 80, 1, 377)。

再者，以上所述之要求可不必依照若何形式，卽由普通書面提出可也(Cass., 28—12—1859, D. 60, 1, 39)。再則該項要求須爲『明示』的，換言之，不應含有兩可性，以及附以若干條件或保留。所以所提出之全部徵用要求若只限於建築物，而將地產明白除出時，則與法律規定殊有不合(Trib. Angoulême, 26—11—1907,

Rec. Gaz. Trib., 1908, 1, 2, 411)

依一八四一年法律第五十條規定看來，以上所舉之請求書似須『投遞陪審委員會之主席法官。』但法國一般學說均主張，該項請求書亦可投遞徵收者，是亦不無相當理由也（Cass., 25—8—1856, D. 56, 1, 333; 10—4—1861, D. 61, 1, 282）。

（二七四）徵收者有重提新償金建議之義務　徵收者爲答覆業主之要求起見，不論在任何情形之下，均應提出相當於不動產全部價值之新償金建議，至在提出償金建議與陪審委員會集會期間，必須經過十五日之新期限（若涉及無能力者時，則須經過一月之新期限）(Cass., 11—2—1857, D. 57, 1, 71; 21—12—1864, D. 64, 5, 162; 31—7—1899, Rec. Gaz. Trib., 1900, 1er Sem., 11, avec note; 11—7—1904, Gaz. Trib., 16—11—1904; 25—1—1905, S. 1905, 1, 352; 17—6—1914, Gaz. Trib., 25—6—1914) 至於因未在適當時期內提供追加之償金建議所引起之無效性，（尤以於會審時始提該項建議情形時爲然）假使被徵收者並未發出異議或保留，而遽予討論金額時，即歸消滅。

再者，徵收者應將全部徵用之請求事實加注於償金建議與償金要求表中，否則，即有遭受無效處分之虞也 (Cass., 10—4—1861, D. 61, 1, 282)。

（二七五）發生異議之請求　徵收者即使以請求者並不合一八四一年法律第五十條規定，或以期限與其他有效條件未經遵照關係，對於請求表示異議，亦應提出答覆（Cass., 22—6—1914, Gaz. Trib., 25—12—

1914）；然而，上述大理院判例曾載明一項保留：『假使請求於適當時期內提出』時，則徵收者應即提出一種假定式償金建議，正如本書上文第一四七款中所舉示者然。

發生異議之問題如爲確知請求者是否已經完成各種合法條件時，則是項問題爲法律根本問題，陪審委員會當無過問之權，應由產業所在地之法院予以裁決。且按本書上文第二一八及以次各款所載之規定，陪審委員會應更進一步確定兩項交替式償金：即一項爲適用於請求將蒙法院採納情形者，另一項則爲適用於與以上相反情形者（Cass., 5—2—1840, D. 40, 1, 118; 22—3—1847, D. 47, 1, 248; 10—11—1860, D. 60, 1, 103）。

至於陪審委員會之主席法官，亦無權鑑定請求是否有所根據。因之，主席法官不論在任何情形之下，應將上項請求提交陪審委員會，依照另一方法予以裁決。然設遇逾期提出或於會審時始行提出之請求時，主席法官似可加以擱置，蓋以按一八四一年法律第五十條之規定，該項請求『必須依照一八四一年法律第二十四與第二十七條規定之期限』提出故也。然法國判例對於此點，則向不一致（Cass., 1er—7—1863, D. 63, 1, 320; 22—6—1914, Gaz. Trib., 25—12—1914. 至與上述主張相反者，則有 Cass., 6—4—1869, D. 69, 1, 343）。

（二七六）全部徵用之效果　一八四一年法律第五十條僅謂徵收者對於請求徵用之追加部份，應予購買，但對此項獲得物，則並未給以何種特殊性質，實則，應認爲上述追加部份之獲得，固與普通法中所規定之普通獲得無異（所不同者只由賠償委員會定價一點而已）再者上述獲得部份，殊不能與被徵收部份等類齊觀，蓋以所可加以徵收者，僅限於徵收判決中曾予載明部份且實施徵收只可及於公用必須佔用之範圍故也。

根據上述理由，以及追加地產關係，徵收者固與普通得主無別。因之關於追加部份在執行之際，當無所謂契約撤銷（租戶仍得繼續享用租物：Paris, 11—8—1862, D. 62, 2, 190; 19—3—1872, D. 72, 2—103; Cass., 22—6—1914, Gaz. Trib., 25—12—1914），被徵收者所授與之對物權與地役之撤除，使用收益權之消滅，以及各種優先權與抵押之解除（Cass., 12—7—1847, D. 47, 1, 25; 19—3—1885, D. 85, 1, 446; 參看白爾德乃米所著之『行政法』第九版第六四六頁及賀鋭猷氏所著之『憲法概論』第七六五頁。至與白賀二氏之意見相反者則有 Cass., 2—7—1872, D. 72, 1, 217）。上述部份歸於徵收者後所負擔之義務，正與被徵收者所有時之情形相等也。所以徵收者對於上述各項義務之解除，應按普通條件行之，而抵押債權人亦得對於上述部份提出拍賣要求。

再者，關於請求徵用部份產業之移轉，並非以判決爲之，乃以主席法官所發之「財產相續許可之命令」(Ordonnance d'envoi en possession) 爲之也。抑更有進者，上項移轉須按普通法規定，實行登記，而並不依據一八四一年法律之規定。且在實行登記之前，舊業主仍得實行轉賣。

第二項　經徵收者提出者

（二七七）**關於城市路政授與徵收者之全部徵用可能處置及其例外性質**　吾人在本書上文第二七〇及

以次各款中已曾見及，一八四一年法律第五十條僅授與被徵收者以要求全部徵用之權，並未授與徵收者以同樣權利。關於徵收只及於公用必需範圍之原則，並按一八四一年法律之規定徵收者不得強迫業主將其在公用工程範圍以外之某一部份不動產出讓。

但自一八五二年後，以便利巴黎路政，或廣義的講，以便利城市路政關係，對於上述規定，已曾發生違反之處。而此項違法既經一九一八年十一月六日法律予以擴大應用後，竟已對於徵收者構成一種全部徵用之可能處置矣。實則吾人在下文中將可看出，在若干情形之下，法律允准徵收者得據有僅受部份影響之不動產全部，即令業主提出反對亦所弗顧，是即一般人所謂「線外徵收」是也(l'expropriation des hors ligne)。

在路政方面所謂「線外」云者，即指為實施工程起見所需產業路線以外遺下之片斷地產或建築物是也；若遇開闢，改正或放寬公路情形時，此路線即公路路線是也。

按一八四一年法律第五十條之規定，所謂線外徵收，只能在被徵收者提出請求之情形下，得實行之。再者，吾人在本書上文第二七二與第二七三款中已曾閱及，被徵收者在若干條件之下，得請求實行線外徵收，但並無出讓線外產業之義務。至於徵收者之對於剩餘部份，則並無任何權利可享，如經人提出合法請求時，僅有收購之義務也。

當然，上述立法確能切實保障私人利益，因此正可代表特別以保護產業是務之一八一〇，一八三三及一八四一年法律之精神。但該項立法對於公共利益究不免有不便之處。實則，有時為謀衛生與美觀等等關係，殊不便將剩餘部份道與業主，且有時爲經濟打算起見亦然也。

當一八五二年着手經營巴黎衛生與美觀之鉅大工程時，卽發現上述之各種不便。所以，一般人認爲只要具備若干指定條件時，必須授與巴黎市以對於片斷產業得實行全部徵用之可能處置。至於一八五二年三月二十六日公布之法令，卽係根據上述方針而起草者（參看累加所著之『巴黎市及各大城之公用徵收』見一九一〇年份省務雜誌「V. E. Raiga, l'expropriation pour cause d'utilité publique à Paris et les grandes villes, Revue départementale 1910」）

（二七八）與巴黎市街有關之一八五二年三月二十六日公布之法令　是項法令，對於一八五二年前之各徵收原則，曾經加以違反並擴大，其所以如此者，蓋爲謀公共衛生起見故也。

實則按一八五二年法律第二條稱『在爲開闢，改正或放寬巴黎市街而擬定之一切徵收計劃中，行政當局如認爲剩餘部份之面積或形式不敷與造適合衛生之建築物時，對於遭受影響之不動產全部，得予以徵用。——假使爲消滅無用舊街道起見，所謂線外不動產之獲得，實在所必須時，行政當局對於該項不動產，得徵用之。——若過於線外所得之地產部份，不適宜於與造合乎衛生條件之建築物時，按一八〇七年九月十六日法律第五十三條之規定，得將該地產部份，併入毗近產業，或以友好方式出之，或以實行徵收上項產業方式出之均可。至上述地產價格之確定，卽按實施普通徵收所應遵之手續及在同一裁判機關爲之……。』

由上文觀之，巴黎行政當局實享有一種特別制度，而此項制度與普通法不同之處，計有下列三點：

(1)若遇巴黎行政當局認爲剩餘部份之面積或形式不敷與造適合衛生之建築物時，對於遭受影響之不動產全部得請求徵收之；

(2)假使爲消滅無用舊街道起見，所謂線外不動產之獲得實在所必須時，行政當局對於該項不動產得徵用之；

(3)再者，行政當局對於依照上項方式而獲得之部份不動產，得合而爲一，或以友好方式出之，或按一八〇七年九月十六日法律之規定，實行徵收該項不動產均可。

(二七九)一八五二年三月二十六日法令與一八四一年法律第五十條之比較　一八五二年三月二十六日法令雖授與徵收者以至可寶貴之權利，但較之一八四一年法律第五十條所授與被徵收者之權利，仍有遜色。實則，按該第五十條之規定，只須在該條確切指定各項條件之下，惟被徵收者方得任意請求徵用其全部產業。反之，當徵收者宣稱行使按一八五二年法令第二條所授與之全部徵用權時，則尚須受宣告公用當局之拘束，而該宣告公用當局對於爲獲得目標之片斷地產或不動產，得予鑑定是否合乎上述第二條之規定情形也。吾人在本書下文第二八二款中，將可看出上項拘束至爲嚴厲。

當然，若遇一八五二年法律所規定之情形時，所謂線外之片斷地產或不動產，得按徵收線內片斷地產或不動產之方式予以徵收（參看一八五二年法令第二條原文）並不似徵收者於一八四一年法律第五十條情形之下，經被徵收者提出全部徵用請求時，須按普通法規定予以購買也（參看本書上文第二七六款）。

（二八〇）一八五二年法令除適用於巴黎市外逐漸推及於其他各城市矣　一八五二年法令對於當時巴黎市經營之衛生與美觀鉅大工程，當給以不少便利。所以其他各城市不久即要求援用該項法令之權利矣。實則，一八五二年法令第九條已曾明白規定：『本法令各項規定得適用於凡提出請求之各城市而按公共行政法規形式，以特別法令公布之。』根據此項規定，一八五二年法令第二條自後即經陸續宣告適用於一百六十三城市，或行政區矣。

茲有一事頗堪注意者，即在一八五二年法令公布後之最初數年內，各城市請求援用該項法令者特多。自一八五二年至一八五九年間，該法令竟擴大適用於一百零五城市。再就一八五三年觀之，該法令適用範圍已達四十三城市之多，至一八五四年則更增十六城市矣。反之，在過去四十年間，即自一八七六年以後，所公布之擴大適用法令，竟為大減少，而在此四十年中，該法令擴大適用所及之城市，則僅有八處矣。吾人在本書下文第二八一款中將可看出其原因乃在於自一八七六年始，對於實行一八五二年法令所授與全部徵用權一層，已曾加以各種限制條件，直使各城市對於援用一八五二年法令一節，並無若何特別便利可圖故也。但一九一二年四月十日公布之法律，對於一八五二年法令授與徵收者之權利，復予以大量之擴大（參看本書下文第二八三款）迄今尚未能援用是項法律之多數城市，恐不久即將要求援用一八五二年法令及一九一二年法律也。但此項假定，迄未見諸事實。

抑尚有值得吾人注意者，即有許多次要之行政區曾經請求，並已獲得一八五二年法令之援用權；同時，則尚有若干重要城市如布累斯特（Brest），提雲（Dijon），都爾（Tours），拉羅舍爾（la Rochelle）等城市，則迄未要求一八五二年法令得適用於上述各處是也。

（二八一）一八五二年三月二十六日法令之應用，及與是項法令有關之一八五八年十二月二十七日與一八七六年六月十四日先後公布之兩項法令　在一八五二年法令公布未久，即已發生若干應用上困難。實則在事實上，於未經公用宣告之前，徵收者並無法確知線外產業之是否適宜於衞生建設，蓋以徵收者只能於製成部份圖樣之後，方可確知該線外產業之形式與範圍故也。職是之故，公用宣告之對於該線外產業，並未予以任何確定，而吾人於此，當不能不研究遇徵收該項產業時所應採取之途徑也。

最初對於上述問題之解決辦法，則有一八五八年十二月二十七日法令『為執行一八五二年三月二十六日法令，規定巴黎市街之管理。』按一八五八年法令規定若遇徵收線外產業之必要於公用宣告後始經提出時，則此線外產業部份應列入部份圖樣中，並須依照一八四一年法律第二篇之規定，通知業主。假使業主關係人對於佔用其產業，並不表示異議時，則對於該產業部份所實施之徵收，當無經過特別核准手續之必要，只須依據既已獲得之工程公用宣告，按照一八四一年法律規定之手續行事即可矣。但設遇業主關係人曾經提出異議時，則對於上述產業部份實施之徵收，必須經過參政院予以特別明令核准方可。

以上所述實施線外產業徵收必須依據之進行方式，只於業主關係人提出異議時行之，並曾適用於巴黎及其他城市者幾達二十年之久（參看本書上文第二八○款）。但當一八七六年時，一般人則以為該項方式並不能充分保障私有財產，其所持之論據，乃爲「所涉及者爲 極爲謀公共衛生而實施之徵收，此種情形，實與爲謀便利交通而實施之徵收相同，應由國家元首鑑定之。在另 方面講，業主在若干種情形之下，殊不得認爲有權反對以上所述之附帶徵收。」其結果遂有一八七六年六月十四日法令之產生，該法令已將一八五八年法令中之第一第二第三各條予以廢止，至其餘之第四第五第六各條，則仍然有效。由是觀之，則一八七六年法令對於一八五二年法令所賦與徵收者之權利，仍准予維持也。茲將一八七六年法令之條文舉示如下：

「第一條　若遇巴黎市或曾經宣告得適用一八五二年三月二十六日法令第二條規定之其他城市，有開闢，改直，或放寬街道之必要，且按該條規定，線外不動產部份必須列入徵收範圍時，則此種產業部份，應列入一八四一年五月三日法律第一篇第二條規定交付調查之圖樣中，並在一八五三年八月二十三日國王命令第三條規定實行批露之通告中提及之。然後經由宣告所計劃之市政工程具有公用性質之法令核准上述產業部份之獲得。

「第二條　假使在宣告公用法令既經宣布以後，徵收當局認爲對於線外不動產部份有加以徵收之必要時，則此種產業部份，應列入一八四一年五月三日法律第一篇第二條規定交付調查之圖樣中，並在同法律第六條規定實行批露之通告中提及之。而此項徵收事件即使並未遇任何反對，亦非經參政院明令核准不可。

「第三條　上述規定，並不妨礙省長在一八四一年法律第二篇中規定之各項手續既經完成後，得按同法律第一一與第十二兩條之規定，對於列入徵收範圍之其他一切產業，予以裁決。」

由上文觀之，按一八七六年六月十四日法令之規定，所謂對線外產業部份實施之徵收，無論在任何情形之下，均須經過特別核准手續方可；或經由宣布公用宣告之法令核准之，或在公用宣告法令宣布後，即無業主關係人之反對，亦應由參政院明令核准之。

（二八二）參政院必須履行之裁判及其弊害　吾人在上文中已曾見及，法國參政院自一八七六年後，對於徵收者請求徵用之線外不動產部份，『必須就其面積或形式上着眼，以確定其是否適宜於合乎衛生條件之建設。』

抑據吾人所知，參政院之裁判，頗有日益嚴厲之趨勢。若就法律立場講，此固有相當理由，蓋以此處所涉及者，乃爲對徵收法之違反情形，而違法事件，固應隨時予以最嚴格之解釋也。職是之故，參政院一方面對於「衛生」問題，頗予着重，其他即使有頗值得注意之點，如美觀或財政諸端，均非所計及，蓋以一八五二年法令對於部份產業，只於有益衛生之情形下，始允徵用故也。同時，在另一方面，參政院對於線外部份產業，只准在其面積顯然不能充作適合衛生建築之用時，始允徵用。設該部份產業之面積達一百平方公尺時，即使其形式如何不良，參政院對於徵用之請求，亦不核准，且參政院有時對於在六十平方公尺以下之地基，亦認爲可供興造適合衛生建築之需。

上述裁判，不論其有何根據，要不免發生若干嚴重效果，茲就其所引起不便之處，舉示兩項如下：

（1）先就衛生與美觀方面而論，在上述裁判情形之下，何人尙敢主張在巴黎市一百平方公尺之地面上，興造方今公共衛生或市街美觀所需之建築乎？在吾人認爲，與其聽任興造小型建築於線外之狹隘地段之上，固不

如將綫外若干地段合併，俾便與造寬敞不動產建築之爲愈也

（2）其次，就財政立場講，實則，參政院之裁判徒使部份徵收事件日益增多而已。且據吾人所知，所謂部份徵收，通常均較全部徵收更爲浪費：蓋以須予部份拆毀之建築，在通常情形之下，不但應照全部產業所值付價，且對於租客方面須給付之收奪償金，每每爲數甚鉅，直與在實行徵收全部產業情形下所應付之數，無大差別；再則，在徵收部份產業之情形下，每每對其餘產業部份形成大量之增價，爲已受償金之業主所獨得，而陪審委員會於估定償金時，往往對於上項增價未加以充分注意（參看本書上文第二三五款。）由此觀之，參政院裁判之惟一結果，實爲增加路政進行之鉅大負擔而已，同時，對於美觀與衛生，亦並未顧及也。因此，在吾人看來，參政院裁判制，殊有改革之必要。

（二八三）一九一二年四月十日公布之法律：一八五二年法令賦與徵收者全部產業徵用權之擴大應用關於徵收者全部產業徵用權之改革，曾經各徵收機關特別是巴黎市之多次請求，始有人建議將此項改革採入法國法規，先以修改普通徵收法着手。爲此法國下議院乃於一九一〇年三月十五日通過累諾（Raynaud）氏關於補充一八四一年法律第五十條規定之提議。

但法國下議院所通過之原文，在實行上頗有種種不便之處，蓋依該條文規定，徵收者不論在任何情形之下，對於影響所及之不動產，均有予以全部徵收之義務，似此，在若干場合之下，頗使徵收者至感不便。不獨此也，一般人均認爲，卽爲實行改革，並無修正普通徵收法之必要，亦不必作部份之修正，所以，主張只須將一八五二年三月

二十六日法令中之特別規定予以修正即可矣。法國參議院即根據此意，將下議院所通過之提議予以擱置，而代以若納內所提之反對議案。此即一九一二年四月十日之法律也。吾人試觀該法之原文曰：

『本法修正一八五二年三月二十六日法令第二條關於巴黎市街之規定。

『獨一條文　關於一八五二年三月二十日之法令特予修正如次：

『行政當局不論在任何放寬改直或開闢巴黎市街所提出之徵收計劃中，對於受徵收影響之不動產，若認為該不動產殘留部份之面積或形式，不敷興建適合衛生之建築或與路政之重要與美觀相稱之建築時，得將全部列入徵收範圍。

『凡未超過一百五十平方公尺之殘留部份，或為實行公用計劃拆毀全部或部份之建築物之面積佔原面積二分之一以上時之全部不動產，若經當事人之請求，應依法徵收之（參看本書上文第五二款關於延長巴黎與斯曼馬路公用宣告之廢止。）

『凡為消滅無用市街起見所必須取得之線外不動產，行政當局均得將其列入徵用範圍至對於其他一切產業之殘餘部份，若經業主同意，亦得同樣處理之。

『凡取得不適用於衛生或美觀建築之線外地產，得依友好方式或按一八〇七年九月十六日法律第五十三條規定之徵收辦法，將其併入鄰近產業。

『關於上述地產價格之確定，得按通常徵收程序，依照同樣手續，並由同樣主管機關處理之。

一八四一年五月三日法律第五十八條之規定，得適用於凡與爲路政着想所取得地產有關之一切字據與合同。』

根據上文所述，則一九一二年四月十日法律關於市街方面所給與徵收者擴大之全部徵用權，約限於下列三點：

（1）自後關於全部徵用之請求，不僅根據衛生觀點，可以提出，即根據美觀理由亦得提出。因之所謂公用觀念，遂擴大應用於城市方面與美觀有關之工程矣；

（2）參政院對於殘餘部份是否足供適合衛生或與路政之重要與美觀有關之建築之估定權，自後將受限制，其意即謂，設遇殘餘部份之面積並未超過一百五十公尺時，若經徵收當事人或被徵收當事人提出全部徵用之請求，參政院不得加以拒絕。此蓋由於立法者認爲其面積在一百五十公尺以下之地產，殊不適宜於興造合乎各種條件之建築，遂即決定若遇此種情形時，則『全部徵收即爲合法』；

（3）設遇爲執行公用建設計劃，必須加以折毀之建築，其所佔面積竟超過受徵收影響不動產全部面積二分之一時，則全部徵用亦爲合法，且參政院對於是項全部徵用，若經當事人之任何一方提出請求，即應加以核准。

以上改革之動機，要不外爲財政着想。立法者爲使徵收者對於彼所創建之地產增價得實際取得其份所應得者起見，特許其在上述限制範圍以內得有徵收享受增價利益之殘餘部份之權。

再者，一九一二年之法律，不過僅將一八〇七年法律與一八四一年法律已決定但尚未實行之公平原則，一方面予以追認，同時確定其應用而已。實則，吾人在本書上文第二三五款中已曾見及，一八四一年五月三日法律曾經明白規定凡產業之殘餘部份以徵收結果所獲得之增價，當估定償金數目時，應當注意及之，但以陪審委員會過於怯懦關係，在實際上上項規定直成具文而已。且以上所舉之原則，一八〇七年九月十六日法律中之第三十與第五十四條，已曾規定及之，但終以實行程序過於複雜之關係，而歸於失敗。迨一九一二年，立法者乃擬設法補救之。

抑更有進者，關於地產增價上之改革問題，法國較之外邦進行殊晚也。吾人試觀一八七九年一月十日西班牙法律第四十七條，一八八一年五月三十一日匈牙利法律第二十二條，以及一八九六年三月四日盧克森堡法律等等，均早已規定及之。至於德國，且在其一九〇九年七月十五日公布之財政法律中，對於業主不勞而獲之不動產增價已有課稅之規定矣（參看一九一〇年份之財政學與財政立法雜誌（Revue de Science et de législation financières）第一七三頁與第三八九頁，以及本書下文第二八三之二款。）

（4）最後，一九一二年法律對於一八五二年法令擴大之點，係關於徵收者與被徵收者一致主張將線外產業之殘餘部份列入徵收計劃時之情形。依一九一二年法律之規定，參政院對於線外徵收之核准，不得拒絕。

其次吾人尚須注意者，即一九一二年四月十日法律原文雖云：『本法修正一八五二年三月二十六日法令第二條關於巴黎市街之規定』，但得享該法律新訂徵收之便利辦法者，實不僅限於巴黎一市。實則吾人在本書上文第二八〇款中已曾見及，法國已有一百六十城市實際享有援用一八五二年三月二十六日法令之權——

在一九一二年所頒之法律，不過爲該法令之修正文而已——，並且其他各城市亦得享有請求援用是項法令之權也。依吾人觀之，一八五二年法令自一九一二年後，實包含不少便利，其適用領域，自應予以擴大也。

第三節　在公共工程範圍以外地產之徵收

（二八三）之二　地帶徵收　以上所舉各項法律與規則之規定，自一九一八年十一月六日法律公布後，久已喪失其重要性矣。蓋以上項法律爲一八四一年五月三日法律之補充，不僅允許徵收在公共工程範圍以內之面積，即凡經認爲於該公共工程目前或將來價値上所必須之面積，亦允許加以徵收也（參看一八四一年五月三日法律第一條與第二條之修正條文。）尤其關於不敷合理分配或不適宜興造合乎一般工程計劃之建築之各種面積，一九一八年法律特別允許予以徵收（參看一八四一年法律第二條修正條文）。

關於在公共工程範圍以外之地產，早已有人感到有加以徵收之必要，一八五二年法令即爲此而發，其後復有若干法規從而加以補充或修正矣。再者，正如吾人在上文中所曾見及者，然外國立法對於在公共工程範圍以外之地產須加徵收之原則，亦均予以全部採納矣（按一八六五年六月二十八日之意大利法律第二十二條；一八六七年十一月十五日之比利時法律；一八七九年一月十日之西班牙法律；一八八一年五月三十日之匈牙利法律；一八九六年三月四日之盧克森堡法律及一九〇五年四月一日與一九〇七年七月十七日先後公布之普魯士法律。）

以上所述關於在公共工程範圍以外之徵收，應名之曰『地帶徵收』（Expropriation par zones）並須依照特別規定行之。

上述之地帶徵收，必須經由法律或參政院之命令宣告其公用性質方可，至於簡易命令，則無宣告是項性質之效力（按經一九一八年法律修正後之一八四一年法律第三條之二第一節規定。）所謂法律或命令，應按擴大之理由確定公用宣告實施所及之範圍，並決定未列入公共工程範圍內產業部份之用途，且於必要時，得對於該產業部份出賣條件，予以規定（參看經一九一八年法律修正後之一八四一年法律第二條。）

法國法律並不似其他國家之立法；對於實施徵收之最大限度，有所規定。因之，法國行政當局得按實施工程性質，而定推廣徵用之範圍也。但以須由法律或參政院命令宣告公用性質之故，則又似可避免一切不合理之徵收也。

關於城市路政方面，一九一八年十一月六日法律所賦予行政當局之權力，較之一九一二年四月十日法律所賦予者範圍尤廣。行政當局不但可以進行街道或死巷之開闢，放大與延長，公共廣場之開闢或放大，以及紀念物之整頓或隔離，且可進行公共道路之改造，公園，特別交通區或工商區，行政區與娛樂區之添闢，以及廉價住宅之興建等等。再者，地帶徵收在執行會經一九二四年七月十九日法律修正之一九一九年三月十四日法律時，亦須予以援用也。原一九一九年三月十四日法律曾經規定，凡有一萬居民以上之城市，或其他居民較少，但已具備若干條件之城市，必須製就一份整頓與擴充之計劃書，公用宣告書，對於未經劃入公共工程範圍產業部份之用途，必須加以確定，正如吾人在上文所舉及者然。設遇該產業部份未經移充指定之目的用途時，則其業主得按該產業部份之取得條件請求收回。原一八四一年法律曾經修正後之第六十條條文曾經明白規定：「設遇為實施公用工程起見而徵得之地產，未經移充其目的用途，或根據本法律第二條與第二條之二之規定，所徵得之不動產，並未按照宣告公用之法律或命令予以使用時，則原業主或該產業之有權人士，得請求收回。」

於此，必有人問曰：一九一八年十一月六日法律規定亦適用於承辦鑛物，或電力，或水廠特許人得有權實施之徵收乎？吾人對此問題之回答，當為否定的，所幸迄今尚無乞援法院解答上項問題之事件發生也。

第十一章　產業歸還原業主

(一八四)歸還權或先買權之根據　爲公用而徵用之不動產，以某種關係未經移充其目的用途一事，一八四一年法律已曾規定及之矣。

實則，爲謀公共利益起見而實施之徵收，其對於私人實構成一種含有強制性之犧牲，設遇徵收者業已放棄其原定計劃而徵得之不動產並未移充其目的用途時，最公正之解決，應即將該不動產歸還原業主，如原業主表示有收回該不動產之意嚮。

原一八四一年法律中曾經修正後之第六十條，即根據上述意旨，而定爲下列之條文曰：『設遇爲實施公用工程起見而徵得之地產，未經移充其目的用途，或根據本法律第二條與第二條之二之規定，所徵得之不動產，並未按照宣告公用之法律或命令予以使用時，則原業主或該產業之有權人士得請求收回之。

『至於歸還地產之價格，應按友好方式確定之，若未能成立妥協時，即由陪審委員會依照上開手續予以確定。再者，無論在任何情形之下，陪審委員會所確定之價格，不得多於徵得地產時所費之數。』

由上文觀之，第六十條實已賦予徵收者以一種真實優先權。而此種優先權，通常稱爲先買權或歸還權。

(一八五)先買權或歸還權究應屬於何人　一八四一年法律僅稱：『屬於原業主或該產業之有權人士，』

其對於有權人士，並未分別究爲普通有權人士，抑爲特指有權人士也。但法國判例則主張，先買權應屬於普通有權人士，卽原業主之繼承人，受贈者，或普通繼承人以及其不動產之普通繼承人，或依據法國民法第一一六六條之規定，爲原業主之債權人是也。

法國判例認爲在業主將其殘餘部份移交特指有權人士之際，其本人已爲被徵收者時，則該特指有權人士對於業主方面並未取得其業被徵收之不動產權，因之無權行使先買權。至於業被實施部份徵收不動產殘餘部份之受贈者，繼承人或得主，其情形亦然（Cass., 29—10—1865, D. 67, 1, 246; Dijon, 17—7—1868, D. 68, 2, 204）除非此種有權人士所持字據曾載明彼有先買權。

根據上文所述，至易發生下列奇異結果，卽設遇某項產業以徵收關係而劃分爲兩部，而被徵收之業主已將徵收之殘餘產業部份出賣時，先買權並不屬於買主——然該買主固已成爲不動產歸還之眞實關係人也——但仍爲業主保有也。

若對於斷定請求人之援用先買權，是否有充分根據一點，發生異議時，卽由司法當局，換言之，卽產業所在地之法院裁定之(Conseil d'Etat, 30—7—1863, D. 63, 3, 105; 24—6—1868, D. 72, 3, 63; Cass., 29—5—1867, D. 67, 1, 247)。如有多數人士提出歸還之請求時，徵收者應卽延緩執行，直至法院裁決時爲止(Conseil d'Etat, 1er—1—1840, D. 41, 3, 15)。

（二八六）**先買權究適用於何項地產耶**　按一八四一年法律第六十條稱：「適用於爲移充公共工程用途

而獲得之地產』根據是項條文所載，先買權不但適用於被徵收之不動產，卽對於依照友好方式而取得之地產亦可適用。然此種友好取得事前必須經過公用之宣告方可，否則構成先買權之理由不能成立。

再者，不論地產爲列入徵收判決者，抑爲依照友好方式所取得者，無論徵收者爲任何人，先買權均得成立，且對於曾經建造之地產與未經建造之地產，同樣可以適用。

但上述之先買權，對於經業主依照一八四一年法律第五十條規定，提出全部徵用請求而取得之地產，則並不適用。此種處置至爲合理，蓋以該地產之所以不復再屬原業主，本出於原業主之情願。再者，一八四一年法律第六十二條曾經明白載稱：『本法律第六十與第六十一條之規定，並不適用於曾經業主事前根據一八四一年法律第五十條規定請求取得，且於工程已實施後尙未移用之不動產。』

但上列條文雖作如是之規定，有時亦有例外，如曾被實施部份徵收，且以業主請求關係，而予以全部徵用之產業，並無任何一部分充舉辦工程之用，在此種情形亦可適用也。實則在此種情形之下，業主頗有理由聲明，彼之所以請求全部徵用不動產者，蓋由於彼之不動產被人取去一部分故也，反之，若其不動產並無被人取去時，則彼當不致要求出賣矣。由此觀之，業主當可請求歸還其全部產業，而不僅限於被徵收之一部份而已。原一八四一年法律在討論期中，政府人員亦曾作如此之聲明也（參看一八四一年三月五日公報第五四一頁）。

（二八七）業主究在何種情形之下，始可請求歸還其地產　按諸一八四一年法律第六十條稱：『假使爲充作公共工程用途而獲得之地產，並未移充原定之目的用途時，』則業主只能在充作公共工程用途之地產未經使用之情形下方得行使上述第六十條所賦予之權利也。

至對於按照曾經一九一二年四月十日法律修正之一八五二年三月二十六日法令之規定，關於城市路政方面徵收者在若干情形之下得一併徵收之線外產業部份，亦同樣適用上項辦法（參看本書上文第二七七及以次各款）假使工程業已按照附入公用宣告書之計劃執行時，則原業主即不得請求歸還該線外產業部份 (Cass., 13—7—1871, D. 71, 1, 49; 17—12—1877, D. 78, 1, 459)。

但若遇地產業經使用，乃至暫時使用或因工程上之延緩並非永不施工，以致使用較緩等情形時，則被徵收之業主亦無先買權之可言 (Conseil d'Etat, 17—5—1855, Leb., 55, P. 357; Lyon, 20—8—1857, D. 57, 2, 219)。至遇所徵得之地產並未移充徵收目的工程用途而改充他項工程用途時，只須是項工程爲屬於公用方面者，即得同樣適用上項之規定，蓋以被徵收者並無權過問工程之性質故也 (Cass., 29—5—1867, D. 1867, 1, 246; Conseil d'Etat, 6—3—1872, Leb., P. 141)。

若遇對於所徵收之不動產，僅以其一部份移充工程用途時，先買權在此處是否適用？關於此點，法國判例以爲若原定計劃曾載明須以全部不動產充作工程用途時，則原業主或其享有一般權利者（參看本書上文第二八五款），即得請求歸還所餘之產業部份 (Conseil d'Etat, 1er—4—1840, Lebon, 40, P. 97; Paris, 20—4—1865, D. 67, 1, 246——此項解決辦法，同樣可以適用於行政當局按照曾經一九一八年十一月六日法律修正之一八四一年法律第二條之規定得有權徵收原定工程範圍以外之面積）。

關於所徵得之地產，是否應予歸還之爭執，須由參政院處理之。

（二八八）原業主究應在何時，並如何行使其先買權　關於業主請求歸還原定移充公用工程用途，但終於未經動用之地產，所應依據之程序，均詳載於下列之一八四一年五月三日法律第六十一條，按該條稱：「關於行政當局擬予轉賣之地產，應按本法第六條之規定以通告批露之。至於意欲重新取得該地產之原業主，應於該通告批露後之三個月內聲明其意嚮；並在價格既經依照友好方式或司法方式加以確定後之當月內簽訂重買合同，付清價格；對於上情如有未遵之處，則前條所賦予原業主之優先權即喪失時效。」

依上列條文觀之，則徵收者若放棄其執行工程之計劃，或於工程既經完成以後，猶餘若干未經動用之地產時，應即按照一八四一年法律第六條之規定，將其擬予轉賣之地產以佈告與報端批露（參看本書上文第六十二款）。

抑更有進者，徵收者於通告之外，得以通知書分別送達彼所知悉之各關係人，但此並不是非辦不可之事。

原業主或有權者應自上述批露之日起，在三個月以內聲明其行使先買權之意嚮，否則即喪失時效，且此項規定得同樣適用於無能力者。再者，此類聲明，不論以任何方式出之均可，所謂執達吏之傳票，在此殊非必要。

假使徵收者於工程完成後，並未作上述通告之批露（此種批露並無期限上之限制）時，在關係人方面並不因此而喪失其行使請求歸還之權。再者，該各關係人不但可以任意提出上項請求，且不受三個月期限之拘束，並得享自徵收判決之日起算之三十年期限，蓋以須載明時效期限之通告，並未露佈故也。

（二八九）歸還地產價格之確定　業主一經提出歸還請求並經徵收者予以同意後，或二者之間發生爭執時，主管司法機關（或爲參政院，或爲產業所在地之法院，須按情形而定；參看本書上文第二八五及第二八七款）認可上項請求後，吾人可得兩種假定如下：

（1）雙方關係人對於歸還價格均表示同意；似此，即只須簽訂重新收買之合同，與付淸價格足矣。

（2）反之，若遇雙方對於歸還價格未能趨於一致時，則按一八四一年法律第六十條第二節之規定，該價格應由陪審委員會依照一八四一年法律所規定之確定徵收償金手續，予以解決。

以上所舉之任何一方，均得請求召集陪審委員會，但並無集會期限之拘束。

預先提價，在此並無必要（Cass., 2—3—1868, D. 68, 1, 182；再者，即有預先提價情事，亦只能由原業主爲之，而行政當局不與焉）。在陪審委員會中，原業主得提出所擬付之金額，徵收者亦得提出要求數目，終由委員會裁決之。

但立法者雅不願使徵收之結果，犧牲被徵收者之利益，以成全徵收者之利益，因之規定陪審委員會確定之價格，無論在任何情形之下，『不得超過徵得地產時所費之數目。』（按一八四一年法律第六十條規定）。

法國判例對於上列條文作如是之解釋：若遇此項歸還僅涉及徵得地產之一部份時，　因其餘地產部份業已移充實施工程用途故也——陪審委員會所確定之價格，只須不超過徵收者以前對於全部地產所付之金額即可。例如，設遇前以十萬佛郎償金所徵得之一百平方公尺地產，而歸還之部份，僅爲六十平方公尺之面積時，則陪審委員會所斷給之數，不能多於十萬佛郎之數，但該委員會固可斷給八萬佛郎，似此，則以前每方尺僅值千佛郎，而今一變而為每方尺竟值一千三百三十三佛郎矣 (Cass., 2—3—1868, D. 68, 1, 182; 26—4—1881, D. Rep. Suppl., loc. cit., n°867)。

(二九〇)在價格確定之當月內須即付款　凡價格一經依照友好方式，或陪審委員會予以確定後，即從事簽訂歸還合同，並付清價格可矣。

但為謀事件之迅速解決，並預防無充分款項可付之冒昧得主妨礙行政當局將產業轉賣與第三者起見，一八四一年法律第六十一條末節特予規定必須簽訂合同，並於確定價格之當月內實行付款；否則先買權即喪失時效。且此項喪失時效之規定得同樣適用於無能力者。

至為執行一八三三年七月七日法律第六十條與第六十一條規定，而公布之一八三五年三月二十二日命令，迄今猶在適用期中，且該命令對於國家所徵得之地產特予規定：『簽訂歸還合同時，必須在省長或代表省長之縣長面前，另有管理產業之特務員與徵得產業之部會人員在場協助方可。至於歸還地產之值價，則須向產業所在地之收支處繳納。』

(二九一)一八五二年三月二十六日法令所規定關於城市路政之特殊先買權　除吾人在上文已曾述及，特為原業主及其有權者規定其一般先買權之一八四一年五月三日法律第六十條與第六十一條，並將行使該先買權之條件及其進行加以指陳外，另有曾經一九一二年四月十日法律修正之一八五二年三月二十六日法令關於城市路政方面，更特爲鄰近業主（Propriétaires contigus）創立另外一種先買權。

實則，以上所述之一八五二年法令除在其第二條中明白規定，允許徵收者得將不適宜於興建合乎衞生或不與市街之美觀及其重要相稱建築之線外產業部份，一併列入徵收範圍外，並在其同條之第四與第五兩節中（在未經一九一二年四月十日修正以前，本爲第三節與第四節）規定『凡以不適宜於興建適合衞生或美觀建築，而加以徵收之線外地產，應依照友好方式或按一八〇七年九月十六日法律第五十三條之規定，將其併入鄰近產業。——關於上項地產價格之確定，應按普通徵收手續與裁判行之。』且與一八五二年三月二十六日法令執行有關之一八五八年十二月二十七日法令第五條更稱『在本條（一八五二年法令第二條）第三節（已列爲第四節）規定之情形下，按一八〇七年九月十六日法律第五十三條規定，對於所徵得之線外產業部份應併入鄰近產業之業主，得以不屬於司法範圍以內之文件（Par acte extrajudiciaire）請其於八日期限內聲明，是否願意取得鄰近產業部份，俾得接近公共道路。上述業主若拒絕或無表示時，即得按法定之徵收手續進行一切。』

依上文觀之，則其不動產與行政當局按一八五二年法令規定所取得，而未經使用之線外產業之鄰近業主，得有請求將此線外產業與其所有之產業合併之權，但遇與出讓者對於該線外產業之價格未能一致商決時，則應請求陪審委員會加以確定。再者，只須行政當局未曾以不屬於司法範圍以內之文件正式請求業主表明其意旨，則該業主於徵收判決宣判後之三十年期限以內，得隨時請求行使上項先買權。至遇該業主一經請求表示其意旨時，則應自提出請求之日起在八日之期限內爲之。

假使上述業主爲欲取得鄰近產業俾便接近公共道路起見，願意行使其所享有之先買權時，當應從事該鄰近產業價格之確定。關於是項價格之確定得依照友好方式行之，如雙方不能成立妥協時，則按徵收手續由陪審委員會確定之（按一八五二年法令第二條第五節規定），蓋以立法者不願使業主被迫接受行政當局所強定之價格條件，否則，在事實上殊使業主無由行使其先買權也。

假使業主聲明無接近公共道路之意嚮或一經請求表示其意旨而並未在八日之法定期限內提出答覆時，則行政當局卽得任意支配所謂沿線產業矣。再者，行政當局對於業主已放棄先買權之鄰近不動產，得加以徵收，並併入未經使用之線外產業部份。但在實際上，行政當局所享有之上項權利，固甚鮮行使也。

由上文觀之，則法國立法爲欲使線外產業部份得有適當使用起見，曾定以下兩項權利：一爲屬於鄰近線外產業部份之不動產業主，一爲屬於已成線外產業部份業主之行政當局。但在實際上，上述之第二項權利，固已多年未見行使矣。

（二九一）之二　關於根據一八四二年五月二十四日法律規定沿舊國道業主所享有之先買權　與變更路線另闢新道所放棄之舊國道有關之一八四二年五月二十四日法律，對於鄰近業主，又定爲另一種先買權。原該法律第三條規定若遇上述之舊國道部份，未經列入省道或城市道路範圍時，則對於沿國道部份之業主，得促其自行決定是否願意「各本其所有權利，按一八四一年五月三日法律第六十一條所規定之手續，取得銜接彼等產業之國道部份』設遇此情變方未能成立友好解決途徑時，則關於價格一層，應由陪審委員會加以確定。假使沿舊國道之業主未曾行使上項先買權時，『即可按照出讓國有產業之規定或援用一八三六年五月二十日法律第四條，從事出讓地產之進行。』

上述各項規定得適用於巴黎市街，蓋以巴黎市街若照條例上講，實屬於大道範圍故也（參看一八五二年三月二十六日法令）。

關於上述先買權之行使，法國財政部於一八四四年十月二日曾頒一部令，直將『可供航行之河道支流或河床』與放棄之國道部份等類齊觀。再者，一八三六年五月二十一日法律第十九條亦規定，凡經廢置之城市間道路之鄰近業主，均享有一種先買權，同樣，一八八一年八月二十日法律第十六條與第十七條，對於鄰近舊鄉村道路之業主，亦予認為享有先買權也。

第十二章　徵收字據之形式通知與登記

第一節　字據之形式

（二九二）徵收字據得在法院書記官之前訂立，或依照行政字據形式　按一八四一年五月三日法律第五十六條之規定『凡出賣合同，收據及其他與取得地產有關之字據，均得仿行政字據訂立；其正本應存放於省署祕書處以聯本送交產業管理處。』

依上文觀之，則行政當局對於徵收字據（如出賣合同，收據取消抵押契等等），得任意採取經由法院書記官途徑，或行政的形式均可。實則，二者均各有其便利之處。

採取行政的形式，顯然較爲經濟，因無須給付酬金故也。

然在某種情形之下，又以請求法院書記官之協助較爲便利。蓋以法院書記官易與雙方當事人接觸，隨時均可請求彼等作友好磋商，由此在不動產價值方面所省下之費，便可抵付法院書記官之酬金矣。所以法律不予限定，無論在任何情形之下，均須採取行政的形式也。

（二九三）字據之起草及其證明效力　關於此點，並無特殊之規則可循。實則，凡關於徵收字據，若就其起草情形，及其證明效力兩點而論，如採取行政字據形式，則按與『行政字據』有關之規定進行反之設徵收字據係，當法院書記官前訂立時，即按與『經法院書記官證明之字據』有關之規定爲之（參看書記官室字典（Dictionnaire du Notariat）第五版第一册第一六一頁與二五三頁所載之『行政字據』及『經法院書記官證明之字據』）。

（二九四）關於徵收字據之糾紛　假使該字據係法院書記官起草時，則得適用普通法之規定。

設上述字據係按行政字據形式訂立時，則應視糾紛所涉及者，究爲字據內容問題，抑爲字據形式問題而定。

假使糾紛所涉及者，爲合同之內容問題，即如關於合同之解釋或未經遵守等等，仍由司法當局處理之。實則，字據之行政形式並不足以變更管轄權（Conseil d'Etat, 22—8—1853, S. 54, 2, 283; 15—3—1855, S. 55, 2, 520）。

但遇對於字據之形式發生爭執時，例如以該字據並未經過高級機關予以必須之核准，而反對其發生效力，則按分權原則，應由行政裁判機關解決之（參看一八五〇年三月十五日之糾紛法院裁決，S. 50, 2, 361）。

第二節　字據之通知

（二九五）須經何人之請求始實行通知　按一八四一年法律第五十七條第一節規定：『本法律所載之通知事項，須經產業所在地內省長之請求爲之。』

依上文觀之，無論在任何情形之下，且不論徵收者爲誰，惟有省長始有資格處置關於徵收手續之各種字據。

但法國判例對於一八四一年法律第五十七條加以補充，此即同法律第二十條第二節及第四十二條是也。按此兩條之規定凡對於徵收判決或陪審委員會提起之控訴，應視工程之性質如何而實行通知省長或市長，假此，則在下列各種情形之下，凡關於徵收之字據須實行通知：

(1)關於國家或省舉辦之徵收，經產業所在地之省長提出請求；

(2)關於純爲一村利益起見而舉辦之徵收，經村長之請求。

假使徵收範圍同時涉及一村與一省時，則應同時通知省長與村長(Cass., 2—2—1846, D. 46, 1, 78)；

(3)在享有特許權者舉辦徵收之情形下，經該享有特許權者提出請求。實則，按一八四一年法律第六十三條之規定『凡享有舉辦公共工程之特許權者，均得行使賦予行政當局之各項權利，並須負擔本法律所施諸行政當局之全部義務。』

同樣，凡舉辦徵收者，不論其爲享有開礦特許權者，抑爲經法律賦予徵收權之其他一切個人或公司，均須適用上項規定。

至於個人於收得通知後，必須以通報答覆通知者，此爲當然之事也。

(一九六)字據通知須由何人送達　按一八四一年法律第五十七條第二節之規定，凡經行政當局請求而發給之字據通知，『得由執達吏或其口供可作裁判參考之一切行政機關人員予以轉達。』至於其口供可作裁判參考之人員，即爲：

(1)田野看守人（按法國刑事訴訟法第九條與第十六條；）

(2)憲兵（按法國刑事訴訟法第七十二條；）

(3)司法警察（按法國刑法第二〇九條；）

(4)管理橋堤者（今已易爲國家公共工程及橋堤工程師，參看法國刑法第一一二條，及一八一一年十二月十六日法令；）

(5)路政監查員（按一八三六年五月二十一日法令第十一條；）

(6)橋堤傭工（今已易爲橋堤助理專門技師，）及經合法委任並曾宣誓之路政總管（按一八四二年三月二十三日法律第二條；）

(7)航務人員（按法國共和曆第十年八月二十九日法律第二條；）

(8)漁業警吏（按一八四四年五月三日法律第二十二條；）

(9)森林管理人員（按法國森林法第一七六條第一七七條；）

(10)工兵守衛（今已易爲工兵行政官吏矣）（按一九〇六年三月二十九日法律第二條；）

(11)戰地哨兵（按一八一一年九月十六日法令第十五條；）

(12)曾經宣誓之經營鐵道人員(art. 23, Loi du 15—7—1845; Cass., 11—1—1865, D. 65, 5, 170; 17—3—1869, D. 69, 1, 271)。

再者，上列各項人員，只能在其宣誓之區域內作證。

（二九七）徵收字據究應如何送達並交付何項寓所　徵收字據，不論其經由執達吏或曾宣誓之行政人員送達，應製就正本與副本各一份：副本卽交付應予通知之人士，至於正本則應由發給通知人員執掌，蓋爲必要時便於證明徵收字據業已送達並經合法送達故也。

假使上訴書未經送達關係人而送達與其他人員時，卽應證實該上訴書確已固封送達（按一八九九年二月十五日法律）並於通知書之正本與副本上註明上項手續已經照辦，再經執達吏簽名於附註之上（Cass., 1er—12—1915, Gaz. Trib., 10—12—1915）否則卽遭無效處分。

再者，按一八四一年法律第十五條第二節之規定，通知書應予送達產業所在區內之被徵收者法定寓所，設無此種法定寓所（參看本書上文第八十八款）卽應製就副本兩份，以一份送交村長，以另一份送交產業看守人（如守門者、產業管理人、租客、森林看守者等項人員）此外，再以第三份副本封好掛號寄交土地稅捐册中載明之被徵收者寓所（按一八四一年法律第十五條第三節）；若遇被徵收之產業部份並無看守人經營時，則上述之第一第二兩份副本卽交與村長可也（Cass., 2—5—1904, S. 1905, 1, 194）。再者，按一八四一年法律第條末節之規定，「本法律所規定之一切通知書，均應依據上列手續送達。」

抑尤有進者，卽凡送達於被徵收者確實寓所之通知書，若非關係人在陪審委員會中不提抗議與保留，決不容用以代替法律規定之通知書也。

（二九八）印花與登記費之免除　按一八四一年法律第五十八條之規定，『凡依照本法律規定而成立之圖樣，口供，證書，通知書，判決書，合同，收據，及他種字據，若有從事登記之必要時，得免除印花費與登記費。

『向抵押品管理處辦理字據登記時，並不徵收任何費用。

『在省長頒發讓與命令以前，對於友好取得產業所徵收之費用，若於徵收後兩年期限內，一經證明該取得產業已被列入省長頒發之讓與命令時，卽應歸還（上述兩年期限業經一九一四年一月三十一日法律加以修改矣，參看本書下文第二三四款。）再者，費用歸還之規定只能適用於會經認爲在工程執行上所必不可少之不動產部份。』

抑尤有進者，上項規定，乃係轉載一八三三年七月七日法律第五十八條而來，吾人試觀一八三三年法律之第五十八條稱：『凡依照本法律規定而成立之圖樣，口供，證書，通知書，判決書，合同，收據，及他種字據，若有從事登記之必要時，得免除印花費與登記費。』卽可知矣。

按一八四一年五月三日法律第五十八條第一節之規定，既與一八三三年七月七日法律第五十八條所載者相同，則在該兩法律公布期間內之各項決議，自應繼續適用也。

吾人須研究者約有下列數點：

(1)一八四一年法律第五十八條免費規定所涉及之程序；

(2)應免除之各項費用；

(3)得享免費待遇之各種字據；

(4)既徵費用之歸還；

(5)特種徵收。

第一項　一八四一年法律第五十八條免費規定所涉及之程序

(二九九)一八三三年法律與一八四一年法律公布以前之公用宣告　一八三三年七月七日法律第五十八條所規定之印花免費與登記免費，業經認爲可以適用於與一八三三年前曾經國王命令核准公用徵收有關之各種字據 (instr. Régie, n° 1513, § 2)。

(三〇〇)享有特許權者及省與區　印花免費，登記免費與抵押登記免費得適用於暫時或永久享有舉辦公共工程特許權之個人或公司在其請求進行程序中所爲之字據，以享有特許權資格所爲之產業取得，及凡與此有關之各種字據 (instr. Régie, n° 1448, J. N. 8371; Rapp. Cass., 29—8—1854, S. 54, 1, 734)。

凡與省縣及區，爲本省或本區利益計所舉辦之公用徵收程序有關之各項字據，如合同收據及他種字據，均得適用上述免費之規定 (instr. Régie, n° 1448; Déc. min. fin., 15—12—1835; Ins. Régie, 1502)。

凡爲興築省道之地產取得，假使係依據公用徵收法進行時，即得免繳印花費與登記費 (Instr. Régie, n.

1675, J. N. 11494)

按一八四一年五月三日法律第十一條所規定，決定應徵收之各種產業之省長命令未公布以前省署方面所爲之友好取得，特別關於爲興築省道之地產取得，均須照繳印花費與登記費。然按一八四一年法律第五十八條之規定，假使在繳納上述費用後兩年期限內，證實取得之不動產業被列人省長命令時，得將已繳之款發還(Déc. min. fin., 17—8—1838 et 20—11—1843; Ins. Régie 1571 et 1698)。

(三○一)合法的公用宣告之必要　凡省，縣，或區所取得之不動產，縱令其目的用途，業經確定爲有關公用，亦不能享受免繳印花，登記，與抵押登記各費之優惠待遇。必須經證實確充公用，並曾按照法定形式宣告方可(R. E. 2228)。

依上述意見推知，則省爲佈置縣署而取得之房產，雖經國王命令曾加核准，但並未載明於必要情形下，卽予進行徵收時，亦不得享受免稅之待遇(Cass., 23—8—1841; J. N. 11081; 31—3—1856, J. N. 15779)。

當區爲實施公用工程起見，特別是興建屠宰場，而爲之地產取得，並未經過一八四一年五月三日法律所規定之各項手續時，則凡與上項地產取得有關之各種字據，均不得享受免繳印花與登記各費之優惠待遇(Cass., 31—1—1849, J. N. 13619; 30—1—1854, J. N. 15166)。乃至日後曾經命令或法令對於上項地產取得加以核准，但未經正式之公用宣告手續時亦然。

至於區根據准予取得但無正式公用宣告之國王命令或省長命令，而爲之產業取得，其情形亦與上述者同。

例如，（1）擬充興建市場與趕集場用途而取得之地產(Rouen, 9—1—1843)（2）擬充市政廳用途而取得之房產(Délib. Régie, 11 et 27—8—1838)；(3)爲充興建校舍用途而取得之地產(Déc. min. 4—10—1879, J. E. 21657)(4)爲擴充公墓用途而取得之地產(Niort, 3—7—1839)。

上述免徵印花與登記各費之規定，並不適用於經國王命令核准實與區之慈善機關所有產業(Délib. Régie, 9—2—1838)。

(三〇二)讓與命令　設遇擬予徵收之不動產，曾經公用宣告手續時，倘須由讓與命令載明擬予徵收之各部份產業因之。凡公司爲敷設鐵道而取得之地產，倘未經列入指定擬加徵收產業之省長命令時，即應按照比例繳納登記費。關於徵費一層，法院不得准予延期至工程與立界均已完成時期，而藉口須到此時期方可確知所取得之地產在敷設鐵道上是否必須也(Cass., 16—8—1843, J. N. 11782; 13—11—1848, J. N. 13537; 18—7—1849, J. N. 13849; 7—3—1883, J. N. 23977)。

然在某種情形之下，作公用宣告之命令業已指明擬予取得之產業部份，似此，當無再乞援於讓與命令之必要矣(Cass., 4—5—1858, J. N. 16317; Sol. Régie, 27—2—1890)。

(三〇三)補充工程　凡遇於公用宣告命令所核准之工程以外另行興辦工程時，登記管理處並不追究有無新頒命令，只須有一公共工程部長之決定，載明新近所舉辦之工程，乃爲補充曾經合法公用宣告之工程，與一讓與命令即可矣(Sol. Régie, 9—8—1889, Rev. Prat. 2942 et 3057)。再者，上列兩種文件，對於以前所頒之有關命令應予舉及（Sol. Régie, 7—3—1900, J. E. 25978）至關於地方利益之工程，公共工程部長之決定，即改由省長命令代替之（Sol. Régie, juil. 1884, et juin 1885）。

（三〇四）經業主提出請求後而爲之產業取得　凡按照一八三三年七月七日法律第五十條，及一八四一年五月三日法律第五十條規定，而進行之建築與地產取得，即謂，當爲充公共用途起見，必須取得其一部份之房屋，建築，與地產，經業主之請求，予以全部收買時，則與此類產業取得有關之合同，得免繳印花費（Déc. min. fin., 29—6—1836; Ins. Régie, n° 1571, J. N. 10165; Cass., 25—8—1851, J. N. 14436）。

但關於爲公共工程所分裂之地產，在取得全部產業之字據中，必須證實一八四一年法律第五十條所規定之三項條件均已具備時，始得適用免繳印花與登記各費之規定，即（1）被分裂之地產，其剩餘部份僅及全部面積四分之一；（2）業主並無其他任何鄰近地產；（3）剩餘之地產部份其面積在十安以下。以上三項條件之中，如有一項付諸闕如時，即應照繳印花與登記各費（Ins. Régie, n° 1571, J. N. 15165; Cass., 7—3—1883; Sol. Régie, 5—4—1895, R. E. 975, J. E. 24763）。

但被徵收者所有之其他產業部份，縱與剩餘產業部份合併後已達十安面積以上，無甚關係也（Limoges, 6—7—1906, R. E. 4173; J. N. 1907, P. 311）。

按法國財政部長之決定（Ins. Régie, n° 1571, §3），關於僅被部份列入工程範圍之建築與地產，當實行全部讓與時，若欲享受免繳印花與登記各費之優惠待遇，必須業主於一八四一年法律第二十四條與第二十五條所規定之期限內，向陪審委員會之主席法官提出聲明書。上項決定，殊乏根據，蓋按一八四一年法律第十三條之明文規定，只在友好協定未能成立之情形下，方依照司法途徑進行徵收。且僅在採取司法途徑之際，始有經由徵收陪審委員會從事確定償金之必要。至於一八四一年法律第五十條，在其所規定之情形下，始限制業主於一定之期限內向陪審委員會主席法官提出正式聲明書，其視當事人雙方未曾依照友好方式一致商決，終於請由陪審委員會從事不動產價值之確定，當爲必要之條件。此爲甚明顯之事，當國家或享有特許權之公司，既對於產業取得欣然接受時，自無向陪審委員會作任何聲明之必要。吾人於此，不難發現一顯明矛盾之點，卽一方面承認所謂免繳印花與登記各費之規定，得適用於在一八四一年法律第五十條規定之情形下所成立之友好合同，另一方面則又強求僅在當事人雙方未能作友好商決而採取徵收的司法程序時所應爲之聲明是也（J. N. 10165; Championnière et Rigaud, n° 3767）。

抑尤有進者，無疑，凡對於一八四一年法律第二十四條、第二十七條與第五十條規定之各項期限有所違反之情事，均不能構成喪失時效之理由，因之負責確定關於部份列入公用工程徵收範圍之地產，或全部列入公用工程徵收範圍之建築應得償金數目之陪審委員會，其所爲之決議，均得適用免繳印花與登記各費之規定，卽令業主於上列各條規定之期限屆滿以後，始向陪審委員會之主席法官提出聲明，亦無關重要也（Cass., 25—8—1851, J. N. 14436; Seine, 15—11—1849, J. N. 13914）。

設若與爲興建鐵道而取得之地產有關之合同，在實行免費登記以後，始發覺該地產中僅有一部份移充鐵設鐵道之需時不得制令鐵道公司向登記管理處繳納全費（Cass., 18—7—1849, J. N. 13849; Bordeaux, 13—7—1887, R. P. 7065）法院對於價值之變動以及鐵道公司在進行訴訟期中所為之聲明，無須加以審查與討論。按法國共和曆七年三月二十二日法律第十六條之規定，以上所述之聲明，應即作為徵收登記費之基礎。惟遇登記管理處認為鐵道公司對於未經移充敷設鐵道用途之地產部份所為之估價，低於實價時，得有請求加以鑒定之權（J. N. 13849）。

（三〇五）工程引起之損失　凡與徵收工程波及私人產業所引起之損害賠償有關之字據，均得享受免稅待遇。例如，當涉及因剝奪水源或撤消被徵收不動產之地役，而為償金之付給時是也（Conseil d'Etat, 15—4—1868, S. 69, 2, 126; Cass., 2—2—1859, S. 60, 1, 267; 23—6—1863, S. 63, 1, 549）。但享有地役權不動產之取得，仍須照繳通常費用，蓋以此項取得係出於情願故也（Cass., 14—1—1873, J. N. 20785）。

（三〇六）關於各種動產　當動產取得為曾經公用宣告不動產取得之附屬物，或為特別法令核准時，始得享受免稅待遇。

第二項　關於免費範圍

（三〇七）印花稅與登記費　一八四一年法律曾經明白規定，凡為徵收程序所必須之各種字據，均准予免繳印花稅與登記費，但必須經過此種手續加蓋印花圖記與登記手續，得同時辦理（Déc. min. fin. 20—3—1843; Instr. Régie, 1869, J. N. 11610）。

凡某一城市爲放大或改直公共道路，更或以其他合法宣告公用理由，而爲之各種地產取得，乃至與該地產取得有關之白契，均得免繳登記費。登記處且不得以在實行佔有上項地產之三個月內未經公用宣告爲由另徵任何費用 (Sol. Régie, 18—3—1865, J. N. 18301)。

（三〇八）抵押品管理處　在一八四一年五月三日法律未經公布以前，一般人卽已公認一八三三年七月七日法律第五十八條所載之免稅規定，得適用於抵押品管理處舉辦之徵收判決登記，與關於公用之不動產取得合同之登記 (Déc. min. fin. 17—4—1865; Instr. Régie, 1516 J. N. 9303)。及一八四一年五月三日法律第五十八條，對於上項規定更加以確定矣。但上述免費之規定，並不適用於抵押品保管人辦理登記手續時應得之酬金（此項酬金曾經一九二一年十月二十六日法令加以規定，見一九二一年一月二十七日公報）乃至對於國家直接舉辦之徵收亦然 (Conseil d'Etat, 2—8—1878, J. E. 21007; Déc. min. fin. 14—3—1879; Instr. Régie, 2615)。

然在上述情形之下，抵押品保管者在其職責上不得擅行舉辦登記 (Instr. Régie, 2713)。

（三〇九）關於保證金　除卻國家向大理院提起之上訴外，凡關於他項上訴之保證金均不得適用免費之規定（參看本書上文第九十六款與第二一四款）(Cass., 22—7—1839, J. E. 16033; 10—3—1852, S. 52, 1, 719; 8—7—1874; S. 75, 1, 40, D. 75, 5, 225)。而該保證金之數目，在昔曾規定爲七十五佛郎，但今已增爲一百十二佛郎又五十生丁矣（參看本書上文第九十六款。）設遇缺席判決時，除上訴人照繳與上述同樣之數目外，直將上訴視爲被駁斥者然(Cass., 22—7—1839, J. E. 16033)。

第三項　得享免費待遇之各種字據

(三一〇)行政字據　凡關於徵收程序初步之一切行政字據（如命令，省長命令，證書，佈告等）按一八一八年五月十五日法律第八十條之規定，卽登記手續亦在免除之列。至於依據行政方式而訂立之取得產業字據，自應予以免費登記也。

(三一一)送達書　凡經被徵收之業主提出請求，而發出之通知書，以及與程序有關之字據，均應加蓋免費印花圖記，並免費登記。至於經國家或經國家特許者提出請求，而發出之各種字據亦然(Instr. Régie, 1448 et 1589 J. E. 8371 et 9441)。

(三一二)各種司法字據　享有免費待遇之司法的字據，約有下列各種：法官草就之口供；法院院長准予佔有之命令；指派陪審員之高等法院裁決；向參政院提出之上告(Sol., 1er—6—1881, R. P. 5786, J. du Not., 1882, n° 3434)；陪審委員會之會務記錄，及其主席法官所頒之命令；報端批露之摘要證書(Déc. min. fin. 6—11—1835, J. E. 11404)。

(三一三)各種謄本　假使出賣合同與款項收據已曾享受免費之待遇時，則其謄本一如其正本然，應予加蓋免費印花圖記(Délib. Régie, 15—1—1836, J. N. 9254; Déc. min. fin. 31—10—1857; Ins. Régie 2111, §4, J. E. 16660—3)。

(三一四)費用計算書　各種費用計算書，得予加蓋免費印花圖記，並予免費登記 (Déc. min. fin., 2—12—1875; Instr. Régie, 2577, §2)。

(三一五)附帶訴訟　為確定地產業主或償金權等等徵收者與被徵收者間所發生之附帶訴訟，亦得享受免費之優惠待遇 (Sol. Régie, 18—9—1875, J. E. 19379; 1er—6—1881, R. P. 5786)。

(三一六)證明讓與之字據　凡足證明對於徵收者所為之不動產讓與事件之字據，不論其為友好合同，抑為徵收判決，更或為標賣判決(jugement d'adjudication)，均得享受免費之優惠待遇。至遇標賣判決情形時，得免稅百分之二五(Sol., 7—3—1900, J. E. 25978); 但對實行標賣以前訂立之字據所徵之各稅，則不予歸還(Sol., 16—7—1901; Instr. Régie 3080, §6, R. E. 2960)。再者若遇司法上的標賣，如拍賣情形時，即無免費待遇之可言(Sol., 9—8—1889, Rev. Pratique 2942)。

(三一七)關於交換　縱使對於償金不以現金付給，而改用票據，乃至不動產付給，其所訂立之字據，仍應予以免費登記(Seine, 24—8—1867, J. N. 19065; Cass., 23—2—1870, J. N. 19857)。

但遇上述之交換字據涉及找補事項時，即應分別情形而定：假使須由行政當局實行找補時，即無任何新權利產生，遇此種情形時，所謂免費規定得適用於找補權，一若適用於交換權者然。至於私人方面所付給之找補款項，則適足代表於徵收以外所為產業取得之價格，且應照繳百分之十之現行稅則外加二十生丁 (Sol., 25—1—1896, R. P. 8732)。此即國家與私人間實行不動產交換時，應予遵循之規則也。

但不論在任何情形之

上，與此所謂交換，決不繳納登記費。

（三一八）關於捐贈　凡為實施公用工程而為之不動產捐贈，得予免徵各費（Fougères, 13—12—1899, et Sol., 24—2—1900, R. E. 2290, J. N. 27416）。

至於為實施公用工程而為之遺贈，得適用上項同樣之規定（Contrà: Pont-l'Evêque, 11—3—1890, J. E. 23389）。

（三一九）償金收據　對於償金收據，得予免費登記。至於發給被徵收者之付款支票，則得加蓋免費印花圖記（Sol., 12—11—1842, R. P. 1587, §15）；但持票人所發出之收據，須照章繳納印花費（Sol. 28—10—1885, J. E. 22545）。

反之，儲金處對於徵收者繳納款項所發給之收據，得免貼印花（Sol. 12—1—1899, R. E. 1952）。

假使上述償金款項，係付給與曾經舉辦登記之被徵收者之債權人時，則對於收據，應予免費登記（Lyon, 31—12—1867, J. E. 18488）；再則若將上述償金款項付與未曾舉辦登記之債權人時，即應照繳百分之五十登記費，蓋以此處所涉及之事項，乃為被徵收者對其債權人所為之清償是也（Seine, 26—4—1864, J. E. 18320）。

（三二〇）償金之讓與　所謂免費之優惠待遇，不得適用於被徵收業主在徵收情形下，對於第三者所為之售價及其所享各種權利之移轉，乃至區長利用徵收對於上述移轉予以同意時亦然（Sol. Régie, 26—10—1838, J. E. 12169）。

但讓受者給與徵收者之收據得享免費之優惠待遇（J. E. 15254—6, R. P. 1587, §15）。

（三二一）承攬契約　為新闢交通大道起見區與承攬者間訂立一種承攬契約，依此契約承攬者得實行取得城市為實施工程起見所享有取得或徵收地產之權利時，該項承攬契約不得享受一八四一年五月三日法律第五十八條所規定之免繳印花稅與登記費之優惠待遇（Cass., 17—6—1857, 15—6—1869, 29—4—1872, J. N. 16106, 18150, 20859）。

實則，按一八一六年四月二十八日法律第五十一條之規定，對於公共工程承攬契約應科百分之一又五十生丁之稅。

若遇承攬契約日後經過若干修改，如對其形態與條件有所修改，而契約本體仍然不變時，則新訂之承攬契約應按新舊約中所載價格之差額照比例繳納印花稅與登記費。此正如遇修正字據情形時，登記管理處不得對於舊約所徵之稅置之不顧而只知徵稅是也。

（三二二）關於租客所得之償金　因公用徵收關係國家或享有特許權者與佃農或租客間所訂關於償金之契約，得享與業主所訂合同之同樣優待，此在一八四一年五月三日法律第五十八條，亦曾規定及之（Instr. Régie, 1513, §2; Seine, 9—4—1858, J. E. 16743）。

（三二三）產業證書與公證文件　凡產業證書與公證文件均得享受免費待遇（Sol. Régie, 18—9—1873, S. 74, 2, 370; J. E. 19379），至於為證明被徵收者享有權利而給與徵收者之字據，謄本亦得享免費

待遇（J. N. 9591 並參閱本書上文第三一五款）

（三二四）委託狀（Procurations） 於此當不免有人發生下列疑問，：即免除印花登記等費之辦法是否同樣適用於業主為委託他人簽訂賣契起見而發出之委託狀？

按法國財政部曾於一八三五年一月二十日，否認委託狀得享免除印花登記等費之說（Instr. Régie 1530 §3, J. N. 3159）。及一八六三年八月十八日，法國大理院對於委託狀得享免費待遇之說，亦加以否認(J. N. 17803, Sie Foix, 2—6—1862, J. N. 17569; Sol. Régie, 10—2—1908; Seine, 24—2—1912, R. E. 5783)。至法國財政部與大理院所持之理由則為：所謂免除印花登記等費之優待辦法，只限適用於進行與完成徵收程序上所必須之字據，至於委託狀，則純為被徵收者個人利益計而草發者，不應同樣享受上述優待。實則，法國財政部與大理院所為之上列決定，殊乏充分理由也。

按一八四一年法律第五十八條之規定，乃為概括的，並未作何區分。當時之立法者顯然認為因公用關係而被實施徵收之業主，應享有其所有產業之實價，而無須照付任何費用，或預付任何款項。

根據一八四一年五月三日法律第五十八條之規定，上述免除印花登記等費之優惠待遇，得適用於凡與地產徵收有關之一切字據。至於為表示同意出賣之委託狀，並非僅與業主私人利益有關；實則，該項委託狀又何嘗與國家，區或公司利益無關，蓋缺席之業主設不發委託狀，表示願意友好出賣，則行政當局或公司勢必候其歸來，或按司法手續進行徵收程序，似此，殊大有妨害於工程之進行也（J. N. 9159; Sol. Régie, 9—8—1889, Rev.

prat. 2942)。

抑更有進者，在稅務處（Régie）認爲遇工作出險訴訟時，爲便於出庭起見，廠主或工人所發給之委託狀均得享受免費待遇（Déc. min. fin., 8—4—1902; Instr. Régie 3089, §3, R. E. 3054）。而一八九八年四月九日公布之法律，其規定均與一八四一年五月三日法律第五十八條中之規定完全相同。

至於存放於法院書記官處之委託狀，得適用上項同樣之規定。

再則，關於被徵收者爲使第三者（律師或代言人除外）得代其本人出席陪審委員會起見，而發給之委託狀，則有一九一八年十一月六日法律曾予明文規定，所謂一八四一年法律第五十八條中所規定之免稅不適用於該委託狀（按修正後之一八四一年法律第三十四條，並參閱本書上文第一九五款）。蓋鑒於委託狀並非爲徵收程序中必不可少之字據，且按一八四一年法律第三十七條之規定，當事人均得在陪審委員會中辯護其所有利益而然也。

（三二五）關於借款　至於爲付償金起見，徵收者實行借款之字據不得享受免稅之優惠待遇，蓋以此類字據並非徵收之必然結果故也（Déc. min. fin., 2—2—1857, Instr. Régie, 2093, §1er, J. E. 16525—1）。

（三二六）被徵收產業登記之撤消　至於與在鐵路劃線以內被徵收產業登記字據撤消有關之字據，是否亦可享受免稅待遇？當一八四二年四月十三日稅務處討論及此時（參閱（J. E. 12997），並按一八四二年八月二十日法國加斯特爾城（Castres）法院之判決（J. E. 13079），均對於上述問題爲否定之解答。實則，一般人對此所爲之解說至爲紛歧。按上述關於登記之撤消，當然爲舉辦徵收之直接結果，一如抵押管理處之出賣契約登記，與價金收據等然也（參看達祿斯所著之登記書中（Dalloz, Enregistrement）第三三二五款德拉羅著書第二册第一〇〇二款以及法院書記官與律師日報第一八七六年五月二十七日份中第二九一七款，凡此均保贊成此說者。）

（三二七）關於保證，抵押移轉，及圖樣　凡關此類之字據，均得享受免稅待遇。

（三二八）關於婦女嫁妝財產之補償　設某一婦女之嫁妝財產爲公用關係經法院判決予以徵收時，凡爲補償此項財產而訂立之不動產取得字據，得予免費登記，乃至遇有婦女婚約中業已載明上述嫁妝不動產可實行讓與，並可予以補償時，其情形亦然（Cass., 10—12—1845, 8—12—1847, 24—5—1848, J. N. 12254, 13240, 13408）。

一般人均認爲上述之不動產取得字據即爲（1）爲完成交通路線關係，在嫁妝制度下結婚之夫婦得到出讓許可，並附補償條件將其一部分嫁妝不動產賣與某省；（2）丈夫以補償名義用同價格之不動產給與其妻。遇此類字據時，應予免費登記（Déc. min. fin., 11—12—1856, Instr. Régie 2088, §4, J. N. 16021; Sol. Régie, 8—5—1896, R. E. 1487）。

再者，所謂補償字據(acte de remploi)應註明款項來源，因之假使已婚婦女於取得某一產業時，在產業取得之字據中並未載明因其所有嫁妝財產會因公用關係被徵收，特謀補償等由，而僅於日後所爲之收據中聲明，所取得產業具有嫁妝性質，或屬於嫁妝以外之性質，以及付出款項之來源時，則對於此類字據得科以售價比例稅率。過去此種比例稅，卽使在日後發給之收據中載明產業之取得係爲補償前被徵收之嫁妝財產以及款項之來源，由償金而來，均不得歸還（Cass., 14—6—1864, J. N. 18049）。但自一九一二年一月十八日法律公布後，上述比例稅，於既繳納後，已可發還矣。

抑更有進者，惟第一次補償，始得享受免稅待遇。在一般人認爲當已婚婦女在法律上既經准許其利用因公用關係而被徵收其嫁妝產業所得之款項，以購置不動產或法蘭西銀行之不動產股票，既以是項股票用補償其嫁妝財產名義再換取不動產情形時，凡關於是項交換之字據，均得科以比例登記稅，尤其是以法院之准許判決並未載明購置法蘭西銀行不動產股票爲暫時性質時爲然（Seine, 4—8—1861, J. N. 18080; Cass., 10—7—1865, J. N. 18279——且按一八七一年九月十六日法律第二十九條與一九二三年三月九日法律之規定，假使已嫁婦女被徵收嫁妝財產之補償，以向國家領取年金或購置鐵路償票方式爲之，亦與上述情形相同。）

設遇被徵收之產業爲夫婦共有時，所謂補償辦法對於其夫爲任意的，自後不得享受免稅之優惠待遇（Versailles, 1er—6—1869, R. P. 3147; Rapp. Seine, 5—8—1871, J. N. 20123; Cass., 21—4—1873, J. N. 20666; Adde, J. N. 19640）。

設遇所涉及之財產爲未成年人或無能力者所有，而實行財產補償之登記，又爲法院所強行時，得予免費登記（Tarascon, 9—11—1855, J. N. 15897; Sol. Régie, 9—8—1869, Instr. Régie, 2390, §5; Seine,

28—5—1870, D. 72, 5, 182; Lyon, 22—5—1866, J. E. 18486)。

至在其他與上述相反之情形下，凡財產補償，均須照繳普通稅款 (Cass., 8—2—1853, J. N. 14893; Seine, 9—7—1856, J. N. 15932; Nice, 1er—7—1859, R. P. 3152)。

（三二九）既經徵收地產之轉賣．設遇根據一八四一年五月三日法律規定手續，因公用關係徵收所得地產之一部有發還原業主之必要時，則此項轉賣，應認爲徵收之結果，並得免除印花與登記等稅 (Sol. Régie, 17—9—1842, Championnière et Rigaud, n° 3768)。

然上述產業之發還，必須依照一八四一年法律之規定條件，始得享受免稅之優惠待遇。即謂：自一八三三年七月七日法律公布以後，所涉及之地產，必須爲按徵收程序而取得者（按法國一八三三年七月七日法律對於被徵收業主承認其享有先買權，尙爲第一次。）(Conseil d'État, 29—1—1863, Instr. Régie 2618, n° 8）；該地產從未移充工程用途(C. Lyon, 20—8—1857, S. 57, 2, 736, D. 57, 2, 219)；該地產並非經業主依據一八四一年法律第五十條規定，提出請求而取得者 (Cass., 7—5—1873, J. N. 20694)；最後，尙須業主未曾放棄其先買權。

關係業主若未於一八四一年法律第六十條與第六十一條，以及一八三五年三月二十二日國王命令所規定之期限內，行使其先買權，則此先買權卽喪失時效。但此種時效之喪失，在法律上並非爲絕對的，實則假使該項時效之喪失，未經徵收者提出異議時，則對於發還契約，仍得免徵稅款也。

（三三〇）先買權之放棄　爲公用而被徵收之業主，其對於未經使用地產，經一八四一年五月三日法律第六十條所付於彼之先買權，設欲加以放棄時，則與此放棄行爲有關之字據應即照貼印花並實行免費登記。而此種放棄行爲之目的，乃在使徵收者對於被徵收之產業得確保其所有權，且爲出賣行爲之補充，因之可與出賣行爲同樣享受免稅之待遇(Sol. Régie, 8—12—1867 et 17—6—1872, J. N. 19291 et 20524)。

（三三一）先買權之出讓　爲公用關係而被徵收之業主，若以其對於未經使用地產之先買權出讓與第三者時，則對此出讓契據得科以所有權移轉之比例稅，但讓與人於行使收復權利時，得免徵印花稅與登記費(Sol. Régie, 17—6—1872, J. N. 20524)。

（三三二）由徵收得來而未經使用之地產出賣與第三者　設遇既經實施工程以後，將剩餘未經使用之部份出賣與第三者而非賣與原業主時，則不得援用免除印花與登記等稅之規定(Vendôme, 7—12—1872, S. 73, 2, 186; J. E. 19289)。

（三三三）徵收者對於享有特許權者之出賣行爲　在一般人認爲，設遇某一城市將爲開闢或延長街道起見，依據公用徵收法程序取得之不動產出讓與工程承辦人時，則此種讓與之得享免稅待遇，僅限於街道或公共廣場部份之地產，至關於移充街道與廣場邊沿之讓與地產，則得科以登記費，蓋該項產業之對於城市，僅爲一種私產，得任意加以保存或出賣故也(Cass., 29—11—1865, J. N. 18444)——但法國法院民庭於一八六九年六月十五日及一八七二年四月二十九日所爲之裁判，均認爲某一契約乃至對邊沿部份地產而言，設以爲謀建築合乎衛生以及公共道路之整齊起見，對於讓與人強加以各項公益條件時，應予認爲其目的在執行爲公用而頒發之命令而非爲志願的與關於個人利益之字據，似此則該項契約得按一八四一年法律第五十八條之規定免繳登記稅（J. N. 20859; Sic, Lille, 6—5—1881, J. N. 22725）。

關於上述問題爲避免一切困難起見，應於徵收判決中附帶註明，徵收乃爲便利省長於將來得按公賣或契約上之義務條件與享有特許權者進行一切。似此則享有特許權者對於線外之被徵收部份產業，得居於業主之地位。而行政當局則僅享有一種保存權而已。

第四項　既經徵收稅款之發還

（三三四）原則　按一八四一年五月三日法律第五十八條規定：「在省長頒布讓與命令以前，對於友好取得所徵之稅，只須其在兩年期限內，證實該取得之不動產業經列入上述讓與命令時，卽可照數發還。再者，此種既經徵收稅款之發還，只能適用於曾經承認爲執行工程上所必需之不動產部份。」

上述之兩年期限，已經一九一四年一月三十一日之法律加以修改，自後該項期限已改爲五年，自登記之日計起，並自稅款可允發還之日起之一年以內。

其次所謂不動產之取得，不論其係在公用宣告之前或以後爲之，殊無關緊要（Instr. Régie, 2106 §1er; Cass., 4—5—1858, D. 58, 1, 275）。再則設遇公用宣告命令中業將擬加徵收之地產予以指定時，則根據該項命令，卽可在法定期限內對於成立友好取得以前所繳之字據登記稅，請求予以發還，至於日後之讓與命令，因與此無關也(Cass., 4—5—1858, D. 58, 1, 275)。

要之，不論在任何情形之下，關係人對於請求發還稅款所應備之條件，應予證明已經逐一履行方可(Seine, 6—2—1858, R. P. 1001; Cass., 7—12—1858, J. N. 16485)。

(三三五)在特許權之先所爲之取得　假使承辦公用工程之享有特許權者個人，在未訂立特許權字據之先，即已取得工程所必需之地產時，則對於取得契約所徵之稅，不得發還(Lyon, 6—8—1903, R. E. 3421, et Cass., 26—1—1910, J. N. 29799)。

(三三六)關於未經使用之地產　法律曾經明白規定，稅款之歸還，只能對在實施工程上所必需之不動產某一部份而言，因之設遇所獲得之產業超過日後省長命令認爲實施工程上必需之面積時，則對於工程所需部份應予歸還之既徵稅款，應按取得產業字據所開之價比例計算(Instr. Régie 1660; Cass., 16—8—1843, J. N. 11782; 13—11—1848, J. N. 13537; Seine, 6—12—1861, J. N. 17300; Avignon, 16—4—1866, R. P. 2951)。

上述規則，即對於經被徵收者依據一八四一年法律第五十條規定提出請求而加以取得之地產，同樣可以適用(Seine, 6—12—1861, J. N. 17300)。

(三三七)可以發還之各種稅款　可以發還之各種稅款，乃爲在各種字據實行之前，業已頒佈公用宣告命令或讓與命令情形時，當事人得以免除之各種登記稅，印花稅，與抵押稅等等是也。

上述之稅款發還特別包括契約謄本於必要時所需之印花稅費用（Seine, 17—6—1887, J. N. 23896），附件印花費與圖樣印花費等（Sol., 11—3—1896, R. E. 1182）。但當事人必須將加貼印花之文件呈驗至法院書記官發給之證明上述文件確已照貼印花之證明書，殊不足爲憑（Sol., 18 et 20—10—1894, R. E. 859）。

當發還關於一種契約所徵收之全部稅款時乃至一生丁之徵，均應予以發還（Lille, 18—7—1902, R. E. 3118; Sol. Régie, 7—4—1905）。

至對於解除程序所需之各種字據之既徵稅款，亦可予以發還（Sol., 9—8—1889, Rev. Prat., 2942; 20—5—1896, J. E. 24986）。

反之，保管人之酬金，則不能發還也（Sol., 26—8—1864, R. P., 2070）。

（三三八）關於發還稅款之請求　關於發還稅款之請求，得以請求書或送達書行之。假使各項按規徵得之稅款，僅以後來事變關係方得發還時，則請求書所需之印花費不得發還（Sol. Régie, 20—8—1897, R. E. 1583; 16—7—1901, Instr. Régie n° 3080, §6）。至於爲中止時效起見而爲之送達書，其費用得予發還（Sol. Régie, 20—10—1894, R. E. 860）。

自登記之日計起五年以後，或自稅款可予發還之日計起一年之後，國庫卽可取得稅款（按一九一四年一月三十一日法律）。

假使公用宣告或讓與命令在實行登記五年後始經宣佈時，則稅務處認爲稅款發還爲不可能，同時，當事人亦不得使時效中止（Déc. min. fin. 10—3—1886; Sol. Régie, 11—1890）。但在吾人認爲中止時效，當爲可允之事（J. N. 30926; Sic. Montreuil, 21—3—1884, J. N. 23633）。

要之，不論在任何情形之下，若欲進行中止時，必須依司法途徑提出請求（Cass., 5—2—1867, J. N. 18763）。而此類請求書不僅送達而已，必在五年期限內實行登記方可（參看法國共和曆第七年第三月二十二日所公佈之法律；及 Cass., 5—2—1867, J. N. 18763）。

按修正法國共和曆第七年三月二十二日法律之一九一四年一月三十一日法律規定，倘經過一年期間並未追究時，則訴訟即歸消滅。又按該法律規定，曾經進行中止之時效，『設遇在一年期限內並未向主管法官提出訴訟時，則時效將即成爲既定之事實矣，此即一般人所謂訴訟消滅是也。』

抑更有進者，吾人對於一八四一年法律第五十八條與一九一四年法律之規定，殊不容一律看待。假使請求發還誤徵之稅款時，例如拍賣本應免稅，亦如有公用宣告在事前者然是也，遇此，則適用一八四一年法律第五十八條中所規定之兩年期限。反之，假使提出發還稅款請求時，係根據稅款既已徵收後之新事實，則有一九一四年一月公佈法律中所規定之兩種時效適用：即自登記之日起五年以內，以及自公用宣告之日起一年以內是也。

一般人均認爲向非主管法院誤報請求發還稅款送達書事，足使時效中止而有餘。查此乃根據法國民法第二二四六條，法國財政部於一九二四年八月二十一日與九月四日決議，宣布上述規則亦可適用於登記事件（J. E. 7249）。

（三三九）關於路線　爲執行曾經合法邀准之路線計劃，或係爲路政關係所爲之地產取得，不論其爲圈定者，抑爲曾經建造者，凡與此取得有關之字據或契約，均得享受一八四一年五月三日法律所規定之免稅待遇 (Loi 13—4—1900, art. 3, J. N. 27244; Loi 10—4—1912, J. N. 30445)。

至鄰近居民所爲之不動產取得，應科以百分之十之稅 (Rapp. Déc. min. fin., 5—9—1810, Instr. Régie, 850)。

（三四〇）關於鄉村道路　凡因公用徵收關係而成立與鄉村道路有關之圖樣，字據與文件，均得享受一八四一年五月三日法律第五十八條規定之優待（參看本書上文第二九八款）

（三四一）因有礙衛生而實施之徵收　一八四一年五月三日法律第五十八條之免稅規定，對於因有礙衛生關係，而依據一九〇二年二月十五日法律及一九一五年六月十七日法律所規定手續而行之徵收，均可適用。

（三四一）之二　爲建軍用墓地而實施之徵收　按法國一九一五年十二月二十九日法律曾經規定，爲營葬一九一四年歐戰陣亡之法國與外國將士起見，於現有公墓之外，不能不增加地產，而實施徵收所需之各種字據，亦得適用一八四一年五月三日法律第五十八條中之免稅規定。查一九一五年十二月二十九日法律第五條載稱：「一八四一年五月三日法律第五十六，五十七，五十八條之各項規定，得適用於執行本法律時所爲之各種字據。——因之，所有上述字據，得免貼印花並免費登記至對於抵押保管手續，則不得科以任何稅款也。」

第十三章　某類徵收之特殊規則

（三四二）特殊規則之存在理由　法國公用徵收之通常程序，吾人在本書上文中已曾見及。此項徵收程序，不論任何人進行徵收，乃至有時爲特許承辦工程者所進行之徵收，均得援用之。實則按一八四一年法律第六十三條規定『凡享有承辦公共工程特許權者，均得行使賦予行政機關之一切權利，並受行政機關所應遵守一切義務之拘束。』

由以上之硏究，吾人覺得一八四一年法律對於此前之徵收辦法雖有不少改善之處，但此種徵收程序仍嫌費時過久且太不經濟。

所以，一般人均認爲上述徵收程序，在若干情形之下，如遇極端緊急情形，或擬辦工程之無關重要，或工程具有特殊性質時，殊覺不甚適用。而立法者鑒於上列各種假定，特予製訂各種手續較爲簡單而且合乎經濟之徵收程序。

此種例外徵收程序，一部份係一八四一年法律加以規定，其他部份則由另外之特殊條款規定之。

所以關於徵收之通常規則如遇下列情形時，力求簡便化：

（1）遇一八四一年五月三日法律第六十五條至第七十四條所舉及之『曾經宣告』具有緊急性質之工

程情形時

(2)凡曾經一八四一年法律第七十五條與第七十六條所規定且爲一八四一年立法者未曾廢止之一八三一年三月三十日法律予以補充規定之各項軍事工程；

(3)凡與一八三六年五月二十一日法律第十五條與第十六條所規定與鄉村道路有關之工程；

(4)凡經一八五四年六月十日法律第四條，一八六五年六月二十一日法律第十八條及一八八八年十二月二十二日法律第七條規定之業主聯合會（Associations syndicales de Propriétaires）所舉辦之某種工程；

(5)凡關於一八八五年七月二十八日法律第十三條所規定之安設電報線或電話線工程；

(6)凡遵一九一三年七月三十一日法律第四十四條規定所舉辦之地方鐵道工程；

(7)依照一九一五年六月十七日法律規定，以不合衛生爲由而進行之徵收；

(8)依照一九一九年八月十二日——一九二四年三月二十一日法律規定，而舉辦之戰後緊急工程；

(9)按一八四四年十月一日國王命令第四章，及一八五一年六月十六日法律第十八條與第二十一條，及其他關於法屬殖民地徵收規則等項規定，在法屬亞爾基利及其他法屬殖民地所進行之各種徵收；

(10)關於城市之整頓工程。

關於上述各種特殊程序，吾人當於下文中迅速逐一加以論及也。

第一節　緊急程序

（三四三）緊急程序之用處　就原則上講，凡地產之取得，均在一切償金既經確定，並已付濟後，始克實現，換言之，即必須經過相當長期間後，始得實行取得地產是也。然在某種環境之下，正如一八四一年法國政府委員勒格郎（Legrand）於從事討論一八四一年法律之際所云，每有迫不及待之勢（參閱一八四一年四月二十五日公報第一一〇八頁。）職是之故，殊有於不妨害私人合法利益之條件下，製為一種簡單程序之必要，俾便行政當局得迅速取得被徵收之產業。立法者在一八四一年五月三日法律第六十五條至第七十四條中所為之規定，即根據上述原由而來也。

（三四三）之二　緊急程序為一八四一年法律之創舉　原一八四一年五月三日法律中之第六十五條至第七十四條，均為新規定，在一八四一年以前，猶付闕如也。而修正一八三三年七月七日法律之動機，亦即在此。實則，自一八三一年始，法國行政當局即已感到對於某種工程，有予以規定迅速程序之必要，並曾擬一特別法草案，但終未獲結果。直至一八四〇年，方將舊事重提，予以切實討論。在法國政府所擬之草案中，本規定由省長作緊急之宣告，同時由民事法院院長於償金保證費既經繳付存儲後，頒發一臨時財產相續許可之裁判宣告（envoi en possession provisoire）。該草案因在法國上院遭受反對，遂即撤回。但當討論修改一八三三年法律之際，法國下院再予提及，結果草成一八四一年法律第六十五條至第七十四條之各項規定，抑吾人須知，頃所舉各條之規定，實與一八四〇年草案所預擬者迴不相同也。

（三四四）緊急程序僅適用於未建築之地產　按一八四一年法律第六十五條規定：『如遇對於須予徵收之未建築之地產有緊急佔有之必要時……』此項限制之理由，當易為一般人所知曉。實則，此為顯然之事，不論實施工程時對於該未建築地產曾作若何變更，吾人均不難看出該項地產及其所有價值也。反之吾人若欲對於建築物在其未經拆毀以前，從而估定其價值，則殊感不易矣。設遇同一產業含有未建築地產與建築物時，則所謂緊急佔有，只能適用於未建築地產部份。但與軍事緊急工程有關之一八三一年三月三十日法律，則並未明定有建築地產與未建築地產之區分也。

（三四五）關於緊急宣告　按一八四一年法律第六十五條第一節規定，所謂緊急性質，應由國王命令特別宣告之，今日已改由普通命令宣告行政當局緊急佔有之必要矣。

一八四一年法律為避免一般人懷疑行政當局武斷起見，已不再規定由省長作緊急之宣告。

以上所舉示之命令，得於徵收判決宣佈以後行之，蓋以所謂緊急之宣告，其目的要不外在使徵收判決宣布後之進行手續趨於簡單化而已。

再者，所謂緊急宣告，並無詳陳理由之必要，且不得對之提起訴訟（Conseil d'État, 8—1—1863, Lebon, P. 3）。

（三四六）關於緊急宣告之效果　所謂緊急宣告，——須知，此項宣告所賦予行政當局之行為能力，行政當局可不必行使——其效果不過在暫時免除徵收者關於確定償金之各種手續而已。但在確定償金以前之各種手續，以至如徵收判決等，均應予以遵守也(Cass., 28—6—1853, D. 53, 1, 285)。

上文所述簡單之處，乃在於徵收既經宣判以後，只須擔保應付各有權人士償金之保證金已繳納存儲，便可實行佔有。其次於保證金既經繳納存儲，及實行佔有以後，即應依照通常徵收程序進行，自後依照一八四一年法律第二十六條之規定，實行招請各關係人，至於償金之確定，則按通常規則行之。

(三四七)關於臨時償金之確定與存儲　按一八四一年法律第六十六條之規定，『遇此情形時(即謂遇緊急宣告時，)在徵收判決宣布以後，凡宣告緊急之國王命令(今已易爲普通命令)與徵收判決書，應按一八四一年法律第十五條之規定，實行通知業主與現有者，並附帶送達召喚狀，而此項出席民庭之召喚狀，至少須以三日爲期，並載明行政當局所提供之款額。』

由上文觀之，則徵收者當徵收判決一經宣佈以後，即可以該項判決連同緊急宣告一併通知不動產業主與現有者，即如有使用權者，佃農，租客，或以其他名義之占有者，並附以請其出席宣布徵收判決之初級法院，即謂產業所在地之法院之召喚狀(此爲第一次召喚狀，其後尚另有一次召喚狀。爲此可參看本書下文第三四八款。)至於至少應以三日爲期之召喚狀，尚須對於徵收者所提供關於不動產之各項償金總額，予以載明方可。

按一八四一年法律第六十七條之規定，『業主與占有者應於限定之日期內(召喚狀中所限定者)聲明彼等要求在實行佔有以前所應繳納存儲之款額。——設業主與占有者並未出庭時，仍得照常進行。』

然後，法院於確認緊急宣告爲不虛，而所涉及之地產，又爲未建築之地產(Cass., 23—8—1864, D. 64, 1, 446)同時對於當事人之意見亦經聽取以後『得予確定繳納存儲之款額』（按一八四一年法律第六十八條第一節之規定。）再者，關於繳納存儲款額之確定，應由全部法院法官爲之，並不似一八四〇年草案所預擬者然，由院長個人爲之卽足也。

復按一八四一年法律第六十八條第二節之規定，『法院人員得親赴或委由某一法官前往當地實行視察地產，搜集足資地產估價參考之各種材料，並於必要時，起草一敍事記錄。上項手續應於判令執行上項手續之判決宣佈以後之五日內予以完成。其次，在上述記錄遞交書記室後之三日內，法院應將須繳納存儲之款額予以確定。』照此規定觀之，法院並不如一八四〇年草案中所規定有實行鑒定之必要；蓋在一般人認爲若經專家出而主張，殊足影響日後陪審委員會之決議，吾人根據上文所述，可知爲使緊急佔有得以見諸實行起見，法院對於繳納存儲款額之確定，決不容越出八日之期限也。

再者，當從事確定上述繳納存儲款額之際，法院應知彼之任務並不在如何計算賠償徵收損失之償金數目，而在於估計在償金未付以前用以作擔保之現金保證而已。

繳納存儲之款額，一經在最大限度之八日期限內加以確定後，徵收者得立卽實行繳納存儲該款，蓋按一八四一年法律第七十一條之規定，『法院判決得立卽付諸實行，且不容對之提出任何反對或上訴。』

復按一八四一年法律第六十九條之規定（是條曾經一九一八年十一月六日之法律加以修正矣，）上述繳納存儲之款項，『應於正本之外，包含在兩年期限內，擔保合法付息之數目在內。』（參看本書上文第二四一款。）關於此點，即使法院判決未加道及，亦應照樣履行也。

法國於一八四三年九月十六日公布之公共工程會計法中，自第一一三至一一六各條，對於繳納存儲保證金之各項手續，均曾予以明確規定。

（三四八）徵收者對於地產之實行佔有　按一八四一年法律第七十條之規定，『法院院長根據繳納存儲保證金記錄（即指儲金處所發給之收據而言）與至少具有兩日期限之召喚狀，得判令實行佔有。』再者，按同法律第七十二條之規定，法院院長得判令徵收者負擔一切費用。此種處置，當甚公允，蓋實施緊急佔有之各項例外手續，固全為徵收者之利益着想故也。

至於法院所為之財產相續許可命令，得立即付諸實行，一如徵收判決然。再則，該財產相續許可命令頗似徵收判決，不得對之提出反對或上訴（按一八四一年法律第七十一條規定。）其惟一救濟辦法，則只限於訴諸大理院而已。依照一八四一年法律第二十條與第四十二條之規定，該上告於大理院事件，須於上述命令或判決宣佈後之十五日內，向法院書記室提出簡單聲明書。但吾人須知此種上告，並不對於工程之緊急性質發生若何妨礙，蓋以該上告並無中止效力故也。

（三四九）關於各項價金之最後解決　徵收者一經取得緊急佔有以後，便可立即進行工程，而徵收程序，亦即按照常規予以進行，至於價金之最後確定，則經徵收者或有權人士提出請求後，仍依照普通方式進行之。原一八四一年法律第七十三條曾經明白規定『在既經實行佔有以後，若深感急迫之當事者提起控訴時，卽應按照本法律第四編之規定，從事償金之最後確定。』吾人於此可得下列三項假定，卽：

(1)假使陪審委員會對於不動產各有權人士所斷予之償金總數，多於法院所確定徵收者必須繳納存儲者時，則按一八四一年法律第七十四條之規定『凡超出之數，應於陪審委員會決議通知發出後之十五日內，實行交付存儲，否則業主得反對工程之繼續進行。』再者，業主處此情形之下，應向法院申請勒令停止工程，但不得對於既經實施之工程加以摧毀，蓋以是項工程係當徵收者合法佔有地產，有權實施工程時所為故也。

(2)設遇陪審委員會所斷給之償金總數，低於交付存儲之數目時，則徵收者得取還多出之款，但須於一切償金均已照付各有權人士以後行之。

(3)假使陪審委員會所斷給之償金數目，適與法院所斷給者相等時，則卽按一般徵收法，以此款照付各項償金（參看本書上文第八章）可矣。

吾人在上文已曾舉及之一八四三年九月十六日國王命令自第一一六至一一九各條，其對於在上述各項假定情形下之給付償金規則，已有詳盡之規定。

(三五〇)關於緊急程序之各項便利及其應用次數之稀罕　吾人已曾看出一八四一年法律第七編自第六十五至第七十五各條所規定之程序，實較之通常程序簡便迅速多矣。實則，按上文所述觀之，徵收者只須經過緊急之宣告與預先交付存儲保證金等項手續，在徵收判決宣布後之二十日內，便可實行佔有地產。至於按照通常程序時，則正如法國政府委員於討論一八四一年法律之際所言，至少亦須七十五日方可進行佔有也（參看一八四一年四月二十五日份公報第一一〇八頁）。據此而論，則代替預先付款之預先交付存儲保證金程序——按此卽爲一八四一年法律第七編所修正之主要點——其對於工程上可予節省兩月之時光矣。

緊急程序雖然具有上述便利，但該程序直至現在甚少經人採用也。其所以如此，並非由於該程序之本身關係，實則該程序固甚簡單也。在吾人認爲此蓋由於欲實行該項程序，必須在徵收判決既經宣布以後且該程序只能適用於空地部份有以使然。依表面觀之，採用一八四一年法律第六十五至第七十四各條規定之機會得愈增多，當局可能並有時因採用此種程序關係，殊使公共工程之進行更爲迅速也。

關於緊急程序之應用，晚近巴黎市爲佔用布樂業區一帶地產以充建造農產馬匹展覽會大廈之用時，曾經援用該項程序至徵收判決之公布日期，乃爲一九二〇年十月二十一日，宣告緊急性質之命令公布日期則爲一九二〇年十一月八日，最後財產相續許可命令之公布日期則爲一九二〇年十二月二十九日。

第二節　軍事工程

（三五一）普通軍事工程一八四一年法律第七十五條　在立法者認爲，就原則上講，所有一切軍事工程均具有必需性質與緊急性質。實則，一經道及國家防衞，卽不容有任何討論或拖延事實存在，此正所謂一涉及公安問題，便無任何私人方便可言也。

所以，一八四一年五月三日法律在其第七十五條中，特予明白規定：『本法律第一編第二編中所規定之各項手續，不適用於海陸軍事工程。關於此類工程，應由國王命令(今已易爲普通命令矣)確定須予徵收之地產。』

根據上文所述，則凡軍事工程，不論其係屬於陸軍或海軍者，均產生下列各項結果：

(1)所有公用宣告前之各種行政上手續，如事前調查與特別通告等項手續，均一律取消；

(2)所謂『公用』，應由一普通命令宣布之，並且關於須予徵收地產之確定，亦由該項命令爲之；

(3)至於一八四一年法律第二編中所規定之各項手續，如所謂部份調查，調查委員會或市參議會通告，與讓與命令等項，均在廢止之列矣。

吾人在上文已可看出，關於軍事工程之徵收程序，實至爲簡便。且在立法者認爲有使別項徵收享此簡便手續之必要時，即能對於該項手續予以擴大應用；凡此只須立法者明白決定，所涉及之徵收，得按一八四一年五月三日法律第七十五條所規定之各項條件進行，即可矣。所以，允許法國政府與下賽內省依照徵收方式取得鄂森林(forêt d'Eu)之一九一三年八月十三日法律(第一條)即根據上項理由而來。

至於一八四一年五月三日法律之其餘條款，則均同樣適用於軍事工程與公共工程。因之，關於徵收，應按一八四一年法律第十四條之規定，經由法院當局判決之(Cass., 5—7—1842, S. 42, 1, 671; 11—12—1844, S. 45, 1, 32)；至於償金若未經依照友好方式解決時，則應由根據一八四一年年法律第四編規定所組成之陪審委員會確定之；對於不動產之佔有，則只能於償金既經付清或交付存儲以後行之。

抑吾人尚須注意者，即凡遇軍事工程時，因一八四一年法律第一編與第二編既經取消之關係，爲說明徵收判決請求，應當提供之各項文件則爲宣告公用之命令（此項命令同時即爲讓與命令），以及附於上述命令之實施工程所有地之地產圖樣而已（Cass., 9—2—1842, D. 42, 1, 76）。再者，假使所涉及之工程，係屬於海軍方面，即由海軍軍區副司令進行徵收（Cass., 22—12—1834, S. 35, 1, 172）。

（三五二）緊急軍事工程　若遇緊急宣告情形時，則即將免除一八四一年法律第一編與第二編規定手續之同法律第七十五條，與吾人在上文已曾見及於償金未經確定以前，預繳保證金後進行佔有所應依據之同法律第六十五至第七十四各條所規定之應急規則，一併採用可也（參看本書上文第三四四及以次各款。）再者，上述一八四一年法律自第六十五至第七十四各條中所列之規則，必須具備下列條件始可適用：（1）所涉及之地產，須爲未附有建築物者；（2）徵收判決已經宣布；（3）所謂緊急情形，已經命令宣告。

然另有一種重要軍事工程，並不受上述規則之限制。此種工程即遇緊急情形時之要塞工程是也。舉辦上項工程時，應按特別法爲之。而是項法律不論對於附有或未附有建築物之地產，均同樣適用。關於此點，吾人當於下款中予以說明。

（三五三）緊急要塞工程與一八三一年三月三十日法律　關於遇緊急情形時之要塞工程，一八四一年之立法者仍主維持一八三一年三月三十日法律之規定。實則，按一八四一年五月三日法律第七十六條第一節曾經明白規定：『遇緊急情形時，如認爲徵收或暫時佔用私人產業爲必要時，則仍按一八三一年三月三十日法律之規定進行之。」

本款所涉及之假定情形，當與前款所涉及者迥異。吾人須加注意者，是否所有一切軍事工程均爲要塞工程是也。實則有許多軍事工程並不屬於要塞工程，例如兵營建築，礟兵工廠建築，操場礟場等等是也。所以一八三一年法律第七十六條之規定，對於此類工程並不適用。

一八三一年法律之規定，不但僅適用於具有緊急性質之要塞工程，且正如達富鋭氏所云（參看達氏著書第二册第五〇六頁）不論一八三一年法律所規定之手續如何簡單，若遇戰爭或敵人迫近期中，欲依照該項手續行事，殆爲勢所難能。實則在此種情形之下，乃係戰爭狀態，已無徵收可言，惟有行政當局有權解決償金問題也。法國判例之主張，正如上述（Cass，14—7—1846, D. 46, 1, 301; Trib. Seine, 10—3—1877, Gaz. Trib., 27—3—1877）。爲此，尚可參看一八五三年八月十日命令第十九與第三十八各條。按此各條，對於某一戰地或防地之戰況或戒嚴情形，均有詳盡之規定。然假使對於工程於戰事終了後，須予保存時，則應按一八三一年法律之規定，從事償金之確定也（Conseil d'Etat, 15—12—1865, Lebon, P. 995）。

再則，一八四一年之立法者，對於陪審委員會所給予各關係人之保障利益，仍擬加以維持，而此陪審委員會在一八三一年尚未存在也。所以一八四一年之立法者，曾予規定，關於償金之最後確定，均按一八四一年五月三日法律第四編之規定行之。實則一八四一年法律第七十六條第二節與第三節曾稱：『然假使業主或其他關係人對於行政當局所提條件，未加接受時，則應按照一八四一年法律第四編之規定，從事確定償金之最後解決。至於一八四一年法律第十六、十七、十八、十九、二十各條，以及第六編之各項規定，則均得適用於依照一八三一年三月三十日法律規定所進行之各種徵收。」

按一八三一年法律中之各項規定，若就其目的及其性質（在某幾方面說）而論，實與一八四一年法律關於緊急情形時之第六十五至第七十四各條規定相同。觀於該一八三一年法律各項規定，亦以具備作緊急宣告之讓與命令為條件，並於償金未經確定與付淸之前，預繳相當償金保證金，准許進行佔有等項事實，卽可知矣。

但吾人當可看出一八三一年法律中之各項規定，因有緊急情形關係，特含有下列三種主要不同之點，卽：

（1）以法院之同一判決宣告徵收，與財產相續許可，且無須具有事前之徵收判決，實則卽上述判決已予代替矣。由此觀之，則此種特別簡便之徵收程序，除償金留待日後解決外，直已代替一切徵收程序矣；

（2）是項規定，同樣適用於附有建築物之地產，與未附建築物之地產；

（3）有經省長任命之專家，與產業管理處人員共同繪具之部份圖樣一份，連同記錄兩件，一為法院所派專家起草之敍述與估價記錄，另一則為法院特派法官（juge commissaire）所起草關於證明法定手續業經完成之記錄。

依據一九一五年五月二十八日法律，與一九一九年八月十二日法律，上述各項規定，已曾經過採用多次矣。吾人對於上列兩項法律，當於下文中逐一加以研究也（參看與自一九一四至一九一八年歐戰期中及繼歐戰後之數年內所舉辦之緊急公共工程有關之本書下文第三八七款。）

（三五四）公用宣告　按一八三一年三月三十日法律第二條之規定，遇緊急情形有徵收或暫時佔用私人產業，以興辦要塞工程之必要時，則對於此項工程之緊急宣告，應由命令宣布之，與民用工程無別。在事實上，每每以宣告工程公用性質之命令同時作上述緊急之宣告。而此項命令正如吾人在本書上文第三五一款中所見及者，並無須事前經過調查手續及一八四一年五月三日法律第一編中所規定之通告手續也。實則，一八三一年法律第二條已曾明白規定：『批准工程並宣告公用性質之國王命令（今已易爲命令），得同時爲緊急之宣告。』

（三五五）佔取產業前之初步措施　所謂緊急情形，業經依照上述步驟予以宣告後，則陸軍部長即將宣告緊急命令連同宣告工程公用性質之命令，送交擬辦工程所在地之省長；且以一八四一年法律第二編規定手續（如實行部份調查及讓與命令等等是）不適用於軍事工程之關係，省長應立卽將上述命令副本分送於（1）產業所在縣內之檢察官；（2）與關係各區之區長。實則，按一八三一年法律第二條第一節規定：『擬辦要塞工程所在地之省長，須於收到國王命令（今已易爲普通命令矣）後之二十四小時內，分別抄送該項命令於產業所在縣內之檢察官，與產業所在區內之區長。』

區長於收到上述文件以後，應以布告或他種方法批露之。至於檢察官方面，則應立卽請求法院指定法院特派法官與專家各一人前往當場記錄當地情況，並搜集足供法院於確定償金時參考之各種說明。再則，法院指派人員事，並須從速爲之。一八三一年法律第三條第二節與第三節所稱：『檢察官於閱及上述命令之後，須立卽請求，而法院亦須立卽指派法官一人偕同該院正式任命之專家一員前往當場。——區長亦應從速於教堂大門與區署大門粘貼布告，並以其他可能方法批露上述國王命令。且此類布告與批露文字，均須由區長證明之。」

於是，法院特派之法官應即確定前往當場查驗之日期與時刻，並將日期與時刻分別通知徵收者，專家，以及各區區長。至其所以必須通知區長者，蓋為便於該各區區長召集各關係人故也。實則按一八三一年法律第四條載稱：「法院特派法官應於二十四小時內頒一命令，確定到場查驗之日期與時刻，並以是項命令通知檢查官，查驗區內之區長以及法院任命之專家。——法院特派法官須於上述命令頒布後十日內以及上文所提通知實行後之八日內成行。——區長於收到指揮軍事工程人員訓令後，至少須在五日以前依法院特派法官所指定之日期與時刻召集(1)各關係業主，假使該業主等並不在當地居住時，則召集其辦事人代理人或受權人；(2)有使用權者或其他關係人等如佃農，租戶，或以他種名義之佔用者。——凡被召集之人員均得利用一專家或測量家從旁協助之。」

於指定日期，當法院特派法官，軍事機關代表，不動產管理處人員與各當事人在場之際，從事繪具部份圖樣，並起草當場敍事記錄各一份。且前者應由省長指派之專家繪具，後者則由法院指派之專家起草。凡此均係根據一八三一年三月三十日法律第五，第六，第七與第八各條之規定而來，按該一八三一年法律之原文載稱：「由省長指派之不動產管理處人員一人與工程師，建築家，或測量專家一人，應於指定之日期與時刻內前往當地，與法院所特派之法官，區長或副區長，軍事人員，以及法院指派之專家會同進行一切。——法院指派之法官，應於當場監督各專家舉行事前宣誓典禮，並須將典禮經過情形註明於記錄中。至於就地查勘，實為工作之主要部份，而各當事人則僅對於此項工作進行始有參加或委人代表參加之權利（可參看法國賽內省地方法院於一八四二年一月二十六日所爲之裁決，見D. 42, 1, 334）。——軍事人員於上述人員在場之際，卽行將工程所須佔用地產之周圍，用木樁標識之。』（按一八三五年法律第五條規定）。——『省長所指派之專家，於上列工作一經完成後，便會同不動產管理處人員立卽開始繪具部份圖樣，指明在總圖樣中私人產業所佔之界限與面積，不得中途停止進行』（按一八三一年法律第六條規定。）——法院指派之專家，須起草記錄一份，內容應包含下列各點，卽：（1）敍明地帶、耕種、周圍、建築，以及他種產業附屬物等情；此類敍述應相當詳盡，以便作產業估價之基礎，且於必要時，以供估定租價以及因變更或損害所生之賠償參考；（2）從事估定各部產業之價值與租金，以及對於遷移，收穫損失，損壞動產，或其他一切損害所應付之償金。——上述各項工作，得由不動產管理處人員，省長所委派之專家，在場之當事人，或當事人缺席時所委託之專家分頭進行。假使當事人既不在場，又未指派專家（實則，當事人指派專家，乃爲聽便之舉，）或因不能自由行使其權利時，則由法院特派法官正式指派一專家代表之，而無須徵得事前同意（Trib. Seine, 26—1—1842, D. 42, 1, 334）（按一八三一年法律第七條規定。）——至於法院所指派之專家，則應在其所爲之記錄中註明：『（1）每項產業之性質及其內容，建築之性質及其用途，各種估價之原由，以及估用者遷移之必需日期；（2）其他每一專家之意見，以及軍事人員，區長，不動產管理處人員，與關係當事人或其代表人所提供之觀察與請求。上列人員對其所陳意旨，須予簽字，或予註明未能簽字之理由。』按一八三一年法律第八條。）

至於宣告公用性質與緊急性質之各項命令，縱未對於公共工程之實施情形，予以正確載明，並無若何關係，只須法院特派法官所爲之記錄中曾經載明區劃工作業經合法依照命令進行卽已足矣。至於依據上述法院特派法官記錄所爲之判決，當無不合法之處也。

（三五六）剝奪判決與償金之臨時確定　法院鑒於友好解決猶付闕如（參看一八三一年三月三十日法律第九條之規定）同時，更有見於部份圖樣與記錄（此類文件在判決書中應加以載明按一九二四年一月十四日法國大理院判例，）得宣佈徵收必需之不動產，並得確定臨時償金，對於業主之產業，得剝奪之，且對於佔用者得令其遷出。關於遷移償金，須立卽付與有權人士，但他種償金則交付存儲，自後，徵收者得立卽進行佔用被徵收之產業矣。實則，按一八三一年法律第十與第十一條載稱：在與以上相反之情形下時，（卽謂一八三一年法律第九條所規定者付諸闕如是也）法院根據專家所起草之記錄與參加一切工作進行之法院特派法官所爲之記錄，否則無效（Cass., 6—7—1842, D. 42, 1, 334; 2—1—1843, D. 43, 1, 80）在法院特派法官歸來之後，得立卽開庭從事確定：（1）對於未佔用前之占有者應付之遷移償金；（2）對於未實行佔有以前應交付存儲之近似的而具暫時性質的償金，一如處理速決訟案，然不容拖延，更無須繳納訟費。關於遷移償金，頗應包含下列兩點：（a）設所涉及者爲居住或充企業用之不動產時，則所謂償金卽應兼能代表遷移費用與遷至新屋後所付之重新設備費用。至其他一切損害成分，則卽予列入暫時償金數目以內；（b）設遇所涉及者爲耕地時，則上述償金，須足代表被徵收者於離去當地之際，被迫放棄本人及其家庭所賴以爲生之未臻成熟收穫物價值（參看一九一五年六月三十日法國工程部長所發之通告）——上述同樣判決，特許省長於完成下列兩項條件之下，得進行佔有此兩項條件爲：（１）對業主或佃戶之遷移費，須立即照付；（2）宣佈判決連同因剝奪產業關係所引起之臨時償金交付存儲之字據。——上述判決須予載明，自上述各項手續均經完成之日計起，占有者應離去當地之期限。——上述期限對於未附建築物之產業而言，不得超過五日，至於附有建築物之產業，則不得超過十日。——判決具有充分執行效力，對於上訴或反對可置之不理（按一八三一年法律第十條之規定；）但該判決已可作爲上訴於大理院之目標，蓋以一八四一年法律在其第七十六條中曾經載明，同法律第二十條之規定得適用於上項情形故也。設遇翻案情形時，初級法院則無權受理而改由上訴法院受理之（Cass., 15—5—1843, D. 43, I, 311）——『對於近似的與暫時的償金之承認，並不足以妨害最後償金之確定』（按一八三一年法律第一一條之規定。）——該第十一條復繼稱『假使暫時償金數目並未超過一百佛郎時，則不待提供免除抵押證書與完成解除抵押權手續，便可照付款項。——設遇償金數目已超過一百佛郎時，則政府應於前條所述判決宣佈後三月內，從事該判決之登記，與合法抵押權之解除。在三月期限一經屆滿以後，若無各種登記或支付扣押，更或他種反對時，即或上述各項手續未經完成，所謂暫時償金得合法的請求照付；遇此情形時，得按普通規則進行之，並不妨礙一八一〇年三月八日法律第二十六條之規定。』但在事實上，一八三一年法律第十一條之規定業經廢止，蓋以一八四一年法律在其第七十六條第三節中曾宣稱，該法律第十六、第十七、第十八與第十九各條，得適用於按一八三一年三月三十日法律規定所進行之徵收故也。

(三五七)各種償金之最後解決　按一八四一年五月三日法律第七十六條第二節之規定(參看本書上文第三五三款)關於償金之最後確定得依一八四一年法律第四編之規定爲之,即謂若未能成立友好解決時,則由徵收陪審委員會出而主持是也。

吾人已曾見及,遷移償金爲關係人取得實毫無問題,刻待研究者,其總額僅爲近似的確定之剝奪償金,究應如何解決?所以爲避免一切困難起見,似應向陪審委員會重提,由彼所確定之租戶應得償金包括收奪償金與遷移償金二者。後者業由法院所派專家加以確定,並在陪審委員會集會之前,即行照數付與各關係人,因此全部償金,須扣除已付給之遷移費照付淸卽可。

至於最後償金額數得多於或少於臨時償金額數。假使最後償金額數多於臨時償金額數時,則被徵收者不僅有權享受多出之數,並對於該多出之數自實行剝奪產業日起所生之息金,亦有權享受也,但利率必須合乎法定者方可(Trib. Lyon, 17—12—1845, Gaz. Trib., 22—1—1846,並參看達氏所著『關於徵收之理論』第二卷第五一六頁)——反之,設該最後償金數目少於臨時償金額數時,則被徵收者僅將二者間之差數退還,而保留差數所生之利,一若對於該項利息曾經合法取得者然也。

一八三一年三月三十日法律第十二條雖云對於被徵收者所負之多出數目,須按同法律第十一條之規定予以照付,但以該第十一條規定與一八四一年五月三日法律第七十四條規定頗相類似之關係,上述多出數目亦可交付存儲,一如收奪償金然。

至於訴訟費用，則全由徵收者負擔；實則在上述情況之下，殊無理由將該項費用分由徵收者與他人共同負擔也（參看本書上文第三四二款）。

（三五八）特別用途：電氣信號站（Postes électro-sémaphoriques）　按與確定並維持電氣信號站有關之一八九五年七月十八日法律，曾對於一八四一年五月三日法律第七十五與第七十六條之規定加以採用，該一八九五年法律在其第一條與附表中曾經明定一種合法地役，即在目力所及之指定區域以內，非經海軍部長之允許，不得從事建造工程，並在其第三條中規定：「海軍當局對於本法律批准後之現存建築物，如認為必要時，得於依據一八四一年五月三日法律第七十五條與第七十六條規定手續實施徵收後，請求加以拆毀。」

（三五八）之二　他種用途：歐戰陣亡將士墓地　其次，一八三一年三月三十日法律對於緊急要塞工程所規定之迅速程序，復為興建一九一四年至一九一五年間法軍與聯軍陣亡將士墓地起見而頒布之一九一五年十二月二十九日法律加以採用。按該法律第三條規定：若遇對於現存公墓以外地產有加以徵收之必要時，得按一八三一年三月三十日法律第三條及以次各條所規定之程序進行徵收之（參看本書下文第三七〇款）。

第三節　關於鄉村道路小組徵收陪審委員會之各項用途

（三五九）一八三六年五月二十一日法律與一八四一年五月三日法律之合併用途　凡為興辦鄉村道路而進行之徵收，除有時對於若干特別之點，經現仍有效之一八三六年五月二十一日法律予以規定外，均由一八四一年五月三日徵收法規定之此全係根據一八四一年五月三日法律初步辯論意旨（參看一八四一年三月五日公報第五四一頁），及與接連鄉村道路之市街有關之一八六四年六月八日法律第二條之規定而來（參看本書下文第三六六款。）——再者，法國判例均向主此說(Cass., 14—12—1847, D. 48,1, 152; 4—7—1855, S. 55, 1, 828; 16—2—1859, S. 59, 1, 524)。

原一八三六年五月二十一日法律並非一種特別徵收法。實則，該法律乃為一種鄉村交通法典，對於鄉村道路之興築、分配、維持以及各區因此而必須分別負擔之經費等等，均有詳明之規定，至該法律在其第十五條與第十六條中之所以涉及徵收事項，無非為興建鄉村道路而然，實則，不過為附帶之事而已。

按上述兩條規定之目的，乃在於遇興建鄉村道路時，特使徵收程序較為簡便而節省而已。其所以如此者，蓋有見於擬辦工程關係較微故也。

實則，上述規定固不僅適用於所謂鄉村道路，且對於屬於鄉村道路延長線之市街亦適用也。觀於一八六四年六月八日法律第一條所稱『凡經法定手續認為係屬於某一鄉村道路延長線之市街，均應予列入鄉村道路範圍，並遵循同樣法律與法規』，即可知矣。

(三六〇)因工程性質之不同而所採程序亦異　抑猶有進者，一八三六年五月二十一日法律第十五條與第十六條，對於一八四一年五月三日法律所追加之簡便程序，其情形亦隨擬辦工程性質之不同而發生差異。實則，一八三六年法律之應用，均隨下列情形而定，即：

(1)工程爲開闢，或改直鄉村道路（見一八三六年法律第十六條；）

(2)關於鄉村道路之測量，即所謂分配鄉村道路，或確定其寬度是也（按一八三六年法律第十五條規定）。

遇上述第一項情形時，一八四一年法律仍繼續適用，惟關於陪審委員會之組織，則較爲簡單也。

反之，若遇上述第二項情形時，假使徵收所涉及之地產爲空地，則一八四一年法律之規定即全不適用。關於產業之移轉，即由宣佈分配辦法之行政公文准其實行可矣。至於各種償金則由公斷員（juge de paix）確定之。

（三六一）關於鄉村道路之開闢與改直　按一八三六年五月二十一日法律第十六條稱：『關於鄉村道路之開闢，與改直工程，當由省長命令核准之（惟此項規定業經一八七一年八月十日法律改由省參議會加以核准矣：）方今，關於交通頻繁，或屬於公益之鄉村道路工程，應由省參議會核准之，至對於普通鄉村道路工程，則由省署會議核准之（按一八七一年法律第四十四條與第八十六條規定）——設遇爲執行本條規定，有從事徵收之必要時，則負確定償金使命之特別陪審委員會，即由陪審員四人組成足矣。至判令徵收之縣中法院，應即指派本院法官一名，或鄉村公斷人一名，爲陪審委員會之主席，並由該被指派之法官或公斷人指揮一切。上開司法人員遇贊成與反對人數相等時，得有表決權。——法院應就一八三三年七月七日法律第二十九條（今已由八四一年五月三日法律規定代用之矣）規定之總名單中選定四人組成陪審委員會，並另選定額外陪審員二名。行政機關與關係人均各有行使堅決否認（Récusation péremptoire）之權。——法官收受各當事人之語言。——法官記錄得使產業實行轉移。——若爲反對判令徵收之判決，或確定償金陪審委員會之宣言向大理院控訴時，必須在法定之情形下並按一八三三年七月七日法律所規定之手續進行之（但今已改遵一八四一年五月三日法律規定之手續矣。）」

由上述原文觀之則是若遇興建鄉村道路或變更其方向時（抑猶有進者，必須興建道路實爲徵收之目的方可），凡徵收必需產業，除一八三六年法律第十六條關於陪審委員會所規定之簡便手續外，應按一八四一年法律之普通徵收規則行之。再則，擬辦工程乃爲屬於建造鐵路之準備工程時，亦應按照一八四一年法律之規定行之（Cass., 27—3—1867, S. 67, 1, 259）。

（甲）事前調查——設遇應舉辦之工程，僅限於在一區以內時，則此項調查，即按一八三五年八月二十三日國王命令所規定之手續進行之，至在與上述相反之情形下時，則另按一八三四年二月十八日國王命令第十條規定之手續進行之（參看本書上文第三十七款。）最後，關於調查期限一事，若遇道路涉及圍範，僅限於同一省份內之各區時，則由省長加以決定（按一八六一年四月十三日命令。）

（乙）公用之宣告——設須予佔用之地產，僅爲一種空地時，則省參議會或省署會議核准工程之決議，即可代替公用之宣告。但遇涉及建築物情形時，則公用宣告，應由命令宣布之（按一八六四年六月八日法律第二條之規定）（參看本書上文第四十二款第三節。）

（丙）擬辦工程所在地區之指定（參看本書上文第五十五至第五十八各款。）

（丁）部份調查——此種調查，應按一八四一年法律第二編之規定，與同法律第十二條所規定之簡便辦法行之（參看本書上文第七四款。）

（戊）讓與命令——此項命令，應由省參議會決定之（參看本書上文第七十八款。）

（己）徵收判決——若遇道路涉及數區或一區時，則上述徵收判決得由省長請求之（Cass., 27—12—1865, D. 67, 1, 494）。且該項判決必須遵從批露手續，並產生吾人在上文已曾述及之效力（參看本書上文第八十七及以次各款。）特別是關於抵押之解除，必須按一八四一年法律第十五至第十九各條之規定進行，如對於一般徵收情形者然。

（庚）遇友好解決辦法付諸闕如時，由陪審委員會主持之償金確定。——一八三六年法律第十六條所規定之簡便辦法，即對此徵收程序部份而發也。

（三六二）小組徵收陪審委員會：委員會之組織及其作用　一八三六年法律對於陪審委員會所規定之簡便辦法有如下列諸端：

（1）陪審員由宣判徵收之法院指定之（或在徵收判決中予以列入，抑或由特別判決指定之）（Cass., 25—5—1868, D. 68, 1, 405）。並且陪審員之人選，即就常年總名單所開人員中選定之。

（2）陪審員人數較少。至於開會名單則僅包含七人：正式四名，候補三名。

（3）判決陪審委員會，由陪審員四人組成之，至按一八四一年法律之規定，則須由陪審員八人組成之。所以，一般人對於按一八三六年五月二十一日法律規定組成之陪審委員會均統稱之曰『小組陪審委員會』，蓋對按一八四一年法律規定組成之『多數陪審委員會』而言也。

（4）最後徵收者與被徵收者均各僅有一次否認權：至在一八四一年法制之下（按一八四一年法律之原有第三十四條），徵收者與被徵收者則得享有兩次否認權也。

吾人於此須加注意者，即一八四一年法律第三十四條（修正後條文）第九節限制產業所在縣內陪審員人數之規定，不適用於鄉村道路情形是也。

除上述各項保留而外，均按一八四一年法律第四編之規定，從事選派陪審員，組成陪審委員會，並舉行會議。所以，一般人認為設遇法院選派陪審員所依據之名單，當陪審委員會着手進行職務之際，該名單業已失去時效時，則陪審委員會所為之決議，應歸無效（Cass., 3—7—1861, D. 61, 1, 283）；且關於陪審員之選派，須開合議庭行之，但陪審員姓名之列入徵收判決，並不得視為上述陪審員確由法院合議庭選派也(Cass., 30—1—1866, D. '66, 5, 194)；按一八四一年法律第三十六條之規定，陪審員必須實行宣誓，否則無效（Cass., 25—12—1875, S. 76, 1, 175)；在陪審委員會集會之前，若猶未提供償金建議時，則陪審委員之決議亦歸無效(Cass., 9—12—1863, D. 64, 5, 146)。

上列一八三六年法律所明定小組陪審委員會應予遵守之規則，正與一八四一年法律所明定之確定償金規則相當也。

若就上述小組陪審委員會之運用而論，則此小組陪審委員會之在一八三六年法律中，實為一良好之規定；

按在此委員會中應由主席法官擔任主席參預討論若遇贊否人數相等時，更得參加表決也。小組陪審委員會，因其組織關係得免蹈一八四一年法律所規定之大規模陪審委員會動輒斷給逾法償金之事實，幸而法國曾於一九一四年四月二十一日頒一法律，將上述關於小組陪審委員會之組織規定移用於一八四一年法律（參看本書上文第一九九款）自後關於陪審委員會之主席職務，委由主席法官擔任之。但於此尚有一不同之點在，即按一八三六年法律第十六條之規定，小組陪審委員會之主席法官，不僅可由宣布徵收判決之法院法官任之，即一村之公斷員，亦可充任也。

由上文觀之，則陪審委員會之主席法官有參加並主持討論之義務；否則討論之經過應歸無效(Cass., 2—2—1848, S. 48, 1, 188; 17—12—1855, S. 56, 1, 446; 6—4—1858, S. 58, 1, 830; 23—3—1859, D. 59, 1, 121; 23—7—1861, D. 61, 1, 344; 3—4—1865, D. 65, 5, 171; 5—1—1869, D. 69, 1, 8; 11—5—1870, D. 70, 5, 177)再則，該主席法官為證明其本人曾經參加上述工作起見，須於陪審委員會決議之副本上簽名(Cass., 12—8—1863, D. 64, 5, 146; 4—7—1866, D. 66, 5, 194; 6—4—1868, D. 68, 1, 161; 20—5—1868, D. 68, 1, 255; 6—6—19—12—1910, S. 1911, 1, 288—407; 26—3—1912, S. 1912, 1, 416)。

按一八三六年法律第十六條之規定，上述陪審委員會之主席法官『於贊否人數相等時，得有表決權』。易言之，除上列情形外，該主席法官只應指導討論，不得參加討論與發表意見。——然在事實上，一般人似均承認該主席法官得有與各陪審員共同參加討論之權，換言之，即得參預確定償金會議之討論，並得發表其意見，但只能在贊否人數相等之情形下得從事表決（參看達氏所著『關於徵收之理論』第二卷第五四八頁以及上列之六月六日與十二月十九日大理院裁決見 S. 1911, 1, 288—407）。

反之，關於大規模陪審委員會，則自一八四一年法律第三十八條經一九一四年四月二十一日法律加以修正後，該會之主席法官已得與各陪審員共同參加討論並表決，且於贊否人數相等時，猶得有『優先』表決權也。

由上文觀之，則主席法官應出席討論會並得參加取決事宜，且在法國法院判例認爲關於就地勘察若陪審委員會並未明白委由該會某一陪審員或多數陪審員擔任時，則該主席法官應參加該項工作。——但法院書記官之參加，則並非必要也（Cass., 23—6—1840, S. 40, 1, 714）。

至於小組陪審委員會之決議，一如一八四一年法律所規定大規模陪審委員會所爲之決議然，應由主席法官當各陪審員在場時，於公開庭訊中宣布之，否則無效（Cass., 29—6—1869, D. 69, 1, 344）。

復按一八三六年第十六條第四節之規定『陪審委員會之記錄當載明產業之最後轉移。』即謂因關於徵收判決關係，實已成爲業主之徵收者，於負責遵守一八四一年法律第五十三條及以次各條關於預付償金規定之情形下，得由對於陪審委員會決議宣告其有執行效力之主席法官命令宣布其有財產相續許可權（參看本書上文第二〇二第二三八及以次各款。）由上文觀之，則財產相續許可權與償金之付給，均按一八四一年五月三日法律之一般徵收規定進行也。

同樣，一八四一年法律第四十六條關於限令向本區民事法院存放各種副本與文件之規定，得適用於鄉村道路，即遇陪審委員會主席一職委由公斷員擔任情形時亦然也（參看達氏所著之『徵收之研究』第二卷第五五二頁）。

（三六三）關於上訴大理院　最後，按一八三六年法律第十六條末節之規定，不論對徵收判決或陪審委員會確定償金之決議提起上訴，於大理院，均只能在一八四一年法律規定之情形或手續下行之（Cass., 5—6—1850, D. 50, 1, 162，並參看本書上文第九三款與第二〇九款。）

再者，凡藉口援用一八三六年法律錯誤，而認爲須由一般陪審委員會辦理，特對小組陪審委員會所爲決議提起之上訴不能成立。蓋實則此無異反對小組陪審委員會，即所以反對核准該委員會組織之判決本身也（Cass., 6—5—1877, D. 78, 1, 54; 17—12—1877, D. 78, 1, 52）。

（三六四）關於歸還權　一八四一年法律第六十條對於舊業主所享有關於既經徵收但未作指定用途需用之地產歸還權之規定，得適用於舉辦鄉村道路所進行之徵收（Conseil d'État, 27—5—1846, Lebon, p. 310）。同樣，一八一四年法律第五十八條關於免除印花登記等稅之規定，亦得適用於舉辦鄉村道路時所進行之徵收也（參看本書上文第二九八款）。

簡言之，一八三六年五月二十一日法律所規定之徵收，一如其他各種徵收然，除陪審委員會之組織略有差別外，其所有之性質與效果，固與他種徵收所有者無異也。

(三六五)鄉村道路之分劃查勘與加寬　於此所涉及者，並非爲新闢鄉村道路，或對於僅有若干部份業已開闢之鄉村道路加以完成更或爲改直某一鄉村道路等項工程，實則吾人於此所欲言者，乃關於某一既存鄉村道路，如何加以分劃，或『查勘與確立其寬度』問題——按法國判例（Cass., 7—6—1838, S. 38, 1, 707; 27—11—1843—2—2—1844, S. 44, 16—271），凡此應包含放寬道路情形在內——關於此點，一八三六年五月二十一日法律第十五條曾經規定：『凡載明查勘與確定鄉村道路情形之省長命令，其對於鄉村道路所需在命令指定範圍以內之土地得爲固定之斷與（按一八七一年八月十日法律之規定，上述省長命令已改由省參議會或省署會議之決議代用矣）。——至於沿路業主所有之權利，則依照友好解決方式或由區公斷員根據按本法律第十七條規定任命之專家報告，斷與一種償金，以解除此項權利。』

由上述原文觀之，若遇一八三六年法律第十五條規定之情形時，關於放寬道路所需之佔用，應予區分爲該項佔用係涉及建築物，抑僅涉及空地，此實根據上列原文中『土地』二字而產生之論據也。

(三六六)涉及建築物情形　遇此情形時，則一八三六年法律第十五條之規定即不適用矣。按一八五六年一月二十四日法國參政院之裁決，曾作如上之決定（S. 56, 2, 650），及一八六四年六月八日法律又從而加以確定之。原一八六四年法律第二條載稱：『若於新闢，改直或放寬某一鄉村道路延長線上之某一市街工程上，認爲佔用附有建築物地產爲必需之舉時，則即按照一八四一年五月三日法律之規定，以及一八三六年五月二十一日法律第十六條最後五節之規定進行徵收。

設遇地產位於各區範圍以外之鄉村道路經過路線時，亦照上述辦法進行徵收』

因之若爲放寬鄉村道路，有拆毀建築物之必要時，應按一八四一年法律之一般徵收規定進行徵收，至於償金之確定，則按一八三六年法律第十六條之規定行之（即指小組陪審委員會之辦法而言）（D. 1888. 3—10—1912, S. 1913, 1, 167）。至關於分劃或確定道路寬度之字據，其對於路線所經範圍以內之建築物係有強其拆退之效力，其詳情見路線規定中（參看錄事專用字典第一卷第六四五頁關於路線部份

（三六七）僅限於佔用空地情形　按一八三六年法律第十五條對於佔用空地情形，曾經加以明文規定，遇此種情形所應依據之程序，實至爲簡單；既無須司法當局爲剝奪財產之宣判，亦無須陪審委員會從事償金之確定。至於一八四一年法律之規定，至此已完全不適用矣。

（1）第一，上述辦法完全違反徵收之基本原則，蓋以其無須經由司法當局宣判徵收故也，實則按一八三六年法律第十五條之規定，凡載明現存公路列爲鄉村道路，以及該路寬度之行政文件——此項文件按一八七一年八月十日法律第四十六條第七節與第八十六條之規定，即指涉及交通頻繁或屬公共利益之鄉村道路時之縣參議會決議，以及涉及通常鄉村道路時之省署會議決議而言——『對於其指定包含在道路範圍以內之土地，得爲確定之斷與。』由此觀之，則關於產業之移轉，即可依據上項行政文件進行矣。同時，亦如關於路線之規定然，無須完成各項徵收手續，所謂財產之剝奪仍合法也（參看本書下文第十四章關於間接徵收問題。）

（2）其次關於償金之確定，可不必經由陪審委員會爲之，即公斷員亦得予以確定也。此蓋由於立法者認爲

以須予斷給之償金爲數如此之微——因鑒於佔用面積不廣以及佔用部份事前對於公衆已負有地役上義務故也，——殊無須強使各區負擔召集陪審委員會所須之各種費用並在時間上拖延也。

至於償金之確定，若友好解決辦法付諸闕如時，則由區中公斷員根據按一八三六年五月二十一日法律第十七條規定委派專家所爲之報告，從事償金之確定。此專家即指鄉村道路所在區之上級長官如縣長會加任命之專家與業主所指定之專家而言。設此兩專家之意見未能一致時，乃再由公斷員另委一第三專家（Conseil d'État, 31—12—1841, D. 42, 3, 94）。再者，按法國判例（Cass., 14—12—1847, D. 48, 1, 152），公斷員於確定償金之際，應按照一八四一年法律關於確定償金之規定行之（參看本書上文第二一六及以次各款）。實則此種規定並不與一八三六年法律衝突也。例如，設道路放寬之結果，足以使產業增高其價格時，按一八四一年法律第五十一條之規定，公斷員自當以之供參考也。

至於公斷員之決議，得爲上訴之目標，並依公法行之（Cass., 19—6—1843, S. 43, 1, 484; 18—8—1845, S. 45, 1, 719; 27—1—1847, S. 47, 1, 470）。若非所要求之償金多於公斷員所斷與者，以及上訴大理院之時效已經屆滿時，均得對於公斷員之決議提起上訴也（Cass., 10—12—1845, S. 46, 1, 55; 27—1—1847, S. 47, 1, 470）再者，此種上訴，應按通常上訴規則行之。

（三六八）一八三六年所規定小組陪審委員會之他種用途。

自一八四一年後，一八三六年法律規定之小組陪審委員會簡便程序，業經若干法律採用於他種徵收矣。

入茲列舉如次：

(1)與業主聯合會有關之一八五四年六月一日法律；一八六五年六月二十一日法律以及一八八八年十二月二十二日法律；

(2)與保存一八七〇年一八七一年間陣亡將士公墓有關之一八七三年四月七日法律；以及與建一九一四年一九一五年間陣亡將士墓地有關之一九一五年十二月二十九日法律第三條（參看本書下文第三七〇款）；

(3)與延長彼爾拉脫灌溉運河工程有關之一八八〇年八月二日法律；

(4)與鄉間道路有關之一八八一年八月二十日法律（參看本書下文第三六九款）；

(5)與安設電報線與電話線工程有關之一八八五年七月二十八日法律；

(6)與保護公共健康有關之一九〇二年二月十五日法律。按該法律第十條對於為城市利益着想，引取泉水及分配水量工程，准其進行徵收（參看本書下文第三六九款之二）；

(7)與屬於地方利益之鐵道有關之一九一三年七月三十一日法律（鐵道或電車道）；

(8)最後，與為實施測量工程，安設界石或標記所佔用必需地產有關之一九〇〇年四月十三日法律，在其第二十一條規定中，亦曾採用一八三六年之徵收程序也。

關於上述第一項，第五項以及最後一項各用途，當於本章第四節，第五節與第六節中分別研究之。

（三六九）鄉間道路　法國一八八一年八月二十日法律，對於一八三六年法律所規定之小組陪審委員會辦法，會予擴大應用於鄉間道路。因此法國鄉間道路遂大見進步。

實則，按上述之一八八一年法律第十三條載稱：『關於鄉村道路之開闢，改直，以及寬度與界限之確定，均由省署會議按本法律第四條後五節之規定予以宣佈之。——如業主之同意付諸闕如時，則凡開路，改直，或放寬工程所需地產之佔用，必須於依照一八三六年五月二十一日法律第十六條第二節及以次各節規定進行徵收以後行之。——設遇對於房舍或其附有之天井或花園，或對於建有圍牆或活籬之地產，有予以佔用之必要時，則公用宣告應由命令宣佈之並通知參政院。同時進行之徵收，應按上節之規定為之。在未付清償金以前，區不得進佔被徵收之產業。』

因一八八一年八月二十日法律關係，鄉間道路約分為兩類。(1)凡經省署會議分劃之鄉間道路，自後即予列入區有公產範圍，(2)未經分劃之鄉間道路，則仍予列入區內私產範圍也。此第二類鄉間道路，得為實施徵收之對象，與一切私產同 (Cass., 30—7—1923, Gaz. Trib., 21—9—1923)。

在另一方面吾人猶須提及者，即一九一八年十一月二十七日法律第五條關於鄉間產業改組之規定是也。按該第十五條載稱：『在改組過程中所新闢或改直之鄉村道路，得為區參議會實行討論後所頒勘察命令之對象，但無須經過省署會議之調查手續也。』

（三六九）之二　關於泉水之引取　按法國於一九〇二年二月十五日公布之保護公共健康法第十條，對於引取泉水或向城市分配飲料工程准予進行徵收。但於進行程序上却按情形之不同，而各有差異也。

第一種情形所引取之泉水，並不在享用泉水區域以內，遇此情形時，則公用宣告應由命令宣佈之。至於償金，則應由按一八四一年五月三日法律規定組成之陪審委員會予以確定之（Cass., 26—3—1912, S. 1912, 1, 408）。

第二種情形所引取之泉水，係在本區領域以內。遇此情形時，一九〇二年法律第十條又予區分為泉水之產量，每秒鐘是否已超過兩琍（Litre）以上（見該條第四與第五兩節中。）

（甲）假使泉水產量每秒鐘超過兩里脫時，則應按第一種情形進行之

（乙）反之，假使泉水產量每秒鐘未超過兩里脫時，則對於引取此種泉水之公用宣告，得以省署命令宣佈之。至對於關係人等應予付給之償金，則由按一八三六年五月二十一日法律第十六條規定組成之小組陪審委員會加以確定。

不論在上列何項情形之下，對於引取泉水工程予以公用宣告之文件，除對於地產加以確定取得外，若遇必要時，尚可同時確定一保護地段，以防泉水外洩也。

不論如何，對泉水發源地之地產業主，均得施用徵收程序。但進行引取泉水工程之區，得單獨徵收水源，而不徵收地產（參看賀銳猷氏所著之憲法概論（第八版）第五六八頁附註，）蓋以泉水業主僅為地產之業主而然也；同時亦可將地產與泉水一併徵收，蓋以泉水乃為地產之附屬品故也。

假使徵收者遭逢法國民法第六四二條第二節中所規定之情形時（按該條已曾經一八九八年四月八日法律加以修正矣）卽謂當遇利用泉水工程業經下游地產業主舉辦，並已完成計時已達三十年之久時，則徵收者卽應將該業主列入徵收程序中，而陪審委員會對之，應斷與徵收償金，蓋以該業主對於泉水已享有一種對物權故也（參看賀銳猷氏所著之行政法第五七〇頁附註。）

反之，下游有使用權者不得列入徵收程序以內，蓋以彼等之於泉水，並未享有一種對物權故也。至於彼等所遭受之損害，不過僅限於因引取泉水關係喪失若干發動力或灌溉方便而已，因之其解決方式卽按公共工程損害解決程序進行足矣（Conseil d'Etat, 19—2—29—6—1904, S. 1905, 3, 97; 26—1—1906; 30—4—1909; 並參看賀銳猷氏所著之行政法第五六七——五六八頁及附註。）

（三七〇）衞國陣亡將士公墓之保存　按一八七三年四月七日法國公佈『關於保存上屆陣亡將士（卽一八七〇——一八七一年普法戰爭中之死難將士）公墓』之法律第二條規定，國家對於在公墓範圍以外建有軍人墳墓一所或數所以上，且未經圍以牆籬之地產，以及爲開掘屍體與過道所需之地產，得採用公用徵收辦法取得之；且對於此類所得，得宣告其具有公用性質。再則，須予取得之地產或爲發掘屍體（須待五年期限屆滿後始能舉行）須予臨時佔用之地產，經過調查手續後，由省長命令指定，並由內政部長批准。在上述命令中對於附近地產須受法國共和曆第七年九月十三日，以及一八〇八年三月七日命令中地役規定約束之範圍，須加以決定。

徵收之宣判卽根據內政部長批准，並由省長頒佈之命令，並按一八四一年五月三日法律之規定（按一八七三年四月七日法律第三條規定）。

至對於徵收發掘屍體之地產，或爲發掘屍體暫時佔用之地產，更或對於附近地產所受地役束縛，應付之各項償金，均由陪審委員會按一八三六年五月二十一日法律確定之（按一八七三年四月七日法律第五條規定）。

再者，一八四一年五月三日法律第五十八條之規定，得適用於本法律（按一八七三年法律第五條規定）。

此種關於小組陪審委員會規定意想不到之應用，因新近事變關係，又成爲當前問題。但一八七三年法律自後並未重經採用。一九一五年十二月二十九日，法國又公佈一關於發掘大戰期中陣亡之法國將士或聯軍將士屍體之法律，按此法律之規定如下：

『第一條　若爲興建大戰期中陣亡或病死之法國將士或聯軍將士永久公墓起見，對於現存公墓範圍以外地產有加以取得之必要時，則此項地產取得，卽由陸軍部長以國家名義爲之。

『第二條　假使根據省長委派之本區衞生委員會，或省衞生會議中八員之贊成報告，或根據區參議會之意見，對於上述地產一經加以選定時，則此既經選定之地產，卽由省長命令指定之，無須再經其他手續也。

『第三條　設遇有舉辦徵收之必要時，得由陸軍部長頒一命令爲公用之宣告（參看一九一七年一月八日法國陸軍部長所頒命令，見一九一七年一月十四日份公報第四七六頁）並按一八三一年三月三十日法律第三條及以次各條規定之程序進行之（參看本書上文第三五五，三五六及三五八各款。）然而關於各種剝奪財產償金之最後確定，則須按一八三六年五月二十二日法律第十六條之規定行之（參看本書上文第三六二款。）

『第四條　凡依據本法律規定所取得之地產，得以其全部或一部歸諸區有以抵償區公墓中將士公墓所佔用之地產。

『爲此，陸軍部長得予訂立交換契約。

『第五條　一八四一年五月三日法律第五十六，五十七與五十八各條之規定，得適用於依據本法律規定而訂立之各種字據。

『因之所有上述一切字據，應予加蓋印花證，並予免費登記，至對於抵押保管應辦之各項手續，不得徵收任何稅款。

『第六條　凡經本法律載明公墓必需地產所耗之取得，佔用，圈圍與維持等費，均由國家負擔之。然而，關於公墓之維持事宜，若經本國（法國）或聯軍國家內某區或某一合法組成社團提出請求時，得按上開組織與陸軍部長間訂立之契約，委諸某區或某一社團。

『第七條　凡與公墓治安條例與保存事宜有關之各種法律與規則，均得適用於移充陣亡將士公墓之一切地產。』

（三七一）小組陪審委員會之特種用途　抑更有進者，立法者得將小組陪審委員會移用於其他情形。即如彼爾拉脫灌溉運河(Canal d'irrigation de Pierrelatte)至武威士(Ouvèze)間延長工程之特許權與公用宣告有關之一八八〇年八月二日法律第三條所稱『設遇與該運河以及合同中所指定工程之計劃曾經公共工程部長核准，而對於某項地產有加以徵收之必要時，則關於償金之確定應兼按一八四一年五月三日法律，及一八三六年五月二十一日法律第十六條第二及以次各節之規定行之……』

第四節　業主聯合會所舉辦之徵收

(三七二)業主聯合會所舉辦之徵收，除關於償金之確定情形外，應按通常程序進行之　吾人在本書上文第十八款中已曾見及在有權舉辦徵收之人士中，列有爲謀實施集團利益工程而組成之業主聯合會，並於本書上文第四十四款見及關於該業主聯合會所舉辦工程之公用宣告，均按是項工程是否已經越出一區之領域範圍，分別依照一八三四年二月十八日命令，或一八三五年八月二十三日命令，實行調查以後，由參政院宣佈之(參看本書上文第三十四與第三十六兩款)。

當業主聯合會有舉辦徵收之必要時，其應依照之程序，卽爲一八四一年五月三日法律所規定之通常程序是也。關於此點，假使立法者對於若干工程之實施，於確定償金時，認爲可以不必依照一八四一年法律之規定，吾人當無在此特予提及之必要也。

(三七三)關於疏水工程或曝晒工程　關於業主聯合會有權徵收所舉辦之各項工程，詳見下列三項法律：

(1)與疏水暢流有關之一八五四年六月十日法律；

(2)與同業會社有關之一八六五年六月二十一日法律；

(3)修改前項法律之一八八八年十二月二十二日法律。

按一八五四年六月十日法律之規定僅涉及疏水工程與曝晒工程而已，原該法律第四條載稱『凡同業會社，區或省爲便於疏水或他種曝晒起見擬予舉辦之工程，均得由參政院命令爲公用之宣告。——至對於徵收應付之各種價金應按一八三六年五月二十一日法律第十六條第二節之規定予以確定之。』

根據上文所述，則是：

(1)爲實施疏水工程或曝晒工程起見，得舉辦徵收，即使此項工程由業主聯合會所發起，其情形亦然；

(2)上述工程，即使爲省或區所舉辦者，其公用宣告均由參政院命令爲之；

(3)關於徵收之進行，除陪審委員會之組織外，均按一八四一年法律所規定之通常手續爲之。實則，遇此情形時，所組成之陪審委員會，即一八三六年法律爲舉辦鄉村道路實施徵收所規定之小組陪審委員會是也。即謂：該委員會由宣判徵收法院所指派之四名陪審員組成之，並由主席法官擔任主席。再則，該主席法官得由公斷員充當之（參看本書上文第三六二款）。

一般人認爲假使舉辦徵收者爲某一同業會社時，必須召集一八四一年法律第二編中所規定之調查委員會，並按同法律第八第九第十各條之規定，向之諮詢，至於按同法律第十二條之規定，僅向區參議會徵詢意見，則殊嫌不足也（Cass., 16—7—1873, D. 73, 1, 336）。

（三七四）一八六五年六月二十一日法律所舉及之各項工程與小組陪審委員會　同樣，按一八六五年六月二十一日所公布與同業會社有關之法律第十八條規定：『設遇某一特許同業會社於其工程實施上，有徵收地產之必要時，一經參政院以命令爲公用之宣告後，即按一八三六年五月二十一日法律第十六條之規定，予以徵收之。』

由上文觀之，則當同業會社按一八六五年法律規定進行徵收時，關於應付償金之確定，仍由一八三六年法律所規定之小組陪審委員會爲之。再者，按一八六五年法律第十八條之規定，上述徵收，惟特許同業會社始有權舉辦（可參看一八六五年六月二十一日第九及以次各條關於特許會社應俱備之條件），並按同法律第九條之規定，上述徵收只能對於同法律第一條第一、第二、第三、第四、第五各項中所載明之各項工程實施也，即謂：

（1）關於海、河、急流以及通航或不通航河流之防禦工程；

（2）關於不通航運河及河流與曝晒及溉灌運河之疏浚、加深、改直與修理等項工程；

（3）關於沼澤之曝晒工程；

（4）關於鹽田溝渠以及經營鹽場所必需之工程；

（5）關於改善潮濕與不衛生區域之各項工程。

假使並無同業會社存在，上述各項工程係爲行政當局所舉辦時，所謂小組陪審委員會，仍得有權過問也

（按一八六五年六月二十一日法律第二十七條規定。）

再者，按一八六五年六月二十一日法律第十四條之規定，當非自由參加會社之業主經許其拋棄不動產以換得償金時，亦可利用小組陪審委員會組織。實則，按該第十四條原文載稱：『關於本法律第一條第三、第四、第五各項中所載明之各項工程設有業主對於會社計劃不予同意時，得於以上指定之一個月期限內向省署聲明，願將本人所有在指定範圍內之地產拋棄，以換取償金。對於該業主，須給與收據為憑。至於會社應負擔之償金，則按一八三六年五月二十一日法律第十六條之規定，予以確定之。』

（三七五）一八八八年十二月二十二日法律所列舉之各項工程究採用大規模陪審委員會或小組陪審委員會，則按情形而定。按一八八八年十二月二十二日法律在其第一、第二與第七各條中，更將許與同業會社之徵收權予以擴大矣。實則，依一八八八年法律規定，凡經特許之同業會社於執行下列各項工程時，亦得進行徵收也：

(1)關於城市與近郊、市鎮、村落、小村落之各種衛生工程（按曾經一八八八年法律修正之一八六五年法律第一條第一項之規定；）

(2)關於公共道路之開闢、放寬、延長與鋪路工程，以及在市鎮村落或小村落中所實施之具有公益性質之改良工程（按上述第一條第七項之規定；）

(3)關於灌溉與施肥工程，以及輸送道路與關於公共利益之其他一切農業改良工程。

關於償金之確定方式，一八八八年法律則按工程性質之重要而加以區分。當則，該法律第七條稱：一八六五年六月二十一日法律第十八條，特予修正如次：『設遇特許同業會社於實施工程上有徵收地產之必要時，若該項工程爲一八六五年六月二十一日法律第一條第六與第七兩項所列舉者，則按一八四一年五月三日法律規定進行之；至遇上述工程爲他種工程，則一經參政院爲公用之宣告後，即按一八三六年五月二十一日法律規定進行之。』

依上述條文觀之，則遇第三款工程時，償金即由一八三六年法律中所規定之小組陪審委員會加以確定，反之，設遇前兩類工程如道路工程住房衛生工程時，即按一八四一年五月三日法律之規定行之，即由大規模陪審委員會爲償金之確定是也。

第五節　關於電報與電話線之安設

（三七六）一八八五年七月二十八日法律與小組陪審委員會　關於電報與電話線之安設維持及其作用等項問題，均曾經一八八五年七月二十八日法律加以規定。至於爲安設電線而進行之不動產徵收，一八八五年法律亦曾規定及之。試觀該法律第十三條載稱：『設遇爲安設電線起見，有實施足以引起財產永久剝奪之工程時，若業主與行政當局間未能成立友好解決，則只能依照一八四一年五月三日法律，及一八七〇年七月二十七日法律之規定進行。』——至於償金則於必要時，須按一八三六年五月二十一日法律第十二條之規定手續加以確定』再者，一八八五年法律第十四條續稱『本法律得適用於法屬亞爾基利及在一八五六年五月三日上議院決議管轄範圍以內之各殖民地。』（參看本書下文第三九八款。）

由上述條文所得之結果：

（1）因此處所涉及者，乃屬於國家興辦之工程（一八八五年七月二十八日法律尚已明言及之），所以，關於工程公用性質之調查，得按一八三四年二日十八日國王命令之規定行之（參看本書上文第三四及第三五兩款。）

（2）根據上述同樣理由，所謂公用宣告，應視安設電線長度係在二十公里以內或以外；分由法律或參政院命令宣佈之（按修正後之一八四一年五月三日法律第三條規定）（參看本書上文第四十一款。）

（3）同樣，凡實施部份調查時所搜集之各種觀察，應由一八四一年法律第八，第九，第十各條規定所組成之委員會加以審查（參看本書上文自第六十六至第七十各款），至於讓與命令，則並無由省署會議予以取決之必要也。

（4）再者，關於償金之確定，若友好解決辦法付諸闕如時，即按一八三六年五月二十一日法律第十六條之規定為之，因此，關於組成常年名單之七名陪審員（四名為正式者，其餘三名則為候補者）之指定，應由宣佈徵收之民事法院為之（參看本書上文第三六二款。）再則，該法院不但可指派法官一員，且可另行指派公斷員充任陪審委員會之主席也。

（5）最後負責確定償金之陪審委員會僅由四名陪審員組成之。

第六節　關於地方鐵道之敷設

（三七七）一九一三年七月三十一日法律與小組陪審委員會　所謂地方鐵道者，即指省或區所興築或特許興築之鐵道或電車道而言。

最初，上述鐵道係由一八八〇年六月十一日法律加以規定，而該法律將鐵道劃分爲地方鐵道與電車道。但一八八〇年法律已經一九一三年七月三十一日法律予以廢止，並加以代替矣。一九一三年法律業已將上述區分取消，並設立一對於電車道與地方鐵道共同適用之制度。

吾人於此所欲加以研究者，乃爲興建鐵道必須舉辦之徵收是也。關於此類徵收，一九一三年七月三十一日法律曾予訂立若干規則如下：

（1）關於工程之公用宣告，得於內政部長頒發佈告後，根據公共工程部長之報告，經由參政院命令宣佈之（按一九一三年法律第十條規定）。然設遇省或區請求國家津貼時，則須由法律宣佈之（按上述同條之規定）。

至於事前調查，則應按鐵道究爲省或爲區所特許，而分照一八三四年二月十八日法律，或一八三五年八月二十三日法律之規定進行之，

（2）按一九一三年法律第四十四條載稱：『徵收應按一八三六年五月二十一日鄉村道路法第十六條第

二節及以次各節之規定爲之』

按上述條文之規定觀之小組陪審委員會之特別程序，已可擴大應用於所有一切地方鐵道也。但在一八八〇年法律之規定，該特別程序僅能適用於電車道而已。

實則吾人在本書上文第三六二款中已會見及，上述特別程序與普通法不同之點如下：宣佈徵收法院所指定之陪審員人數爲七名；當事者之否決權，減爲一次，裁判陪審委員會僅由四名陪審員組成之，並得由區公斷員擔任該會主席職務。

遇上述情形時，凡由八名陪審員組成之大規模陪審委員會所爲之決議，均歸無效（Cass., 29—1—1924, Gaz. Trib., 25—2—1924）。

第七節　因有礙衛生而實施之徵收

（三七八）一八五〇年四月十三日法律，與一九〇二年二月十五日法律，及其不足之處　關於公共健康之保護，當爲一種公用問題，所以法律承認集團組織以衛生名義有實施徵收之權者，由來久矣。

所以法國公布與公共衛生有關之第一件法律，即一八五〇年四月十三日之不合衛生住所整理法第十三條載稱：『設遇不合衛生之點，爲外部的而且永久的原因有以使然，或此類原因僅能由全部施工方可予以消滅時，則區對於工程範圍內之全部產業，得按一八四一年五月三日法律所規定之形式及其所規定之手續完成後，實行取得之。——至於在清潔工程既經實施後，上述產業之所餘部份若在新建築物界限以外時，則得予以公開拍賣。遇此情形時，舊業主或其有權人士不得援用一八四一年五月三日法律第六十條與第六十一條之規定。——簡言之，即在區以實施清潔工程關係而舉辦徵收時，須完全採用公用工程應予依照之通常徵收法是也。

但在事實上，上列條文之規定終成具文而已。蓋以關於衛生之請求日益增多之結果，立法者乃於一九〇二年宣佈廢止一八五〇年法律，而代以一九〇二年二月十五日之公共健康保護法，而此一九〇二年法律所擬關於不動產之衛生辦法更爲有效故也。再者，一八五〇年法律第十三條所賦予區之徵收權，亦經照樣列入一九〇二年法律規定矣。實則，一九〇二年法律第十八條，幾全由抄襲一八五〇年法律第十三條之規定而來也。按一八五〇年法律與一九〇二年法律間不同之點，乃在於一九〇二年法律所涉及之不動產，爲全部的，不論該不動產爲既經建築者與否，或靠近公共道路與否，更不論該不動產之佔用者爲何人，至於一八五〇年法律所涉及之不動產，乃爲住宅，並僅限於出租者（爲業主本人所佔用之住宅除外。）

同樣，即當妨礙衛生之原因非經實施全部工程不能消滅之際，區所有之徵收權，仍不過限於理論而已，一九〇二年以後，實與以前情形無甚差別也。此蓋由於各區仍舊不行使該項徵收權，有以使然。再則，一九〇二年法律第十八條之規定，迄今不過曾經採用兩次而已：一次係上亞爾卑斯(Hautes Alpes)省採用，另一次則爲北海濱省(Côtes-du-Nord)所採用（參看一九一五年四月二十九日波特文(Pottevin)議員之報告書，見一九一五年法國下議院文卷第八五五五號附件第三四三頁。）

至其所以有上述之結果，據各關係城市之證明（參看下院議員賀洛哈之報告，見一九一二年法國下議院文卷第一五九二附件第四四頁），該關係城市等援用一八四一年法律規定與實行採用陪審委員會習慣之結果，所耗之費用往往超出彼等之財力以外，其效果並不與所耗之費用相稱（參看上議院議員沙萊於一九一三年十二月二十六日所提之報告，見一九一三年法國上議院文卷第四九五號附件第十頁）。職是之故，彼等際於徵收費用過鉅之關係，遂對於進行徵收一舉，不免望而卻步矣。

（三七九）關於改革計劃　一般人士鑒於上述之不幸結果，爲便於以公共衛生關係，有實施徵收必要之各區，樂於採用徵收程序起見，因有改革之擬議。爲達此項目的，對於以妨害衛生爲由而舉辦之徵收，自當予以訂立有異於普通法規定之規則也：第一，就程序上講，應力求簡單化；第二，關於償金之計算，應力求避免區方遭受陪審委員會之誘導以及公共利益爲私人利益所犧牲。

因爲上述理由，關係西格弗里特（Siegfried）氏特於一九〇四年向法國下議院提出妨礙公共衛生徵收之法律草案，既又於一九〇六年加以重提，最後更於一九一〇年十一月十日再重提一次。其結果，終於在一九一二年三月二十二日，該法律草案經賀洛哈氏提出報告，復經詳細修改後，竟得通過於法國下議院矣（參看上文曾經舉及之若氏報告第一七頁）。

但上述法律草案，當沙萊氏提出報告於上議院之際，曾經若干重要修改。最重要之點，即如上議院不但對於下議院將妨礙衛生徵收法列爲專條之辦法未予採納，且欲將所有各項新規定歸入一九〇二年二月十五日法律中是也。抑據吾人所知，該一九〇二年法律第十八條對於妨礙衛生徵收，已曾予以特別論及也。復按若氏所稱：『以妨礙衛生爲由而進行之徵收，乃爲法律爲保護公共健康起見，賦予區之極端方法之一……爲使工作理性化起見，應將急待採取之辦法予以併入公共衛生法。按實際而論，最簡便之方法，莫過於對於一九〇二年法律第十八條加以修正，蓋以該條已曾論及徵收故也。』

迨上述法律草案經上議院按上列方式修改，重新交回下議院之際，由波特文氏提出報告，卒照參議院修改後原文通過。

（三八〇）一九一五年六月十七日法律　按是項法律原文名稱爲『修正一九〇二年二月十五日公共健康保護法中關於妨礙衛生徵收部份之法律。』

第一條　與公共健康有關之一九〇二年二月十五日法律第十八條，茲改由下列各項規定代之：

『第十八條　凡區爲改良衛生計，對於多數不合衛生之不動產或區域，均得請求徵收之。

『至於不合衛生情形，應由區參議會加以討論，討論時根據附有待徵地產部份圖樣及載明賦稅冊中所列業主姓名之衛生工程初步草案。

省長於既經徵得衛生委員會(Commission sanitaire)省立衛生局(Conseil départemental d'hygiène)及平民住宅管理處(Comité de patronage des habitations à bon marché)之意見後，若認區參議會之決議爲可行時，即按一八三五年六月二十三日命令第一至第四各條規定之形式，飭令調查工程之用途及須予全部或部份徵收之各部產業。

『同時，由省長請求上述產業業主、區長及民事法院院長於十五日期限內，各自指派專家一人。上述各專家一經指派後，省長即加以正式任命，設遇未經指派專家時，即由省長遴選適當專家以代之。至於各專家之任務，則爲（1）對於須予取得之每一不動產之市價，加以估定；（2）對於不動產施工，以及衛生委員會認爲欲使該不動產合乎衛生必需工程之費用，加以估定之；（3）從事估定不動產是否應受禁止治產限制，並估定赤地之現値及拆毀材料之價値。

『上述鑒定工作所需之費用，應由區負擔之，一如向省署起訴然。

『第十八條之二——省長根據上述調查與鑒定，於必要時，得頒一命令，一面作公用之宣告，一面對於須予徵收之私產加以指定。且更規定未列入公共工程範圍以內產業之用途，或此項產業之轉售條件。凡關係人等，對於上述命令，得在其批露後之十日內，向內政部長請求救濟，然後內政部長經徵得高級衛生局（Conseil supérieur d'hygiène）之意見後，按普通法裁決，不得有越權情事。再者，上述請求救濟，具有中止效力。

『第十八條之三——根據上文所述，則徵收程序，除下列特別破例情形外，應按一八四一年五月三日法律第三至第六編之規定進行之：

『（1）關於確定應付不動產業主償金事，陪審委員會首以特別決議確定不動產之時價，並應隨即扣除該不動產衛生工程所需之費用而償金額數即等於上列兩數中之差數，既不得低於該不動產爲素地之價值，亦不得根據剝奪事實爲由另斷一項償金；

「（2）對於在被徵收處經營商務或須領有執照之某種工業之租客，按一八四一年五月三日法律之規定，其應得之收奪償金，若發現經營者所經營之商務或工業犯有不合衛生情形時，得對之實行扣除。至於扣除數目，應等於妨害公共健康所得之利潤。陪審委員會根據商務或工業之實情，以各項個別之決議判定通常應付之償金數目與扣除償金之或然事件，及應扣之償金數目，最後，對於應付償金之數作最後之裁決；

至對於其他租客應予斷給之償金，須相等於一季之租金，然而數額不得低於三十佛郎，或多於一百佛郎，並不得以拖欠租金爲由，對於該數額提出反對；

「（3）凡陪審委員會之決議，及主席法官之命令，若遇有違反上述第一節與第二節規定情形時，均得爲上訴於大理院之目標；

「（4）衛生設施既經完成後，在新建築以外之產業部份，得公開拍賣之，原業主或其有權人士，不得援用一八四一年五月三日法律第六十條與第六十一條之規定。」

「第十八條之四——按第十二條及以次各條之規定，或遇爲核准工程命令對象，或爲禁止居住命令對象之不動產，包含在公用徵收範圍以內，並且當徵收判決宣判之際，所給與業主之期限適已屆滿時，則償金應按上條之規定予以確定之。

「反之，若遇在因不合衛生而被徵收之若干不動產或某一區域中，按陪審委員會所稱，對於某一不動產時價，並無加以扣除衛生設施費之必要時，則應付各租客之償金須按一八四一年五月三日法律之規定予以確定之。」

第二條——關於一九〇二年二月十五日法律第十四條第一節，特予補充如次：

「設區於上述期限一經屆滿後，若認爲必要時，得按上列第十八條之規定條件，請求徵收不動產，且遇此情形時，就法律上講，凡區所提出之請求，均足供參考之用。」

第三條——關於一九〇二年二月十五日法律第十七條，特予修正如次：

「設遇應用一九〇二年二月十五日法律自第十一至第十六條各規定之結果，有解除租契之必要時，則對於租客，並無若何損害賠償可言。」

第四條——本法律對於亞爾基利以及馬爾提尼克、瓜德盧普、累羽尼翁各殖民地之適用條件，由公共行政命令確定之。」

吾人當可看出，上述新訂法律，對於區——實則僅對區而言——在一八五〇年法律與一九〇二年法律中，即已取得以衛生名義，即可進行徵收多數不動產或區域之權，又重新加以承認也。但該新訂法律，尚有若干革新之點；如使公用宣告趨於簡單化，同時，對於償金之詳確計算方法，亦曾予以規定是也。在另一方面，該新訂法律，對於徵收權，竟予以擴大應用於孤立的衛生不動產也　按上述新訂法律第二條，即根據此旨補充一九〇二年法律第十四條。)

吾人對於上述各點簡略論及如次：

(三八一)公用宣告　按上述新訂法律第一條之規定，惟有區始得以妨礙衞生爲由，請求徵收，而國家、省與專門公共企業組織不預焉，蓋以此處所涉及者，乃爲完全屬於區中利益工程故也。若按普通法規定所謂工程之公用性質，應以命令宣告之。但按上述新訂法律之規定，則公用宣告應由省長爲之也(按一九〇二年法律第十條規定省長在某種情形之下已有作公用宣告之權矣，如對於飲料泉源之取得是也。參看本書上文第三六九之二。)至於省長命令之目的有二：一爲作公用之宣告，另一則爲宣佈讓與是也。其次一八四一年五月三日法律所規定之兩種事前調查(卽該法律第一編與第二編中分別規定者)於此已合而爲一矣。同時，調查工程之公用性質，並應按一八三五年八月二十三日區辦工程法規定手續進行擬予徵收各不動產之確定也。

再者，在省長命令未頒之前，必須徵得下列三項特殊意見，卽衞生委員會，省立衞生局，及平民住宅管理處三方面之意見。其次，尚須經過對審的鑒定以確定擬予徵收不動產之時價，及使不動產合乎衞生條件所必需工程所費之金額。似此，則區在進行徵收之初，卽可知徵收所需費用之多寡，同時，未來償金自初亦可有精確之計算也。

(三八二)徵收程序　若云徵收程序，則上述新訂法律並無若何新規定。實則，該法律仍准採用一八四一年五月三日法律第三編及以次各編之規定也。職是之故，普通徵收法仍得適用於此矣。

(三八三)償金之計算　關於償金之計算，一九一五年六月十七日法律違反普通徵收法之處最多。何以言之原吾人已在上文中見及，直至一九一五年爲止，法國各區之所以不甚踴躍進行徵收以消滅不合衛生之住宅者，蓋以其有鑒於一般陪審委員會確定償金方式之費用至大，不欲輕於嘗試故也。

抑猶有進者，上述一八一五年法律之所以違反普通徵收法規定者，實具有下列各項理由：第一，在此所涉及之徵收所以成爲需要，完全由於業主；蓋假使該業主果曾使其房舍合乎衛生條件，或並未招來多數租客雜處一寓，致有妨害於公共衛生，區自無出而干涉之必要。由此觀之，則業主果對其疏忽之點，猶能取得種種利益，並於由彼迫而引起之徵收程序中取得種種實惠，殊未免不近情理也；第二、就一般而論，凡由不合衛生之房舍而來之所得，具有反常性質，蓋以該項所得往往超過合於衛生條件之房舍之所得故也。試言其兩種理由如次（參看上述之涉萊氏報告第四十頁）：第一、所謂不合衛生之原因，往往由於屋宇毀損與汚穢，換言之，即謂業主對於維持工程，乃至最關緊要者，均加以節省也；第二、通常在同一房舍中，竟予劃分爲無數狹小寓所，使住戶過度密集，其所以如此，無非爲多得收入而已，至於有害公共健康，則所弗計也。

一九一五年六月十七日法律鑒於上述種種理由，所以對於計算償金事項，特予訂爲下列規則多條：

（甲）業主應得之償金　關於業主應得之償金，陪審委員會必須依照下列方式計算之，否則無效。陪審委員會先以一決議確定不動產之時價，然後再由此時價中扣除該不動產衛生工程所必需之款項，此項工作之於陪審委員會，實爲輕而易舉之事，蓋以該委員會於事前曾經施行審定手續，即可利用其所獲得之結果故也。至於業主應得之償金，即等於上述兩項款額間之差數，殊不容以剝奪事實爲由而另予追加任何款項也。

然上述業主應得之償金，亦絕不可低於赤地之價値。

設遇陪審委員會宣言並無扣除衛生工程費之理由存在時，其結果則對於不動產應付之償金，即須按照一八四一年法律之規定予以確定之。

(乙)租客及其佔用人應得之償金　按上列新訂法律之規定在被徵收處所內經營商務或須領執照工業之人士，與其他佔用者，其各自應得償金之確定方式，則互有不同也。

(一)關於經營商務或須領執照工業之租客　按法律規定，就原則上講，該租客等須服從一八四一年之普通徵收法規定，然同時亦有一種限制，即當租客在不動產內因其所經營之業務關係，致不合衛生之因素產生或滋長時，則於計算償金之際，殊無任何理由將此由妨害公共健康得來之利益部份一併計入也。至於一九一五年六月十七日法律，為免上項規定成為具文起見，又特別明定，陪審委員會應以個別決議宣佈下列事項，否則，其決定均歸無效：(1)宣佈在被徵收處所以內之商務或須領執照工業情形；(2)宣佈通常租客被剝奪財產時，應予斷給之償金額數；(3)宣佈因經營者對於妨礙衛生上應負之個人責任關係，對於上述償金須予扣除處分之或然情形，並對於扣除款額，亦應加以宣佈之。實則，按一九一五年法律之規定，該扣除款額，應『等於由妨害公共健康而獲得之利益總額』；(4)最後，對於須予給付償金之總額，亦應加以宣佈之。

(二)關於其他租客及佔用者　一九一五年法律對於上述人士應得之償金，特予定為須等於一季租金之數，但其款額既不得低至三十佛郎以下，或超出一百佛郎以上。陪審委員會必須遵照此項規則行事，否則，其所爲決定，卽歸無效。且一九一五年法律並曾規定，對於上項償金，不得以拖欠租金事實爲由，提出任何異議。

立法者之所以有上述限定款額思想，實由於欲避免各種過分要求，同時且認爲就大體而論，凡不合衛生條件之房舍，除若干經營商務或工業之處所外，其租金均爲口頭說定者，而且爲數亦無多也。

特殊情形　有時在以不合衛生條件關係而被徵收之多數不動產或區域中，當亦間有一並不妨礙衛生之不動產存在。遇此情形時，則凡資證明關於計算租客償金得違反普通徵收法規定之種種理由，卽不復存在。所以，一九一五年法律亦會計及此種情形，並予明文規定『對於一切租客應得之償金，均按一八四一年五月三日法律之規定予以確定之』（按一九一五年法律第十八條之四第二節中規定）。

但究由何人確定不動產之並不妨害衛生？按上述同條之規定，卽由對於該不動產時價宣佈並不因改善衛生關係實行扣除款項之陪審委員會宣言確定之。

(三八四)衛生工程既經實施後所遺下被徵收地產之處理　按一九一五年六月十七日法律，既允許區當局有請求徵收『認爲不合衛生條件之多數不動產或區域』之權利，復規定（按該法律第十八條之三第四項：）『凡於衛生工程實施後遺留在新建築範圍外之產業部份，均得公開拍賣之，而原業主及其有權人等，不得請求援用一八四一年法律第六十條及第六十一條之規定』。

抑猶有進者，上述規定並非爲一新奇事態，實則該項規定早已列入一八五〇年法律與一九〇二年法律矣，一八五〇年法律中所載爲原條文，一九〇二年法律從而加以補充（參看本書上文第三七八款。）

(三八五)對於孤立的不動產之徵收可能性　吾人在上文中已曾見及修正一九〇二年二月十五日法律第十八條之一九一五年六月十七日法律第一條僅涉及認爲不合衞生之『多數不動產或區域』而已。實則，此種情形固同爲一八五〇年法律與一九〇二年法律所涉及之唯一情形也。但在立法者認爲，對於某一孤立的而不合乎衞生條件不動產之假定情形，亦須加以計及，並認爲應允區對於此種不動產得有權徵收之，一如對於多數不動產或區域然。

然所謂孤立的不動產與多數不動產，情形固不盡相同也。設有某一不合衞生條件之不動產，其周圍之其他不動產均無甚毀損之處，吾人若施以適當之工程，自易使上述不動產合乎衞生條件也。所以，遇此情形時，徵收程序必須在合法命令業主實施必要工程以後行之（參看若氏報告第二十四頁）。職是之故，一九一五年法律曾規定對於孤立的不動產因不合衞生加以徵收，並將此項規定補入一九〇二年法律第十四條，該條係與不依照指定期限完成工程之業主須受懲罰事有關也。

再者，遇上述情形時，在未正式接受區之要求以前應完成之手續，似可以避免，且並無若何不便之處。蓋以最初已有衞生委員會出而預聞之故，當可獲得各種充分保障也。

除此不同之處，吾人在上文中曾加敍及之多數不動產之徵收程序，同樣可以適用於孤立的不動產徵收也。按一九一五年六月十七日法律第二條載稱：『一九〇二年二月十五日法律第十四條第一節，特予補充如下：區於上述同樣期限一經屆滿後，若認爲適當時，得按下列第十八條之規定條件，對於孤立的不動產請求加以徵收，且遇此情形時，正式接受其要求之行爲，當爲合法的。』

（三八六）關於不合衛生條件不動產之被列入通常徵收情形　按一九一二年二月十五日法律第十二條及以次各條之規定，不合衛生條件之不動產，有時爲規定各項工程命令之對象，有時爲禁止居住命令之對象，亦有時竟被列入公用徵收範圍以內。此在立法者認爲，遇上述情形時，凡業主或租客應得之償金，應按妨礙衛生徵收規則予以確定之，但必須上述命令給與業主之期限於宣佈徵收判決之際業已屆滿方可（按一九一五年法律第十八條第一節規定。）

實則，不肯改善其不動產之衛生狀態之業主，因妨礙衛生關係本應被徵收矣，今若任其列入公用徵收計劃內之不動產得享意外機會之實惠，殊欠公允。但若於同樣情形之下，採取其他決定則又適足使業主玩忽規定工程或禁止居住之命令也。

第八節　戰時徵收制度

（三八七）一九一五年五月二十八日法律　因爲情勢所迫，且鑒於一九一四年八月三日德國對法宣戰後戰爭延長關係，法國立法者乃不得不採取各種例外而且暫時的規定，以便戰爭期中各種公共工程得以順利進行。因此遂有一九一五年五月二十八日法律，卽所謂『促進戰時公共工程實施法』之產生；其規定如次：

「第一條　一八四一年五月三日法律第七十六條之規定，在戰爭期中，除下列若干保留外，得擴大適用於一切緊急工程不論其尙未開始進行，或已在進行中者。然在實行佔有產業後應予完成之各項手續只能於戰爭行爲終止以後爲之。至關於進行程序上之開始日期，則留待日後所頒命令予以確定之。

『第二條　關於公用之宣告，應按一八七〇年七月二十七日法律規定爲之。至於緊急宣告，則以命令爲之。一九一四年八月五日法律（按卽通用證券（valeurs négociables）延長期限法）對於實施公共工程前之各種手續期限，並不適用。

『第三條　若欲採用本法律之規定，必須：

（甲）一八三一年三月三十日法律中所規定之期限，予以加倍延長之；

（乙）一八三一年法律第七條末節之規定，特予修正如下：『凡此各項工作，應由產業管理處人員與省長所指派之專家，連同在場之各當事人，或當事人缺席時所指派之專家，更或於當事人並未指派專家，或並無行使其權利之自由時，由法官委員（juge commissaire）就每區區參議會所提之三人名單中選派一代表當事人之專家，同時進行之；設遇區參議會並未提出上項名單，或未能徵得專家之同意時，則法官得指派專家一人。』

吾人在上文中當可看出，一九一五年法律之價値，至爲有限。其所以如此，蓋由於一方面該法律乃爲適應當時情勢之一種法律，其適用有效期僅限於正在進行之戰爭期中，並不適用於一般戰時也。同時，在另一方面，該一九一五年法律之規定，僅涉及各項緊急工程而已，卽上述法律第二條僅規定以命令爲緊急之宣告是也。再者，吾人在本書上文第三四五款中已曾見及上項緊急宣告並無詳述理由之必要，且可於徵收判決宣判後爲之，並不得爲任何救濟請求之目標。

至關於並未經過緊急宣告步驟之各項工程所需之徵收，一九一五年五月二十八日法律並未對之加以若何修正也。

再者，上述之一九一五年法律僅涉及並非屬於堡壘工程之各種緊急工程而已。實則，該法律曾予規定在戰爭進行期中上述各種緊急工程除該法律曾經指明之若干保留外，得利用一八四一年法律第七十六條之規定，即：該一九一五年法律對於一八三一年三月三十日法律所訂之緊急堡壘工程規則，已予以擴大應用於上述緊急工程；至於該緊急堡壘工程規則之內容，吾人已在本書上文第三五三款中曾加以研究。

至於一九一五年法律對於通常徵收規則有所違反之處，吾人可再爲列舉如次：

（1）按一九一五年法律第二條載稱：『公用宣告得按一八七〇年七月二十七日法律之規定爲之，』即謂，公用宣告得以法律或參政院命令，更或以通常命令爲之（參看本書上文第四十款及以次各款。）但在另一方面，吾人固又曾見及，關於堡壘工程之緊急宣告，則向以通常命令爲之也。（參看本書上文第三五四款。）

（2）一九一五年法律對於一八三一年三月三十日法律所規定之期限，從而加倍延長之（按一九一五年法律第二條之規定。）

（3）凡爲供宣判徵收並確定臨時償金法院參考之需，而進行之各項工作，應按一八三一年三月三十日法律第七條（按此條曾經修正者）之規定爲之（法官委員須予指派之專家，應由法官委員就區參議會所提之三人名單中擇一任命之。）

（4）凡在實行佔有產業後應予完成之各項手續，則留待戰爭行爲終止後爲之。至於徵收程序之重新開始日期，當容日後以一命令確定之（按一九一五年法律第一條規定。）

以上所述之一九一五年五月二十八日法律於公布後立即發生效力，並自一九一五年六月九日起已曾先後公布若干宣告鐵道緊急工程之命令例如：對於在加勤納哥倫布（Garenne-Colombes）及農泰爾（Nanterre）興辦之車輛工廠，在聖布利厄（Saint-Brieuc）車站舉辦之堆棧移動工程；在聖泰提恩（Saint-Etienne-du-Rouvray）弗奴耶弗納伊（Vernouillet-Verneuil）、恪拉維爾（Graville）各地舉辦之救濟站工程以及塞爾格（Serqueux）與埃丹彪伊（Etainpuis）兩地鐵道之接軌工程等等所頒之命令是也。但該一九一五年法律自正式宣佈戰爭終止之法律公布後，即行停止適用矣。

（三八七）之二　關於戰爭終止後緊急工程之實行　按一九一九年八月十二日公布關於戰後緊急工程實施法，對於一八四一年五月三日法律第七十六條之規定，曾予暫時擴大適用於一切公共工程，至於工程之性質如何，則弗計也。該一九一九年法律載稱：

『第一條　自戰爭終止後之五年期限內，一八四一年五月三日法律第七十六條之規定可予擴大適用於一切緊急公共工程，至於工程尚未開始或正在進行中則弗計也。

『第二條　關於公用之宣告應按一八七 年七月二十七日法律之規定爲之。至於緊急性質之宣告則以命令爲之。」

其後法國於一九二四年三月二十一日又另公布一法律，對於上述一九一九年法律，特再予延長五年，並自一九二三年十月二十三日計起。

抑猶有進者，法國且曾於一九二三年公布一法律，對於因受戰爭損害，由國家按一九一九年四月十七日法律第七十六條規定收買之不動產徵收手續，已使之簡單化矣。

(三八七)之三　法國亞爾薩斯羅蘭(Alsace-Lorraine)之法定徵收制度　法國亞爾薩斯羅蘭在往昔受德國統治期中，亦仍採用一八四一年五月三日法律之規定。至於法國先後公布之一九一四年四月二十一日法律及一九一八年十一月六日法律，均曾經一九二一年三月二十七日命令宣佈其得適用於該處矣。其後，法國更以一九二二年一月二十七日命令宣佈一九二一年七月十七日法律亦得適用於該處也。由此觀之，在法國大戰後收復之三省內所施行之法定徵收制度，實與在法國其他領土內所施行之徵收制度固無差異也。

第九節　在法國所屬亞爾基利(Algérie)及其各殖民地之徵收制度

(三八八)法屬亞爾基利現行法制　一八四一年五月三日法律之規定，並不適用於亞爾基利。至於在該地舉辦之徵收，則須遵照法國一八四四年十月一日公布之國王命令第四編規定行之。至於該國王命令之內容，其第一編中所涉及者爲不動產之取得，第二編係關於償還公債之規定，第三編關於禁止取得或組織居住地之規定，第四編則關於因公用關係而舉辦之徵收或臨時佔用之規定是也。

上述第四編（自第二十四至第七十九各條）在其接連之四章中分別規定：（1）徵收之各種形態（自第二十四至第二十八各條）；（2）徵收對於各種優先權，抵押或其他對物權所可發生之影響（自第二十九至三十一各條）；（3）關於規則，職權與給付償金之規定（自第三十二至第四十九各條）；（4）關於緊急情形中之佔有（自第六十二至第七十一各條）；（5）一般規則（自第七十二至第七十八各條）。

再者，上述國王命令已曾經下列各項法律與命令略予修正：即一八五一年六月十六日公布之亞爾基利產業組織法第十八至第二十一各條；廢止一八四四年國王命令第四編第四章之一八五五年十二月五日命令，及一八五七年十月三十日公布與在亞爾基利施行防禦地役與軍事領域法有關徵收之命令是也。

最後，上述各項規定應於亞爾基利現行行政法規相依為用（(Cass., 2—1—1866, D 66, 1 168)。

吾人在下文中即可看出上述各項規定，多係抄襲法國本國適用法規而來。但在許多地方又不能不制定若干特別規則也。蓋以在亞爾基利須予舉辦之公共工程正多，同時因時間上之拖延，致發生種種不便，勢不得不允援於較為簡單與較為迅速之手續故也。

最後，吾人尚須舉及者，即吾人在本書上文曾加研究之各種特別程序，其中已有若干業經擴大適用於亞爾基利矣。如一八八五年七月二十八日公布關於電線與電話線之安設維持及其作用之法律，在其第十四條中已曾裁明，該法律可適用於亞爾基利，及一八五六年五月三日至九日公布之法國上議院決議所管轄之各殖民地是也（參看本書上文第三七六款。）同樣，一九一五年六月十七日公布之妨礙衛生徵收法，在其第四條中載稱：『關於本法律適用於亞爾基利及馬爾提尼克、瓜德盧普與累羽尼翁各殖民地之條件，均由公共行政法規予以確定之』（參看本書上文第三八〇款。）

（三八九）關於各種實施徵收之可能情形　此種可能情形，爲數甚多，並詳載於一八四四年十月一日國王命令第二十五條及一八五一年六月十六日法律第十九條中。茲將上述各條原文舉示如次：

第二十五條　凡公用徵收只能在下列各種情形下方得舉辦：（1）建立城市，村鎮，或其他之民衆中心處所；（2）所有各民衆中心處所附近地帶之擴充；（3）凡與領土內防禦或衛生有關之各項工程；（4）在一八四一年五月三日法律所允許之一切徵收情形。

第十九條　凡遇下列各情形時，得宣佈徵收：——建立城市，村鎮，或小村鎮或擴充該城市村鎮或小村鎮之附近地帶或領域；——興建防禦工程與軍隊駐所；——興建噴水池溝渠與牲畜飲水場；——開闢大路，小道，曝晒運河，航行運河或灌溉運河，及興建麵粉機；——根據法國法律規定之其他一切原由。

（三九〇）在實施徵收以前之各項行政手續　在亞爾基利一如在法國本土，發動徵收之初步手續，即爲對於工程之公共用途，作一行政上調查。但此調查工作，不得超過十日也。至於調查之結果，則須視所涉及之地帶爲民事的或軍事的而分別轉呈省長或當地司令官（按一八五九年九月八日命令。）

至於公用之宣告，除一八八一年八月二十六日命令曾經規定關於大路，小道，鐵道，橋樑，海口，燈塔，礦穴，人民建築及國家宮殿之公用宣告只能由命令予以宣佈之情形外，均於完成調查與呈報手續以後，由總督宣佈之（按一八六○年十二月十日命令。）

凡公用宣告一經宣佈後，須依批露調查通告方式批露之，並載明擬予徵收之各不動產。然後再舉行第二次調查，卽按第一次調查之方式與期限開始進行，至於調查所得之結果亦應呈報上述長官卽省長或當地司令官是也。

以上所述，實按會經修正後之一八四四年十月一日法律第二十六條與第二十七條之規定而來，據該法律第二十六條載稱：『設遇有爲公用宣告之必要時，則應將指明擬辦工程與建築性質及其位置之通告，在總督閣悉之下，予以批露於亞爾基利公報（現在已改登指定批露司法佈告之報紙矣）並張貼於公斷員駐在地；若遇無公斷員時，卽張貼於民事局（Commissariat Civil）所在之重鎮。各業主與其他關係人士於上述批露與張貼手續既經完成後之十日內，若在亞爾基利省，卽向內政司（Direction de l'intérieur）所預備之登記簿登錄其意見；至在其他各省時，則向內政司分處（Sous-direction de l'intérieur）（今已易爲三省之省署矣）所預備之登記簿爲之。然在其他行將劃分爲州縣之領域內，上述意見得向州縣中之民事局提出也。至於各業主及其他關係人士所提出之意見，得交由行政會議（Conseil d'administration）略予檢討其結論（但自一八五九年九月八日之命令公布後，則按所涉及者究爲民事領域，抑爲軍事領域，分別交由省長或當地司令官加以檢討矣。）至於公用之宣告，必須於上述各項手續完成以後爲之，並由法國陸軍部長根據行政會議及總督之意見予以宣布之（今日已改由總督或總統宣布矣；按一八六〇年十二月十日命令，及一八八一年八月二十六日命令之規定。）」

第二十七條加以補充如下：「載明公用宣告，以及須予徵收之不動產與不動產之性質位置若知其業主爲何人時，更連同業主姓名之決議摘要，應在亞爾基利公報批露之，並在前條第一節所指定之區域張貼之。至於各業主及其他關係當事人所提出之意見，均按前條規定之同樣方式與期限爲之，並交由行政會議略予檢討其結論（按此已經一八五九年九月八日命令加以修正矣；參看上文便知）」

（三九一）論徵收及其效果　徵收之在法國，惟司法當局始有權宣布之，但按一八四四年十月一日命令第二十八條之規定，在亞爾基利之徵收事件，則由行政當局宣布之也

按上述一八四四年命令第二十八條規定，法國陸軍部長得根據行政會議與總督之意見宣布徵收。但在今日，除關於公用須經命令予以宣告之事件外，已改由總督（參看一八六七年七月十一日法國參政院決議，見參政院決議彙編第六三四頁）根據省長或當地司令官之意見宣布之矣（參看前款。）

宣判徵收，並載明被徵收不動產，及不動產性質位置與業主之裁決摘要，須依公用宣告決議之批露與張貼方式予以批露並張貼之。且須以上述同樣裁決摘要通知各關係業主（按一八四四年命令第二十八條之規定）。俟上項通知一經送達後，即應向抵押保管處辦理徵收裁決（在此所謂摘要當不適用也）之登記手續也（按一八四四年命令第二十九條規定；）

吾人由上文當可看出關於徵收之行政文件，一如按一八四一年法律規定所爲之徵收判決然必須履行同樣之批露手續與登記手續。至於行政上徵收文件所產生之效果，則又與徵收判決所產生者同也。實則，一八四四年命令第三十條與第三十一條，幾全由抄襲一八四一年五月三日法律第十七條與第十八條之規定而來者也

(三九(二)關於規定職權與償金給付事項　凡此均詳載於一八四四年命令第三十二至五十各條中，並無異抄襲一八四一年法律之同樣規定，至一八四四年命令所具之諸特點，約有下列數端：

(1)在亞爾基利負責確定償金數目之當局，乃爲被徵收不動產所在區內之初級民事法庭，並非陪審委員會(按一八四四年命令第三十七條之規定。)

(2)凡訴訟程序均爲成文者而並非口述者，即謂：法院之宣判根據，並非口頭辯護，但爲當事人提供之備忘錄與檢察官之成文結論也(按一八四四年命令第三十九條規定。)再者，該上述法院若認爲必要時，尚可採取切實審辦法如實地勘察，聽取各方意見，任命專家等等是也。

其次，該上述法院一如法國之陪審委員會然，對於工程實施結果所給與其餘產業之增價，應予注意及之，按一八四四年命令第四十條及一八五一年六月十六日法律第二十條之規定。)至於上述之一八五一年法律第二十條甚至規定『增價數目可承認其等於償金之全部爲止，且不論在任何情形之下，均不能構成補付被徵收業主之理由』，抑更有進者，上述對於增價應予注意之義務，一如在法國本土然，並無附帶之制裁規定也

(3)在法國本土內之陪審委員會對於償金應爲最後之確定，不得以視日後工作進行之結果如行爲由習

待日後始予確定也（按一八四一年法律第三十九條之規定。）至在亞爾基利其情形略有不同，原在該處之法院本爲固定機關，隨時均可設法補充其決定，所以得僅予確定償金之基礎，至對於償金之最後確定，則可視日後工作進行之情形如何而爲之（Cass., 22—8—1864, Gaz. Trib., 28—9—1868）。

（4）對於確定償金決議不滿時，只可訴諸大理院（按一八四四年命令第四十五條規定。）但以在一八四四年命令中並無與一八四一年法律第二十條與第四十二條同樣之規定關係，所以上訴時得依普通法規定之期限與手續爲之，並得違反法律之規定（按以上所舉示之法國大理院判例。）——再則凡非關於償金決定之其他一切爭點（如法院管轄問題，程序問題，訴訟費用問題，栽種之損害或毀壞問題等等是）之判決，均得爲上控之目標（Cass., 17—7—1865, S. 65, 1, 282; 2—1—1866, D. 66, 1, 168）。

（三九三）關於歸還權　一八四四年十月一日命令並未道及舊業主對於未經使用地產所享之歸還權，事且並未載有一八四一年法律第六十條同樣之規定。由此觀之，則所謂歸還權並不適用於亞爾基利，蓋以在理殊難擅將一八四一年法律之某項規定遽予移用於亞爾基利故也。更進而言之，一八四四年命令本身已足敷應用，並自成爲一完備之制度也。至於法國判例，亦向來作如是主張（Cass., 28—1—1874, D. 74, 1, 209）。

（三九四）關於字據之登記與通知及緊急程序　一八四四年十月一日命令中與緊急佔有有關之第六十二至第七十一各條，及與一般規定有關之第七十二至第七十八各條，不過對於一八四一年法律中相對各條之規定加以抄襲而已。似此，吾人當無發表任何意見之必要矣。

(三九五)特別情形對於未耕土地之徵收　按一八四六年七月二十一日公布之國王命令第四十條載稱：

『土地荒蕪即足構成公用徵收之充分理由。』

遇上列情形時，所謂公用宣告與徵收宣布，一如在通常情形時然，均由總督根據省長或當地司令官之意見爲之（按一八四六年命令第四十一條規定。）關於徵收方面，按一八四六年命令第四十四條載稱：『償金之確定，應按在本命令公布以前具有確切日期最後字據載明之價格比例，外加各種字據費用，眞實價值以及實行進佔產業前之利息。』凡關上類之清理事件，應由行政訴訟會議（Conseil du contentieux）爲之；且上述清理由法國陸軍部長宣告其具有執行效力（方今已改爲由總督宣告之矣。）

(三九六)關於戰時徵收　最後，對於法屬亞爾基利適用之各種公用徵收法規中，尙有舉及一九一五年九月三十日法律之必要，按該法律『與戰時亞爾基利適用之徵收有關』也，並按該法律僅具之獨一條文載稱：

『獨條　一九一四年八月五日法律第四條關於通常期限展緩之規定，不適用於法屬亞爾基利區域內舉辦的公用徵收地產之佔有。』

以上所舉之一九一五年法律，在戰爭期中，仍主維持普通徵收法之規定，但在法國本土內，則有一九一五年五月二十八日法律，對於一八三一年公布之堡壘緊急工程法，曾予以擴大應用。質言之，關於對堡壘工程適用之程序，並無予以擴大適用於殖民地之必要，蓋以在亞爾基利適用之特別徵收規定，於緊急情形下，實較按一八三一年三月三十日法律規定推行尤爲便利也。

再者按一九一五年九月三十日法律曾經一九一五年十月二十七日命令加以補充之如次：

(1)卽在當事人未能躬親參預就地查勘工作，或該當事人等未經宣布公用徵收與緊急之總督命令涉及之情形下，亦可進行完成若干手續；

(2)至於在實行緊急佔用後須待完成之各項手續，則留待戰爭行爲終止後爲之。同時，關於訴訟程序重新開始之日期，另由總督以命令決定之；

(3)因一九一五年九月三十日法律之關係，一九一四年八月十日命令不得適用於實施公共工程以前之各種手續期限（法國於一九一七年四月十三日公布與一八四一年五月三日法律第十七條中展延期限規定有關之命令，業經宣告得適用於亞爾基利矣。）

(三九七)都尼西（Tunisie）　在法屬非洲都尼西之公用徵收制度，按被徵收不動產究屬於本地人或歐洲人而定。

(1)凡屬於都尼西土人之不動產：

(甲)當法國未在都尼西樹立保護國(Protectorat)以前，都尼西立法並無關於公用徵收之規定，至一八五八年八月三十日都尼西督軍命令(décret beylical)第十至第十四各條關於都尼西城(Tunis)市政之規定，則僅能適用於本城與市政當局所進行之各項徵收而已(見法國判例定期彙編第四二七(一)款與四二七一款)。

由上文觀之，除上開市政當局所舉辦之徵收外，均憑都尼西王自由決定之

〔乙〕自法國在都尼西樹立保護國後，曾於一八八五年七月一日公布一土地法而該法將本地人之不動產劃分為兩類，並從而規定之：凡曾經登記之不動產(immeubles immatricules)，即謂凡須遵守新法律規定之不動產，若就徵收方面講應予依照該新法律第五十七條之規定行之，復按該第五十七條之規定，倘非因公用關係，並按都尼西現行徵收法規，即謂未按一八五八年命令第十至第十四各條之規定，不得強迫任何人出讓其產業——至凡未經登記之不動產（immeubles non immatricules），若就法律上講，即應遵守舊制，換言之，即除得援用一八五八年八月三十日都尼西督軍命令規定之若干不動產外，均由都尼西王自由決定之；但在事實上，在都尼西境內之法國法院曾予採取一折衷辦法，而將一八四一年五月三日法律與一八四四年公布之亞爾基利命令一併採用矣。

（2）凡關於歐洲人士之不動產　關於此類不動產，在法國未在都尼西樹立保護國以前，為預防武斷徵收起見，曾由外交條約予以確立若干公正的，預付的價金原則矣。

但自一九〇五年九月五日都尼西督軍命令公布後，關於上述問題業予規定解決矣至於該項命令之內容，則多係抄襲法國法律之規定而來；在該命令第二編中（自第三十二至四十各條，）對於既經登記或正進行登記之不動產，已曾訂立若干特別規則。

（三九八）關於法屬其他殖民地　在法屬殖民地之徵收事件，均由各項特別命令規定之。而此各項特別命令一如法國本國之立法然，完全根據下列兩項原則所訂立者：私有財產不得任意侵犯；於曾經合法證明公用性質，並預付公正償金之情形下，國家得有犧牲私人財產之權利。最後，上述各項特別命令與法國立法，亦有若干差異之點，其原因乃由於在法屬殖民地內之行政權與司法權組織不同，有以致之。

所以，除卻上述若干差異之點外，舉凡吾人曾經道及在法國本土內所進行的徵收之一切，亦同樣適合於法屬殖民地情形也。

關於法屬殖民地所依據之法國法規，約有下列各項：

與馬爾提尼克、瓜德盧普、累羽尼翁各殖民地公用徵收有關之一八五六年五月三——九日法國上議院決議。而此決議中之許多條文，復經一九一四年四月二十一日法律，及一九一八年十一月六日法律加以修正矣（參看本書上文第六款之二）；

擴大適用上述上議院決議於聖彼埃爾與米克隆各地之一八六三年八月十九日命令。而此項命令，既又經一九二一年六月七日命令加以修正矣；

與新卡雷多尼政府有關之一八七四年十二月十二日命令；

一八七八年二月十八日之交趾支那徵收命令；

經一八八九年二月十五日命令及一九〇三年三月十日命令修正後之一八八〇年四月二十一日塞內加爾徵收命令（此爲一八五六年法國上議院決議之實施）（參看法國判例類編一九〇三年份第三編第八四頁）其後，並曾經一九一五年十月八日命令加以修正（參看一九一五年份法律總類編第四二一頁；）

一九二一年五月十二日公布之法屬基雅內徵收命令

一八九三年六月十四日公布之法屬安南及東京徵收命令；

一八九六年四月二十七日公布之馬達加斯加法律（關於此項法律之實施情形，可參看一九一八年五月七日之法國大理院判例，見一九一五年五月二十七日份法國法院新聞；

曾經一九二一年六月二日命令修正之一九一七年八月八日法屬赤道非洲徵收命令；

抑尤有進者，吾人在本書上文第三七六與第三八〇款中已曾見及，一八八五年七月二十八日公布之電報與電話線安置法可適用於一八五六年五月三日法國上院決議涉及之各殖民地，至於一九一五年六月十七日公布之妨礙衛生徵收法，其適用於馬爾提尼克，瓜德盧普及累羽尼翁各殖民地之條件，應由公共行政法規確定之。

第十四章 特別程序

（三九九）附條件的徵收 按法國於一九二一年七月十七日公布之法律，業將附條件的徵收程序列入一八四一年五月三日法律矣。至於該附條件的徵收程序之目的，乃在於使進行徵收之行政當局或集團於感覺陪審委員會所斷給之償金爲數過多時，得放棄其進行之徵收，並因此得以免除擬辦徵收之財政上負擔。

行政當局早已發覺公用徵收性質之難於斷定。不論如何設法估計擬予徵收不動產之價值，每每最終斷給之償金數目均超乎意料之外，所以設遇徵收當局在其預算上未備充分款項時，則對於事前未能確定其用費之工程，縱使其如何有用，只好緩期進行也。至於特許權者所進行之徵收，其困難情形亦然，蓋以在事實上，不論直接的，或間接的，凡徵收之負擔，均須由徵收當局負責也。爲此，按曾經修正後之一八四一年法律第三十條規定：凡負確定償金數目使命之特別陪審委員會，其中包含之產業所在區內之陪審員應爲極少數，但似此猶嫌不足，蓋以一般趨勢，陪審委員會所斷給之償金，每每爲數甚大故也。所以，有另採更澈底辦法之必要。法國立法者已曾制訂一新規則，使陪審委員會徵收判決未經宣布之先，即行確定償金數目也。自後，行政當局於償金確定以後，便得放棄徵收，而一切事態仍舊，一如並未進行若何程序者然（按一八四一年法律第七十七條之新訂條文規定。）上述改革，對於財源不裕之各區，當至有益。再則，即其他一切進行徵收之人士與會社，亦得享同樣便利也。

以上所述之程序可予舉示如次：

省長根據行政當局（或進行徵收者）之請求，在未頒讓與命令之前，應頒一召集陪審委員會命令，請民事法庭庭長依照一八四一年五月三日法律第二十九，三十及三十一各條之規定從事組成並召集徵收陪審委員會，以確定擬予徵收不動產之償金數目。吾人於此，須加注意者，即普通徵收之情形下，必須經過省長通知之檢察官提出請求後，方始出而主持至於附條件的徵收之規則，則略有不同也。

以上所述及之法庭於接受請求後，應即指派法官一名充任陪審委員會主席。

陪審委員會根據上述手續組成並召集後，應按普通徵收情形，從事償金之確定；同時，設遇行政當局放棄進行徵收時，陪審委員會尚須爲每一關係人確定損害賠償數目。再者，此種損害償金，不得超過主要償金額數百分之一，並至多以五千佛郎爲限（按一八四一年法律第七十八條之新訂條文規定。）至陪審委員會所爲之決議，應由全體陪審員簽字。上述決議，即由主席法官轉呈省長，而該主席法官並按第四十一條之規定，從事確定訴訟費用及各項稅款（按一八四一年法律第八十一條新訂條文規定。）在進行徵收之行政當局方面，應即批露並張貼召集陪審委員會命令，且更以之通知各關係業主，舉凡上述一切，均應按一八四一年法律第十五條規定之手續行之。至於業主，應即通知行政當局，對於不動產享有各項權利，且因此而應得償金之人士。然後，行政當局將所提供償金數目通知上項人士及一切有權出而干預者。設遇所提供償金數目未經接受時，則召喚彼等出席陪審委員會（按一八四一年法律第七十九條之新訂條文規定。）

省長一經各項價金均已確定後，應在一個月期限內，將陪審委員會之決議通知進行徵收之行政當局，並請其申明究竟是否繼續進行徵收。而進行徵收之行政當局之答覆期限爲三個月，設遇該行政當局未加置答時，則認爲放棄進行徵收矣。

吾人於此，尚應分別論及法律中所規定之下列兩種情形：

行政當局對於陪審委員會所確定之價金加以接受，並願繼續進行徵收時，則對於因提前召集陪審委員會而中途停止之程序，予以重新開始。於是省長即頒布讓與命令，並將是項命令連同各項文件轉交與產業所在區內之檢察官，再由檢察官向法院提出請求。至於徵收判決則應按一八四一年法律第十四條之規定宣布之（在此種情形之下，即無須指派陪審委員會主席），並按通常手續予以批露並登記。然後，再由庭長頒一命令宣告陪審委員會決議具有執行效力，並准行政當局進而佔有被徵收之不動產。

行政當局隨時均得與各關係人成立妥協，而此種友好妥協，當具有上述同樣效力，並按通常徵收手續進行之（就實際上講，上述妥協只於行政當局欲在付給價金之前進行佔有不動產時適用）。

設行政當局對於讓與命令不加接受時，則凡讓與命令中所舉及之各業主，得按一八四一年法律第十四條之規定，請求宣布徵收。再者，關於價金利息，則自陪審委員會決議宣布後之六個月後起算，因一八四一年法律第八十二條對於同法律之第五十五條，並未加以修正故也。

設遇行政當局放棄進行徵收時，不論其曾經公開宣稱，或坐聽三個月期限屆滿，則對於徵收程序，即認爲已告結束。若欲該徵收程序再開始進行，必須重經公用宣告步驟。至於訴訟費用，應於損害賠償費之外，歸由進行徵收之行政當局負擔之。

以上所述，即一九二一年七月十七日法律所規定使進行徵收之當局與社團得以避免陪審委員會決議所發生損害結果之各種辦法也。

（三九九）之二 關於增價徵收　一九一八年十一月六日法律在徵收立法中曾經制定一適用於某項特別情形之徵收制度。對於因鄰近實施公共工程其增價達百分之十五時，得徵收其增價之一部（按一八四一年法律第二條之二之規定。）法國法律特許行政當局遇不動產業主拒絕照付增價償金時，得對於該不動產加以徵收。

按一九一八年十一月六日法律之規定，上述徵收乃爲一種停止條件的徵收；但一九二一年七月十七日法律對於該項法律規定之效用業予減削多矣，且將上述徵收進行予以列入附條件的徵收矣。

以上所舉及之程序，茲再簡略敍述如次：

行政當局對於上述不動產，得按在陪審委員會裁決後得予放棄附條件的徵收時應採之方式行之。遇此情形時，陪審委員會須從事下列兩項估定：該委員會當增價數額超過百分之十五時，應予確定增價償金，並予確定萬一實行徵收不動產時所應付之償金。在此兩項償金之間，得任擇其一。按一九一八年十一月六日法律仍然有效，而一九二一年七月十七日法律並未提出修改，期中上述選擇權，若遇陪審委員會所斷給之增價償金額，低於或等於進行徵收行政當局所指陳之數時，即屬於行政當局；設在相反之情形下時，則上述選擇權，應即屬諸業主（按曾經一九一八年十一月六日法律修正後之一八四一年法律第三十九條規定。）但上項規定，實與同條末節之規定有所不合，因該條末節不容陪審委員會所斷給之價金多於『爲增價問題而提出之請求數目故也；由此觀之，則陪審委員會只能斷給相等或較低之價金，因此之故，所謂上述選擇權每每屬於行政當局矣。

上述反常狀態，直至一九二一年七月十七日法律公布後始歸消滅。按曾經修正後之一八四一年法律第八十三條規定，所謂選擇權完全屬於業主，而該業主應於陪審委員會決議宣布後八日內表明意見。假使該業主在規定期限內未曾表明意見時，則即認爲已接受增價償金條件。至遇業主同意接受徵收償金條件時，行政當局應即繼續進行程序，同時，省長亦須一讓與命令。然而，行政當局得享有放棄徵收之權也。遇此情形時，該行政當局應於選擇通知發出後八日內向業主申明。於此與通常附條件徵收不同之點，乃爲業主並無損害賠償權可言也。

上述一九一八年法律及一九二一年法律中之新規定曾引起不少爭論。有人對於該法律所根據之原則曾表示反對，並以爲享受增價利益之產業，實不僅限於鄰近公共工程之不動產而已，且更以爲行政當局對於因實施公共工程關係，而遭受減價損失之不動產，既拒絕照付一切減價償金，當無任何理由要求在相反情形下徵收償金也。

要之，上述因增價關係而定之徵價辦法，在法國立法中，實非創舉；原是項辦法早已見諸一八〇七年九月十六日法律中矣。按該一八〇七年法律規定，設遇私人產業因曾經政府合法飭辦或允許之一般的，省或區的公共工程實施之結果，竟享鉅量之增價利益時，則該私人產業應即照付一項償金，其款額得多至其所得增價之半數。

上述原則，即一九一九年十月十六日公布之水廠法亦曾加以採用（按該法律第二十條規定）凡直接享受水道改良實惠之工廠業主，或地產業主，均須照付增價償金。而此項償金，例由省署會議決定之。

最後，一九一九年四月十九日所公布特別涉及巴黎要塞整理工程，及軍事區域合併問題之法律，曾在其第九條中明文規定，對於距改良區域或要塞地帶二百五十米突以內之地產業主，得科以增價償金。

方今頗有使凡享公共工程實施利益之業主於稅捐之外，直接津貼公共工程所需之費用之趨勢矣。

最後，一般人認為，徵收增價程序，並不一定與產生增價工程所需之徵收程序有關；凡徵收增價程序，得於工程既經完成後開始，似此，則不動產價值與增價之重要性自與公共工程實施以前完全相同也。

第十五章　間接徵收

（三九九）之三　定義與一般徵收不同之點　所謂間接或隱約徵收者，即指行政當局根據司法途徑或有形字據，長期佔據某一私產，並不依循徵收程序進行而言也。

吾人於此，當可看出採取上述途徑所得之結果，實與一般徵收所得者相同，即謂：公共機關對於不動產業主，加以永久與全部之剝奪，實行取得其不動產是也。但爲達到此種目的而採取之方法，則各有不同：即如遇一般所謂徵收情形時，關於永久剝奪，必須經過特別行政程序方可取得，而此種程序之必經階段，則有所謂公用宣告，司法當局之產業移轉，以及實行剝奪前之償金預付等等。反之，若在間接徵收情形中，則所謂剝奪，係根據某種行政行爲，或竟由於事實上之直截了當的歸併，並無司法效力，且並無預付償金情事也。

關於間接徵收，其中有若干情形，曾有明文規定；尚有他種情形，按法國判例，實爲行政當局違法強佔之結果。

（四〇〇）（甲）曾有明文規定之各種間接徵收　法國法律曾予規定之間接徵收，約有三種：

（1）因城市街道放寬或改直路線圖樣關係，而引起之剝奪（參看一九一三年七月三十一日公布之地方鐵道法第十二條第三節）；

（2）因確定鄉村道路寬度之省參議會或省署會議決議關係，而引起之剝奪；

（3）因臨時佔用曾經延長關係，而引起之剝奪。

（四〇一）因路線決議而引起之剝奪　按規定城市整頓辦法，並迄今猶有效力之一八〇七年九月十六日法律第五十五十一五十二五十三各條，對於爲整頓城市起見所草擬之新闢街道或放寬舊有街道之計劃，均有所規定，且於隱約中規定，對於根據整頓計劃所涉及之鄰近街道業主，應予發給之關於個人的整頓決議，自須載明凡在整頓範圍以內之地產部份，均予併入街道中（參看 Cass., 30—1—1836, S. 36, 1, 600; 27—1—1837, S. 37, 1, 173; 19—6—1857, S. 57, 1, 871; 21—4—1885, D. 85, 1, 343）。但倘有下列兩項條件：（1）歸併範圍只能涉及空地；（2）所涉及之放寬街道，乃爲舊有的，設遇涉及附有建築物之地產情形時，則業主因地役關係，實行拆讓。

凡自鄰近產業分出而併入街道之地產，一般人稱之爲『拆讓地產』(terrains retranchés)。

再者，假使鄰近業主未提出個人的整頓要求時，則行政當局得以命令決定將拆讓之產業部份併入街道範圍中。

根據上文曾經舉及之一八〇七年法律之規定，整頓總計劃產生之效力，實與讓與命令所產生者同。吾人均知，讓與命令在徵收程序中之使命，乃爲指定行政當局請求徵用之地產。至於關於個人的整頓命令，其使命乃在於實行移轉產業也，若在通常情形之下，所謂產業移轉，只能根據徵收判決爲之（參看克勒朋所著之徵收法典第三九一頁第六款與第八款；及達祿斯所編之政治與行政法典第三卷第五編關於路政部份之第五四九三款

與第六四四三款並參看（Cass., 13—12—1913, Gaz. Trib., 26—12—1913）

按上述原則，且曾經一九〇〇年四月十三日法律第十三條加以採用矣。原該法律第十三條載稱：『一八四一年五月三日法律第十五條第一節及第十六，十七，十八與五十八各條之規定，對於爲實行曾經邀准之整頓計劃，新闢，改直，放寬街道與公共廣場，及經承認之鄉村道路，或鄉間道路所需之地產，不論其爲閑地或附建築物地，均可適用。』吾人於此當可看出，該上述法律直將依整頓計劃而爲之友好讓與與因公用宣告後方予同意之讓與，等類齊觀矣。

由上文觀之，竇有無須遵照一般公用徵收所依據手續之剝奪與歸併情形在，換言之，即有所謂間接徵收存在是也。

但上述間接徵收之效力，與一般徵收之效力大有差異。實則，一八三八年三月十九日命令（參看達祿斯類編第一編第一三〇頁；並參看一八七八年二月二十三日法國竇內省法院裁決，見一八七八年四月二十一日法院新聞）曾經規定，業主得保存其產業所有權，直至償金確定時爲止。所以業主尚可抵押其地產，而上項決定，似係根據普通法而來，即謂：根據法國民法第一五八三條之規定而來是也。此蓋由於當事人等雖因整頓命令關係，對於讓與事件均表同意，但對於價值問題，則猶未商妥故也（Cons. d'État 6—12—1855, Lebon, p 716）。最後，遇關於整頓措施情形時，則租客與其他一切有權人士，不得向行政當局請求任何償金；彼等於必要時，只可對於業主要求解約，或減低定期繳款（參看一八六三年三月三十一日巴黎法院裁決，見一八六三年謝海定期類

集第二編第一六〇頁）

因整頓措施關係所需拆讓地產之所有權，必須於照付償金以後，方始移轉與行政當局（按上述一八〇七年法律第五十條與第五十三條之規定。）該項償金——按一八〇七年法律第五十六條與第五十七條之規定，應由省署會議加以確定——之在今日，若未能成立友好解決時，則由徵收陪審委員會按一八四一年法律第四編之規定，予以確定之。法國參政院自規定徵收陪審委員會組織之一八三三年七月七日法律公布後，先後於一八三九年八月七日與一八四一年四月一日所表示之意見，即根據上述意旨所爲者也（參看達祿斯所編之政治與行政法典第三卷第六四九〇款及以次各款）至於法國判例，亦採上述主張矣（Cass., 21—2—1849, D. 49, 1, 138; Conseil d'Etat, 30—3—1846, Lebon, p. 203; 5—2 et 14—12—1857, Lebon, p. 93 et 818）。

陪審委員會對於因整頓措施關係而引起之剝奪事件，不獨對於行政當局須付與實行拆讓業主應得之償金享有管轄權，即對於因實施整頓結果，覓得近街旁業主應付行政當局之償金，亦享有管轄權，正如一八〇七年法律第五十三條所規定者然也（Conseil d'Etat, 27—1—1853, Lebon, p. 173; 一八四二年五月二十四日法律第三條，及一八五二年三月二十六日命令第三條。）

設遇實施整頓結果有決定剝奪償金之必要時，則省長爲召集陪審委員會起見，將整頓命令副本送交一份於檢察官，並由檢察官請求法院指派一主席法官，而法院即根據一八四一年五月三日法律第十四條第末節之規定，從事裁決並根據主管當局所頒之整頓命令，對於讓與行爲加以追認，且予指派一主席法官（Cass., 10—1—1877, D 78, 1, 127）。至於法院判決應予實行送達批露並登記一如在通常徵收情形時者然。至於陪審委員會之指派問題當按一八四一年法律爲之。

假使在整頓命令頒發後六個月內未能成立友好解決，而省長並未要求指派主席法官時，業主得按一八四一年法律第十五條第一節之規定請求指派之。——關於陪審委員會集會問題法國判例曾予決定業主卽可加以催促，無須坐待指派主席法官判決後六個月屆滿（Cass., 6—2—1844, D 44, 1, 165）。

當陪審委員會實行確定償金之際，應按照迄今猶生效力之一八〇七年法律第五十條規定爲之。依該條之規定，凡因整頓措施被迫退讓之業主，除因整頓措施使其所有之其餘產業遇有跌價情形外，『只能獲得拆讓地產價值之償金』而已（Cass., 21—2—1849, D. 49, 1, 138; 4—12—1867, D. 67, 1, 408; 20—11—1876, D 78, 1, 71）。由上文觀之，則陪審委員會之決議，絕不可對於一切跌價與一切財產均斷給償金，否則無效（Cass., 20—11—1876, D. 78, 1, 71）。但若欲適用一八〇七年法律第五十條之規定，必須有整頓措施情形在，並非謂業主已同意徵收其不動產卽爲已足也（Cass., 15—1—1844, D. 44, 1, 121）。

同樣，按一八〇七年法律第五十三條之規定，設遇業主因整頓措施結果得向街道接近時，則該業主對於出讓於彼之地產，須照付其所值；且該業主如拒絕取得上述地產時，則『行政當局卽可剝奪其產業之全部，而付以在實施工程以前該全部產業之價值』。但遇此情形時，假使未能成立友好讓與之際，則徵收判決當在所必需，而是項判決且應載明業主拒絕取得之表示（Cass., 8—4—1861, D. 61, 1, 284）。

凡依友好方式確定或經陪審委員會確定之償金，應即照數付與有權人士。但拆讓地產情形，與所謂直接徵收大有區別，蓋以遇拆讓地產情形時，關於償金之付給，並不在實行佔有以前爲之。至關於利息問題，可參看本書上文第二四三款。

因整頓計劃而產生之產業移轉效果，當與一般徵收所產生者不同。至於此不同之點，第一，產業移轉不由司法當局，而改由行政當局施行；其次，關於償金之付給，並不在實行佔有以前爲之。

（四一二）根據確立鄉村道路寬度決定之剝奪　同樣，在鄉村路政中，亦有所謂間接徵收存在，此即一八三六年五月二十一日法律第十五條之規定情形是也。按該第十五條規定：『凡載明承認並確定鄉村道路寬度之省長命令（在今日則爲省參議會或省署會議決議矣），對於凡包含在該命令指定範圍中之土地，均予永久斷與鄉村道路。至於鄰近業主所享有之權利，得以償金解除之，而償金之確定，則得依友好方式解決，或由區中公斷員根據專家之報告爲之。』（參看本書上文第三六五款與第三六八款。）

在上述情形中，關於產業移轉，仍由行政當局施行之，而司法當局不與焉。且關於償金之付給，並不須於實行佔有以前爲之。再者，關於償金數目之確定，並非由陪審委員會爲之，乃由區中公斷員經一番鑑定後予以確定也。

（四一三）因臨時佔用延長結果而產生之剝奪　此種情形，即一八一　年四月二十一日法律第四十三條所涉及者（該條條文已經一八八　年七月二十七日法律及一九二二年十二月十六日法律加以修正），按該條對於享有開礦特許權者在其所享有之特許範圍以內臨時佔用開礦工程所需之地產，曾經加以規定（至於有牆圍繞之地天井及花園除外按一八一〇年四月二十一日法律第十一條）實則按上述第四十三條規定，設遇佔用已越一年期間，或工程實施結果已使地產不復適宜於耕種時，業主得請求徵用其地產。至於應付之償金，當由民事法庭加以確定（對於待徵地產價值之估計，應以其兩倍價格為準）。遇某一大地產之一部過分損害或喪失其效能時，假使業主請求收買，應即實行收買之。同樣，一九一九年十月十六日公布之水廠法第四條末節亦具有下列之規定：『設遇佔用或剝奪為含有永久性質者時，則償金應事前付給，然而倘經省長命令對於工程之緊急性曾為一種宣告時，則此項作緊急性宣告之命令與作權利宣告之命令均應予以實行通告，而關於償金之確定，即按一八四一年五月三日法律第六十六至第七十四各條所規定之手續行之，且民事裁判機關對於此種償金得為最後之確定。』

就上列事實觀之，實有永久的佔用在。至於業主當得援用一八四一年法律中關於緊急佔用之規定也。

法國於一八九二年十二月二十九日所公布關於為實施公共工程臨時佔用私產之法律在其第九條中所規定之情形，實可與上述各情相提並論。按該法律特許業主於佔用延長超過五年之久時，得請求按一八四一年法律所規定之手續徵收其產業也。

所謂『按一八四一年法律所規定之手續者，』即謂依據該一八四一年法律第十四條第二節之規定進行是也。因之，假使臨時佔用繼續延長超過五年，並未徵得業主之同意時，則業主得向法院請求宣布徵收其不動產。

但上述徵收，與其謂爲間接徵收，毋寧謂爲眞實的徵收之爲愈也（可參看一八三一年三月三十日公布之緊急要塞工程法第十四條與一八五六年七月十四日公布之礦水法第九條之規定。）

抑尤有進者吾人對於一八八五年七月二十八日公布之電話與電報線安設法第十三條所規定之情形，切不可視之爲一種間接徵收一如若干作者所認定者然。觀於依據一八四一年法律所規定手續以及償金由一八三六年法律所規定之小組陪審委員予以確定各點，當知其所涉及之徵收，乃爲一種眞實的徵收也（此處關於償金之確定，並非如在鄉村道路改直與整頓之情形下，由公斷員經專家鑒定後爲之）（參看本書上文第三七六款。）

（四）四（乙）法國判例承認之各種間接徵收　除卻以上所述因根據法律而採取之行政措施所產之效果，對於個人產業曾加以永久的剝奪，並未經特別徵收程序即有產業移轉情形外，方今法國判例對於舉凡根據任何行政措施而爲之永久剝奪，均予視爲間接徵收矣（Conseil d'État, 15—7—1898, 7—6—1902; Cass., 2—2—1909, S. 1912, I, 577）。

以上所述對於間接徵收觀念之擴大應用，其優點乃在於較利於保護私產之司法管轄亦因而擴大其應用也。實則，在一般人認爲行政當局之侵佔構成一種永久的損害或移轉產業於集團之剝奪情形時，則關於此類糾紛，應由省署會議或司法當局處理之。蓋在彼等認爲假使法院對於所謂公用徵收，換言之即對於凡經一種保護程序始實行移轉產業之剝奪，得有權處理，則其對於未經上述保護程序而遽予實行產業移轉之剝奪，尤應出而處理也。準此而論，則在事實上行政當局不論依何方式進而佔有私人地產，並以實行產業移轉而構成一種永久的剝奪時，凡關於償金之請求均由司法當局處理之。且凡關於不動產之所有權，當由裁決償金之民事法庭予以移轉之，而行政當局在此時期以前，不過僅限於佔有而已。

在法國判例認為間接徵收者有如下列：（1）凡根據天然官產附屬物區劃文件而為之佔用至所謂天然官產者，乃指海濱或河床等類而言（Cass., 6—11—1872; Trib. des Conflits, 11—1—1873, 1er—3—1873; Conseil d'Etat, 1er—2—1901; 11—6—1909, S. 1910, 3. 113）；（2）對於鐵道下礦穴予以長期禁止開採之佔用（關於此點，尚有反對之主張，在可參看本書上文第一三四款）或為便利轉橋動作起見，禁止業主加高房舍所引起之佔用（Trib. Conflit, 7—5—1884, Lebon, p. 321; Conseil d'Etat, 29—12—1860, 9—2—1865）；（3）因實施公共工程之結果，對於某一產業誤予全部的或部份的佔用（Trib. Confl., 26—5—1894; 29—6—1895, S. 96, 3, 35; Trib. Seine, 16—7—1896）。

然而，必須於工程既經完成而佔用已具有永久性後，始有間接徵收之可言。實則，法國大理院判例固認為負有保障私產責任之法院對此問題有權管轄，但僅承認該法院對於涉及侵佔之工程始有權令其停止進行（Trib. Confl., 7—7—1853, D. 54, 3, 35; 11—4—1863, D. 63, 3, 39; 12—5—1877, D. 77, 3, 66），至對於既已完成之工程部份，則並無權令其拆毀也（Cass., 7—1—1868, D. 68, 1, 113; 14—4—1899, D. 9, 91, 442; 22—12—1908, S. 1909, 1, 485）——蓋在法國大理院判例認為，若對於行政當局經合法徵收產業後，即可再予着手進行之工程竟予拆毀，殊未免失之不智故也。——由上文觀之，則必待全部工程均經完成後，始有永久剝奪之事實可言也。因之，惟在此種情形下，方有所謂間接徵收。法院遇此，其使命僅在於證實剝奪之永久性，並予確定該項剝奪所引起之償金而已（Cass., 19—12—1883, D. 85, 1, 175）。

第十六章　關於動產徵收與動產權

（四〇五）關於動產徵收並無明定法律　吾人在本書上文第三十五款中已曾見及，一八四一年五月三日法律——一如一八一〇年法律與一八三三年法律所規定者然——僅涉及不動產徵收事件而已但公共當局所有之徵收私產權，仍可擴大應用於動產，一若對於不動產然也。實則，法國民法中第一七八九與五四五各條關於權利之宣言，乃就一般而言並未對於動產與不動產加以任何區分也（參看本書上文第二款）。

抑猶有進者在立法者認爲對於動產徵收，殊無專訂法規之必要，但其對於不動產徵收，則固曾訂一八四一年法律與一八四一年前之各項法律也。且法國立法者對於各種動產之徵收，特以特別法規定之而每一特別法均對其所假定情形予以明定若干適用規則也。

（四〇六）各種主要動產徵收　按目前法國之立法情形觀之，所謂動產徵收，其目的約有三項：

（1）爲便利公共事業；

（2）爲欲加以保存；

（3）因其具有妨害性，勢須加以拆毀。

（一）爲便利公共事業之徵收有如下列各種：

(1)法國各種法規，即如一八七七年七月三日軍事徵發法律所涉及之食品，馬匹，車輛以及國家感覺需要之一切物品，該一八七七年法律已經各種法律加以修正。最著者，即如一九〇六年三月二十七日法律是也；

(2)軍事當局對於死亡軍人之文件得有先買權；

(3)對於各部會職務之廢除權；

(4)各種特別法律所規定對於若干公共工程之特許權，得予收買之。

(二)為便於保存起見對於動產而實施之徵收　凡與考古，歷史或藝術有關之物品，即屬於此類動產，法國於一九一三年十二月三十一日所公布之古物法第二十八條第三節特許以間接方式徵收之。

(三)對於具有妨害性之動產，為欲加以拆毀起見而實施之徵收　此種徵收之性質至為特別，蓋以在此種徵收情形之下，並無對任何人有移轉產業情事故也。且此類徵收，曾經明載於各種衛生法規中，最著者，如在一八八一年七月二十一日所公布之家畜傳染病法與一八九八年六月二十一日所公布之鄉村治安法中所規定者是也。

(四〇七)對於食品，馬匹，車輛及他種物品之軍用徵發權　按法國於一八七三年七月二十四日所公布之軍隊組織法第二十五條載稱：『遇動員時，按本法律第五條規定，對於馬騾，車輛之徵發，得由總統以命令核准之。對於此類徵發必須予以確定並照付公平之償金，在特別法中，對於實施徵發之方式以及確定並付給償金之方式，均應加以明定。』

上述條文所指之特別法，已於一八七七年七月三日公布：在此重要軍用徵發法律第三十六至第五十三各條中，對於馬，騾，與車輛之徵發，均曾明文規定及之。該法律在其第三十八條中已曾指明有權實施徵發之當局（即混合委員會是也）且更在其第四十八條與第四十九條中規定償金之確定方式矣。

再者，上述一八七七年七月三日法律尚另有一大目的，並曾對於軍隊所需一切物品之徵發，均予規定及之矣。按該法律於既經規定徵發權只能『在部份的或全體的動員情形之下』（依該法律第一條規定）照付償金後（依該法律第二條規定），並僅由軍事當局（依該法律第三條與第四條規定）按照若干手續並在若干限制範圍以內行之以後，復在其第五條中對於一切供給之徵發，均曾予以列舉：例如食物，草料，馬車與運輸工具，實施軍事工程所需之材料與器具，穿着物，軍需品，軍火，臥具，藥品，紮傷用品，『以及軍事上所必需之一切其他物品。』

原一八七七年法律在其第五編第二十四至第二十八各條中，對於償金之確定與付給方式，均有所規定。至於此項償金之確定，應由軍事當局根據經陸軍部長任命平民與軍人組成之混合委員會之提議爲之。假使被徵發其所有物品之業主，對於償金數目表示異議時，則區長即將關於此類之要求交由公斷員處理之。倘公斷員未能使請求者與軍事當局之意見一致時，則該公斷員得有權裁決二百佛郎以內之數，並得爲初審裁決，以一千五百佛郎之數爲限，設超過上述數目時，則應由民事法庭管轄矣。

至於償金之付給，均於實行徵發後爲之。

吾人由上文已可看出當有對於私人實行剝奪與轉移產業於公共當局之情事，換言之，即謂對於動產亦適用公用徵收是也。此種基於國防利益之徵收，並無須乎判決與陪審委員會之確定剝奪償金以及償金之先期付給也。

上述軍用徵發問題，當一九一四年大戰之際，曾引起不少之司法決議。

一八七七年法律第二條中所載之『償金』一字，曾引起一種爭論，即軍用徵發，究具何種性質是也。此在法國判例以爲，所謂徵發並非爲一種雙方均表情願之買賣，但該項徵發實構成一種爲國防利益着想而爲之公用動產徵收也(Trib. Toulouse, 30—3—1915, Gaz. Trib., 26—8—1915; Trib. Rennes, 26—4—1915; Gaz. Trib., 26—4—1915; Trib. Bourgoin, 28—7—1915, Gaz. Trib., 25—12—1915; Cass., 6—3—1917, Gaz. Trib., 17—3—1917)。

再者，當若伊男爵(Baron Reille)向法國下院提出關於一八七七年法律報告書之際，其所表示之意見，則以爲所謂徵發，乃爲公共需要計而實施之徵收是也。

(四 八)對於軍事文件之先買權 第二種對於動產之公用徵收，實係根據法國共和曆十年四月十三日公布與軍事長官死亡後查封事件有關之法國之參政會決議第三條規定而來。按該第三條載稱：『當開具物品(文件地圖計劃及軍事備忘錄等件)清單之際，凡認爲應屬於政府或經師長任命長官認爲與彼有關，而即由該軍官開具收條照領之各項物品，均應予以分別開明。同時，須將死者本人所有物品呈報於陸軍部長，然後加以估價，就軍費項下提付上述物品之價值於有權收受者。至死者之其餘物品，應即交其繼承人或其有權人士照收，並不索任何費用，同時物品清單附件以及長官所發收據均須交呈於陸軍部長，而陸軍部長當即監督該發現或取得之物品立即交各儲存機關分別保管之」（按法國於一八四八年二月十三日與一八五七年五月二十六日先後所發之部會訓令，對於適用上列條文之各情，均有所規定。）

實則據上述條文觀之，國家對於軍事當局認爲與彼有關之高級軍事長官之私人文件，得有權加以收奪之。在上述情形下，基於國防利益而實施之徵收，可不待判決即可予以宣布之。遇此，僅軍事當局方得爲裁判人：惟該軍事當局始有權確認各項文件與彼有關，並得以此名義進而加以收奪也。至關於繼承此類文件應付之價金，若未經依照友好方式加以解決時，即由司法當局予以確定之。

此外，尚有一種今已不復存在之先買權。原是項先買權之在過去，其目的乃在於便利海關當局對於按值抽稅商品防止其有謊報情事發生。查一八七七年八月二十二日法律第二十三條特許海關當局得於報值之外另增百分之五之價格收買此項謊報價值之商品也。但在今日之法國，該項按值收買權業已不復存在，因之上述一八七七年法律第二十三條當亦不復適用矣。

（四一九）關於部會職務之廢止　在一七八九年前，向被視爲不動產之部會職務，在今日已被公認爲公共職務矣，不過於此尚有一特點，在即職務之主管人得向國家提出其繼承人以徵求同意而已（參看杜克羅所編之行政法講義（Ducrocq, Cours de droit administratif）第七版第三卷第五九二頁）。按法國於一八一六年四月二十八日公布之法律第九十一條載稱『凡大理院律師，書記官，代言人，書記，執達吏，證券買賣經紀人，經紀人，評價人對其具有法定條件之繼承人，得向國王提出請其同意。至於曾被解職之主管人，則無上項權利。關於上項辦法之實施，以及使上述長官繼承人得以享用之一切方法，均由特別法律規定之。再者，上述推薦繼承人之權，並不能損及國王裁減公務員人數之權，尤其是對於法國共和曆十一年六月二十五日所規定書記官人數爲然。』

上述推薦之權——此項權利之所以賦與部會長官，蓋以法國爲應付一八一五年十一月二十日條約所強加於法國之各種負擔起見，曾對於該長官人等增加保證金額，用特有此補償辦法之產生故也——對於當事人及其繼承人，實構成一種具有動產性質之眞實所有權。所以，國家如欲取消該項推薦權，必須對於該推薦權之當事人予以徵收，並付以償金方可。

法國在一八六六年七月十八日所公布之法律，即根據上述辦法，對於商品經紀人之職務加以廢除，並規定該項職務爲一種自由職業。該法律第二篇對於當該法律實行之際尚猶在職之經紀人應得償金，曾加以規定，且此項償金應由國家先事墊付，然後再由對於繼承上項取消利益之人士所徵稅款中扣除之。

至於每遇收買部會職務之際，自當依照上述辦法行之，即對推薦動產權，須加以徵收是也。

(四一、)關於公共特許權之收買　原僅涉及不動產之一八四一年五月三日法律，對於根據公共工程特許之各種動產權利。如關於在指定條件下，以及若干年限內之通行稅徵收，顯然不能適用。然有時爲公共利益者想，對於上項權利實有取消之必要。遇此情形時假使享有特許權者不同意收買，以及合同中所訂條件不容收買時，應予實行徵收之。但迄無任何規定可憑，所以應特予公布一特別法。

所以，為收買通航運河，法國會於一八四五年五月二十九日與一八六○年八月一日先後公布兩項法律，且為收買徵收通行稅之橋起見，又先後於一八六二年七月六日，一八六三年五月二十日，一八六四年六月八日，一八六八年七月十八日，一八七六年八月二十七日與一八八○年七月三十日公布各項法律。

法國今日適用於享有徵收過橋通行稅特許權者之權利基本徵收法，當推一八八○年七月三十日法律也。而以上所指之橋，或屬於大道，或屬於小道，寔無關緊要。按該一八八○年法律之規定，關於上項收買，應於按照一八三四年二月十八日命令所規定手續，實施一種調查後，由參政院命令核准之（按一八八○年法律第二條規定。）至於應付給享有特許權者之償金，若未能依照友好方式予以解決時，當由三人組成之特別委員會確定之。至該委員會之組成人員，一由省長指派，一由享有特許權者指派，另一則由省長與享有特許權者所指派之工人共同指派之（按一八八○年法律第三條規定。）再者，該項償金必須於進佔橋樑以前，實行付給或交付存儲方可（按一八八○年法律第四條規定。）

（四一一）對於與考古歷史，或藝術有關物品之徵收　按法國於一九一三年十二月三十一日公布之歷史紀念品法，雖未直接以公用徵收辦法施於各種動產，但間接實已達到公用徵收之效果也。

實則，按上述一九一三年法律第二條十一——查該條實由抄襲一八八七年三月三十日法律第十四條之條文而來——規定：『設遇開掘工程或他種事實結果發現關於考古，歷史，或藝術之紀念品，殘跡，碑銘，及其他物品時，假使上項發現係在私人地上，則區長應據情呈報省長。然後主管部長即根據省長報告，並徵得歷史紀念品委員會之意見後，得按一八四一年五月三日法律所規定之手續，對於上指私人地產，以公用名義予以全部的或部份的徵收之。』

吾人在上述條文中當可看出，法國立法者對於上列各項動產，並不如對上列各款中所涉及之動產然，並未直接允許立即加以徵收，至該各項動產之保存，縱與考古，歷史，或藝術至有關係，則並未顧及。吾人對此殊不能不引為憾也（參看上舉杜氏所編講義第六九七頁）。再則，法國立法者所允許者，僅為對地產之徵收而已，並應援用之法律，亦限於一八四一年五月三日之法律。

抑猶有進者，按上列情形觀之，一八四一年法律實已擴大其應用範圍，蓋以因有各種動產之發現，且為使國家得取得是類動產所有權之關係，所謂不動產徵收始經邀准故也。

上述一九一三年法律對於古代建築物，亦許按照一八四一年五月三日法律之規定，加以徵收（按該法律第一條第二節與第六條規定）而此項徵收，對於支持上述動產之地產，則並不涉及也。但於此而僅言徵收動產，實為一種表面之談耳，蓋以上述一九一三年十二月三十一日法律對於古代建築物，曾予視同不動產故也（按一九一三年法律第一條第二節之規定。）

（四一二）對於患傳染病牲畜之撲滅　最後，尚有一關於動產之徵收事例，而此項徵收，實係基於一八九八年六月二十八日公布之鄉村治安法第三十四及以次各條而來。再者，該一八九八年法律，則又係抄襲一八八一年七月二十一日公布之衛生警察法而來，且其中條文又經一九〇四年十月六日公布之公共行政法規加以補充矣。實則，該一八九八年法律爲農業利益與公共衛生利益着想，欲避免家畜傳染病之蔓延，特許行政當局對於具有毒性之牲畜得予屠殺之。

吾人頃見之情形，顯與上述各種情形不同。蓋以於此爲公共利益着想，雖對於業主之動產有加以徵收情事，但並無所謂產業之移轉事實存在而所有權並未換主，不過由此歸於消滅而已。

按一八九八年法律第三十四至第三十八各條（即爲過去一八八一年法律中之第六至第十各條）曾明白載出，公共當局得令屠殺之各項牲畜構成屠殺原由之各種病症（如牛類黑死病，馬類鼻疽，馬類疹癬，結核症，傳染性肺炎，瘋癲等等是）並得下令屠殺之主管當局（即區長省長或農業部長）。

至於償金，則在一八九八年法律第四十六至第五十二各條中曾經規定及之。按上項各條之規定，在執行屠殺命令以前，對於牲畜在未病前之價值，須估定之。關於是項價值之估定，應由獸醫一人與當事人所指定之專家一人分別爲之；設當事人並未指定專家時，即由獸醫一人爲之。並須草具一份鑑定記錄，然後由區長副署，並加註其意見（按一八九八年法律第四十九條之規定。）

至對於被剝奪業主應付之償金，如遇爲牛類黑死病而實行屠殺時，其數目應爲估價四分之三；至遇馬類鼻疽，或馬類疹癬情形時，其數目應等於估價四分之三，但以七百五十佛郎爲最高額；遇肺炎情形時，其數目應等於估價之半，至在他種病症情形下，則並無付給償金情事（按一八九八年法律第五十二條規定。）

上述償金，應由農業部長確定之（按一八九八年法律第五十條規定，）至關於此類償金之請求，應於實行屠殺之三月內提出，過期無效。農業部長於確定償金之際，應依照上舉第二十六條之規定為之，但農業部長得指派人員組成委員會重新審查估價。

關係人等得向參政院訴願。

此處與真正徵收不同之點，乃在於剝奪並非由司法當局命令執行，實根據行政命令而進行，且償金並不在剝奪見諸事實之前付給。

（四一三）關於其他之動產徵收　按法國民法第一七七八條之規定，鄉村地主得對於佃農一年中所得之草與糞肥酌予以扣留，直至契約滿期時為止，而並不計及佃農之亟欲加以保存也。於此當有一強迫剝奪與徵收之事實在，並為個人利益着想，但此實有公共利益關係存乎其中，即土地耕種良好是也，且法國法律正以此故，特別准許是類徵收矣。

Traité Théorique et Pratique de L'Expropriation

中外人名地名及專門名詞對照表

原文	中文	頁數
Journal des Notaires et des avocats	書記官與律師日報	30
Journal du Notariat	書記官室公報	127
Jeanneney	若納內	272
L		
Laferriere	拉斐利厄	74
Le Droit	法律雜誌	122
Lille.	里爾	132
La Loi	法律報	185
Le Moniteur	公報	142
La Rochelle	拉羅舍爾	316
Legrand	勒格耶	368
M		
Martinigue	馬爾提尼克	6
Mignelon	米克隆	6
Mantes	曼脫	109
Mourlon	慕爾龍	126
Meunier	麥尼埃	133
Moniteur des expropriation	公用徵收公報	134
Moniteur de Lyon	里昂公報	135
N		
Nouvelle Calodenie	新卡雷多尼	7
Nanterre	農泰爾	425
P		
Peyronny	貝羅尼	45
Pandectes Françaises	法國法學家論著彙編	49
Poubelle	布貝爾	62
Patrouillard	巴特汝雅	116
Planiol	不拉尼奥爾	151
Perrin	貝罕	154
Préau	布勒奧	181
Pierrelatte	彼爾拉脫	403
Pottevin	波特文	411
Q		
Quesnel	訖內爾	117

縮寫原文對照表

Art.	=Article.	條
Bull.	=Bulletin.	公報
Bull. civ. de Cass.	=Bulletin des Arrêts de la Cour de Cassation en matière Civile.	大理院民事裁決公報
Cass.	=Cour de Cassation.	大理院
Cass. 16 déc. 92	=Arrêt de la Cour de Cassation du 16 décembre 1892.	16—12—1892 大理院裁決
C. civ.	=Code civil.	民法
Cons. d'État	=Conseil d'État.	參政院
D.	=Dalloz, Recueil Périodique.	達祿斯定期類編
D. 62, 1, 100	=Dalloz, année 1862, 1re Partie, page 100.	1862年達祿斯定期類編第一編第一百頁
D. Rép	=Dalloz, Répertoire alphabétique, Publié sous le titre de Jurisprudence générale.	達祿斯字母順序目錄
Déc. min. fin. int.	=Décision du ministre des finances, de l'Intérieur.	財政部長與內政部長之決定
Décr.	=Décret.	命令
Gaz. Pal.	=Gazette du Palais.	審判廳新聞
Gaz. Trib.	=Gazette des Tribunaux.	法院新聞
Gaz. Trib. Midi.	=Gazette des Tribunaux du Midi.	南部法院新聞
J. E.	=Journal de l'Enregistrement.	登記公報
J. N.	=Journal des Notaires et des Avocats.	法院書記官律師日報
J. Not.	=Journal du Notariat.	法院書記室日報
J. o.	=Journal officiel.	官報
J. Trib. français tunis	=Journal des Tribunaux français en Tunisie.	都尼西法國法院公報

L.	=Loi.	法律
Leb.	=Lebon, Recueil des Arrêts du Conseil d'État.	參政院裁決類集
Pand. fr. alph.	=Pandectes françaises, Répertoire alphabétique de doctrine et de jurisprudence.	法國法學家論著類編
Paris, 27 nov. 79	=Cour d'appel de Paris, arrêt du 27 novembre 1879.	20—11—1879巴黎高等法院裁決
Régie	=Régie ou administration de l'Enregistrement.	登記管理處
Rép. jurisp. alg.	=Répertoire de jurisprudence algérienne.	法屬阿爾及利判例類編
R. E.	=Revue de l'Enregistrement. . . .	登記雜誌
R. P. ou Rev. prat.	=Revue Pratique du droit français.	法國法律實用雜誌
S.	=Recueil périodique du Sirey. . .	西勒定期類集
S. 90, 4, 100	=Sirey, année 1890, 4me partie, page 100.	1890年西勒定期類集第四部第一百頁
Sol.	=Solution.	解決
Suppl.	=Supplément.	附註
Trib. Confl.	=Tribunal des Conflits.	糾紛法院(行政法院)
Trib. Lyon.	=Tribunal de 1re instance de Lyon.	里昂初審法院
V.	=Voir.	參看